著作権法入門

Copyright Law in Japan

島並　良
上野達弘　著
横山久芳

有斐閣

第3版はしがき

　第2版を刊行してから早くも4年半が経過しました。

　この間，著作権法の分野では，大きな改正が相次いで行われました。「平成最後の大改正」と言われる平成30年改正では，デジタル化・ネットワーク化の進展に対応した柔軟な権利制限規定の整備（著作権法30条の4，47条の4，47条の5）を初めとして，教育の情報化への対応（同35条等），障害者の情報アクセス機会の充実（同37条），アーカイブの利活用の促進（同31条，47条，67条）を目的とした各種制限規定の整備・拡充が実現し，さらに，TPP11整備法の施行に伴い，著作権の存続期間も，著作者の死後70年等に延長されました（同51条等）。続く令和2年改正では，リーチサイト・リーチアプリ対策（同113条2項〜4項等），侵害コンテンツの意図的ダウンロード違法化（同30条1項4号・2項等），写り込みに係る権利制限規定の対象の拡大（同30条の2），著作物を利用する権利に関する当然対抗制度の導入（同63条の2），著作権侵害訴訟における証拠収集手続の強化（同114条の3），アクセスコントロールの保護の強化（同2条1項20号・21号，113条7項等）等が行われました。

　裁判例においても，直近に出されたリツイート事件（最判令和2年7月21日）をはじめとして，著作物や公衆送信権，引用，著作者人格権，侵害主体などの各テーマについて興味深い判決が登場しています。

　現行著作権法は今年で施行後50年を迎えました。この間，急速な情報技術の発達により，著作権法を取り巻く環境は大きく変化し，それに伴い，様々な制度の見直しや運用の改善が行われてきました。今後もそうした営みは不断に継続していくことと思います。本書も適宜に改訂を行い，変化し続ける著作権法の姿を皆さんに正確にお伝えできるように，執筆者一同努力していきたいと思います。

　第3版の改訂に当たっても，有斐閣の藤本依子さん，大原正樹さんと島

i

袋愛未さんに大変お世話になりました。記して感謝申し上げます。

2021 年 3 月

執筆者一同

初版はしがき

　本書は，著作権法について基本的な情報を提供することを目的とした入門書です。私たち執筆者は，いずれも法学部・法科大学院で著作権法を教えており，分量や内容について私たちにとって適切な教科書が少ないことに苦慮してきました。自分たちが授業の教材として使いたい，そして，自分たちが学生時代にこんな本で学びたかった，と思えるテキストを作ったつもりです。また，オーソドックスな叙述の順序に従いながら，変化の激しい著作権問題の最新情報も随所に盛り込んだので，企業や司法の場で著作権法実務に携わる方々にも，ぜひ手に取って頂きたいと願っています。

　著作権法は，民法典の制定（明治29年）後まもない明治32年に旧法が成立して以来，わが国に限っても100年を超える歴史があり，法規だけを見れば明治40年制定の刑法よりも古いのですが，それにもかかわらず著作権法は新しい法分野だと言われています。これは最近，主に技術の発達と，社会意識や経済構造の変化によって，著作権法の適用範囲や紛争が飛躍的に拡大・顕在化し，その社会的重要性が増したことを反映しています。このような動向を受け，学問としての著作権法研究も急速に深化しつつありますが，研究者の数が少ないこともあって，著作権法学に固有の体系や法原理は今もなお模索されている状況です。たとえば，馬に関する法律問題を寄せ集めた「馬事法（the law of the horse）」が独立の学問領域たり得ないのは，馬の売買，馬が起こした人身事故の法的処理，競馬への参加契約など個別問題への対応に終始し，新たな問題への指針を与えるだけの一貫した理論が不在だからですが（サイバー法に関するFrank H. Easterbrook, Cyberspace and the Law of the Horse, 1996 U Chi Legal F 207，および医事法に関する手嶋豊『医事法入門』〔第2版，有斐閣〕7頁の言及を参照），残念ながら，現在の著作権法学もそれに似たような状況から完全に脱したとは言えません。

　本書の執筆にあたり，著者一同は，現在の著作権法学および著作権法実務の達した状況を客観的に捉えると共に，「なぜそうなのか？」という理論的根拠を，私たちなりに考え，できるだけ明確に記述することを心がけました。不十

分なものであっても，現時点での私たちの思考過程を明らかにすることで，混迷する著作権法分野における新たな問題への対応指針を示そうとしたからです。また本書では，各論における具体的帰結はもちろん，全体を貫く基本的な考え方についても，これまでの類書にはない新しいものが見られます。入門書という体裁を採りながら，本書は，私たち3名の著作権法研究における中間報告とも言うことができます。

　とはいえ，著作物一般がそうであるように，本書もまた，先人の業績の上に立っています。とりわけ，諸先生方の著作権法テキストを起点に，私たちなりの思考を巡らすことができたことは幸運でした。また，神戸出身という偶然の一致を除けば，現在の勤務校はもちろん，問題関心や研究スタイルも違う私たちが本書をまとめることができたのは，有斐閣別館会議室での丸4年，18回に及ぶ闊達な検討会議のおかげです（最後の1年間は，執筆者の1名がドイツでの在外研究に従事したので，インターネット会議という技術進歩の恩恵を大いに受けました）。私たちは，著作権法学がまだ固有の法理を確立していないことをむしろ好機と捉え，細部に至るまで徹底的に意見をぶつけ合いました。各章の執筆担当を明示し，文責は各自で負うこととしましたが，他の2名との建設的な論議を経て当初の自説を大きく変更した点も少なくありません。そのような機会と場を提供し，私たちを辛抱強く導いて下さった編集担当の五月女謙一，辻南々子，吉田小百合の各氏に厚く御礼申し上げます。有斐閣の有斐とは，学者と一体となって良書をつくるという意味だそうですが，私たちは今，それを心から実感しています。

2009年盛夏

執筆者一同

著者紹介

島並　良（第1章・第5章担当）

1969年　鳥取県生まれ

1994年　東京大学法学部卒業

1996年　東京大学大学院法学政治学研究科修士課程修了

現　在　神戸大学大学院法学研究科教授

主要著作「権利制限の立法形式」著作権研究35号（2008年）90頁，「デジタル著作物のダウンロードと著作権の消尽」高林龍ほか編『現代知的財産法講座Ⅲ　知的財産法の国際的交錯』（日本評論社，2012年）209頁，「著作権法における消費者の地位」『競争法の理論と課題——独占禁止法・知的財産法の最前線　根岸哲先生古稀祝賀』（有斐閣，2013年）737頁

上野　達弘（第3章・第4章・第8章担当）

1971年　東京都生まれ

1994年　京都大学法学部卒業

1999年　京都大学大学院法学研究科博士後期課程単位取得退学

現　在　早稲田大学法学学術院教授

主要著作「著作物の改変と著作者人格権をめぐる一考察——ドイツ著作権法における『利益衡量』からの示唆（1）（2・完）」民商法雑誌120巻4＝5号748頁・6号925頁（1999年），「著作権法における侵害要件の再構成（1）（2・完）——『複製又は翻案』の問題性」知的財産法政策学研究41号33頁・42号39頁（2013年），『教育現場と研究者のための著作権ガイド』（有斐閣，2021年）（編者）

横山　久芳（第2章・第6章・第7章担当）

1975年　和歌山県生まれ

1997年　東京大学法学部卒業

1999年　東京大学大学院法学政治学研究科修士課程修了

現　在　学習院大学法学部教授

主要著作「編集著作権の現代的意義——『創作性』の判断構造の検討を中心として」著作権研究30号（2004年）139頁，「翻案権侵害の判断構造」『現代社会と著作権法　斉藤博先生退職記念』281頁（弘文堂，2007年），「著作権の制限とフェアユースについて」パテント62巻6号（2009年）48頁

本書を読む前に

1 対象法令

本書は，令和3年1月1日現在で施行されている法令に基づいている。

2 法令名の略語

（　）内における条文の引用にあたって，著作権法は原則として条数のみを表示し，著作権法施行令については，「施行令」と略記した。また，旧著作権法（明治32年法律第39号）については「旧」と表示している。その他の関係法令については，特別なものをのぞいて，有斐閣『六法全書』巻末の「法令名略語」に基づいている。

3 判例の略語

例）最判昭和53年9月7日民集32巻6号1145頁
　＝最高裁判所昭和53年9月7日判決，最高裁判所民事判例集32巻6号1145頁（※判例集未登載のものについては，事件番号を付記した。）

大判（決）	大審院判決（決定）
大連判（決）	大審院連合部判決（決定）
最判（決）	最高裁判所判決（決定）
最大判（決）	最高裁判所大法廷判決（決定）
高判（決）	高等裁判所判決（決定）
知財高判（決）	知的財産高等裁判所判決（決定）
地判（決）	地方裁判所判決（決定）
刑　録	大審院刑事判決録
刑　集	大審院刑事判例集
	最高裁判所民事判例集
民　集	大審院民事判例集
	最高裁判所民事判例集
高民集	高等裁判所民事判例集

下民集 　　　下級裁判所民事判例集

無体裁集 　　無体財産権関係民事・行政裁判例集

知的裁集 　　知的財産権関係民事・行政裁判例集

判　時 　　　判例時報

判　タ 　　　判例タイムズ

評論全集 　　法律学説判例評論全集

最新著判 　　最新著作権関係判例集

ジュリ 　　　ジュリスト

百選（第○版）著作権判例百選（初版，1987 年，第 2 版，1994 年，第 3 版，2001 年，2001 年，第 4 版，2009 年，第 5 版，2016 年，第 6 版，2019 年）

法　教 　　　法学教室

法　時 　　　法律時報

民　商 　　　民商法雑誌

4　文献の略語（太字部分が本文中で用いられている略語）

加戸守行『著作権法逐条講義』（著作権情報センター，六訂新版，2013 年）

小泉直樹『特許法・著作権法』（有斐閣，第 2 版，2020 年）

斉藤博『著作権法』（有斐閣，第 3 版，2007 年）

作花文雄『詳解　著作権法』（ぎょうせい，第 5 版，2018 年）

渋谷達紀『知的財産法講義 II』（有斐閣，第 2 版，2007 年）

高林　龍『標準著作権法』（有斐閣，第 4 版，2019 年）

高部眞規子『実務詳説著作権訴訟』〔金融財政事情研究会，第 2 版，2019 年〕

田村善之『著作権法概説』（有斐閣，第 2 版，2001 年）

中山信弘『著作権法』（有斐閣，第 3 版，2020 年）

半田正夫『著作権法概説』（法学書院，第 16 版，2015 年）

半田正夫＝松田政行編『著作権法コンメンタール 3』（勁草書房，第 2 版，2015 年）

牧野利秋＝飯村敏明編『新・裁判実務大系第 22 巻著作権関係訴訟法』（青林書院，2004 年）

5 条約の略語

北京条約	視聴覚的実演に関する北京条約
ベルヌ条約	文学的及び美術的著作物の保護に関するベルヌ条約
マラケシュ条約	盲人，視覚障害者その他の EP 刷物の判読に障害のある者が発行された著作物を利用する機会を促進するためのマラケシュ条約
レコード保護条約	レコードの無断複製に対するレコード製作者の保護に関する条約
ローマ条約	実演家，レコード製作者及び放送機関の保護に関する国際条約
TRIPS 協定	知的所有権の貿易関連の側面に関する協定
WIPO 著作権条約	著作権に関する世界知的所有権機関条約
WIPO 実演・レコード条約	実演及びレコードに関する世界知的所有権機関条約

目　　次

第1章　著作権法への招待

第1節　はじめに────────────────────────── 2

Ⅰ　著作権法とは何か ……………………………………………………… 2

Ⅱ　対象と視点 …………………………………………………………… 3

第2節　著作権の正当化根拠と特徴─────────────────── 4

Ⅰ　著作権の正当化根拠 ………………………………………………… 4

Ⅱ　著作権の特徴 ………………………………………………………… 5

1　所有権との違い：無体物（情報）の保護　5

2　商標権との違い：創作物の保護　7

3　特許権との違い：伝達手段の保護　7

第3節　全体の見取り図──────────────────────── 9

Ⅰ　法分野としての著作権法 …………………………………………… 9

Ⅱ　法規としての著作権法 ……………………………………………… 11

Ⅲ　著作権制度の概要 …………………………………………………… 12

第2章　著　作　物

第1節　著　作　物─────────────────────────── 16

Ⅰ　はじめに ……………………………………………………………… 16

1　著作物の定義（2条1項1号）　16

2　著作物の例示（10条1項各号）　17

Ⅱ　著作物性（保護要件）………………………………………………… 18

1　定義から導かれる要件　18

2　「思想又は感情」を含むこと　18

3　「表現」されたものであること　23

4　表現に「創作性」があること　27

5　「文芸，学術，美術又は音楽の範囲に属するもの」であること　37

ix

第2節　著作物の種類 ——————————————————— 38

Ⅰ　例示著作物（10条1項）…………………………………………… 38

1　言語の著作物（1号）　38

2　音楽の著作物（2号）　39

3　舞踊または無言劇の著作物（3号）　40

4　美術の著作物（4号）　41

5　建築の著作物（5号）　50

6　図形の著作物（6号）　53

7　映画の著作物（7号）　55

8　写真の著作物（8号）　56

9　プログラムの著作物（9号）　59

Ⅱ　特殊な著作物 …………………………………………………… 62

1　二次的著作物　62

2　編集著作物　65

3　データベースの著作物　70

第3節　保護を受ける著作物 ——————————————————— 73

第4節　権利の目的とならない著作物（13条）——————————— 74

第5節　著作権の保護を受けない情報の保護 ——————————— 76

第3章　著 作 者

第1節　総　論 ————————————————————————— 82

1　創作者主義の原則　82

2　創作者主義の修正　82

第2節　創作者主義の原則 ——————————————————— 83

Ⅰ　著作者の認定（2条1項2号）………………………………… 83

1　判断手法　84

2　判断基準　84

3　事実認定　86

4　著作者の地位　87

Ⅱ　共同著作（2条1項12号）……………………………………… 87

1　共同著作の要件　87

2　共同著作の効果　92

Ⅲ　映画の著作物の著作者（16条）……………………………… 93

1　はじめに　93

2 映画の著作物の著作者の認定方法　94

3 職務著作による映画　96

Ⅳ　著作者の推定（14 条）……………………………………… 97

1 はじめに　97

2 周知の変名　97

3 推定の覆滅　97

第 3 節　創作者主義の修正――――――――――――――― 98

Ⅰ　職務著作（15 条）…………………………………………… 98

1 はじめに　98

2 要　件　100

3 効　果　110

Ⅱ　映画の著作物の著作権帰属（29 条）………………………… 112

1 はじめに　112

2 要　件　113

3 効　果　115

第4章　著作者人格権

第 1 節　総　論――――――――――――――――――――― 122

第 2 節　著作者人格権――――――――――――――――――― 123

Ⅰ　公表権（18 条）……………………………………………… 124

1 内　容　124

2 制　限　126

Ⅱ　氏名表示権（19 条）………………………………………… 127

1 内　容　127

2 制　限　131

Ⅲ　同一性保持権（20 条）……………………………………… 132

1 内　容　132

2 制　限　134

3 他人の同一性保持権侵害を惹起した者の責任　136

第 3 節　みなし著作者人格権侵害（113 条 11 項）――――――― 138

1 はじめに　138

2 名誉または声望　139

xi

第4節　著作者が存しなくなった後における人格的利益保護（60条）——— 140

    1　はじめに　140

    2　請求権者　140

第5章　著作権

第1節　著作権の発生と効力———————————————— 144

    1　権利の発生——無方式主義　144

    2　排他的効力　144

    3　相対的効力　145

第2節　法定利用行為————————————————— 146

  Ⅰ　総　説 ————————————————————— 146

    1　法定利用行為の位置付けと機能　146

    2　法定利用行為の分類　147

    3　公衆・公　148

  Ⅱ　著作物の有形的再製（21条）··································· 150

    1　有形的再製　151

    2　演劇・建築に関する特別規定　154

  Ⅲ　著作物の提示（22条〜25条）······························· 156

    1　上演・演奏（22条）　156

    2　上映（22条の2）　157

    3　公衆送信・伝達（23条）　158

    4　口述（24条）　161

    5　展示（25条）　162

  Ⅳ　著作物の提供（26条〜26条の3）···························· 163

    1　総　説　163

    2　頒布（26条）　164

    3　譲渡（26条の2）　168

    4　貸与（26条の3）　169

  Ⅴ　二次的著作物の作成と利用 ·································· 171

    1　二次的著作物の作成（27条）　171

    2　二次的著作物の利用（28条）　172

目　次

第3節　権利制限 ———————————————————— 175

Ⅰ　総　説 ……………………………………………………… 175

1 独占と自由の調整　175

2 内容と正当化根拠　176

3 規定の性質　177

Ⅱ　法定制限事由 ……………………………………………… 179

1 私的使用のための複製（30条）　179

2 写り込み（30条の2）　186

3 検討の過程における利用（30条の3）　186

4 非享受利用（30条の4）　187

5 図書館における複製等（31条）　190

6 引用による利用（32条）　191

7 教育・試験のための利用（33条〜36条）　196

8 障害者のための利用（37条〜37条の2）　201

9 営利を目的としない上演等（38条）　201

10 報道・国家活動のための利用（39条〜42条の2）　203

11 公的アーカイブのための利用（42条の3，43条）　203

12 放送事業者による一時固定（44条）　204

13 所有権との調整　204

14 電子計算機における著作物利用に付随する利用（47条の4）　206

15 電子計算機による情報処理の結果提供に伴う軽微利用（47条の5）　206

Ⅲ　権利制限の補完制度 ……………………………………… 208

1 翻訳，翻案等による利用（47条の6）　208

2 複製権の制限により作成された複製物の譲渡（47条の7）　208

3 出所の明示（48条）　209

4 複製物の目的外使用等（49条）　209

第4節　保護期間（存続期間）———————————————— 210

Ⅰ　原　則 ……………………………………………………… 210

1 始期と終期起算点　210

2 期　間　211

Ⅱ　例　外 ……………………………………………………… 212

1 無名・変名の著作物　212

2 団体名義の著作物　212

3 映画の著作物　213

4 継続的刊行物等の公表の時　214

xiii

第6章 著作隣接権

第1節 総　論 ——————————————————————————————— 218

  I　隣接権制度の意義 ……………………………………………… 218

  II　隣接権制度の概要 ……………………………………………… 218

    1　著作隣接権の対象　218

    2　著作隣接権の保護要件　219

    3　保護の枠組み　220

第2節　実演家の権利 ————————————————————————— 222

  I　権利の客体と主体 ……………………………………………… 222

    1　実　演　222

    2　実演家　223

  II　実演家人格権 …………………………………………………… 224

    1　総　説　224

    2　氏名表示権（90条の2）　225

    3　同一性保持権（90条の3）　226

  III　実演家の著作隣接権の内容 …………………………………… 228

    1　総　説　228

    2　録音権・録画権（91条）　229

    3　放送権・有線放送権（92条）　231

    4　送信可能化権（92条の2）　235

    5　譲渡権（95条の2）　237

    6　商業用レコードの貸与権（95条の3）　237

第3節　レコード製作者の権利 —————————————————————— 239

  I　権利の客体と主体 ……………………………………………… 239

    1　レコード　239

    2　レコード製作者　239

  II　レコード製作者の権利の内容 ………………………………… 240

    1　複製権　240

    2　送信可能化権　241

    3　商業用レコードの放送等に対する二次使用料請求権　241

    4　譲渡権　242

    5　貸与権　242

目　次

第4節　放送事業者の権利 ─────────────────── 243

I　権利の客体と主体 ··· 243

1　放送に係る音や影像　243

2　放送事業者　243

II　放送事業者の権利の内容 ···································· 244

1　複製権　244

2　再放送権および再有線放送権　245

3　送信可能化権　246

4　テレビジョン放送の伝達権　247

第5節　有線放送事業者の権利 ───────────────── 248

I　権利の客体と主体 ··· 248

1　有線放送に係る音・影像　248

2　有線放送事業者　248

II　有線放送事業者の権利の内容 ······························ 249

1　複製権　249

2　放送権および再有線放送権　249

3　送信可能化権　250

4　有線テレビジョン放送の伝達権　250

第7章　権利の活用

第1節　利 用 許 諾 ──────────────────────── 252

I　債権的利用許諾 ··· 252

1　法的性質　252

2　種　類　252

3　利用許諾の内容　255

4　利用許諾違反の法的効果　258

5　利用権の譲渡　260

6　利用権の第三者対抗力　260

II　出 版 権 ·· 262

1　法的性質　262

2　主　体　263

3　権利の内容　263

4　出版権設定後の複製権等保有者の権利　267

5　出版権者の義務　269

xv

6 出版権設定後の著作者の権利　270

7 出版権の存続期間　271

第2節　譲　渡 ————————————————————— 272

Ⅰ　総　説 ……………………………………………………… 272

Ⅱ　一部譲渡 …………………………………………………… 273

Ⅲ　譲渡の範囲 ………………………………………………… 275

1 契約解釈　275

2 翻案権等の留保の推定　275

3 未知の利用に係る権利の譲渡　277

Ⅳ　対抗要件としての登録 …………………………………… 277

Ⅴ　相続人不存在の場合等における著作権の消滅 ………… 278

第3節　担保権の設定 ————————————————— 279

Ⅰ　総　説 ……………………………………………………… 279

Ⅱ　質　権 ……………………………………………………… 279

1 著作権の行使者　279

2 物上代位　280

3 対抗要件としての登録　280

第4節　著作権の管理 ————————————————— 281

Ⅰ　集中管理 …………………………………………………… 281

1 趣　旨　281

2 著作権等管理事業法　282

Ⅱ　信　託 ……………………………………………………… 284

第5節　裁定による利用権の設定 ————————————— 285

Ⅰ　総　説 ……………………………………………………… 285

Ⅱ　著作権者不明等の場合における著作物の利用 (67条) …………… 285

Ⅲ　裁定申請中の著作物の利用 (67条の2) ………………… 288

Ⅳ　著作物の放送 (68条) ……………………………………… 288

Ⅴ　商業用レコードへの録音等 (69条) ……………………… 288

第6節　権利者が複数の場合 ——————————————— 289

Ⅰ　総　論 ……………………………………………………… 289

Ⅱ　共有著作権 ………………………………………………… 289

1 民法の共有に関する規定との関係　289

2 著作権の行使　290

目　次

3 著作権の譲渡および質権の設定　296

Ⅲ **著作者人格権** ……………………………………………… 298

1 一体的行使の原則　298

2 合意の拒絶が信義に反する場合　299

第8章　権利侵害

第1節　権利侵害の要件 ─────────────── 304

1 権利帰属　304

2 権利侵害　304

Ⅰ **依 拠 性** ………………………………………………… 305

1 依拠性の意味　305

2 依拠性の認定　306

3 依拠性の立証責任　306

Ⅱ **類 似 性** ………………………………………………… 307

1 類似性の意味　307

2 類似性の判断基準　307

Ⅲ **利用行為** ………………………………………………… 315

1 権利の内容　315

2 みなし侵害（113条）　315

第2節　民 事 救 済 ─────────────────── 321

Ⅰ **差止請求（112条）** …………………………………… 321

1 差止請求　321

2 必要な措置の請求（112条2項）　329

Ⅱ **損害賠償請求** …………………………………………… 331

1 はじめに　331

2 損害額の算定（114条）　331

3 過　失　336

Ⅲ **そ の 他** ………………………………………………… 338

1 著作者人格権・実演家人格権侵害における原状回復請求（115条）　338

2 不当利得返還請求　339

第3節　刑 事 罰 ─────────────────── 340

Ⅰ **総　論** …………………………………………………… 340

Ⅱ **各　論** …………………………………………………… 340

xvii

1 著作権等侵害罪（119条）　340

2 著作者・実演家が存しなくなった後における著作者・実演家の
人格的利益の侵害罪（120条）　344

3 技術的保護手段の回避装置等の譲渡等（120条の2）　345

事 項 索 引　347

判 例 索 引　354

ステップアップ 一覧

著作物概念の膨張　（16）

AI生成物の著作物性　（19）

事実の法的保護　（21）

新しい創作性概念（「選択の幅論」）　（32）

書体の今後　（50）

データベースと投資の保護　（72）

法人の共同著作　（89）

別段の定めの立証責任　（110）

職務著作をめぐる議論　（111）

著作者人格権と一般的人格権　（123）

一般条項の活用による著作者と利用者の調整　（135）

一時的蓄積　（152）

建築・建築物と図面・設計図の関係　（155）

店舗内での貸出しと貸与権　（170）

強行法規性——契約による権利制限規定の回避　（178）

書籍の自炊代行　（180）

パロディと適法引用の成否　（193）

映画の著作物の1953年問題　（213）

共同実演　（223）

ウェブキャスティングの位置づけ　（235）

独占的利用権者への差止請求権の付与　（255）

許諾者たる地位の移転　（261）

出版権の細分化　（265）

原稿の買取り　（273）

仲介業務法から著作権等管理事業法へ　（283）

xviii

孤児著作物の取扱い　　(287)

依拠性と類似性の位置付け　　(304)

創作性の高低と類似性判断　　(314)

カラオケ法理の再検討　　(325)

ソフトウェアの違法複製に対する損害賠償請求　　(335)

第 **1** 章

著作権法への招待

著作権法は，小説の執筆や音楽の作曲といった古典的な創作行為だけでなく，通常の市民が日常生活を送る上で，そしてさらに企業の営利活動にとっても，深い関わりを持つ法制度である。いまや著作権法をまったく知らずに暮らしていくことは危険ですらあるが，しかし著作権制度は非常に細かく複雑で，枝葉（個別の制度内容）のみを追っていては，幹（制度全体の正しい運用）を見失うことになる。

本章では，これから著作権法の具体的な内容を学ぼうとする読者のために，あらかじめ理解しておけば役立つ一般的なことがらをまとめておこう。著作権法はそもそも何のためにある制度で，他の法制度と比べてどんな特徴があり，そしてどのような全体枠組みを持っているのかを，本章で押さえてから，第 2 章以下に進んでいただきたい。

第1節　は じ め に
　Ⅰ　著作権法とは何か
　Ⅱ　対象と視点
第2節　著作権の正当化根拠と特徴
　Ⅰ　著作権の正当化根拠
　Ⅱ　著作権の特徴
第3節　全体の見取り図
　Ⅰ　法分野としての著作権法
　Ⅱ　法規としての著作権法
　Ⅲ　著作権制度の概要

第1章 著作権法への招待

第1節 はじめに

I 著作権法とは何か

著作権法は，創作的表現をめぐる関係人の利害を調整する法制度である。私たちは，朝起きてから夜寝るまでに，そして生まれてから死ぬまでに，おびただしい数と種類の創作的表現を享受し，そして自らも生み出している。人の創作活動によって生み出される表現には，小説，音楽，絵画，テレビ番組といった鑑賞の対象となるものもあれば，新聞記事，地図，建築，コンピュータプログラムといった実用的なものもあり，そのバリエーションは広いが，いずれも市民生活や企業活動にとって欠くことができないものである。著作権法は，文化の発展への寄与（1条）を目指して，これら広範な創作的表現（＝**著作物**）について，創作をした者（＝**著作者**）と利用を望む者との利害を調整する社会的ルールを提供している。

著作者にとっては，自己の創作的な活動から生まれた著作物は，まさに自らの分身であり，他人に無断で使われたくないと感じるかもしれない。また，もし他人が自由に自己の著作物を利用できるならば，芸術家は収入の途が限られるし，企業も創作活動への投資を行わなくなる可能性がある。そこで，著作権法は，著作者に著作物に関する独占的な権利（＝**著作権，著作者人格権**）を与えるとともに，著作権を他人にライセンス（利用許諾）したり譲渡したりすることで利益を得る途も認めている。つまり，著作権法は，著作者に独占権を付与することを通じて，著作物が生み出されるための基盤を提供し，ひいては著作物の創作活動を誘引しているのである。

他方，著作物は単に生み出されただけでは社会を裨益しない。それは，人々に享受され，また次なる創作活動への礎となってはじめて，社会にとっての存在意義を発揮する。したがって，著作者の権利を一方的に強化し創作活動の誘引を高めるだけでなく，一定程度，利用の自由を確保する必要もある。そこで，著作権法は，権利侵害となる利用行為類型や権利の存続期間などを限定することで，著作者の権利が無制約に強い権利とならないように配慮している。

Ⅱ　対象と視点

　上述のとおり，著作権法は，ある主体（著作者）に対してある客体（著作物）に関する独占権（著作権，著作者人格権）を付与するとともに，一定の著作物利用行為を権利の侵害であると定めている。したがって，著作権法学の主な対象は，①誰が何について権利を得るのかという〈権利発生面〉の問題と，②利用者のどのような行為がその権利を侵害することになるのかという〈権利侵害面〉の問題の2つに分けることができる。例えば，製薬会社内で新薬の臨床試験データが作成された場合に，そのようなデータが著作物たりうるのか，というのは前者の問題である。また，ネットワーク上で，音楽ファイルを交換することが可能なファイル交換ソフトウェアを提供する行為が，音楽の著作物に関する著作権を侵害するのか，というのは後者の問題である。

　そして，これらの2つの問題を検討する際には，相反する2つの社会的利益，すなわち①著作者をより厚く保護して創作活動を誘引する（インセンティブを与える）ことによる社会的利益と，②利用者をより厚く保護して利用の自由を確保することによる社会的利益という，相互にトレードオフ（二者択一）の関係に立つ利益について，どのように調整するのかが最も基本的な視点になる（**保護と利用のバランス**）。著作物が活発に生み出されてもその利用が許されなければ社会にとって意味がないし，他方で，利用が許されてもその対象となる著作物が生み出されないことには始まらない。例えば，新薬の臨床試験データは社会的にも有益な情報であり，著作物として保護することで創出・収集への投資を促すべきであるが，他方で，有益であるがゆえに他の企業による利用を許したほうが新薬開発に役立つかもしれない。また，音楽に限らずさまざまなファイルを交換できるソフトウェアはインターネット社会にとって有益なツールであるが，逆に，その登場によって，もし音楽CDの売上げに著しい打撃が及び音楽産業が立ち行かなくなるのであれば，そもそも優れた音楽が生み出されなくなるおそれがある。

第1章　著作権法への招待

第2節　著作権の正当化根拠と特徴

Ⅰ　著作権の正当化根拠

　著作権制度はなぜあるのだろうか。著作権の正当化根拠に関しては，歴史的に2つの思想があった。

　第一は，ジョン・ロック[1]の所有権理論に依拠するものである。ロックは，所有権の源泉を自己の労働に置いた。現在でもコモンロー諸国（英米）では，その思想の延長として，創作活動という労働への代償として著作権を正当化する傾向が強い。それによれば，自然状態では誰も創作活動に励まないが，著作物は社会を豊かにするので，その創出を促すための手段として国家が著作権という特別な代償を著作者に与えたとされる。

　著作権を正当化する第二の思想は，ゲオルク・ヘーゲル[2]の哲学に依拠するものである。ヘーゲルは，著作者の個性を反映した作品は著作者の人格の一部であるからこそ，その人に帰属すると考えた。現在でも大陸法諸国では，このように著作権を著作物と人格の結びつきで正当化する傾向が強い。それによれば，著作権は，創作活動を促進するために政府から与えられた政策的な権利ではなく，著作者が人であるがゆえに本来的に手にしている自然権であるとされる。

　図式的にいえば，前者は公益の実現を目指した帰結主義的な正当化根拠であり，後者は私益の保護を目指した淵源からの正当化根拠だということになる。著作権の正当化根拠をめぐるこのような2つの思想の対立は，かつては英米と大陸法諸国の具体的な制度や著作権の捉え方の違いにも色濃く反映していた（我が国の著作権法は後者の影響を強く受けてきたものと位置付けられる）。

　現在では，国際条約を通じて国ごとの制度対立は解消されつつあり，また，我が国の著作権制度を正当化する際にも，通常は創作誘引と人格保護の両方の観点があわせて説明される。それでも著作権の正当化根拠に2つ

---

1)　イギリスの哲学者（1632-1704年）。社会契約論の主唱者。
2)　ドイツの哲学者（1770-1831年）。ドイツ観念論哲学の完成者。

4

の異なる流れがあることは，日本法の解釈論においても今なお，「著作権法をどれだけ実質化して捉えるのか」という問題に重要な視点を提供している。つまり，著作物の創作誘引を強調すれば，たとえ形式的には著作権を侵害する行為であっても，著作者の創作インセンティブに悪影響がなければ許容されるという実質的理解に親和性がある。それに対して，著作者の人格保護を強調すれば，著作者の個性が無断で借用されている限り，そのような著作物利用行為は禁止されるべきだという形式的理解に結びつきやすい。著作権法における現代の争点も，突き詰めて考えると，著作権制度はなぜあるのか，という正当化根拠に関する理解の根本的な相違に起因していることが少なくない。

Ⅱ　著作権の特徴

　ある概念を理解するための最良の出発点は，それと似て非なる概念と区別し，比較することである。そこで，まずは保護の客体に着目した他の権利との区別を通じて，著作権法の学習において基本となる著作権の3つの特徴を列挙しておこう。

1　所有権との違い：無体物（情報）の保護

　書店で本書『著作権法入門』を購入した方は，本書について，ほかでもない「自分のもの」だという感覚を抱くだろう。あなたが本書について抱いているこの感覚は，本書の有体物（物質的な原子の集合体）としての側面を対象としており，それを担保する法律上の権利は所有権と呼ばれる。しかし同時に，あなたが手にしている本書のうち，少なくとも本章の記述については，筆者もまた「自分のもの」だという感覚を持っている。そして，筆者が本書（のうちの本章）について抱いているこの感覚は，本書の無体物（非物質的な情報）としての側面を対象としており，それを担保する法律上の権利こそが「著作権」である。

　このとおり，所有権と著作権は，いずれもある対象について，「自分のもの」だという感覚に法的な強制力を与える権利である点で似ている。しかし両者は，その対象とする側面が異なるので，同時に併存しうる権利で

第1章 著作権法への招待

ある。例えば，あなたが購入した（有体物としての）本書を筆者が盗むと，それはあなたの所有権の侵害にあたるが，あなたが（無体物としての）本章の記述を無断でコピーしてインターネットで配布すると，それは筆者の著作権の侵害にあたる。同じ本書を対象とする権利であっても，所有権と著作権とでは，本書のどの側面を保護しているのか（権利の客体），そして誰が権利を持っているのか（権利の主体）が，異なるわけである[3]。

また，客体が情報という無体物であるために，著作権が侵害されても，情報を盗んだ者の頭の中からその返還を求めることはできない。所有権侵害の効果として，所有権者は物権的請求権を行使して所有物の返還という作為を求めることができるのとは異なり，著作権者は単に著作権侵害行為を停止せよという不作為を請求できるにとどまるのである。

> **裁判例　顔眞卿自書告身帖事件：上告審[4]**
>
> このような所有権と著作権の違いについて，最高裁が明確に述べた著名な事例が，顔眞卿自書告身帖事件である。Xは，顔眞卿（中国唐代の著名な書家）の作品である「自書告身帖」の有体物としての側面（著作権法上は美術の著作物の原作品にあたる）を所有する者であり，Yは，自書告身帖の前所有者の許諾を受けて写真撮影した者の承継人から写真乾板を譲り受け，自書告身帖を収録した『和漢墨宝選集』を制作・出版した者である。Xが，自書告身帖の所有権の侵害を理由に，Yに対して和漢墨宝選集の出版の差止めを請求した。
>
> これに対して最高裁は，「美術の著作物の原作品は，それ自体有体物であるが，同時に無体物である美術の著作物を体現しているものというべきところ，所有権は有体物をその客体とする権利であるから，美術の著作物の原作品に対する所有権は，その有体物の面に対する排他的支配権能であるにとどまり，無体物である美術の著作物自体を直接排他的に支配する権能ではないと解するのが相当である」と述べ，YはXの所有権を侵害していないとして請求を棄却した。なお，自書告身帖の著作権は，仮に現行著作権法が適用されるとしても顔眞卿の死後70年（西暦855年！）で存続期間の満了によって消滅しているから，当然，著作権の侵害も成立しないことになる。

---

3)　画家が自分のキャンバスに絵を描いた場合など，ある作品に関する著作権と所有権の主体が一致する場合も，もちろんある。しかし，その場合であっても，両権利が保護している客体については，作品の無体物としての側面か，それとも有体物としての側面か，という違いがある。

4)　最判昭和59年1月20日民集38巻1号1頁。

2 商標権との違い：創作物の保護

実は，以上にみた所有権との違いは，著作権だけでなく他の知的財産権一般にもあてはまるものである。では，他の知的財産権と比較して，著作権はどのような特徴を持つのだろうか。まずは，商標権との違いに着目しよう。

商標権は，商品やサービスに付される商標という標識（ブランド）を特許庁へ登録することで，その使用を独占する権利である。いわゆる偽ブランド品が横行すると，真正品だと信じて購入した需要者が被害を受けるだけでなく，真正品を販売する主体も市場を失うことになる。単に偽ブランド品の販売分だけでなく，仮に偽ブランド品の品質が劣悪で真正品の評判が落ちれば，それ以上に真正品の販売数が減っている可能性もあるだろう。そこで，標識に化体している営業上の信用を保護するために，標識の無断使用の禁止を求めることができる権利が商標権である。

このように，商標権は，標識に化体した営業上の信用を保護するものであるから（このような特徴を持つ法を，**標識法**という），標識に営業上の信用が化体している限り，法的に保護する必要性がある。したがって，商標権は，更新登録によって永久にでも存続しうる権利とされている（一定期間経過後，シャネルやトヨタの名を騙って誰でも装飾品や車を販売できるとしたら，その時点での営業上の信用が毀損されることになる）。

これに対して著作権は，人の創作物を保護の客体としている（このような特徴を持つ法を，**創作法**という）。そして，創作の誘引という正当化根拠を強調するならば，創作誘引に足りるだけの期間，独占権を認めれば十分である。そこで，著作権は，原則として著作者の死後70年経てば消滅する権利とされている（51条2項）。

3 特許権との違い：伝達手段の保護

もっとも，創作を保護し，それゆえに保護期間が限定されているという特徴は，特許権についてもあてはまる。発明という創作を誘引するための特許権は，やはり一定の期間（特許庁への出願から20年）が満了すると消滅する。では，同じく創作法上の権利である著作権と特許権は，どう違うの

第1章 著作権法への招待

だろうか。両者の最大の違いは、著作権の客体が著作物であるのに対して、特許権の客体が発明である、という点に存在する。

著作物と発明を、仮に、文化的・芸術的か産業的・技術的かという観点で区別するならば、著作権法と特許法の役割分担は明確である。著作権法は文化庁（文部科学省の外局），特許法は特許庁（経済産業省の外局）という，現在まで続く所管官庁の割り振りは，このようなかつての区別を前提としたものである。しかし，マスコミや出版，また映画等のエンターテインメントなど，著作権法が関わる「産業」は以前から少なくない。そして，現在では，コンピュータプログラムやデータベースなど，芸術からは距離のある，より産業的な技術財も著作物として保護されている。したがって，著作物と発明を，産業的であるかどうかという観点から区別することはできない。

著作物と発明の違いはむしろ，伝達手段か伝達対象かという点にある。つまり，著作権はあるアイデアをどのように伝達・表現するのかという手段面に関する創作を保護するのに対して，特許権は伝達される対象であるアイデアそのもの（のうち技術上のそれ）を保護するのである。したがって，例えば，コンピュータプログラムは技術上の創作物であるが，そのコードはコンピュータに対して情報を伝達するための手段であるので著作物として著作権法で保護され，プログラムの機能はコンピュータに伝達される対象であるので発明として特許法で保護されることになる。

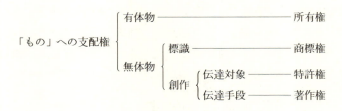

8

第3節 全体の見取り図

I 法分野としての著作権法

次章以下の具体的な各論に入る前に，ここでまず全体を俯瞰しておこう。

いわゆる著作権法は，法分野の名称であるとともに，具体的な法規の名称でもある。法分野としての著作権法は，「著作権法」という名称の法規の他にも，各種の周辺法規（例えば，プログラム登録特例法，コンテンツ創造保護活用促進法，著作権等管理事業法など）や，条約（例えば，ベルヌ条約，TRIPS協定，WIPO著作権条約など）から構成されている。特に，著作権法は国際的調和が最も進んだ法分野の1つであり，国際条約は重要な位置を占めている。

法分野としての著作権法は，著作物の利用技術の進展（例えば，コピー機やインターネットの登場）とともに，現状のルールが社会の実情にそぐわなくなることも多い。そこで近時は，法規としての著作権法はほぼ毎年のように改正されるし，また裁判所による法創造も活発である（次頁の表を参照）。

家庭用ビデオレコーダーすらない昭和45年に現行著作権法が制定された後，弥縫策による法改正や不文の解釈ルールがかなり集積してしまったので，そろそろ抜本的な全面法改正によってルールを明確化し，国民の予測可能性を回復すべき時機が来ている。しかし，いまや著作権法に関係する主体は極めて多様であり，マスコミ，エンターテインメントから，ソフトウェア，電子機器メーカーまでさまざまな産業が関わる上に，芸術活動のみならず日常の市民生活にも影響がある。これらの関係主体の利害は鋭く対立することが多いために，抜本的な全面法改正は，現実には困難な状況にある。特に最近は，権利者団体や権利管理団体と，インターネット等を通じた著作物ユーザー（消費者）との利害が対立して，個別的な法改正すら方向性を見出し難くなる例も少なくない。

第1章 著作権法への招待

著作権法をめぐる立法・条約加盟等		著名な事件等
出版条例制定	明2	
	明19	ベルヌ条約成立
版権条例，脚本楽譜条例，写真版権条例制定	明20	
版権法制定	明26	
旧著作権法制定・ベルヌ条約締結	明32	
	大3	桃中軒雲右衛門事件大審院判決
	昭6	プラーゲ旋風
	昭27	万国著作権条約成立
万国著作権条約加盟	昭31	
現行著作権法制定	昭45	
レコード保護条約締結および対応改正	昭53	ワン・レイニー・ナイト・イン・トーキョー事件最高裁判決
	昭55	パロディ＝モンタージュ事件第一次最高裁判決
貸与権の創設	昭59	顔眞卿自書告身帖事件最高裁判決
プログラムの保護	昭60	
プログラム登録特例法制定，データベースの保護，有線送信権の創設	昭61	
	昭63	クラブ・キャッツアイ事件最高裁判決
実演家等保護条約締結および対応改正	平1	
私的録音録画補償金制度の創設	平4	
WTO協定受諾	平6	
写真の著作物の保護期間延長	平8	
公衆送信権の創設	平9	ポパイ・ネクタイ事件最高裁判決
WIPO著作権条約への対応改正（技術的保護手段・権利管理情報の保護，譲渡権の創設，上映権の拡大，附則14条廃止）	平11	
WIPO著作権条約締結，著作権等管理事業法制定（著作権仲介業務法廃止）	平12	ゴナ書体事件，三島由紀夫書簡事件の各最高裁判決・決定
	平13	ときめきメモリアル事件，ビデオメイツ事件，江差追分事件，キャンディ・キャンディ事件の各最高裁判決
実演家人格権の創設	平14	中古ゲームソフト大阪事件最高裁判決，知的財産基本法制定
映画の著作物の保護期間延長	平15	知的財産戦略本部設置，RGBアドベンチャー事件最高裁判決
音楽レコード還流防止措置の創設	平16	
	平17	知的財産高等裁判所設立，船橋市西図書館事件最高裁判決
機器保守等のための権利制限創設，侵害品輸出の取締り創設	平18	
映画盗撮防止法制定	平19	シェーン事件最高裁判決
侵害コンテンツのダウンロード違法化，権利制限の拡充	平21	
	平23	まねきTV事件，ロクラクⅡ事件，北朝鮮事件，Winny事件の各最高裁判決・決定
権利制限の拡充，侵害コンテンツのダウンロード刑事罰化	平24	ピンク・レディー事件最高裁判決
電子出版権創設	平26	
権利制限の拡充（柔軟化・アーカイブ対応等），保護期間延長・一部非親告罪化（TPP11）	平30	
静止画ダウンロード違法化，リーチサイト規制	令2	リツイート事件最高裁判決

Ⅱ　法規としての著作権法

　とはいえ，学習の出発点は，法規としての現行著作権法（形式的意味での著作権法）であり，本書もその規定内容と解釈を中心に解説している。法規としての著作権法は，次のような8つの章からなっている。

```
　　　〈著作権法の章立て〉　　　　　　　　　〈本書の主な対応箇所〉

　第1章　総　　則 ─────────── 第2章，第3章
　第2章　著作者の権利 ─────────── 第4章，第5章，第7章
　第3章　出　版　権 ─────────── 第7章
　第4章　著作隣接権 ─────────── 第6章
　第5章　私的録音録画補償金 ─────── 第5章
　第6章　紛　争　処　理
　第7章　権　利　侵　害 ──────┐
　　　　　　　　　　　　　　　　　　├第8章
　第8章　罰　　則 ──────┘
```

　著作権法を構成する各章のうち，全体の要となるのは，著作者に与えられる権利の内容を定めた第2章である。加えて，第2章に定められた規定に含まれる各用語，例えば著作物，著作者，複製といった基本概念に関する定義規定を含む第1章と，第2章の権利を侵害した場合の効果を定めた第7章も重要である。学習にあたっては，これら3つの章の規定内容をまずきちんと押さえることが望ましい。

　第3章の出版権や第4章の著作隣接権は，事実上，ある特定の業界に限って適用される特別の権利であり，その具体的な規定内容は非常に細かいものの，第2章の理解を踏まえてそれを応用すれば足りる。また第5章は，第2章の権利を補充する制度の各則であり，また第6章は，第2章の権利について生じた紛争の裁判外処理（ADR）に関する特則である。さらに第8章は，第2章の権利の侵害の一部について刑事罰を規定したものであるから，いずれもまずは上述の基本となる3つの章（第1章，第2章，第7章）の理解が前提となる。

III 著作権制度の概要

ここでは，次章以下に詳述する具体的制度の骨子を説明する。

(1) 権利の発生面

(a) 権利の客体　著作権法は，著作者の権利として著作権と著作者人格権を，また，著作物を伝達する者（実演家等）の権利として著作隣接権を定めている。

このうち，著作権と著作者人格権の客体は，著作物である。著作物とは，思想または感情の表現であること（表現性），創作的であること（創作性），文芸・学術・美術・音楽の範囲に属することという3要件を満たすものをいう。著作権法は著作物の種類として，言語，音楽，舞踊または無言劇，美術，建築，図形，映画，写真，プログラムを例示しているほか，編集物とデータベースも著作物たりうることを規定している。

(b) 権利の主体・発生・存続　著作権と著作者人格権は，創作（著作）と同時に，何らの手続を経ることなく，著作者に帰属する。著作者とは，著作物を創作する者をいい，自然人のほか，一定の要件の下で法人も著作者となりうる（職務著作）。

著作者人格権は一身専属的な人格権であり，譲渡ができず著作者死亡とともに消滅する（ただし著作者の死後も遺族が一定の保護を受ける）。

これに対して，著作権は譲渡可能な財産権であり，譲渡後は著作者と著作権者が分離する。また，映画の著作物についても著作権の帰属について特別な制度がある。さらに，著作権は著作者の死後70年間が経過するまで存続するのが原則である。

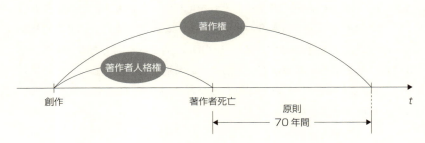

第3節　全体の見取り図　Ⅲ　著作権制度の概要

(2)　著作権の侵害・活用面

(a)　権利侵害　　著作権の侵害成立要件は，①依拠性，②類似性，③法定利用行為である。著作権法は，著作権の侵害行為（法定利用行為）を限定列挙しており，それらの各行為を禁止する権利が支分権である。著作権を構成する支分権には次のものがあり，著作権はこれら各種支分権の束として構成されている。

```
                    著作者人格権 ── 公表権，氏名表示権，同一性保持権

                            ┌ 複製権
                            │
            ┌ 著作者の権利   │ 上演権，演奏権，上映権，公衆送信権，伝達権，
            │               │ 口述権，展示権
            │       著作権   │
            │               │ 頒布権，譲渡権，貸与権
            │               │
            │               └ 翻訳権，編曲権，変形権，翻案権
            │
            └ 著作隣接権
```

(b)　抗弁　　著作権法は，上記の3要件を満たす著作物の利用行為であっても，一定の事由にあてはまれば著作権を制限し，権利侵害が成立しないことを定めている。これらの権利制限は，著作権者と著作物利用者の利益を調整する最後の局面であり，訴訟では抗弁として機能している。

　著作権法が定める著作権の制限事由はかなり広範であり，これによって市民生活や社会活動における著作物利用行為の多くがその自由を認められている。ただし，著作権の権利制限事由は，私的使用のための複製，図書館での複製，引用，学校における複製，非営利目的の演奏，裁判手続等における複製など，計35箇条に限定列挙されており，著作権を制限する一般条項（フェア・ユース規定）は置かれていない。また，これらの権利制限事由によって制限されるのは著作権（および著作隣接権）のみであり，著作者人格権は制限されない。

(c)　侵害の効果　　著作権の侵害に対する民事法上の主な効果は，侵害行為の差止めと損害の賠償である。このうち差止めは，著作権の独占権としての性格（排他性）を基礎づける重要な効果であり，創作を誘引する主な源泉でもある。この差止請求権については，著作権法に固有の効果とし

13

第1章　著作権法への招待

て明文の規定があるが，損害賠償請求権については発生を基礎づける規定がなく，民法上の不法行為の効果として当然に認められている。ただし著作権法は，その困難さに鑑みて，損害額算定に関し民法の原則に対する重要な特則を置いている。

　(d)　権利の活用・管理　　著作権者は，自らの著作権を活用することで，経済的な利益を得ることができる。すなわち，第一に，著作権は譲渡可能な財産権であり，著作権者は権利そのものを売却することで代金を得ることができる。第二に，著作権者は著作権をライセンスすることで，そのライセンス料（著作物利用料）を得ることができる。第三に，著作権者は著作権に担保権や信託を設定することで，その対価を得ることもできる。また，著作権法実務では権利管理団体（JASRAC 等）が重要な機能を果たしているが，その多くの場合，著作権者は管理者に著作権を信託的に譲渡することで管理を委ねている。

第**2**章

著 作 物

　知的財産法は財産的価値のある情報を保護する法である。しかし一口に情報といってもさまざまなものが存在する。知的財産法は，個々の情報の特質を反映した効果的な保護を与えるために，情報の種類・性質に応じて，特許法・意匠法・著作権法など異なる内容を持つ法規によって保護を与えている。著作権法上，著作者の権利（著作者人格権および著作権の双方を含む）によって保護される情報を「著作物」という。現行著作権法は著作物について定義規定を設けており（2条1項1号），この定義に合致するものだけが著作物として保護されることになる。現行法の著作物概念は，著作者の権利によって保護される情報とそれ以外の情報とを識別するという重要な機能を果たしている。本章では，著作物に関して総論的な説明を行った後，著作物の類型ごとに著作物性の認定に関する各論的な検討を行うこととする。

第1節　著 作 物
　Ⅰ　は じ め に
　Ⅱ　著作物性（保護要件）
第2節　著作物の種類
　Ⅰ　例示著作物（10条1項）
　Ⅱ　特殊な著作物
第3節　保護を受ける著作物
第4節　権利の目的とならない著作物（13条）
第5節　著作権の保護を受けない情報の保護

第2章　著作物

第1節　著作物

Ｉ　はじめに

1　著作物の定義（2条1項1号）

　著作物とは，「思想又は感情を創作的に表現したものであつて，文芸，学術，美術又は音楽の範囲に属するもの」をいう（2条1項1号）。著作権法は，その目的規定にあるとおり，「文化的所産」の保護を通じて文化の発展に寄与することを目的とするものであるが（1条），人間の文化活動は広範かつ多様なものであるため，文化的な所産のうち，どのようなものが著作物として保護されるのかは必ずしも明らかではない。そこで，著作権法は，著作物の外延を明確化するために，上述のような著作物の定義規定を設けている。この定義に合致するもののみが現行法上著作物として著作者の権利（著作者人格権および著作権の双方を含む）の保護を受けることができる。

> **ステップアップ**　　**著作物概念の膨張**
>
> 　現行著作権法の定義は，一見して明らかなように，かなり包括的・抽象的なものとなっている。もともと，人間の文化活動は多様なものであり，技術の発展に伴い次々と新たなジャンルが開拓されていくなど流動的な面を有しているため，著作権法上著作物の概念を厳密に特定すると，保護を受ける作品が特定のジャンルに偏ったり，新たなジャンルの作品が一切保護を受けられなくなったりする可能性があり，国民の文化活動を広く奨励するとの著作権法の趣旨にそぐわない結果となる。現行著作権法が包括的・抽象的な定義規定を掲げているのも，文化活動のジャンルによって分け隔てをすることなく，著作者の権利の保護内容に適したものである限り，広く保護を認めようという価値判断の表れである。実際，世界の著作権法の歴史が示すとおり，時代とともに，著作物の範囲は，出版物から，美術，音楽，写真，映画，コンピュータプログラム，データベースへと徐々に拡張される傾向にある。

第1節 著作物 Ⅰ はじめに

2 著作物の例示（10条1項各号）

　著作権法の著作物の定義は極めて抽象的なものであり，これだけでは具体的な著作物のイメージが掴みにくい。そこで，著作権法は，さらに著作物の例示規定を設けている（10条1項各号）。具体的には，著作物には，言語の著作物（1号），音楽の著作物（2号），舞踊または無言劇の著作物（3号），美術の著作物（4号），建築の著作物（5号），図形の著作物（6号），映画の著作物（7号），写真の著作物（8号），プログラムの著作物（9号）がある。ただし，これらはあくまで著作物の例示にすぎないため，10条1項各号の例示に該当しなくても，2条1項1号の著作物の定義に合致するものは著作物として保護される[1]。したがって，著作物性の検討においては，対象物が2条1項1号の著作物の定義に合致するかどうかのみを検討すればよく，それ以上に対象物が10条1項各号のいずれに該当するかを明らかにする必要はない。

　もっとも，著作権法の規定の中には，10条1項各号の分類を前提とし，特定の種類の著作物に対してのみ適用される特則が存在する[2]。こうした特則の適用を主張するためには，対象物が特定の種類の著作物に該当することを主張立証する必要がある[3]。しかし対象物が特定の種類の著作物に該当しないとしても，それは特則の適用が受けられないというだけのことであり，2条1項1号の著作物の定義に合致するものである限り，一般的な著作物としての保護が受けられることに変わりはない。

---

1)　例えばプログラムの著作物（10条1項9号）は，昭和60年の法改正により10条1項の例示に加えられたが，その法改正の前から，裁判実務では，プログラムの著作物性が認められていた（東京地判昭和57年12月6日無体裁集14巻3号796頁〔スペース・インベーダー事件〕）。

2)　例えば，美術の著作物（10条1項4号）と未発行の写真の著作物（8号）については，一般の著作物には認められない展示権という権利が認められている（25条）。

3)　なお，著作物の中には，複数の種類に該当する複合的な性格を持ったものも存在する。例えば，ビデオゲームは，プログラムの著作物（10条1項9号）であると同時に，映画の著作物（7号）でもある。また，観光案内図のように，絵画的要素を有する地図は，図形の著作物（6号）であると同時に美術の著作物（4号）でもある（大阪地判昭和51年4月27日無体裁集8巻1号130頁〔パリ市鳥瞰図事件〕参照）。

第2章 著 作 物

II 著作物性 (保護要件)

1 定義から導かれる要件

現行著作権法の定義によれば，著作物として保護されるには，①「思想
又は感情」を含むこと，②「表現」されたものであること，③表現に「創
作性」があること，④「文芸，学術，美術又は音楽の範囲に属するもの」
であること，という4つの要件を充足する必要がある。一般にこれら4つ
の保護要件を充足することを**著作物性**があるという。著作者の権利を主張
する者は，まず対象物が著作物性を有することを主張立証しなければなら
ない。以下，①~④の要件について，個別に検討を加えることにする[4]。

2 「思想又は感情」を含むこと

(1) 意 義

著作物というためには，対象物に著作者の「**思想又は感情**」が含まれて
いる必要がある。著作権法は，特許法等の産業財産権法と同様に創作法の
一環をなすものであるから，著作権法で保護されるためには，最低限，人
間の精神的活動の成果といえるものでなければならないということである。

もっとも，ここでいう思想，感情とは，芸術的，学問的に高度なもので
ある必要はなく，表現者の何らかの考えや気持ちが表れているという程度
でたりる。また，著作権法は，問題となる思想または感情の範囲を特に限
定していないから，芸術・哲学・科学・娯楽等，対象物のジャンルを問わ
ず，およそ人間の主体的な創作活動の成果と認められるものは著作権法上
の思想，感情が含まれていると解することができよう[5]（これに対し，特許
法は専ら技術的思想のみを対象とすることを明確にしている〔特許2条1項参照〕）。

---

4) なお，事案によっては，①~④の要件の判断が重複することも生じうる。例えば，自然物
は著作物として保護されないが，それは「思想又は感情」を含まないからと説明することも，
「創作的に表現」されたものでないからと説明することもできる。どちらで説明しても，著
作物性が否定されるという法的効果に差が生じない以上，特に問題はない。著作物性の判断
では，①~④の各要件の判断が重複しうることを前提に，各要件の趣旨に照らしていずれの
要件の問題として論じることが最も据わりがよいかという観点から，検討を行うべきである。
5) 東京高判昭和62年2月19日無体裁集19巻1号30頁〔当落予想表事件：控訴審〕は，2
条1項1号の「思想又は感情」を「人間の精神活動全般を指す」と述べている。

18

第1節 著作物 II 著作物性（保護要件）

このように，著作権法上の思想，感情の意義は極めて緩やかに解されているため，実際の事件において本要件が争われることはごく稀である。以下では，例外的に本要件が否定される例をいくつか列挙しておくこととしよう。

(2) 具体例

① 自然物やコンピュータ自動生成物

思想，感情を含むとは，人間の創作的な関与があることをいうから，対象物が人間の主体的な創作活動の成果といえない場合には，本要件が否定される。例えば，綺麗な貝殻などの自然物は，美的鑑賞の対象になるようなものであっても，その造形に人間の創作的な関与がないから，思想，感情が含まれておらず，著作物として保護されない。同様に，動物が描いた絵も，人間の思想，感情が含まれていないから，著作物ではない[6]。コンピュータによる作画や作曲（コンピュータ自動生成物と呼ばれる）も，すべてコンピュータが自動的に行うものである限り，人間の思想，感情が含まれていないから，著作物ではないことになる。

動物が描いた絵やコンピュータ自動生成物も，外見上は，人間が作った著作物と同じく，美的鑑賞の対象となりうる。しかし著作権法は人間の創作活動を奨励するために著作物を保護するものであるから，人間の創作行為が介在しない物に対して，著作物としての保護を与えることはできない。外見上，人間の創作物のようにみえるものは，通常は，思想，感情を含むものとして取り扱われることになるであろうが，思想，感情を含むか否かが争われた場合には，権利を主張する者が，対象物の創作過程を明らかにし，当該対象物が人間の主体的な創作行為の成果であることを主張立証する必要がある。

> ### ステップアップ AI生成物の著作物性
>
> 近年，AI（人工知能）技術が急速に発達し，AIを用いたコンテンツの制作が活発に行われている。例えば，最近では，ビートルズの作品を学習したAIがビートルズ風の楽曲を作成したり，レンブラントの作品を学習したAIがレンブラント風の絵画を作成したり，AIが作成した星新一風の短編小説が星新一賞の一次審査を通過したりして話題を呼んでいる。AIが制作したコンテンツの中には，人間が創

---

6) 加戸22頁参照。

第2章　著作物

作した作品と遜色ないものも多い。では，AI 生成物は著作物として保護されるで
あろうか。

　AI 生成物が著作物として保護されるためには人の「思想又は感情」が含まれて
いることが必要である。例えば，人が AI による作品の制作過程において，AI に
細かなチューニングを行うなどして表現の創出に創作的に寄与したといえる場合に
は，AI 生成物は人の「思想又は感情」を含むものといえ，著作物性を認めること
ができるであろう。これに対し，人が AI にごく簡単な指示を与えるのみで，AI
が表現を自律的に生成するような場合には，AI 生成物は人の「思想又は感情」を
含むものとはいえず，著作物性は否定されることになろう[7]。現時点では，前者の
AI 生成物が多いが，今後，AI 技術が高度に発達してくれば，後者の AI 生成物が
増えてくると思われる。これまで，外見上，人間が作ったように見える表現物は，
ほとんどの場合，実際に人間が創作したものであったため，「思想又は感情」要件
が問題とされることはなかったが，今後，AI 生成物が社会に広く流通するように
なれば，対象物が人の創作に係るものか否かが重要な争点となり，本文で述べたよ
うに，「思想又は感情」要件の立証が求められる場面も増えてくるであろう。

　なお，AI にコンテンツを制作させるためには，膨大な量の学習データを準備し，
AI に学習させることが必要であり，価値ある AI 生成物を獲得するためには，多
大な投資を要することが多い。ゆえに，立法論としては，AI を用いたコンテンツ
制作への投資を奨励するために，AI 生成物に特別な保護を認めることも検討に値
する[8]。すでに我が国の著作権法は，レコード製作者や放送事業者など，著作物等
の情報を伝達する者に対し，伝達行為に係る投資を保護する見地から著作隣接権の
保護を認めている（詳細は，第6章参照）。AI 生成物を業として制作する者は，価
値ある表現物を社会に伝達することに貢献しているのであるから，AI 生成物を著
作権法の枠組みで保護するとするならば，著作隣接権制度を活用することが一考に
値すると思われる[9]。

---

[7]　知的財産戦略本部検証・評価・企画委員会新たな情報財検討委員会『新たな情報財検討委
　員会報告書──データ・人工知能（AI）の利活用促進による産業競争力強化の基盤となる
　知財システムの構築に向けて（平成29年3月）』36頁参照。

[8]　AI 生成物の法的保護に係る立法の選択肢について，上野達弘「人工知能と機械学習をめ
　ぐる著作権法上の課題」『知的財産紛争の最前線（L&T 別冊3号）』（民事法研究会，2017
　年）59〜61頁参照。

[9]　内田剛「コンピュータ生成作品の著作権による保護とその保護のための課題──オースト
　ラリアにおける3つの判決からの示唆」渋谷達紀教授追悼『知的財産法研究の輪』（発明推
　進協会，2016年）557〜558頁，横山久芳「AI に関する著作権法・特許法上の問題」法時
　91巻8号（2019年）51〜52頁参照。

20

第1節　著作物　Ⅱ　著作物性（保護要件）

②　事実と著作物

　例えば，株価等のデータ，自然科学上の事実，歴史上の事実などのいわゆる**事実**は，人間の思想，感情といった主観的要素を含まない客観的な存在として社会的に取り扱われるものであるため，著作物として保護されない。事実の中には，その発見に多大な労力や費用を要するものもあるが，いかに労力や費用を投じても，単なる事実を著作権により保護することはできない。事実は，さまざまな言論活動や研究活動の前提をなすものであって，事実に対して著作権による長期間の独占を認めることは表現の自由や学問の自由に対する重大な制約となるからである[10]。

　このように，事実は著作物として保護されないから，事実そのものを格別の評価・意見を入れることなく簡潔に記載した文章は，著作物とはいえない[11]（例えば，「何年何月何日に誰某が死亡した」という単純な死亡記事などは著作物ではない）。著作権法10条2項が事実の伝達にすぎない雑報および時事の報道は，言語の著作物に該当しないと規定しているのは，このことを明らかにしたものである。もっとも，通常の新聞記事のように，事実を素材として扱ったものでも，事実の表現過程に執筆者の創意工夫が凝らされたものは，事実そのものを記載したものではなく，執筆者の思想，感情を創作的に表現したものであるから，著作物として保護されることになる[12]。

> ### ステップアップ　事実の法的保護
>
> 　事実は著作権の保護の対象とならない。したがって，他人が取得した事実を利用することは原則として自由である。しかし，事実の利用が商慣習上不公正な態様で行われる場合には，違法性を帯びることがある。例えば，アメリカでは，報道機関である原告が労力・費用を投じて取得した事実（ニュース）を原告が公衆に配信する前に，原告の競合他社である被告がこれを入手して，原告より先にその事実を公衆に配信した行為について，著作権侵害を否定しつつ，不正競争法理（misappro-

---

10)　中山信弘「著作権法における思想・感情」特許研究33巻8頁（2002年）参照。

11)　知財高判平成20年7月17日判時2011号137頁〔ライブドア裁判傍聴記事件：控訴審〕参照。

12)　東京地判昭和53年6月21日無体裁集10巻1号287頁〔日照権事件〕，東京地判平成6年2月18日知的裁集26巻1号114頁〔日経コムライン事件〕，東京地判平成10年10月29日知的裁集30巻4号812頁〔SMAP大研究事件〕など参照。

第2章　著作物

priation doctrine）に基づく救済を認めた例がある[13]。これほど極端ではないが，我が国でも，原告新聞社が発行した新聞記事の見出し（以下，「原告記事見出し」という）を被告が商業的に利用する行為（被告は会員にニュース記事をリンクした原告記事見出しを配信するサービスを行っていた）について，原告記事見出しは著作物として保護されないとして著作権侵害を否定しつつ，被告による原告記事見出しの利用行為が不法行為にあたるとした裁判例がある[14]。判決は，原告が記事見出しの作成のために多大な労力・費用を投入し，かつ，著作権法により保護されないとしても，相応の苦労・工夫により作成したものであって，原告記事見出しのみでも有料での取引対象にされるなどの独立した価値を有するものであることから，原告記事見出しは法的保護に値する利益を有するとした上で，被告は，原告に無断で，営利目的をもって，反復継続して，しかも，原告記事見出しが作成されて間もないいわば情報の鮮度が高い時期に特段の労力を要することなく原告記事見出しをデッドコピー（ほぼそっくりそのままコピーすること）して被告リンク見出しを作成し，配信しているから，被告の行為は，社会的に許容された限度を超えて原告の法的保護に値する利益を侵害するものであると判示している。

③　書　式

その他，裁判例では，船荷証券や契約書面などの書式について，作成者個人の思想，感情を表現したものとはいえないとして，著作物性を否定するものがある[15]。書式には，法律や商慣習に照らし，当然記載すべき事項が存在するから，これらの記載事項をそのまま表現したにすぎない書式は，社会的事実を単に視覚化しただけのものであり，作成者の思想，感情を含むものとはいい難く，かりに何らかの思想，感情が含まれているとみるにしても，創作的に表現されたものとはいえないであろう[16]。もっとも，書式であっても，記載事項のまとめ方や文章表現等に相応の工夫が認められれば，作成者の思想，感情が創作的に表現されたものとして，著作物性が肯定されることもあろう[17]。

---

13)　International News Service v. Associated Press, 248 U.S. 215 (1918).

14)　知財高判平成 17 年 10 月 6 日判例集未登載（平 17 ㈺第 10049 号）〔読売オンライン事件：控訴審〕。

15)　東京地判昭和 40 年 8 月 31 日下民集 16 巻 8 号 1377 頁〔船荷証券事件〕，東京地判昭和 62 年 5 月 14 日判時 1273 号 76 頁〔契約書事件〕。

16)　中山 56〜57 頁参照。

17)　規約について著作物性を肯定したものとして，東京地判平成 26 年 7 月 30 日判例集未登載（平 25 ㈹第 28434 号）〔修理規約事件〕参照。

3 「表現」されたものであること

　著作物というためには，著作者の思想，感情が**表現**されたものでなければならない。この表現という要件には，次の2つの意味がある。

(1) 外部的な認識可能性

　著作物というためには，著作者の思想，感情が外部に認識可能な形で表現されていることが必要である。思想，感情が著作者の頭の中にあって，未だ外部に表現されていない場合や，著作者が主観的には何らかの思想，感情を表明したつもりでも，外部からそれを認識することができない場合には，著作者の思想，感情が表現されたとはいえないから，著作物としての保護を受けることはできない。外部から表現として認識できない情報は，社会的に意味がなく，またその存在も不明確であるため，法的保護に値しないからである。

　もっとも，表現というためには，著作者の思想，感情が外部から認識可能な状態にあればよく，物（紙やディスクなど）に固定される必要はない。例えば，その場限りで行われる即興漫才や即興演奏のようなものも，創作性があれば著作物として保護される[18]。ただし，著作権侵害訴訟においては，権利を主張する者が権利の発生についての主張立証責任を負うため，物への固定がない場合は，権利の発生事実の主張立証が困難になるという問題はある。

　また，著作物というためには，思想，感情の表現物であればよく，作品として完成している必要はない。下書き，スケッチの類も著作物として保護されるし，作品の一部であっても，それだけで保護要件を満たす限り，著作物性が認められる。例えば，小説は多数の著作物性のある表現から構成されているため，ごく一部の表現が利用された場合でも著作権侵害が成立することがある。

---

18) ベルヌ条約は，同盟国が物への固定を著作物の保護要件としてもよい旨，定めており（同条約2条2項），アメリカのように著作物の保護要件として物への固定（fixation）を要求している国もあるが，我が国はそのような立場を採っていない。

第2章 著作物

(2) 思想，感情を個別具体的に表現したものであること

① 「表現・アイデア二分論」

　著作物とは，著作者が自らの思想，感情を混入して個別具体的に表現したものをいう。そのような具体的な表現を生み出すもととなった思想，感情それ自体は著作物として保護されない。

　例えば，画家が独創的な画法を考案し，その画法を用いて絵画を描いたとしよう。この場合，出来上がった絵画は，画家の美術的な思想，感情を創作的に表現したものであるから，著作物として保護されよう。しかし，その絵画のもととなった画法は，画家の美術的な思想，感情そのものであるから，著作物として保護されない。ゆえに，他人の絵画の具体的表現を模倣すれば，著作権の侵害となるが，絵画に表現された画法を真似て別の絵画を描けば，著作権侵害とはならないことになる[19]。同様に，学者が独創的な学問的知見に基づいて論文を執筆したという場合も，出来上がった論文は，学者の学術的な思想，感情を創作的に表現したものであるから，著作物として保護されるが，その論文に表明された学問的知見は，学者の学術的な思想，感情そのものであるから，やはり著作物として保護されない。ゆえに，他人の論文の具体的表現を模倣すれば，著作権の侵害となるが，論文に表現された学問的知見を利用して別個の論文を執筆すれば，著作権侵害の問題は生じない[20]。

　このように，著作権法は，著作者の思想，感情とその個別具体的な表現とを区別し，個別具体的な表現のみを著作物として保護することにしている[21]。このような考え方を，講学上，「**表現・アイデア二分論**（expres-

---

19) 京都地判平成 7 年 10 月 19 日知的裁集 27 巻 4 号 721 頁〔アンコウ行灯事件〕は，美術作品の著作権侵害が争われた事案において，行灯の「容器内部に液体を満たして，その表面上に発光体を浮かべて，一体のものとして幽玄な空間を表現」するという着想が類似しているだけでは著作権侵害を肯定することはできないとしている。

20) 大阪地判昭和 54 年 9 月 25 日判タ 397 号 152 頁〔青色発光ダイオード学位論文事件〕，大阪高判平成 6 年 2 月 25 日知的裁集 26 巻 1 号 179 頁〔脳波数理解析論文事件：控訴審〕など参照。他人の論文に公表された学問的知見を剽窃する行為は，学術的なプライオリティを損なう行為であって道徳的な非難の対象となるが，具体的な表現の剽窃行為がない限り，著作権法上の問題が生じる余地はない。

21) 大阪地判昭和 59 年 1 月 26 日無体裁集 16 巻 1 号 13 頁〔万年カレンダー事件〕は，暦年（1917 年～2084 年）を横軸に，各月（1 月～12 月）を縦軸にとり，その交差する点（各年の各月を表示している）に 7 色の色彩を配した万年暦と，第 1 日目の曜日により 7 種類に区分された各月を上記 7 色の色彩で表示した索引表を設け，両者を組み合わせることにより，

第1節　著作物　Ⅱ　著作物性（保護要件）

sion-idea dichotomy）」（以下，「二分論」）という。著作権法10条3項は，プログラムの著作物を作成するために用いられる言語，規約，解法にはプログラムの著作物の保護が及ばないとしているが，これは，プログラム言語，規約，解法がプログラムを表現するもととなるツール，ルール，**アイデア**にすぎないため，それ自体は著作物として保護されないということを示したものであり，プログラムの著作物に関し「二分論」を具体的に適用した例ということができる。「二分論」は，我が国のみならず，国際的にも広く受け入れられている著作権法の大原則である[22]。

②　「二分論」の根拠

表現物に表れたアイデアも，著作者の知的創作活動の成果にほかならない。画家が独創的な画法を編み出して絵画を描いた場合や，学者が画期的な学問的知見を論文で表明したという場合には，具体的な表現よりも，むしろ独創的なアイデアにより大きな創作的価値があるともいえよう。しかし，著作権法は，アイデアがいかに独創的なものであっても，これを保護せず，その具体的な表現に限って保護を与えることとしている。それはなぜであろうか[23]。

表現の多様性の確保　　第一に，アイデアはパブリック・ドメインとして誰もが自由に利用できるものとしたほうが，表現の多様性を確保し，文化の発展に寄与することになるということがある。例えば，1つの画法からは多様な絵画的表現が生み出される可能性があるが，画法が著作物として保護されるならば，著作権者以外の者がその画法をもとに多様な表現を追求する自由が根本から制限されることになる。また，新たな学問的知見は，それが優れたものであればあるほど，後行の研究者によって自由に批判，検証されることが望ましいものであるが，学問的知見が著作物として保護されるならば，そのような自由な研究活動が阻害される

　100年以上にわたって曜日を把握できるようにしたカレンダーについて，万年カレンダーの着想（アイデア）そのものを具体化したものであって，実用新案権の対象となることは別として，著作物性を認めることはできないと判示している。

[22]　TRIPS協定9条2項は，「著作権の保護は，表現されたものに及ぶものとし，思想，手続，運用方法又は数学的概念自体には及んではならない」と規定する。

[23]　「二分論」の趣旨につき，詳しくは，中山61～64頁，上野達弘「著作物性(1)総論」法教319号161頁（2007年）などを参照。

25

第2章　著　作　物

ことになるだろう。このように，アイデアのような抽象的な成果は，将来
の多様な表現活動の前提をなすものであるから，特定人に独占させるより
も，万人の自由な利用に供することが社会全体の表現活動を活性化するこ
とにつながると考えられる[24]。一方，アイデアを具体的に表現する手法に
は一般にさまざまなものが考えられるから，そのありうる選択肢の1つで
ある具体的な表現に保護を与えても，その著作者以外の者の表現活動を不
当に制約することにはならない。むしろ，表現のレベルで保護を与えるこ
とは，後行の表現者が他人の著作物の表現を安易に模倣することなく，独
自の表現を追求するインセンティブを与えることとなり，著作物の豊富化，
多様化に資することとなろう。

現行制度との適合性　　第二に，現行法を前提とする限り，著作権法は，アイデ
アという抽象的なレベルで保護を与えるのに適した制度
ではないという点である[25]。例えば，特許法は「発明」という技術的思想
を保護しているが（特許2条1項），思想という抽象的なレベルで保護を与
えることによる弊害を緩和するために，保護の対象を「自然法則を利用し
た技術的思想」に限定し（特許2条1項），かつ，保護要件として新規性，
進歩性を要求し（特許29条），権利範囲を公示する制度を設け（特許36条2
項，66条3項），権利の効力が及ぶ範囲を業としての実施行為に限定し（特
許68条），権利の存続期間も出願から20年と相対的に短く設定している
（特許67条）。その結果，特許法では，思想という抽象的なレベルで保護を
与えているにもかかわらず，他者の表現の自由や学問の自由を過剰に制約
するという弊害がほとんど生じていない。これに対して，著作権法は，保
護の対象となる思想，感情の範囲を特に限定しておらず，保護要件も新規
性，進歩性のような高度なものを要求していない。その上，権利範囲を公
示する制度もなく，権利の効力を業としての行為に限定しておらず（私人
の利用行為も対象となる），かつ権利の存続期間は原則，著作者の死後70年
と極めて長く，財産権のみならず人格権の保護も認められている。このよ
うな制度において，アイデアという抽象的なレベルで保護を与えた場合の
弊害は極めて大きいといえる（例えば，ある画家が遠近法を考案した後，その

---

24)　前掲注20)〔脳波数理解析論文事件：控訴審〕参照。

25)　東京高判平成12年9月19日判時1745号128頁〔舞台装置事件：控訴審〕。

26

画家の死後 70 年が経過するまでの間，その他の者が遠近法を利用した絵画が描けなくなることを想像してみるといいだろう）。したがって現在の制度を前提とする限り，著作物の保護は表現のレベルに限定されるべきである。

> **裁判例** **脳波数理解析論文事件：控訴審[26]**
>
> 　数学に関する論文に含まれる命題の解明過程およびこれを説明するために使用した方程式が著作物として保護されるかが問題となった事案において，判決は次のように述べる。「一般に，科学についての出版の目的は，それに含まれる実用的知見を一般に伝達し，他の学者等をして，これを更に展開する機会を与えるところにあるが，この展開が著作権侵害となるとすれば，右の目的は達せられないことになり，科学に属する学問分野である数学に関しても，その著作物に表現された，方程式の展開を含む命題の解明過程などを前提にして，更にそれを発展させることができないことになる。このような解明過程は，その著作物の思想（アイデア）そのものであると考えられ，命題の解明過程の表現形式に創作性が認められる場合に，そこに著作権法上の権利を主張することは別としても，解明過程そのものは著作権法上の著作物に該当しないものと解される。」

4　表現に「創作性」があること

(1)　総　説

①　意　義

　著作物として保護されるためには，創作的に表現されたものであること，すなわち，**創作性**が必要である。著作権は，特許権などと同様に，人間の知的創作活動を奨励するために付与されるものであるから，著作権の保護対象となる著作物は，人間の知的創作活動の成果でなければならない。いかに多大な労力や費用をかけ，"額に汗"して制作したものであっても，そのことだけでは著作物として保護することはできないのである。

　このように著作物として保護されるためには創作性が必要となるが，その具体的内容は，著作者の何らかの個性が表現されていればよいというふうに緩やかに解釈されている。特許法における新規性・進歩性（特許 29 条）のような高度なレベルのものは要求されない[27]。例えば，児童の作文

---

26)　前掲注 20)〔脳波数理解析論文事件：控訴審〕参照。

27)　前掲注 5)〔当落予想表事件：控訴審〕，東京高判平成 10 年 2 月 12 日判時 1645 号 129 頁

第2章 著作物

やお絵かき，日記や書簡のように，目新しさもなく，また独創性に乏しい
ものでも，創作性が認められ，著作物として保護されるのである。

② 創作性要件が緩やかに解釈される理由

では，なぜ著作権法上の創作性は緩やかに解釈されているのであろうか。
この点を，特許法と対比して考えてみよう[28]。

特許権の保護対象は技術である。技術は日々進歩・発展していくもので
あるから，従来技術と大差ない陳腐凡庸な技術を保護することに意味はな
く，このような技術に独占を認めることはかえって産業の発展を妨げる危
険性があるため，新規性・進歩性を有しない技術は保護が否定されるべき
である。また，技術は，その優劣をある程度客観的に評価することが可能
であるため，新規性・進歩性を保護要件として定立しても，裁判所による
特許性の判断が主観的・恣意的になされるおそれが少なく，法的安定性が
害されることもない。

一方，著作権の保護対象は小説，絵画等の文化的な表現物である。文化
の世界は，多様性の世界であり，技術のように進歩・発展していくという
ものではなく（例えば，古典文学が現代文学に比べて必ずしも劣っているという
わけではない），むしろ，多種多様な表現物が存在すること自体に価値があ
る。したがって，著作権法においては，表現物の価値（新規性・進歩性）を
問わず，著作者の何らかの個性が表れている限り，広く著作物として保護
すべきであるということになる。また，表現物は，技術のように，客観的
な価値評価の基準が存在しないため，著作権法において，新規性や進歩性
を著作物の保護要件とすると，裁判所による著作物性の判断が恣意的なも
のとなり，法的安定性が害されることになる（例えば，現代美術を嫌悪する
裁判官は，現代美術に独創性がないとして創作性を否定する可能性もある）。そこ
で，著作権法においては，後述するとおり，客観的にみて著作者の個性が
表れていないことが明らかな場合を除いて，広く創作性を認めるべきであ
るとされるのである[29]。

〔四谷大塚事件：控訴審〕，斉藤 75〜76 頁，作花 67 頁，渋谷 24 頁，高林 19 頁など参照。
28)　この点につき，詳しくは，中山信弘『マルチメディアと著作権』（岩波書店，1996 年）
　　40 頁以下を参照。
29)　東京高判平成 14 年 10 月 29 日判例集未登載（平 14 (ネ)第 2887 号等）〔ホテル・ジャンキ
　　ーズ事件：控訴審〕参照。

第1節 著作物 Ⅱ 著作物性（保護要件）

(2) 創作性が否定される場合

以上のように，著作権法の創作性は極めて緩やかに解釈されているが，ではどのような場合に，創作性が否定されることになるのだろうか。

① 既存の著作物の模倣

既存の著作物をそのまま忠実に模倣した場合，その模倣物には模倣者の独自の創作性が表現されていないから，当該模倣物は既存の著作物の単なる複製物であって，模倣者の著作物としては保護されない。模写画を描く場合など，既存の著作物を忠実に模倣するには相当な技量や労力を要する場合もあるが，表現にあたって技量や労力を要することは著作権の保護の根拠とはならないから，模倣物が元の著作物と客観的に同一であって，模倣者独自の創作性が付加されていない場合には，当該模倣物を模倣者の著作物とみることはできない[30]。例えば，他人の絵画の忠実な模写画を第三者が複製した場合には，他人の絵画の著作権侵害となることは別として，模写者との関係で著作権侵害が問題となることはない[31]。

もっとも，既存の著作物を模倣するという場合でも，元の著作物を忠実に再現するのではなく，模倣者自身の独自の創作的表現を付加したものは，模倣者の著作物として保護を受けることができる[32]（元の著作物の表現上の本質的特徴の同一性を維持しつつ，元の著作物の表現に変更等を加えて，模倣者が新たに創作的に表現したものは，元の著作物の二次的著作物となる。二次的著作物については，本章第2節Ⅱ1(1)を参照）。

② 不可避的な表現・ありふれた表現

既存の著作物を模倣することなく，独自に表現を創作した場合であっても，その表現行為の目的や性質上，表現の仕方が一義的に決まってしまい，それ以外に他に表現しようがないという場合（**不可避的な表現**）や，表現の仕方が一義的に決まるというほどではないが，それ以外の表現を選択する

---

30) 加戸22〜23頁参照。

31) 知財高判平成18年11月29日判例集未登載（平18(ネ)第10057号）〔江戸風俗画模写事件Ⅱ：控訴審〕参照。

32) 模写画の一部につき，著作物性を認めた例として，東京地判平成11年9月28日判時1695号115頁〔新橋玉木屋事件〕，知財高判平成18年9月26日判例集未登載（平18(ネ)第10037号・第10050号）〔原判決（東京地判平成18年3月23日判時1946号101頁）を引用〕〔江戸風俗画模写事件Ⅰ：控訴審〕参照。

第2章 著作物

余地が小さく，誰がやってもほぼ同じような表現になるであろうという場合（**ありふれた表現**）には，その表現に著作者の個性が表れていないとして，創作性が否定される[33]。不可避的な表現やありふれた表現は，同種の表現行為を行う者がごく一般的に採用する表現であるから，著作権の保護を与えてまでその創作活動を奨励する必要があるとは言い難い。かえって，この種の表現に著作権の保護を認めた場合には，同種の表現行為を行うことが不可能または著しく困難となり，他者の表現活動の自由を過度に制約することになりかねない[34]。例えば，学問上の概念をごく簡潔な文章で定義する場合には，定義を行うという表現行為の目的上，概念の意味内容をできる限り正確かつ厳密に伝達する必要があるために，用語の選択の幅が限られ，定義の内容が決まれば，その文章表現は誰がやってもほぼ同様のものとなる可能性がある。このような場合には，創作性が否定されることになる[35]。

　表現がありふれたものであるか否かは，法的，規範的な評価を含むため，常に一義的に明確に判断できるというものではない。問題となる表現が同種の表現行為において標準的に採用される表現と比べてどの程度特徴的なものかという点と，当該表現を著作権により保護した場合に他者の表現活動にどの程度の不自由が生じるかという点とを相関的に考慮して，ケースバイケースで判断すべきである。この判断はしばしば微妙であり，限界的な事例では評価が分かれることもあろう[36]。

---

33) 東京地判平成7年12月18日知的裁集27巻4号787頁〔ラストメッセージin最終号事件〕，東京地判平成11年1月29日判時1680号119頁〔古文単語語呂合わせ事件：第一審〕，前掲注11)〔ライブドア裁判傍聴記事件：控訴審〕など参照。

34) 著作権侵害が成立するためには他人の著作物に**依拠**することが必要であるから，かりに不可避的な表現やありふれた表現が著作物として保護されるとしても，これに依拠せず独自に同一の表現を創作した場合には著作権侵害の問題は生じない。しかし，他人の著作物が社会に広く流布しているなど，依拠の事実を争うことが困難な場合もあるし，また，一度他人の著作物にアクセスした後は，依拠を否定することができなくなるため，依拠が侵害要件になっているとしてもなお，不可避的な表現やありふれた表現に著作権の保護を認めることが他者の表現活動の過剰な制約となることは否定できないであろう。

35) 例えば，東京地判平成6年4月25日判時1509号130頁〔日本の城の基礎知識事件〕は，「城とは人によって住居，軍事，政治目的をもって選ばれた一区画の土地と，そこに設けられた防御的構築物をいう」という「城」の定義について，城の定義の不可避的な表現であることを理由として，創作性を否定している。

36) 例えば，一般向けの法律問題解説書の著作権侵害が争われた事案において，一審は，その書籍の一部の記載について著作物性を認め，侵害を肯定したが（東京地判平成17年5月

30

第1節　著作物　Ⅱ　著作物性（保護要件）

裁判例　ラストメッセージ in 最終号事件[37]

　原告らは各種雑誌の出版社である。被告は，原告らがその雑誌の休廃刊に際して読者宛てに書いた各種挨拶文を複製し編集した書籍を販売した。原告らは被告の行為が原告らの挨拶文の著作権を侵害するものであるとして，被告の書籍の発行の差止め等を求めた。本件では，原告らの挨拶文の著作物性が争われた。判決は，以下のように述べて，〔例①〕につき創作性を否定し，〔例②〕につき創作性を認めた（実際の事件ではこれ以外にも問題となった挨拶文は多数存在する）。

「VEGETA・ベジタ」休刊のお知らせ

小誌は，昭和六三年四月に野菜と健康の情報誌「VEGETA・ベジタ」として創刊し，その理念に多くのかたがたより深いご賛意と共感をたまわり，厚いご支援の中で今日に至りました。
しかしながら，このたび突然ではございますが，諸般の事情により本号〈四月号〉をもちまして休刊の止むなきに至りました。
創刊以来五年の永きにわたりご愛読いただきました読者の皆様またお力添えをいただきました諸先生に，ここにあらためまして心よりお礼もうしあげますとともに，深くお詫びいたします。不本意ながら休刊の運びとなりましたことを重ねてお詫びいたします。
いずれ，再スタートの機をかたく心に誓う所存でございますので，なにとぞ事情ご賢察のうえ，ご理解たまわりますようお願い申し上げます。

例①

あたたかいご声援をありがとう

昨今の日本経済の下でギアマガジンは，新しい編集コンセプトで再出発を余儀なくされました。皆様のアンケートでも新しいコンセプトの商品情報誌をというご意見をたくさんいただいております。ギアマガジンが再び店頭に並ぶことをご期待いただき，今号が最終号になります。
長い間のご愛読，ありがとうございました。

ギアマガジン　1993年4月号　学習研究社

例②

　「本件記事は，いずれも，休刊又は廃刊となった雑誌の最終号において，休廃刊に際し出版元等の会社やその編集部，編集長等から読者宛に書かれたいわば挨拶文であるから，このような性格からすれば，少なくとも当該雑誌は今号限りで休刊又は廃刊となる旨の告知，読者等に対する感謝の念あるいはお詫びの表明，休刊又は廃刊となるのは残念である旨の感情の表明が本件記事の内容となることは常識上当然であり，また，当該雑誌のこれまでの編集方針の骨子，休廃刊後の再発行や新雑誌発行等の予定の説明をすること，同社の関連雑誌を引き続き愛読してほしい旨要望することも営業上当然のことであるから，これら5つの内容をありふれた表現で記述しているにすぎないものは，創作性を欠くものとして著作物であると認めることはできない。〔例①については〕短い文で構成され，その内容も休廃刊の告知に加え，読者に対する感謝……，再発行予定の表明……にすぎず，その表現は，日頃よく用いられる表現，ありふれた言い回しにとどまっているものと認められ，これ

17日判時1950号147頁〔通勤大学法律コース事件：第一審〕），控訴審は，ありふれた表現であるとして，著作物性を否定した（知財高判平成18年3月15日判例集未登載（平17(ネ)第10095号等）〔同・控訴審〕）。
37)　前掲注33）〔ラストメッセージ in 最終号事件〕参照。

第2章 著作物

らの記事に創作性を認めることはできない。他方，〔例②については〕執筆者の個性がそれなりに反映された表現として大なり小なり創作性を備えているものと解され，著作物であると認められる。」

　学説では，創作性がないことが客観的に明白な場合を除いて広く創作性を認めてよいとする見解も有力である[38]。その理由としては，以下の点を指摘できる。第一に，表現がありふれているか否かを厳密に判断するとすれば，裁判所ごとに創作性の判断が区々となり，法的安定性が害されるおそれがあることである。第二に，ごくわずかとはいえ著作者の個性が認められる表現については，少なくとも，デッドコピーに対しては著作権の行使を認めることが合理的であることである。第三に，創作性を緩やかに解釈したとしても，創作性の乏しい著作物については，デッドコピーのみを侵害とするなど著作権の保護範囲を限定的に解釈すれば，後行者はその表現に多少の変更を加えることにより侵害を回避することが可能となるため，他者の表現活動を過度に制約することにはならないことである[39]。

ステップアップ　新しい創作性概念（「選択の幅論」）

　本文でみたように，現在の通説は，創作性を著作者の個性が表れていることと定義している。

　「個性」とは，元来，自然人の有する人格的側面を指称する用語である（広辞苑は「個性」を「その個人にしかない性格・性質」と定義している）。このように著作者の個性の表れという自然人の人格的側面に着目して創作性を定義する考え方は，著作権法が小説，絵画，論文などの芸術的，学問的な作品の保護をモデルに制度設計されていることから生じたものと考えられる。芸術的，学問的な作品は，著作者の人格的価値が強く反映される作品であり（この意味で，著作物はしばしば「著作者の人格の流出物」であるといわれる），著作者の権利による保護（著作者人格権の手厚い保護や著作者の死後70年にも及ぶ長期の保護期間等）に相応しいものといえる。著作者の権利の保護内容に鑑みれば，著作物の保護要件である「創作性」を厳格に解釈し，芸術的，学問的な作品のように，著作者の人格的価値が強く表れた作品のみを著作物として保護するという考え方もありえよう（実際，ドイツの学説にはこのような考え方を主張する立場もある）。

---

38)　作花77頁など参照。

39)　このように，"著作物性の判断は緩やかに，著作権侵害の判断は厳格に行うべし（easy to copyright, difficult to infringe）"とする考え方は，裁判例でもしばしば見受けられる（前掲注29）〔ホテル・ジャンキーズ事件：控訴審〕参照）。

第1節　著作物　Ⅱ　著作物性（保護要件）

　しかし，現在の著作権法は，芸術的，学問的な作品の保護を中心に据えつつも，プログラムやデータベース等，必ずしも著作者の人格的価値が反映された作品とは言い難いものも著作物として保護しているし，現在の通説は，著作者の個性が表れているということを必ずしも厳密な意味で著作者の人格的価値が表れていることとは理解しておらず，誰がやっても同じになるほどにありふれた表現でないこと，すなわち，他と異なる何らかの工夫が凝らされたものである限り，個性が表れているとして創作性を認めている。これは，特定の表現物が真に著作者の権利による保護に相応しい人格的価値を備えたものであるかどうかを明確に判断することは困難であるため，結局，創作性の判断では，ありふれた表現のように著作者の権利によって保護することが適当でない表現を保護対象から除外するという消極的な判断しかなしえないということに基づくものである。その結果，現在の著作権法においては，小説等と同列に著作物として保護することが必要か首を傾げたくなるものも数多く著作物として保護されることになる。しかし，ありふれた表現でない限り，その表現に著作物としての保護を認めても他者の表現活動を過剰に制約することはなく弊害は生じないし，一般に表現行為には選択の幅があるから，ありふれた表現でない限り著作物としての保護を認め，独自の表現活動へのインセンティブを与えることで，多種多様な表現物が創作され，その中で，小説等の真に著作者の権利による保護に値する作品も創作されることになるため，ありふれた表現以外のものを著作物として保護することは，結局は，文化の発展という著作権法の目的にも資することになる。

　このように，現在の通説では，創作性を著作者の個性の表れと定義しているが，これは，著作者の人格的価値の表れを問題とするものではなく，ありふれた表現のように著作者の権利によって保護することが適当でない表現を保護対象から除外するということを意味するものである。そこで，最近の学説には，創作性の定義を行うにあたって，個性という著作者の人格的側面を指称する用語を用いずに，端的に創作性を「選択の幅」として理解すべきことを主張するものがある（「選択の幅論」）[40]。これは，問題となる表現が客観的にみて選択の幅のある表現である場合，すなわち，ありふれた表現でない場合に創作性を認めるという考え方であり，現在の著作権法において創作性要件が果たす実際的機能を正面から捉えた概念規定であるということができる[41]。

---

[40]　中山信弘「創作性についての基本的考え方」著作権研究28号4頁（2003年），中山70〜71頁，横山久芳「編集著作物概念の現代的意義——『創作性』の判断構造の検討を中心として」著作権研究30号139頁（2004年）参照。また，これらの学説の整理につき，上野・前掲注23）166頁以下，同「創作性」高林龍ほか編『現代知的財産法講座Ⅰ知的財産法の理論的探求』（日本評論社，2012年）198〜205頁参照。

[41]　なお，「選択の幅論」に対しては，表現の選択に幅がある場合でも，実際に選択された表現がありふれていることもありうるから，「選択の幅論」を採るとありふれた表現に創作性

第 2 章　著作物

(3)　創作性の判断対象

　著作物の創作過程ではさまざまな工夫が行われる。例えば，小説を執筆する場合には，小説の題材・テーマの選択から登場人物の設定，ストーリーの構成，文章表現の各場面で作者のさまざまな創意工夫が発揮される。しかし，小説の著作物性を判断する場合には，これら 1 つの作品に表れた創作的要素のすべてが問題となるわけではない。著作権法は，思想，感情やアイデアなどの要素は，著作権による独占に馴染まないものとして著作物性を否定しているから（二分論），創作性の判断では，思想，感情やアイデアなどの創作性ではなく，その表現上の創作性に着目しなければならない。かりに思想，感情やアイデアなどの要素に創作性が認められたとしても，それは表現上の創作性を根拠づけるものではないため，創作性の判断対象から除外されることになる。

　例えば，夏目漱石の小説『こころ』は，「友人を騙して恋人を奪ったものの，罪悪感に苛まれ，最後は死を選択するある男の生き様」を描いた小説であるが，こうした抽象的なテーマはアイデアにすぎないから，このテーマに創作性があるとしても，それは小説『こころ』の表現上の創作性を根拠づけるものではない。しかし，こうしたテーマを小説による表現が可能となる程度にストーリーとして具体化すれば，そのストーリーにおける工夫は文章表現上の工夫と相俟って小説の創作的な表現を構成するものと解することができる。例えば，「主人公は同郷の親友と共に未亡人とその娘の二人暮らしの家に下宿する。両人ともその下宿先の娘に恋をする。親友から娘に対する恋心を打ち明けられた主人公は，親友を騙して恋愛を諦

が認められることになる，という指摘もなされている。裁判例においても，表現の選択の幅は創作性（表現の個性）を肯定するための必要条件であり，他に選択の余地がある場合でも，実際に作成された表現がありふれたものであるならば，創作性が否定されるとの理解が示されている（知財高判平成 22 年 5 月 27 日判時 2099 号 125 頁〔ニューロレポート事件〕など参照）。しかしながら，「選択の幅論」における「選択の幅」とは，問題となる表現以外に同一のアイデアを表現するための物理的な選択肢がどの程度存在するかを問題とするものではなく，問題となる表現に著作権の保護を認めた場合に，他の者が同種の表現行為を行うためにどの程度実質的な選択肢が残されることになるかを問題とするものであるということに注意する必要がある（例えば，中山 138 頁参照）。かりに問題となる表現がありふれた表現であるならば，他の者も同種の表現活動を行う上でその表現を採用する蓋然性が大きく，他の者にあえて異なる表現を選択させるとすれば，円滑な表現活動が妨げられるおそれがあるため，その表現以外に実質的な選択肢が乏しいということができよう。よって，「選択の幅論」においても，ありふれた表現については創作性が否定されることになろう。

第1節　著作物　Ⅱ　著作物性（保護要件）

めさせる一方で，自分は未亡人を味方にして娘との結婚を約束させる。それを知った親友は自殺する。主人公は，娘と結婚するが，妻（娘）に真相を打ち明けることができないまま，自責の念に苦しみ，死んだつもりで生きていこうとする。しかし，明治天皇崩御の知らせを聞き，自殺を決意する」という具体的なストーリーは，小説『こころ』の表現上の創作性を基礎づけるものといえよう。

　このように，創作性の判断では作品の表現上の創作性に着目しなければならないが，作品のある創作的な成果がアイデアに関するものか，それとも表現上の創作性として考慮すべきものかは常に明確となるわけではない。著作物の創作的表現はアイデアを具体的に肉付けしていく過程で生み出されるものであり，抽象的なアイデア（小説の題材，テーマなど）と具体的な表現（具体化されたストーリー，文章表現など）との間には抽象度の高さに応じてさまざまな段階を観念しうるから，どの程度まで具体化された創作的成果であれば表現の創作性として捉えることができるかは，「二分論」の趣旨に鑑み，ケースバイケースで判断すべきこととなろう。

(4)　創作性と著作権の保護範囲

　著作物性の判断は，著作権侵害の判断と表裏一体の関係にある。著作権は，思想または感情の創作的な表現を保護する権利であるから，著作権の保護は，既存の著作物の表現上の創作性が利用されている場合に及ぶことになる。すなわち，既存の著作物から，思想，感情や事実，アイデアおよびこれらをありふれた形で表現したものを抽出して利用しても，著作権侵害とならない（詳しくは，第8章参照）。例えば，新聞記事が著作物として保護される場合に，記事全体を複製すれば著作権侵害となることは明らかだが，記事の中から特定の事実をありふれた表現で説明した文章を抽出して利用しても，記事の著作権を侵害することにはならない。

　このように著作物性の判断と侵害判断とが表裏一体の関係にあるということは，表現物の創作性の高低が著作権の保護範囲の広狭に連動するということを示唆するものである。すなわち，小説や絵画，音楽など，表現の選択の幅が極めて広く，創作性が高い表現物については，表現上の創作性を基礎づける要素が作品中に多数含まれているために，表現物の一部を利用したにすぎない場合も，表現上の創作性ある部分を利用したものとして

35

第2章 著作物

著作権侵害が成立する可能性が大きくなる。これに対して，ごく短いプログラム等，表現の選択の幅が狭く，創作性が低い表現物については，作品を全体としてみれば何らかの創作性が認められるとしても，個々の構成要素に着目すると表現上の創作性があるとはいえない場合が多くなるために，表現物の一部を利用したにすぎない場合には，表現上の創作性ある部分を利用していないとして侵害が否定される可能性が大きくなる。場合によっては，表現物全体がデッドコピーされた場合にのみ侵害が成立すると解されることもあろう。

　以上のように，表現物の創作性が高ければ，著作権の保護範囲も広がり，表現物の創作性が低ければ，著作権の保護範囲も狭まることになる。この点で，創作性要件の検討は，著作物性のみならず，著作権の保護範囲を認定する際にも重要な意義を有するものといえる。

> **裁判例　交通標語事件：控訴審**[42]
>
> 　本件は「ボク安心　ママの膝（ひざ）よりチャイルドシート」という交通標語を創作した原告が「ママの胸より　チャイルドシート」という CM 用のスローガンを作成した被告を著作権侵害で訴えたという事案である。判決は，交通標語という表現の性質上，交通安全に関する主題を盛り込む必要があり，交通標語としての簡明さ，わかりやすさが求められていること，多数の公衆に周知することを目的とするものであることなどから，その長さや内容において内在的な制約が存在するということを指摘した上で，交通標語には，著作物性そのものが認められない場合も多く，かりに認められるとしても，著作権の保護の及ぶ範囲は，一般に狭いものとならざるをえず，ときには，いわゆるデッドコピーの類の使用を禁止するだけにとどまることも少なくないとした。そして，原告の交通標語について創作性が認められるとすれば，それは，「ボク安心」との表現部分と「ママの膝（ひざ）より　チャイルドシート」との表現部分とを組み合わせた，全体としてのまとまりをもった 5・7・5 調の表現のみにおいてであって，それ以外には認められないとし，他方，被告スローガンにおいては，「ボク安心」に対応する表現はなく，単に「ママの胸より　チャイルドシート」との表現があるだけであるから，被告スローガンを原告スローガンの創作性の範囲内のものとすることはできないとして，著作権侵害の成立を否定した。

---

42)　東京高判平成 13 年 10 月 30 日判時 1773 号 127 頁。

第1節 著作物 Ⅱ 著作物性（保護要件）

5 「文芸，学術，美術又は音楽の範囲に属するもの」であること

(1) 意 義

著作物として保護されるためには，表現物が文芸，学術，美術または音楽の範囲に属するものであることが必要である（2条1項1号）。表現物が文芸，学術，美術または音楽の範囲に属するとは，一言でいえば，表現物が文化的所産であることを意味している。著作権法は，特許法や意匠法などと同じく創作法の一環をなすものであるが，特許法や意匠法が発明や意匠（物品のデザイン）等の産業的所産の保護を目的としたものであるのに対して（特許1条，意匠1条等参照），著作権法は，文化的所産の保護を目的としており（1条），その保護対象を異にしている。このことを踏まえ，著作権法は，特許法や意匠法等と保護対象の棲み分けを図るために，表現物が文芸，学術，美術または音楽の範囲に属するものであることという要件を課しているのである。

本要件には「文芸」「学術」「美術」「音楽」と4つのジャンルが掲げられているが，本要件の検討に際しては，問題となる表現物がこれら4つのジャンルのいずれに属するかを特定する必要はなく，広い意味で，著作権法で保護すべき文化的所産といえるかどうかを検討すれば足りる[43]。例えば，ポルシェやフェラーリ等の自動車のデザインは，デザイナーの思想，感情を創作的に表現したものであることに異論はないが，著作権法で保護すべき文化的所産とはいえないため，本要件の充足が否定され，著作物性が否定されることになる（自動車のデザインは，意匠法によって保護されることになる）。

(2) 機 能

著作物の範囲は時代とともに膨張し（16頁 ステップアップ 参照），現在では，プログラム，データベースなど，産業的色彩の強い表現物も著作物として保護されているため，著作権法が純粋に文化的所産だけを保護しているとは必ずしも言い難いところがある。しかし，現在においても，著作権法が

---

[43] 加戸24頁，前掲注5）〔当落予想表事件：控訴審〕参照。いずれのジャンルに該当しても，著作物性が認められるという法的効果に変わりはないため，ジャンルの内訳を詮索する実益はない。

第2章 著作物

小説，絵画等の伝統的な文化的所産の保護を典型として著作者の権利の保護内容を決定していることに変わりはなく，それゆえに，著作権法と特許法等の産業財産権法とでは，権利の保護内容に相当大きな違いが認められる。したがって，著作権法において産業的色彩の強い表現物が保護されることがあるとしても，著作者の権利の保護内容に照らして，当該表現物を著作物として保護することが健全な産業の発展を阻害し，弊害が大きいと考えられる場合には，著作物性を否定し，その保護を特許法等の産業財産権法に委ねるべきである。その際に，本要件は，著作者の権利の保護内容に適合しない創作的表現物を著作権法の保護対象から除外するための理由づけとして用いられることになる[44]。本要件は主に応用美術や建築物等の実用的デザインについて問題となるため，美術の著作物のところ（→本章第2節 I 4）で再度詳述することにする。

第2節　著作物の種類

本節では，著作物の種類ごとに著作物性の判断が具体的にどのように行われるかを検討していくことにする。

I　例示著作物（10条1項）

1　言語の著作物（1号）

言語の著作物とは，小説，脚本，論文，講演など，言語体系によって表現された著作物をいう。プログラムは，プログラム言語によって表現されているが，プログラムの著作物として別に規定されているため（9号），言語著作物には含まれない。言語著作物には，文書など有体物に記述されたもののほか，落語や漫才など口頭で無形的に表現されるものも含まれる。詩，短歌，俳句などの短い韻文でも，2条1項1号の要件を満たす限り，

44）　作花69〜70頁など参照。

著作物として保護される。ただし，交通標語やキャッチフレーズ，書籍の題号など，表現が短いものは，一般に，表現の選択の幅が狭いため，創作性が認められにくくなる[45]。

著作権法 10 条 2 項は，「事実の伝達にすぎない雑報及び時事の報道」が言語の著作物に該当しないと規定する。これは，死亡広告など，事実をごくありふれた形で記述した文章は，思想または感情の表現物とはいえず，また創作性も認められないから，著作物として保護されないということを確認的に規定したものである[46]。したがって，通常の新聞記事のように，用語の選択や配置等に表現者の個性が表れているものは，本条の「事実の伝達にすぎない雑報及び時事の報道」には該当せず，著作物として保護されることになる。

言語の著作物に特有の支分権として口述権（24 条）がある。ただし，「口述」は「実演」（2 条 1 項 3 号）に該当するものを含まないため（2 条 1 項 18 号括弧書参照），戯曲などのように言語の著作物が実演される場合は，上演権（22 条）の対象となる。

2 音楽の著作物 (2 号)

音楽の著作物とは，音によって表現されている著作物である。楽曲に加え，楽曲と同時に利用される歌詞も，音楽の著作物となる[47]。両者は結合著作物（→第 3 章第 2 節 II）である。

音楽の著作物に特有の支分権として演奏権（22 条）がある。また，商業用レコードに録音された音楽の著作物については，裁定による利用（詳しくは，第 7 章参照）を可能とする特則がある（69 条）。

---

45) 前掲注 14）〔読売オンライン事件：控訴審〕は，一般論として，新聞記事の見出しのような短い表現も著作物として保護される可能性があることを示唆しつつ，結論としては原告が著作権侵害を主張する記事見出しについてすべて創作性を否定している。また，前掲注 42）〔交通標語事件：控訴審〕は，交通標語には著作物性そのものが認められない場合も多いと述べている。

46) 東京地判昭和 47 年 10 月 11 日無体裁集 4 巻 2 号 538 頁〔民青の告白事件：第一審〕は，10 条 2 項にいう「事実の伝達にすぎない雑報及び時事の報道」とは，「単なる日々の社会事象そのままの報道記事」をいうとしている。

47) もっとも，歌詞は，楽曲と一緒に利用されない場合には，言語著作物（1 号）となり，二面性を有することになる（加戸 122 頁参照）。

第2章 著作物

3 舞踊または無言劇の著作物（3号）

舞踊または無言劇の著作物とは，バレエやパントマイムなど，身振りや動作によって表現される著作物である。身振りや動作といっても，演ずること自体ではなく，演技の「型」や「振付」が著作物として保護される。ゆえに，舞踊や無言劇の著作者は，通常，演技者ではなく，振付師である（もっとも，演技者は，別途，著作隣接権者として保護される）。

舞踏や無言劇が著作物として保護されるためには，演技の型や振付に創作性が認められることが必要となるが[48]，人間の身振りや動作によって表現されるものである以上，表現の選択の幅はある程度限定されることにならざるをえない。裁判例では，ダンスのステップについて，著作権の保護を緩やかに認めた場合の弊害を考慮しつつ，創作性の判断を厳格に行ったものがある[49]。

なお，スポーツは，一般に，プレイヤーの身振りや動作が鑑賞用に工夫されているわけではないから，舞踊の著作物とはならないが（ただし，スポーツ番組は，放送局によって内容がさまざまに編集されているため，映画の著作物となりうる），フィギュアスケートなど，身振りや動作が鑑賞用に工夫されているものは，舞踊の著作物として保護されよう。

---

48) 例えば，大阪地判平成30年9月20日判時2416号42頁〔フラダンス事件〕は，楽曲の振付けとしてのフラダンスについて，「作者の個性が表れている部分やそうとは認められない部分が相俟った一連の流れとして成立するものであるから，そのようなひとまとまりとしての動作の流れを対象とする場合には，舞踊として成立するものであり，その中で，作者の個性が表れている部分が一定程度にわたる場合には，そのひとまとまりの流れの全体について舞踊の著作物性を認めるのが相当である」と述べている。

49) 東京地判平成24年2月28日判例集未登載（平20(ワ)第9300号）〔Shall we ダンス？事件〕は，社交ダンスは，既存のステップを適宜組み合わせて踊られることを前提としたものであり，容易に著作権の保護を認めると，振付けの自由が過度に制約されることになるから，社交ダンスの振付けが著作物に該当するためには，単なる既存のステップの組合せにとどまらない顕著な特徴を有するといった独創性を備えることが必要であるとしている。また，前掲注48)〔フラダンス事件〕は，フラダンスの振付けをハンドモーションとステップの2つの構成要素に分け，ハンドモーションについては，独自のものか，既存のものに有意なアレンジを加えていれば，創作性が認められるとしつつ，ステップについては，基本的にありふれた選択と組合せにすぎないとし，既存のものと顕著に異なる新規なものである場合に限り，創作性が認められると述べている。

第2節 著作物の種類 Ⅰ 例示著作物（10条1項）

4 美術の著作物（4号）

(1) 総 説

美術の著作物とは，形状や色彩によって平面的または立体的に表現され，美的鑑賞の対象となる著作物をいう。条文に例示されている絵画，版画，彫刻のほか，壁画[50]や書[51]，舞台装置[52]，生け花なども，美術の著作物とされる。作品の芸術的価値は，美術の著作物性の判断に影響を及ぼさない。漫画のコマ絵やイラスト画も，美術の著作物に含まれる。

第1節で述べたように，美術の著作物として保護されるのは，美的な思想，感情の創作的表現物であって，その表現のもととなった思想，感情やアイデアではない。例えば，漫画の登場人物は，その**キャラクター**（姿態，容貌，名称，性格，役柄などの個人的特徴）が絵画的に表現されてはじめて美術の著作物として保護されるのであり，絵画的表現を離れてキャラクターそれ自体が美術の著作物として保護されるわけではない[53]。したがって，漫画の登場人物のキャラクター設定を利用して漫画とはストーリーの異なる小説を書いたとしても，漫画の著作権の侵害となることはない。

美術の著作物には，展示権という特殊な支分権が認められるほか（25条），美術の著作物の特有の規定が存在する（4条4項，18条2項2号，45条，46条，47条，47条の2）。

(2) 応用美術

絵画や彫刻のように，専ら美的鑑賞を目的として創作される作品は，一般に，**純粋美術**（fine art）と呼ばれる[54]。純粋美術が美術の著作物として保護されることに異論はない。

---

50) 東京地八王子支判昭和62年9月18日無体裁集19巻3号334頁〔日野市壁画事件〕参照。

51) 東京地判昭和60年10月30日無体裁集17巻3号520頁〔動書事件Ⅰ〕，東京地判平成元年11月10日無体裁集21巻3号845頁〔動書事件Ⅱ〕，東京高判平成14年2月18日判時1786号136頁〔雪月花事件：控訴審〕参照。

52) 東京地判平成11年3月29日判時1689号138頁〔赤穂浪士舞台装置事件〕参照。

53) 最判平成9年7月17日民集51巻6号2714頁〔ポパイ・ネクタイ事件：上告審〕，東京高判平成13年1月23日判時1751号122頁〔けろけろけろっぴ事件：控訴審〕参照。

54) 純粋美術というと，高度な芸術作品を連想しがちであるが，ここでいう純粋美術とは，必ずしも美術作品として鑑賞されるような高度な作品のみを指すわけではなく，見て楽しませることを目的として創作された作品を広く含むものである。例えば，幼児の描いた絵も，概念上は，純粋美術となる。

第2章　著作物

　一方，実用に供する物品に応用される美的な表現物は，一般に，**応用美術**（applied art）と呼ばれる。応用美術には，壺や壁掛けなどの一品制作の**美術工芸品**と，机・椅子，電化製品，自動車など，量産される物品のデザインとが含まれる。このうち，美術工芸品については，著作権法が美術の著作物に含まれることを明示しているため（2条2項），著作物として保護されることは明らかであるが，量産される物品のデザインについては，著作権法上，特段の規定がないため，著作物として保護されるかどうかは定かではない。最近では，量産品であっても，他社との差別化を図るために，機能面のみならず，デザイン面でもさまざまな工夫がなされることが少なくないが，量産品のデザインも表現に創作性が認められる限り，著作物として保護してよいであろうか。この点については，以下のとおり，裁判例・学説は大きく二分されている[55]。

　純粋美術同視説　従来の代表的な考え方は，応用美術が著作物として保護されるためには，表現に創作性が認められるだけでは足りず，純粋美術と同視しうる程度の美的鑑賞性を備えていることが必要であるとするものである（純粋美術同視説）。純粋美術同視説によれば，量産品のデザインは，表現に創作性があるとしても，純粋美術と同視しうるような美的鑑賞性までは有しないものが多いため，その多くは著作物性が否定されることになる。裁判例では，例えば，博多人形[56]（図1）や，仏壇彫刻[57]（図2），妖怪フィギュア[58]（図3）などについて著作物性が肯定されているが，椅子[59]（図4）や木目化粧紙[60]（図5），電子玩具[61]（図

55）　なお，従前の裁判例・学説には，著作権法2条2項を反対解釈し，美術工芸品以外の応用美術は一切保護されないとするものもあったが（東京高判昭和58年4月26日無体裁集15巻1号340頁〔ヤギ・ボールド事件：控訴審〕，加戸69頁），現在では，同条を確認規定と捉え，美術工芸品以外の応用美術であっても，2条1項1号の保護要件を満たしたものは著作物として保護されるとする見解が大勢を占めている（例えば，知財高判平成26年8月28日判時2238号91頁〔ファッションショー事件：控訴審〕など参照）。

56）　長崎地佐世保支決昭和48年2月7日無体裁集5巻1号18頁〔赤とんぼ事件〕参照。

57）　神戸地姫路支判昭和54年7月9日無体裁集11巻2号371頁〔仏壇彫刻事件〕参照。

58）　大阪高判平成17年7月28日判時1928号116頁〔フィギュア事件：控訴審〕参照。

59）　最判平成3年3月28日判例集未登載（平2(オ)第706号）〔ニーチェア事件：上告審〕，大阪高判平成2年2月14日判例集未登載（平1(ネ)第2249号）〔ニーチェア事件：控訴審〕参照。

60）　東京高判平成3年12月17日知的裁集23巻3号808頁〔木目化粧紙事件：控訴審〕参照。

61）　仙台高判平成14年7月9日判時1813号150頁〔ファービー人形事件（刑事）：控訴審〕

第2節　著作物の種類　I　例示著作物（10条1項）

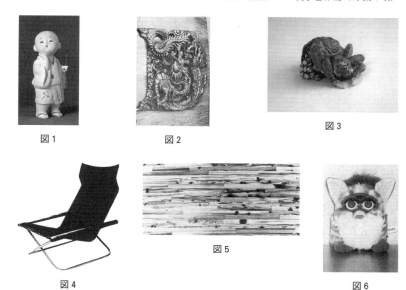

図1　　　　　図2　　　　　　図3

図4　　　　図5　　　　　図6

6）などについて著作物性が否定されている。

　純粋美術同視説は，意匠法との関係を意識した考え方である。応用美術は意匠法の保護対象となるものであり[62]，意匠法は量産品のデザインの特性を踏まえ，その保護と利用のバランスを考慮して保護要件・保護内容を定めている。意匠法と著作権法は保護要件・保護内容を大きく異にするため[63]，応用美術について安易に著作権法の保護を認めた場合には，意匠法の想定する保護と利用とのバランスが崩れ，量産品のデザインの開発や利

　　参照。
62）　意匠法にいう「意匠」とは，建築物の形状等や画像のほか，物品の形状等であって，視覚を通じて美感を起こさせるものをいう（意匠2条1項）。これらの「意匠」のうち，工業上利用することができる意匠が意匠法の保護対象となる（意匠3条1項柱書）。工業上利用することができるとは，量産可能であることを意味する。ゆえに，応用美術は意匠法の保護対象となるが，純粋美術や美術工芸品は意匠法の保護対象とならない。
63）　意匠権による保護は，保護要件として新規性・非容易創作性が必要であり（意匠3条1項・2項），権利取得に出願を要し（意匠6条，20条1項），権利の効力は業として意匠に係る物品を製造等する行為に限定され（意匠23条本文，2条2項），権利の存続期間は出願後25年と短く（意匠21条1項），人格権の保護はない。これに対し，著作物としての保護は，保護要件として創作性があれば足り，権利取得に出願を要さず，権利の効力は同種の物品の製造等に限られず，著作物の無形的な利用行為に及ぶ上，一般私人の行為をも対象とするものであり，権利の存続期間は著作者の死後または公表後70年と極めて長く，強い人格権の保護が認められる。

第 2 章　著作物

用に支障を来すおそれがある。このような弊害を避けるためには，応用美
術の保護は原則として意匠法に委ね，著作権法による保護は純粋美術と同
視しうるようなものに限るべきであるとする[64]。

　純粋美術同視説による場合，純粋美術と同視しうるか否かをどのような
観点から判断するかということが重要な問題となる。この点，一部の裁判
例では，芸術的な高度性を問題とするものも存在するが[65]，多くの裁判例
は，物品の実用的・機能的側面を離れてその表現が独立して美的鑑賞の対
象となるようなものかどうかを問題としている[66]。例えば，椅子のデザイ
ンは，基本的に椅子（座るための道具）としての機能を実現するために採用
されるものであり，その形状に創作性が認められるとしても，それは椅子
としての機能を実現するための選択肢の一つにすぎず，椅子の機能と無関
係にその表現を鑑賞させるために採用されたものではないから，通常は，
純粋美術と同視しうるものとはいえず，著作物性が否定されることにな
る[67]。他方，例えば，図 2 にあるような装飾的な家具彫刻の場合は，家具
の形状を構成する要素ではあっても，家具としての機能と無関係にその表
現を鑑賞させるために採用されたものと解することができるから，純粋美
術と同視しうるものとして著作物性が認められることになる。

---

64)　例えば，前掲注 57)〔仏壇彫刻事件〕，田村 36 頁，中山 215 頁など参照。なお，応用美
　　術は意匠法以外にも，不正競争防止法 2 条 1 項 3 号の保護を受けることができる。同号は，
　　新たな商品形態が日本国内で販売されてから 3 年間，他者が当該形態を模倣することを不正
　　競争として禁止しているため，意匠登録を受けられない商品形態についても，商品の機能を
　　確保するために不可欠なものでない限り，同号により簡便な保護を取得することができる。
65)　例えば，前掲注 57)〔仏壇彫刻事件〕，前掲注 60)〔木目化粧紙事件：控訴審〕，前掲注
　　58)〔フィギュア事件：控訴審〕など参照。
66)　例えば，京都地判平成元年 6 月 15 日判時 1327 号 123 頁〔佐賀錦袋帯事件〕，前掲注 59)
　　〔ニーチェア事件：控訴審〕，東京地判平成 26 年 4 月 17 日判例集未登載（平 25(ワ)第 8040
　　号）〔TRIPP TRAPP 事件：第一審〕，前掲注 55)〔ファッションショー事件：控訴審〕など
　　参照。学説として，高林 45〜46 頁，髙部 113 頁，横山久芳「著作権法における応用美術の
　　保護のあり方」中山信弘先生古稀記念『はばたき——21 世紀の知的財産法』（弘文堂，2015
　　年）582 頁以下，同「応用美術と著作権法」論ジュリ 34 号 49〜50 頁（2020 年）など参照。
67)　椅子のデザインの著作物性を否定した例として，前掲注 59)〔ニーチェア事件：上告審〕，
　　前掲注 66)〔TRIPP TRAPP 事件：第一審〕参照。

44

第 2 節　著作物の種類　Ⅰ　例示著作物（10 条 1 項）

創作的表現説　これに対し，学説では，応用美術についても，一般の著作物と異なる特別な保護要件を課すことなく，表現に創作性が認められれば，著作物として保護すべきであるとする見解も有力である（創作的表現説）。創作的表現説によれば，量産品のデザインであっても，通常は，表現に何らかの創作性が認められるため，その多くは著作物として保護されることになる。他方，応用美術は意匠法の保護対象となるものであるから，創作的表現説によれば，応用美術について意匠法と著作権法の重畳的な保護が広く認められることになるが，創作的表現説は，意匠法と著作権法が制度の目的や趣旨を異にするものであることから，両法の棲み分けを図る必要はなく，両法の保護要件を満たす応用美術については広く重畳的な保護を認めてよいとする[68]。また，量産品のデザインを広く著作物として保護した場合の弊害についても，著作権の保護範囲を限定的に解釈したり，著作権の制限規定を柔軟に適用することによって実質的に対処することが可能であるとする[69]。近時の裁判例の中には，創作的表現説に立脚して椅子のデザイン（図 7）について著作物性を認めたものがある[70]。

（写真提供：(株)ストッケ）
図 7

検　討　著作権法は「著作物」概念を統一的に定義しているから，応用美術について一般の著作物と異なる特別な保護要件を課すことは妥当でない。従来の裁判例の一部には，応用美術の著作物性の判断において高度な創作性を問題とするものも見受けられたが，応用美術にのみ高度な創作性を要求する条文上の根拠はないし，かりに高度な創作性を要求するとすれば，応用美術の著作物性の判断が個々の裁判官の主観に大きく左右され，法的安定性を害するおそれもある。ゆえに，応用美術の創作性については一般の著作物と同様に解し，物品の用途や機能からみて不可欠

---

68) 河野愛「デザインの法的保護」エコノミア 40 巻 4 号 5 頁（1990 年），満田重昭「著作権と意匠権の累積」半田正夫教授還暦記念『民法と著作権法の諸問題』（法学書院，1993 年）636～637 頁，上野達弘「応用美術の著作権保護——『段階理論』を越えて」別冊パテント 67 巻 4 号（別冊 11 号）111 頁（2014 年）など参照。
69) 上野・前掲注 68）112 頁以下参照。
70) 知財高判平成 27 年 4 月 14 日判時 2267 号 91 頁〔TRIPP TRAPP 事件：控訴審〕参照。

第 2 章　著作物

ないしありふれたデザインでない限り，創作性が認められると解すべきである。

　もっとも，著作権法は，著作物の保護要件として「創作的に表現したもの」であることに加えて「美術の範囲に属する」ことを要求しているから，応用美術の表現に創作性が認められたとしても，「美術の範囲に属するもの」と評価できなければ，著作物として保護することはできない[71]。

　では，「美術の範囲に属する」かどうかはどのように判断されるべきであろうか。著作権法が応用美術の一種である美術工芸品を美術の著作物に含むとあえて規定していることから（2条2項参照），著作権法は，本来的な美術の著作物として純粋美術を想定しているものと解される。純粋美術とは，その表現媒体となる物品（紙やキャンバス）の実用的な機能と無関係に，創作者の美的な思想・感情を鑑賞させるために表現されたものをいい，美術工芸品も，実用品でありながらも同時に，そのような物品としての実用的な機能と無関係に，創作者の美的な思想・感情を鑑賞させるための表現を有するものである。このことからすれば，応用美術が「美術の範囲に属する」というためには，このような純粋美術や美術工芸品と同様の性質を有すること，すなわち，表現媒体となる物品の実用的な機能と実質的に無関係に，創作者の美的な思想・感情を鑑賞させるための表現を有することが必要になるというべきである[72]。

　このような観点からみると，量産品のデザインは，一般に，物品の実用的な機能を実現するために採用されるものであって，純粋美術や美術工芸品のように，物品の実用的な機能と実質的に無関係に創作者の美的な思想・感情を鑑賞させるための表現を有するものではないから，通常は，「美術の範囲に属するもの」とはいえず，著作物性が否定されることになろう。もっとも，量産品のデザインであっても，例えば，フィギュアのように，そもそも物品自体が表現の鑑賞を目的としたものである場合や，家具彫刻のように，物品自体は実用的な用途に利用されるものであっても，

---

71)　東京地判昭和56年4月20日無体裁集13巻1号432頁〔アメリカTシャツ事件〕，田村30頁，横山・前掲注66) 571頁，金子敏哉「出版における美術的作品の利用」上野達弘＝西口元編『出版をめぐる法的課題――その理論と実務』（日本評論社，2015年）173頁など参照。

72)　横山久芳〔判批〕IPマネジメントレビュー19号31頁以下（2015年）参照。

46

第2節　著作物の種類　Ⅰ　例示著作物（10条1項）

そのデザインがそのような物品の実用的な用途と実質的に関係なくその表現を鑑賞させるために採用されたものと評価しうる場合には，「美術の範囲に属するもの」として著作物性を認めてよいであろう[73]。

　量産品のデザインは，もともと純粋美術と比べて表現の選択の幅が狭く，既存のデザインの改良を重ねて開発されることも多いため，安易に著作権や著作者人格権の保護が認められると，競業者の商品開発が過度に制約されるおそれがある。また，量産品は日々大量に生産され，社会に広く流通し，利用されるものであるから，物品の実用的な機能を実現するためのデザインについて安易に著作物としての保護を認めた場合には，物品を写真で撮影する場合など，我々の日常生活や社会生活のさまざまな局面で著作権法の問題が生じることになり，物品の利用を過度に制約するおそれもある[74]。したがって，量産品のデザインについては，純粋美術や美術工芸品と同視し得るようなものを除いて，その保護を意匠法等に委ね，著作権法の保護を否定するのが妥当であると思われる。

(3) 印刷用書体

　文字は言語で思想，感情を表現するための手段であるから，万人の共有財産として，特定人の独占を認めるべきではない。新しい文字が開発されても，その文字自体が著作物として保護されることはない。ただし，文字の具体的な形象である「書体」については，著作物としての保護が問題となりうる。

　書体といってもさまざまなものがあるが，「書」（書道作品）が，美術の著作物として保護されることに異論はない。書は，単に文字の意味内容を伝達するにとどまらず，その筆勢，運筆，墨の濃淡や潤渇（にじみ・かすれ），文字群と余白の構成美などの具体的な表現の点において，美的鑑賞の対象となるものだからである。

　問題となるのは，**印刷用書体**（タイプフェイス）である。印刷用書体とは，漢字，仮名，アルファベット等の字体を書物や新聞，雑誌などの印刷に具体的に使用できるように，統一的なコンセプトに基づいて制作された文字

---

73)　高林45〜46頁参照。
74)　具体例として，奥邨弘司「応用美術」法教426号13頁（2016年）は，椅子が著作物として保護された場合，椅子がドラマのセットの一部として利用された場合や，椅子がレンタルビジネスに供された場合にも著作権の保護が及ぶことになると述べる。

第 2 章 著作物

図8

や記号の一組のデザインをいい，活版，写真植字，プリンターなどの印刷技術に広く用いられるものである（図8参照）。印刷用書体の開発は，書体デザイナー（タイポグラファー）の創意工夫を要するものであり，また，その開発には多大な労力と時間が必要となるため，法的保護の必要性は大きい。

原則　しかし，判例・通説は，通常の印刷用書体について，著作物としての保護を否定している[75]。その理由としては，主に次の点が指摘できる。

第一に，著作物の定義規定との関係である。応用美術のところで論じたように，文字のデザインが著作物として保護されるためには，「創作的に表現したもの」であることに加えて，「美術の範囲に属するもの」であることが必要となるところ，通常の印刷用書体は，そのデザインにさまざまな美的工夫が凝らされているとしても，それは専ら文字による情報伝達を効果的に行うためのものであって，書体それ自体の美的表現を鑑賞させることを目的としたものではない。ゆえに，通常の印刷用書体は「美術の範囲に属するもの」とはいえず，著作物性が否定されることになる。

第二に，通常の印刷用書体を著作物として保護することには弊害が多いということである。すなわち，印刷用書体は，もともと文字の形を土台として創作されるものであるため，表現の選択の幅が狭い上に，既存書体の改良による積み重ねで発展していくものであるため，著作権法の緩やかな要件の下で著作者人格権や著作権の保護を認めることは，将来の印刷用書体の開発を過度に制約することになりかねない（この点は，応用美術と同様の問題が指摘できよう）。また，印刷用書体は，言語著作物の主たる伝達手段として広く利用されているから，通常の印刷用書体でも著作物として保

75）　最判平成12年9月7日民集54巻7号2481頁〔ゴナ書体事件：上告審〕。この最高裁判決以前の裁判例として，前掲注55）〔ヤギ・ボールド事件：控訴審〕，大阪地判平成元年3月8日無体裁集21巻1号93頁〔写植機用文字書体事件〕等参照。学説として，田村36頁，中山227〜228頁等参照。

第2節　著作物の種類　Ⅰ　例示著作物（10条1項）

護されるとなると，言語著作物を利用する者は，言語著作物に加えて，印刷用書体についても権利処理を行わなければならなくなり，言語著作物の円滑な流通を妨げる結果となる[76]。ゆえに，通常の印刷用書体については，著作物としての保護を否定すべきとされるのである。

例　外　もっとも，印刷用書体がおよそ著作物として保護されないというわけではない。判例[77]は，ⓐ従来の印刷用書体に比して顕著な特徴を有するといった独創性を備えており，かつ，ⓑそれ自体が美的鑑賞の対象となりうる美的特性を備えている場合には，印刷用書体も著作物として保護されると判示している。

　ⓐの要件は，創作性を問題としたものである。一般に，創作性が認められるには，新規性や独創性は不要であり，著作者の何らかの個性が表れていればよいとされるが，印刷用書体については，このような緩やかな基準で創作性を認め，著作物として保護した場合には，上述のとおり，後発者の書体の開発を過度に制約するおそれがあるため，単に創作性があるというだけで著作物としての保護を認めることはできない。しかし，印刷用書体であっても，従来の書体に比して顕著な特徴を有するといった独創性を備えるものであれば，他の印刷用書体と明確に区別することが可能であり，かつ同一の文字を表現する方法も他に多数存在するため，これに著作権の保護を認めても後発者の書体の開発に過度な支障が生じることはないといえよう。

　次に，ⓑの要件は，印刷用書体が「美術の範囲に属するもの」といえるかどうかを問題としたものである。印刷用書体であっても，それ自体美的鑑賞の対象となるような美的特性を備えたものであれば，印刷技術に応用されるという点を除けば，実質的に「書」と何ら変わりはなく，「著作物」としての性質を備えるものと評価できる。このような印刷用書体は，単に文字の意味内容を伝達するだけでなく，それ自体の表現を鑑賞させる目的

---

76)　かりに印刷用書体を著作物として保護するとした場合には，個々の書体ではなく，統一的なコンセプトの下に制作された一組の書体全体が著作物を構成すると解することになるから，言語著作物を少量複製するだけでは，著作権侵害にならないと思われるが，かなりの量を複製すれば，書体一式が複製されることとなり，著作権侵害となる可能性が生じよう（中山227頁）。

77)　前掲注75）〔ゴナ書体事件：上告審〕参照。

49

第2章 著作物

で採用されるものであるから，当該印刷用書体が言語著作物の印刷に利用されている場合には，言語著作物の権利処理に加えて，印刷用書体の権利処理を要求したとしても，特に不合理ではないといえよう。

以上のとおり，印刷用書体であっても，ⓐ・ⓑの要件を満たした場合には例外的に著作物として保護されることになるが，ⓐ・ⓑの要件を満たすような書体は，言語表現の伝達手段として適当でないものが多く（ⓐ・ⓑの要件を満たす書体が用いられた印刷物はかなり読みにくく，実用に堪えないだろう），実際には，印刷用書体がⓐ・ⓑの要件を満たすことはごく稀な場合に限られるといえよう。

> ### ステップアップ　書体の今後
>
> 　本文で述べたように，通常の印刷用書体は著作物として保護されないが，応用美術とは異なり，印刷用書体は一般に意匠法でも保護されていない[78]。印刷用書体の開発には相当の労力と費用が必要となる反面，その模倣は極めて容易であるため，印刷用書体が一切法的に保護されないとすれば，新規の印刷用書体の開発に支障が生じることになろう。ゆえに，立法論としては，印刷用書体の特質を踏まえた新たな保護立法を検討すべきである[79]。また，現行法の下でも，少なくとも創作的価値のある印刷用書体をデッドコピーして競合品を販売する行為などに対しては，不法行為による救済を認めるべきであろう[80]。

5　建築の著作物（5号）

(1)　著作物性

建築の著作物とは，建築物の外観に表れた美的形象をいう。建築物が建築の著作物として保護されるためには，美術性ないし鑑賞性を備えている

---

78)　諸外国では，印刷用書体を意匠法により保護する例も見られるが，我が国では，意匠法の保護対象が物品の形状等，建築物の形状等または画像に限られているため（意匠2条1項），印刷用書体は意匠法による保護の範囲外である。

79)　外国の法制なども含め，立法論につき詳しくは，大家重夫『タイプフェイスの法的保護と著作権』（成文堂，2000年）参照。

80)　裁判例も，一般論として，競業者による印刷用書体の模倣行為が不法行為に該当しうることを認めている（大阪地判平成9年6月24日民集54巻7号2499頁〔ゴナ書体事件：第一審〕，大阪高判平成10年7月17日民集54巻7号2562頁〔ゴナ書体事件：控訴審〕など参照）。学説も不法行為法の活用を主張するものが多い（田村39頁，中山228頁，上野達弘「著作物性(2)各論(1)」法教323号164頁〔2007年〕など参照）。

ことが必要であるとされる[81]。例えば、宮殿や凱旋門、瀬戸大橋や東京タワーなどが建築の著作物の例として挙げられる。建売住宅などの一般的な建築物は、建築の著作物として保護されない。

一般的な建築物であっても、そのデザインにさまざまな工夫が凝らされたものは、

図9

建築家の思想または感情の創作的表現ということができる[82]。しかしながら、応用美術のところで論じたように、建築物が著作物として保護されるためには、「創作的に表現したもの」であることに加えて、「美術の範囲に属するもの」であることが必要となる。この点、一般的な建築物のデザインは、建物としての用途・機能を実現するために採用されるものであって、建物としての利用を離れてその美的表現を鑑賞させるために採用されるものではないため、「美術の範囲に属するもの」とは言い難い。また、一般的な建築物のデザインは、建物としての用途・機能の制約を受けるため、もともと表現の選択の幅が狭く、また、既存のデザインの改良を重ねて開発されることも多い。それゆえ、著作権法の緩やかな要件の下で著作者人格権や著作権の保護を認めることは、建築物の開発や利用を過度に制約するおそれがある。したがって、建築物については、応用美術の場合と同様に、建物としての用途・機能と実質的に無関係にその美的表現を鑑賞させるために表現されたものに限って著作物としての保護を認めるべきである[83]。

---

81) 加戸123頁、福島地決平成3年4月9日知的裁集23巻1号228頁〔シノブ設計事件〕、大阪高判平成16年9月29日判例集未登載（平15(ネ)第3575号）〔積水ハウス事件：控訴審〕、東京地判平成26年10月17日判例集未登載（平成25年(ワ)22468号）〔ログハウス調木造住宅事件〕参照。建築の著作物につき詳しくは、横山久芳「建築の著作物、店舗デザインの保護」パテント67巻4号（別冊11号）131頁（2014年）参照。

82) 例えば、前掲注81)〔積水ハウス事件：控訴審〕では、グッドデザイン賞（財団法人日本産業デザイン振興会が主催する総合的なデザイン評価・推奨制度であり、1年に一度デザインが優れた物事に贈られる）を受賞した一般住宅について（図9）著作物性が否定されているが、このような住宅が建築家の思想または感情の創作的表現物であることは否定しえないであろう。

83) 従前は、建築物が意匠法の保護対象とならないことから、著作権法の保護を緩やかに認めるべきであるとする見解も有力であったが（渋谷38頁）、2019年の意匠法改正により、建築物の意匠登録が一般に可能となったため（意匠2条1項参照）、建築物の著作物性を限

第2章　著作物

(2)　美術の著作物との区別

上述のように，建築の著作物は，その表現が美的鑑賞の対象となるものであるという点で美術の著作物と共通の性質を有している。しかし，著作権法は，建築の著作物が，居住等の特殊な用途を有するものであり，美術の著作物とは社会的な利用形態が異なっていることから，建築の著作物を美術の著作物と別個の著作物として保護している（10条1項5号）。美術の著作物と建築の著作物では，同一性保持権の制限（20条2項2号）や展示権（25条）の有無，公開の著作物を利用する場合の制限（46条2号）について違いがあるため，これら特則の適用を論じる場面では，両者を区別する実益が生じることになる。

建築の著作物も美的鑑賞性を備えたものである以上，両者を美術性の観点から区別することはできないから，建築の著作物か美術の著作物かは，居住等の実用目的のために著作権法上の特別の効果を認めることが妥当か否かという観点から判断されるべきである[84]。このような観点からすれば，住宅，ビル，教会などの典型的な建築物に限らず，橋やタワーなど，人が往来し，活動する場を構成する構造物は一般に建築の著作物と解するのが妥当であろう[85]。

(3)　建築物との区別

建築の著作物として保護されるためには，建築物が現に完成している必要はない。建築の著作物とは，有体物としての建築物ではなく，建築物の外観に具現された美的形象をいうから，建築物の外観が図面に描写され，図面からその美的形象が感得できる場合には，その図面には建築の著作物が表現されていることになる。したがって，当該図面をもとに建築物を完

定的に解釈したとしても，法的保護の欠缺が生じることはなくなったといえよう。

84)　中山105頁。

85)　庭園を建築の著作物と解すべきかという点については議論がある。庭園も人が行き来し活動する場所として機能するものである以上，建築の著作物として取り扱うことが妥当な場合も多い。裁判例では，建物と有機的に一体となった庭園につき，建物全体と庭園が一体となって1個の著作物を構成すると判断したものがある（東京地決平成15年6月11日判時1840号106頁〔ノグチ・ルーム事件〕）。また，庭園を建築の著作物と解釈したものではないが，庭園が土地の定着物であり，実用目的での利用が予定されていることから，庭園の改変につき，建築物の模様替えについて同一性保持権を制限した規定（20条2項2号）を類推適用すべきであると判断したものもある（大阪地決平成25年9月6日判時2222号93頁〔希望の壁事件〕）。

成させる行為は，建築の著作物の「複製」となる（2条1項15号ロはこのことを確認的に規定する。この点につき，詳しくは，第5章参照）。

6　図形の著作物（6号）

図形の著作物とは，地図または学術的な性質を有する図面，図表，模型などをいう。図形の著作物には，地図，設計図，グラフ，図解等の二次元の作品から，地球儀や人体模型等の三次元の作品まで，学術的な性格を有するさまざまな表現物が含まれている。

(1)　地図の著作物性

地図は，地球上の現象を所定の記号によって表現するものであるから，客観的な正確性を期すならば，その表現はある程度類似したものとならざるをえないが，それでも，素材の取捨選択や表示方法に関して創作者の個性を発揮する余地があるため，著作物として保護される[86]。自ら測量を行って作成した地図（実測地図）はもとより，実測地図をもとに作成された地図（編集地図）も，素材の取捨選択や配列，表記方法等の点に創作性があれば，著作物として保護される。ただし，地図は，もともと表現の選択の幅が狭いため，著作物として保護されるとしても，一般に，著作権の保護範囲は狭いと考えられる[87]。

(2)　設計図の著作物性

設計図は，対象物（建築物や工業製品等）に関する設計情報（建築物の間取りや，機械の形状，寸法等）を一定の製図法に従って記述した図面である。設計図は，図面に描かれた対象物が著作物性を有するか否かに関係なく，図面としての表現形式に創作性が表れている場合に，著作物として保護される。例えば，工作機械は著作物として保護されないが，その設計図は，作図の過程に作図者の個性が表れていれば，図形の著作物として保護され

---

86)　東京地判昭和46年2月2日判時643号93頁〔地球儀用世界地図事件〕，富山地判昭和53年9月22日無体裁集10巻2号454頁〔富山市住宅地図事件〕，東京地判平成13年1月23日判時1756号139頁〔ふぃーるどわーく多摩事件〕，東京地判平成17年5月12日判タ1210号258頁〔空港案内図事件〕，東京地判平成26年12月18日判例集未登載（平22(ワ)第38369号）〔明治図事件〕など参照。

87)　前掲注86)〔富山市住宅地図事件〕，同〔空港案内図事件〕などを参照。

第2章 著作物

ることになる[88]。一方，図示された対象物がそれ自体として著作物性を有
するものである場合には，対象物は設計図とは別個の著作物として保護さ
れることになる。例えば，対象物が建築芸術作品である場合，対象物は建
築の著作物として保護され，その作図の過程に作図者の個性が表れていれ
ば，その図面は図形の著作物として保護される。

　設計図は，図示された対象物を製作するための資料として使用されるもの
であり，第三者に設計情報を正確に伝達するという目的を有するため，ごく一
般的な製図法に従って作成されることが多く，図示すべき対象物が決まれ
ば，その表現の選択の幅は自ずと限定されることになる。したがって，単純
な工業製品の設計図などでは，創作性が否定されることも多いであろう[89]。

　なお，裁判例では，設計図の著作物性の判断において，作図上の創作性
のみならず，設計情報の創作性が考慮されることが少なくない[90]。これは，
設計情報を正確に伝達するという設計図の性質上，作図の点に創作性が表
れにくいことから，設計情報の創作性を加味しなければ，設計図の著作物
性を認めることが基本的に困難になるということを踏まえたものといえ
る[91]。しかしながら，設計対象が著作権の保護の対象とならず，自由な利
用を認めるべきもの（パブリックドメイン）であるならば，同一の設計対象
を再現するために不可欠となる設計情報もまた自由な利用を認めるべきで

88)　名古屋地判平成 12 年 3 月 8 日判例集未登載（平 4 (ワ)第 2130 号）〔ショッピングセンタ
　　ー建築設計図事件〕は，「建築設計図を著作物として保護するのは，建築の著作物（10 条 1
　　項 5 号）のように，建築物によって表現された美的形象を模倣建築による盗用から保護する
　　趣旨ではないから，美術性又は芸術性を備えることは必要ない……設計する建物はありふれ
　　たものでもよく，特に新奇なものである必要もない」とし，ショッピングセンター（通常の
　　建築物）の設計図の著作物性を認めている。
89)　東京地判平成 9 年 4 月 25 日判時 1605 号 136 頁〔スモーキングスタンド事件〕，大阪地判
　　平成 10 年 3 月 26 日判例集未登載（平 5 (ワ)第 4983 号）〔コンベヤベルトカバー事件〕など
　　参照。
90)　例えば，大阪地判平成 4 年 4 月 30 日知的裁集 24 巻 1 号 292 頁〔丸棒矯正機事件〕は，
　　工作機械の設計図について，表現内容（描かれた形状および寸法）に創作性があることを理
　　由に著作物性を肯定している。また，知財高判平成 27 年 5 月 25 日判例集未登載（平 26 (ネ)
　　第 10130 号）〔メゾン A 事件〕は，マンションの建築図面の著作物性が争われた事案におい
　　て，原審（東京地判平成 26 年 11 月 7 日判例集未登載〔平 25 (ワ)第 2728 号〕）が作図上の創
　　作性がないことを理由に著作物性を否定したのに対して，各部屋や通路等の具体的な形状や
　　組合せ等も含めた具体的な設計において限定的ながら設計者による個性が発揮される余地が
　　残されており，これらが具体的に表現された建築図面全体に著作物性が認められると判断し
　　ている。
91)　中山 86 頁参照。

54

あり，その設計情報が設計対象それ自体ではなく，設計図に表現されている場合であっても，著作権の保護を及ぼすことは適当でないと思われる。したがって，設計図の著作物性の判断においては，作図上の創作性のみを考慮するのが妥当である[92]。

設計図は，図面としての表現形式に創作性が表れている場合に著作物として保護されるものであるから，設計図の著作権の保護範囲は，設計図を図面として複製，翻案等する場合にのみ及ぶ。ゆえに，例えば，工作機械の設計図に従って無断で機械を製作しても，設計図の著作権の侵害となることはない[93]。ただし，対象物がそれ自体として著作物性を有するものである場合には，設計図から対象物の表現上の本質的特徴を看取しうる限り，設計図に従って対象物を再製する行為は対象物それ自体の著作権を侵害することとなる（2条1項15号ロ参照。この点につき，詳しくは第5章参照）。

7 映画の著作物（7号）

映画の著作物とは，映像（動きのある影像や画像）により創作的に表現したものを物に固定したものをいう[94]。映画の著作物の典型例は，劇場用映画である。劇場用映画の製作には多大な投資を要し，また，映画の利用に関しても業界特有の特殊な慣行等が存在することから，映画の著作物については，著作者の範囲（16条），頒布権（26条），著作権の帰属（29条），保護期間（54条）に関する特則が置かれている。

著作権法にいう「映画の著作物」には，①映画の効果に類似する視覚的または視聴覚的効果を生じさせる方法で表現され，かつ，②物に固定されている③著作物が含まれる（2条3項）。

①の「映画の効果に類似する」とは，音声を伴うか否かにかかわらず，影像や画像が動きをもって見えるという効果を生じさせることをいう[95]。

---

92) 玉井克哉〔判批〕百選（第2版）54頁，田村93頁，井関涼子〔判批〕百選（第4版）21頁，半田正夫＝松田政行編『著作権法コンメンタール1』（勁草書房，第2版，2015年）592～593頁〔宮脇正晴〕など参照。

93) 前掲注90)〔丸棒矯正機事件〕参照。

94) 後述するとおり，著作権法は映画の効果に類似する表現物で物に固定されたものも映画の著作物に含むと規定していることから（2条3項），映画の著作物というためには，物への固定が必要となると解されている。

95) 東京地判昭和59年9月28日無体裁集16巻3号676頁〔パックマン事件〕参照。

第2章 著作物

②の「物に固定」とは，一般に，「著作物が，何らかの方法により物と結びつくことによって，同一性を保ちながら存続しかつ著作物を再現することが可能である状態」をいう[96]。ゲームソフトのように，プレイヤーの操作次第で映像の内容が変化するものも，あらかじめ想定された範囲内での変化にすぎない以上，その内容が物に固定されていると解しうるため，映画の著作物となりうる[97]。②の固定要件が否定されるものとしては，テレビの生放送で録画が行われないような場合に限られよう[98]。

③は，一般の著作物性の要件である。映画の著作物も，著作物の一種である以上，映画の著作物として保護を受けるためには著作物性を満たす必要がある。例えば，防犯カメラの映像のように，自動的，機械的に撮影された映像は著作物性が認められない。

現行法上，映画の著作物には，上述の①～③の要件を満たすさまざまな映像表現が包摂されることになるが，著作権法の映画の著作物に関する規定は基本的に劇場用映画を想定したものであるため，これらの規定を劇場用映画以外の映像表現に形式的に適用することは妥当性を欠く場合がある。この点は，真正ゲームソフトの中古品の販売が映画の頒布権の侵害となるか，という点をめぐって争われている（詳しくは，第5章を参照）。

8 写真の著作物（8号）

(1) 意 義

写真の著作物とは，人物や風景などの被写体をカメラを用いてフィルム等に画像として表現したものをいう。写真の著作物には，「写真の製作方法に類似する方法を用いて表現される著作物」が含まれる（2条4項）。もともと写真とは銀塩写真を想定していたが，近時主流となったデジタル写真も，「写真の製作方法に類似する方法を用いて表現される」ものとして

96）　前掲注95）〔パックマン事件〕参照。

97）　大阪高判平成13年3月29日民集56巻4号867頁〔中古ゲームソフト大阪事件：控訴審〕参照（最判平成14年4月25日民集56巻4号808頁〔中古ゲームソフト大阪事件：上告審〕も，ゲームソフトが映画の著作物にあたることを前提としている）。ただし，静止画が圧倒的に多いゲームソフトは，①の要件を満たさないため，映画の著作物とはいえない（東京高判平成11年3月18日判時1684号112頁〔三国志III事件：控訴審〕参照）。

98）　なお，生放送と同時に録画される場合は固定要件を満たすことになる（大阪地判平成25年6月20日判時2218号112頁〔ロケットニュース24事件〕参照）。

56

写真の著作物に含まれることになる。

(2) 創作性の判断基準

写真の創作は装置に依存する面が大きく，被写体にカメラを向けてシャッターを押せば，誰でも簡単に撮影をすることができるため，創作性が争われることが多い。しかし，同一の被写体を撮影する場合でも，撮影および現像の過程で作成者の何らかの個性を発揮する余地があることから，証明写真のように撮影・現像のプロセスが自動的，機械的に行われる場合や，被写体をそのまま忠実に撮影した場合など，およそ作成者の個性が表れる余地がない場合[99]を除いて，広く創作性が認められている。著作物性の判断では，作品の芸術的価値は問題とならないから，プロの写真かアマチュアの写真か，あるいは，芸術写真か商業写真かによって，創作性の認定に差が生じることはない[100]。

ただし，商業写真などでは，同一の被写体を撮影したものは似通った印象を与えることが少なくなく，創作性の程度が低いものも存在している。そのような写真については，著作権の保護範囲は狭く解釈されることになる[101]。

(3) 創作性の判断対象

写真の著作物については，被写体に関する工夫を写真の創作性の判断において考慮してよいかという問題がある。

写真の著作物は，被写体を画像として表現したものを著作物として保護するものであり，被写体に関するアイデアを保護するものではない。したがって，既存の写真と同一の被写体を選択して写真撮影を行っても，撮影や現像の手法が異なれば，既存の写真の著作権の侵害となることはない。

---

99) 加戸 125 頁，平面的な被写体を撮影した写真につき著作物性を否定した例として，東京地判平成 10 年 11 月 30 日知的裁集 30 巻 4 号 956 頁〔版画藝術写真事件〕参照。

100) 大阪地判平成 7 年 3 月 28 日知的裁集 27 巻 1 号 210 頁〔三光商事事件〕，仙台高判平成 9 年 1 月 30 日知的裁集 29 巻 1 号 89 頁〔石垣写真事件：控訴審〕，前掲注 81)〔積水ハウス事件：控訴審〕，東京地判平成 18 年 12 月 21 日判時 1977 号 153 頁〔東京アウトサイダーズ事件〕等参照。

101) 知財高判平成 18 年 3 月 29 日判タ 1234 号 295 頁〔スメルゲット事件〕は，写真の著作物には創作性の程度が高度なものから微小なものまで大きな差異があり，著作物の保護範囲はそうした差異に大きく依存し，創作性が微小な場合には，当該写真をそのままコピーして利用したような場合にほぼ限定して複製権侵害を肯定するにとどめるべきであると述べている。

第2章　著作物

例えば，富士山の写真を撮影する場合に，既存の写真と同一の日時に同一の場所で同一の方向から写真を撮影したとしても，それだけで既存の写真の著作権の侵害となるわけではない[102]。

しかし，被写体に関する工夫が単に抽象的に撮影対象を特定する意味合いを持つにとどまらず，写真の具体的な表現の形成に実質的に寄与するものとなっている場合には，被写体に関する工夫も，写真の著作物性の根拠になるものと解することができる。例えば，写真の撮影にあたって被写体の構図や位置関係を具体的に決定する作業は，写真の撮影行為の一環をなすものとして，創作性の判断において考慮されるべきである。この場合，既存の写真と類似の構図が後続の表現物からも看取することができるならば，その他の表現要素が異なっていたとしても，既存の写真の著作権を侵害することになる[103]。

これに対して，被写体に関する工夫が単なる写真撮影上の工夫であるにとどまらず，それ自体で完結した独立の表現物を構成するものと評価しうる場合には，被写体はもはや写真の著作物の構成要素ではなく，写真の著作物とは別個の著作物として保護されるものと解すべきである[104]。例えば，陶芸茶碗を撮影した写真の場合，かりに茶碗が写真撮影のために制作

---

102)　知財高判平成23年5月10日判タ1372号222頁〔廃墟写真事件：控訴審〕は，廃墟を撮影した写真と同じ撮影場所で異なる角度等から撮影された写真について翻案権侵害の成立を否定している。

103)　例えば，東京地判平成20年3月13日判時2033号102頁〔祇園祭写真事件〕は，祇園祭を撮影した既存の写真に依拠して作成された水彩画について翻案権侵害の成立を認めている。既存の写真と同一の被写体を水彩画で描いても著作権侵害となることはないが，写真に表れた被写体の構図等の撮影上の工夫が水彩画に再現されている場合には，写真の表現上の本質的特徴を看取させるものとして著作権侵害となる。

104)　被写体と写真を別個の著作物と解する見解として，田村96頁，中山130頁参照。なお，東京高判平成13年6月21日判時1765号96頁〔すいか写真事件：控訴審〕は，撮影の対象物の選択，組合せ，配置等において創作的な表現がなされ，それに著作権法上の保護に値する独自性が与えられる場合には，被写体に関する工夫も撮影・現像等の工夫と同様に写真著作物における創作性として考慮されると述べているが，判旨のいうように，被写体に関する工夫がそれ自体で著作権法の保護に値する創作的表現を構成するものであるならば，撮影・現像等の工夫と一体となって写真の著作物を構成するものとみるべきではなく，写真の著作物とは別個の美術の著作物として保護されると解すべきである。ただし，当該事案に関していえば，すいかの写真を撮影するに際して，すいか，籠，氷，グラデーション用紙等を創作的に選択，配置することは，写真の撮影を離れて独自の表現としての意義を有するものとまでは言い難いから，被写体に関する工夫を写真の著作物性の根拠と捉えることも支持できよう。

第2節　著作物の種類　Ⅰ　例示著作物（10条1項）

されたものであったとしても，茶碗はそれ自体が完結した独立の作品と評価することができるから，写真とは別個の美術の著作物として保護されることになり，他方，茶碗を撮影した写真は，茶碗を原著作物とする二次的著作物として保護されることになる（二次的著作物については，本節Ⅱ1参照）。この場合，茶碗の制作者と写真の撮影者が異なれば，茶碗の著作権は茶碗の制作者に，写真の著作権は写真の撮影者に帰属することとなる。

9　プログラムの著作物（9号）

(1)　定義（2条1項10号の2）

　プログラムとは，「電子計算機を機能させて一の結果を得ることができるようにこれに対する指令を組み合わせたものとして表現したもの」である（2条1項10号の2）。コンピュータを稼働させるには，情報処理の内容や手順について具体的な指令をコンピュータに与える必要がある。その指令の組合せがプログラムである。

　著作権法上，プログラムというためには，コンピュータに対する指令の組合せとしての性格を有するものであればよい。オペレーティング・システム（OS），アプリケーション・ソフト，家電製品に組み込まれたプログラムなど，プログラムの用途や種類は問わない。また，プログラム言語で記述されたソースプログラム（人間が読取り可能な状態のもの）も，直接機械語（機械が読取り可能な言語）で作成したオブジェクトプログラムも，いずれもプログラムである。プログラムの部品として利用されるモジュールも，コンピュータに意味のあるまとまった処理を行わせるだけの指令が組み合わされたものであれば，それ自体を1個のプログラムと評価しうる。また，データとして記述されたものであっても，当該データを読み込む他のプログラムと協働することによって，コンピュータに対する指令として機能するものは，プログラムと評価することが可能であろう[105]。

　一方，プログラムの前段階で作成される設計書などは，それによってコンピュータに指令することを目的に作成されているわけではないから，プ

---

[105]　東京地判平成15年1月31日判時1820号127頁〔製図プログラム事件〕参照。反対，東京高決平成4年3月31日知的裁集24巻1号218頁〔IBFバッジファイル事件：抗告審〕参照。

59

第2章 著作物

ログラムではない。同様に，プログラムを実行して得られる出力情報（画像や音楽など）も，プログラムではない。出力情報は，それ自体が著作物性の要件を満たす限り，プログラムとは別個の著作物として保護される[106]。

(2) プログラムの著作物性

プログラムの著作物とは，上述のプログラムのうち，その指令の組合せに創作性が認められるものをいう。プログラムの著作物については，著作権に関する訴えの管轄（民訴6条）や，職務著作の成立範囲（15条），同一性保持権の適用除外規定（20条2項3号），複製権の制限（47条の3），みなし侵害規定（113条5項）等の特則が設けられている。

プログラムは，コンピュータを稼働させる手段として技術的，機能的な性格が強く，小説等の典型的な著作物とは性格を大きく異にするものである。それゆえ，かつては，著作権法ではなく，プログラムの特性を考慮した新規立法によりプログラムを保護すべきであるとの主張もなされたが[107]，最終的には，諸外国の動向にも配慮し，プログラムは著作権法により保護されることとなった。もっとも，現行法の下でも，プログラムを著作物として保護することによって，プログラム産業の発展がかえって阻害されることのないように，プログラムの著作物性の判断においては，その技術的，機能的特性を十分に考慮する必要があるといえよう。

保護対象　プログラムにおいても，著作物として保護されるのはその具体的な表現に限られる。著作権法は，プログラムの著作物に対する保護がその作成に用いるプログラム言語，規約，解法に及ばないと規定する（10条3項）。プログラム言語，規約，解法は，いずれもプログ

106）　裁判例では，コンピュータのディスプレイ上の画面表示の著作物性が争われることが多い。ディスプレイ上の画面表示については，各種機能やユーザーの利便性等の観点から表現の選択肢が制約されることが多いため，著作物性が否定され（知財高判平成17年5月26日判例集未登載（平17（ネ）第10055号）〔原判決（東京地判平成16年6月30日判時1874号134頁）を引用〕〔ProLesWeb事件〕），あるいは，著作物性が認められる場合でも，原告作品と被告作品の共通部分に表現上の創作性が認められないことを理由に著作権侵害が否定されることが少なくない（大阪地判平成12年3月30日判例集未登載（平10（ワ）第13577号）〔積算くん事件〕，東京地判平成14年9月5日判時1811号127頁〔サイボウズ事件〕，東京地判平成15年1月28日判時1828号121頁〔スケジュール管理ソフト事件〕）。

107）　立法の経緯について詳しくは，中山信弘『ソフトウェアの法的保護』（有斐閣，新版，1988年）を参照。

60

ラムを表現するためのツール，ルール，アイデアとして著作権の保護対象
とならないことを確認的に規定したものである。プログラムにおいては，
所定のプログラム言語，規約および解法に制約されつつ，コンピュータに
対する指令をどのように表現するか，その指令の表現をどのように組み合
わせ，どのような表現順序とするかなどの点に著作権法で保護すべき創作
性が認められることになる[108]。プログラムの創作過程では，プログラム
を表現することよりも，解法等を考案することに高度な創作性を要する場
合も多いが，解法等は，さまざまなプログラムの創作に応用可能な汎用性
の高い成果であり，著作権により長期間の独占を認めることは産業上の弊
害が大きいことから，著作権法で保護すべきではないと解されている[109]。

　解法等に新規性，進歩性があれば，別途，特許権により保護されうる
(特許2条3項参照)。特許法と著作権法はいずれもプログラムを保護対象と
するが，特許法はプログラムの技術的思想面を保護するのに対し（特許2
条1項参照)，著作権法はプログラムの具体的表現部分を保護するという点
において異なっていることに注意する必要がある。

創作性の判断　　プログラムにおいても，創作性が認められるためには，
プログラムの表現に著作者の個性が表れている必要があ
る。すなわち，プログラムが新規性や進歩性を有することは不要であるが，
プログラムの性質上，採用することが不可避な表現やありふれた表現につ
いては，創作性が否定される[110]。プログラムは，コンピュータに所定の
情報処理を行わせるために創作されるものであるから，指令の組合せ方が
物理的には多数観念しうるとしても，情報処理の機能性，効率性という観
点からみると，表現の選択の幅がごく限られたものとなるという場合にも，

---

108)　知財高判平成18年12月26日判時2019号92頁〔宇宙開発事業団プログラム事件：控
　　訴審]，知財高判平成24年1月25日判時2163号88頁〔混銑車自動停留ブレーキ及び連結
　　解放装置プログラム事件]，知財高判平成26年3月12日判時2229号85頁〔ディスクパブ
　　リッシャーソフト事件〕参照。
109)　大阪地判平成14年4月23日判例集未登載（平11(ワ)第12875号)〔設計積算システム事
　　件〕など参照。
110)　前掲注105)〔製図プログラム事件]，前掲注108)〔宇宙開発事業団プログラム事件：控
　　訴審]，前掲注108)〔混銑車自動停留ブレーキ及び連結解放装置プログラム事件]，前掲注
　　108)〔ディスクパブリッシャーソフト事件〕など参照。

第 2 章　著作物

創作性を否定すべきである[111]。

　プログラムは一般の言語著作物に比べて文法体系が厳格であるため，モジュールなどのごく短いプログラムにおいては，処理内容が決まれば必然的にプログラムの表現が決まることも多く，創作性が否定されやすいであろう。しかし，ある程度の規模をもったプログラムであれば，表現の選択の幅も相当広くなるため，創作性を肯定するのに支障はないであろう[112]。

II　特殊な著作物

1　二次的著作物

(1)　意　義

　二次的著作物とは，著作物を翻訳し，編曲し，もしくは変形し，または脚色し，映画化し，その他翻案することにより創作された著作物である（2 条 1 項 11 号）。例えば，英語の小説を日本語に翻訳した作品，クラシックをジャズに編曲した作品，絵画を彫刻に変形した作品，小説を漫画に翻案した作品などが二次的著作物に該当する。二次的著作物を作成する基になった著作物を原著作物と呼ぶ。

　最高裁は，二次的著作物の作成行為の一種である「翻案」について，「既存の著作物に依拠し，かつ，その表現上の本質的な特徴の同一性を維持しつつ，具体的表現に修正，増減，変更等を加えて，新たに思想又は感情を創作的に表現することにより，これに接する者が既存の著作物の表現上の本質的特徴を直接感得することのできる別の著作物を創作する行為をいう」と定義している[113]。この定義によれば，二次的著作物とは，「原著

---

111)　中山 138 頁。裁判例として，東京高決平成元年 6 月 20 日判時 1322 号 138 頁〔システムサイエンス事件：抗告審〕，東京地決平成 3 年 2 月 27 日知的裁集 23 巻 1 号 138 頁〔IBF バッジファイル事件：第一審〕参照。

112)　東京地判昭和 62 年 1 月 30 日無体裁集 19 巻 1 号 1 頁〔ベーシックインタプリタ事件〕参照。

113)　最判平成 13 年 6 月 28 日民集 55 巻 4 号 837 頁〔江差追分事件：上告審〕参照。最高裁の定義は「言語の著作物の翻案」に関するものであるが，この定義は，その後の裁判例，学説において，二次的著作物の作成行為一般に妥当するものと解されている（第 8 章第 1 節 II 2 参照）。同最高裁判例の「翻案」の意義については，髙部眞規子「判例からみた翻案の

62

作物の表現上の本質的特徴を直接感得させるもの」であり，かつ，「原著作物を基にこれに変更を加え新たに創作的に表現したもの」をいうと解することができる。

著作権法は，思想または感情の創作的表現を保護するものであるから（2条1項1号），「原著作物の表現上の本質的特徴」とは，原著作物を著作物として保護する根拠となった創作性が認められる部分をいうものと解すべきである。したがって，既存の著作物に依拠して創作された表現物であっても，元の著作物から思想，感情，アイデア，または表現上の創作性のない部分を抽出して利用しているにすぎない場合には，元の著作物の二次的著作物とはならず，元の著作物とは独立した著作物となる。

また，二次的著作物というためには，既存の著作物の表現に変更等を加えて新たに創作的に表現したものでなければならない。例えば，他人の小説に自身が描いた挿絵を挿入して利用する場合のように，元の著作物の表現に何ら変更等を加えず，元の著作物の創作的表現をそのまま直接的に感得しうる態様で新たに別個の創作的表現を付加したものは，2つの独立の著作物が結合されたものにすぎず（このような関係にある著作物は，一般に**結合著作物**と呼ばれる。→第3章第2節Ⅱ），二次的著作物ということはできない。

さらに，二次的著作物というためには，既存の著作物に変更等が加えられた結果，新たに創作的表現が作成されたものと認められる必要がある。ここでいう創作性は，一般の著作物の保護要件としての創作性と同義であり，後行の表現者自身の何らかの個性が表れていることを意味する。元の著作物をそのまま模倣した場合や，元の著作物と多少の違いがあるにしても，その違いが固有の創作性を基礎づけるようなものでなければ，元の著作物の単なる模倣であって，二次的著作物とはいえない[114]。

なお，1つの著作物を起点として累積的に多数の著作物が創作されることがあるが（例えば，小説が翻訳され，その翻訳物から脚本が作成され，その脚本が映画化されるなど），このような場合も，問題となる表現物が最初の著

判断手法」著作権研究34号4頁（2008年），横山久芳「翻案権侵害の判断構造」斉藤博先生御退職記念『現代社会と著作権法』（弘文堂，2008年）381頁，同「翻案権侵害の判断基準の検討」コピライト609号2頁（2012年）を参照。

[114] 原画に多少の修正増減を加えた模写につき，二次的著作物としての創作性を否定したものとして，前掲注31）〔江戸風俗画模写事件Ⅱ：控訴審〕参照。

第2章　著作物

作物の表現上の本質的特徴を直接感得させる新たな著作物である限り，著作権法上はすべて最初の著作物の二次的著作物となる[115]。

(2)　原著作物と二次的著作物の権利関係

　二次的著作物は原著作物とは異なる新たな創作的表現物であり，二次的著作物の創作と同時に，二次的著作物に係る著作権が新たに発生する。原著作物の著作権者は原著作物を翻案等する権利を有するため（27条），原著作物の著作権者に無断で二次的著作物を作成すれば翻案権等の侵害となるが，翻案権等を侵害して作成された二次的著作物であっても，二次的著作物としての保護を受けることができる[116]。

　著作権法は，二次的著作物に対する保護が原著作物の著作者の権利に影響を及ぼさないことを規定する（11条）。これは，二次的著作物が原著作物とは別個の著作物として保護されるからといって，原著作物の著作者が二次的著作物に対する権利を失うことはないということを確認的に規定したものである。二次的著作物は，原著作物の著作物性の根拠となる創作性を利用した表現物であるから，著作権法は，原著作物の著作権者が二次的著作物の利用行為に対しても権利を行使しうることを認めている（28条。同条の解釈については，第5章参照）。したがって，二次的著作物を利用しようとする者は，原著作物と二次的著作物の著作権者の双方の許諾を得る必要がある。また，原著作物の著作権者ないし二次的著作物の著作権者のいずれかが二次的著作物を利用する場合には，それぞれ相手方の許諾を得る必要がある。

　二次的著作物は，原著作物にはない新たな創作的表現を有することを根拠として著作物としての保護が認められるものであるから，二次的著作物の著作権の保護は，二次的著作物において新たに付加された創作的な表現部分が利用された場合にのみ及ぶ。したがって，第三者が二次的著作物の中から原著作物の表現上の創作性ある部分のみを抽出して利用したとして

---

115)　加戸218頁，長沢幸男「二次的著作物」新・大系297頁参照。

116)　ゆえに，このような場合も，二次的著作物の著作権者は，二次的著作物の無断利用者に対し差止請求や損害賠償請求をなすことができる。もっとも，二次的著作物の著作権者が自ら二次的著作物を利用する場合には，原著作物の著作権者の許諾を得ることが必要であり（28条），原著作物の著作権者に無断で二次的著作物を利用すれば，再度，原著作物の著作権を侵害することとなる。

第2節　著作物の種類　Ⅱ　特殊な著作物

も，原著作物の著作権者が権利行使をなしうることは別として，二次的著作物の著作権者が権利行使をなすことはできない[117]。例えば，他人が作曲したメロディーをオーケストラ用に編曲したという場合に，メロディーの著作権が消滅すれば，何人も編曲の中からメロディーを抽出して自由に利用することができる。

2　編集著作物

(1)　意　義

編集著作物とは，編集物でその素材の選択または配列によって創作性を有するものをいう（12条1項）。すなわち，編集物であっても，素材の選択または配列に創作性が認められる限り，著作物として保護される。

著作権法は，編集物の素材となるものを特に限定していないから，編集物を構成する素材は著作物である必要はない。詩集・画集のように著作物を素材としたものも，職業別電話帳のように事実（番号情報）を素材としたものも，その選択または配列に創作性がある限り，編集著作物として保護される[118]。

ただし，データベース（2条1項10号の3）は，情報の集合物であるという意味では編集著作物と共通の性質を有しているが，その特殊性に鑑み，編集著作物とは別個の著作物として保護される（12条1項括弧書，12条の2第1項参照）。

(2)　著作物性の判断

①　編集物の「素材」

編集著作物の創作性の判断では，**素材**の選択または配列に創作性があるかが問題となる。一般に，編集物にはさまざまな要素が表現されているが，そのような要素のうち，何を素材と捉え，どのような選択，配列について創作性を判断すべきかは，問題となる編集物の目的，性質，内容等を考慮して決定されることになる。例えば，用語辞典は，利用者が用語の意味を

---

[117]　前掲注53）〔ポパイ・ネクタイ事件：上告審〕，東京高判平成13年5月30日判時1797号111頁〔キューピー人形事件：控訴審〕参照。

[118]　編集物には紙媒体のものが多いが，これに限られない。裁判例では，ビジネスソフトウェアの全表示画面が個別の表示画面を有機的に選択，配列したものとして，編集著作物にあたるとされている（前掲注106）〔サイボウズ事件〕参照）。

65

第2章 著作物

検索できるように，重要な用語を文章，図表等を用いて解説した編集物であるから，用語辞典の編集著作物としての創作性を判断する場合には，用語，解説文，図表等の選択または配列に創作性があるか否かを判断することになる。また，職業別電話帳は，利用者が自分の知りたい番号情報を検索できるように，電話加入者の番号情報を職業別に配列した編集物であるから，職業別電話帳の編集著作物としての創作性を判断する場合には，番号情報の選択，配列に創作性があるか否かを判断することになる[119]。

> **裁判例　知恵蔵事件：第一審[120]**
>
> 　この事件は，用語辞典『知恵蔵』の誌面レイアウトを作成した原告が『知恵蔵』の編集著作者としての地位を主張して，『知恵蔵』を出版する被告に対し，原告が『知恵蔵』の編集著作権を有することの確認を求めて提訴したというものである。原告は，レイアウトの作成に際して，柱，ノンブル，ツメの態様，文字の大きさ，書体，罫，約物の形状等の諸要素を創作的に選択，配列し，その成果が『知恵蔵』に表現されていることを理由に，『知恵蔵』の編集著作者としての地位を主張した。しかし，判決は，『知恵蔵』に表現された要素がすべて『知恵蔵』の素材となるものではないとし，用語辞典『知恵蔵』の目的，性質，内容等に鑑みれば，『知恵蔵』の素材は，用語，解説文，図表等であるというべきであり，原告が主張する柱，ノンブル，ツメの態様等は『知恵蔵』の素材とはいえず，ゆえに，原告は『知恵蔵』の素材の選択，配列を行っていないから，『知恵蔵』の編集著作者とはならないとした[121]。
>
> 　もっとも，原告が作成したレイアウトは被告が出版する『知恵蔵』に表現されているから，原告のレイアウトが編集著作物たる『知恵蔵』の構成要素と認められなくても，レイアウトはそれ自体独立の著作物として保護される可能性がある。しか

---

119)　東京地判平成 12 年 3 月 17 日判時 1714 号 128 頁〔NTT タウンページ事件〕参照。もっとも，学説では，実際の編集過程において編集者がどのような要素に着目して編集作為を行ったかという観点から「素材」を柔軟に解釈する見解も主張されている。この見解によれば，職業別電話帳の場合，番号情報の配列以前に，そもそも番号情報を配列する指標となる職業項目の選択・配列に編集者の個性が発揮されていることから，電話帳の一部をなす職業分類自体を，「素材」を職業項目とする編集著作物と解釈することが可能となる（潮海久雄〔判批〕ジュリ 1111 号 235 頁〔1997 年〕，横山久芳「編集著作物に関する基礎的考察——職業別電話帳は果たして著作物なのか？」コピライト 475 号 6 頁〔2000 年〕，中山 152 頁）。

120)　東京地判平成 10 年 5 月 29 日知的裁集 30 巻 2 号 296 頁。

121)　東京高判平成 11 年 10 月 28 日判時 1701 号 146 頁〔知恵蔵事件：控訴審〕も同旨を説く。もっとも編集物によってはレイアウトが重要な要素となるものもあり，その場合にはレイアウトを構成する諸要素が編集物の素材とされることもある（東京高判平成 7 年 1 月 31 日判時 1525 号 150 頁〔会社案内パンフ事件：控訴審〕）。

第 2 節　著作物の種類　Ⅱ　特殊な著作物

し，同判決は，原告のレイアウトが『知恵蔵』の紙面構成についてのアイデアをごくありふれた形で視覚化ないし具体化したものにすぎないとして，原告のレイアウトの独自の著作物性をも否定している。

②　選択，配列の創作性と編集方針

　編集物は一定の編集方針に従って作成されるものであるから，編集物の創作性の判断においては，どのような編集方針が採用されたのかを明らかにした上で，当該編集方針に基づいて素材を選択，配列する行為に創作性が認められるかを検討することになる[122]。

　編集著作物も著作物の一種であるから，編集著作物として保護されるのは，素材を選択，配列した結果としての具体的表現である[123]。したがって，編集方針が独創的なものであっても，具体的な選択，配列がごくありふれたものであるならば，編集著作物として保護することはできず，逆に，編集方針がごくありふれていても，そのような方針に従って具体的に素材を選択，配列する過程に創作性が認められれば，編集著作物として保護されることになる[124]。

　もっとも，編集方針は素材の選択または配列と密接不可分の関係にあるから，素材の選択，配列の創作性を判断するにあたって，編集方針の創作性が考慮されることもある[125]。すなわち，編集方針が単に編集活動の大まかな指針を示す程度のものにすぎない場合は，編集に関するアイデアとして編集著作物の創作性の判断対象から除外されることになるが，編集方針が素材の具体的な選択，配列作業と密接に関わり，素材の選択，配列の結果に実質的な影響を及ぼしている場合には，素材の選択，配列の創作性の一環をなすものとして，編集著作物の創作性の根拠になるものと解すべきである。

---

122)　編集方針と編集著作物の関係について，蘆立順美「編集著作物の創作的表現の類似」中山信弘先生古稀記念『はばたき――21 世紀の知的財産法』（弘文堂，2015 年）544〜546 頁参照。

123)　加戸 133 頁，田村 23 頁，作花 106 頁など参照。

124)　東京高判平成 12 年 11 月 30 日判例集未登載（平 10(ネ)第 3676 号）〔アサバン職業別電話帳事件：控訴審〕参照。

125)　例えば，東京地判昭和 55 年 9 月 17 日無体裁集 12 巻 2 号 456 頁〔地のさざめごと事件〕は，「編集方針を決定することは，素材の選択，配列を行うことと密接不可分の関係にあつて素材の選択，配列の創作性に寄与するものとい」えると述べている。

第2章 著作物

例えば，職業別電話帳を例にとれば，「番号情報を職業別に配列する」という抽象的な編集方針を決定したとしても，番号情報の配列の結果は何ら具体的，実質的に決まるものではないから，「番号情報を職業別に配列する」という編集方針が独創的なものであるとしても（五十音順電話帳しかない時代にこのような着想を電話帳に採用すれば，独創的であるといえよう），それをもって，編集著作物としての創作性（番号情報の配列の創作性）があるものと評価することはできない。他方，職業別電話帳の職業分類は，それ自体としては，番号情報を配列するための編集方法にすぎないものであるが，職業別電話帳は，職業分類に番号情報を当てはめることによって作成されるものであり，職業分類が決まれば，番号情報の当てはめもある程度機械的に行うことが可能となるから，職業別電話帳における職業分類は，番号情報の具体的な配列内容を決定する重要な構成要素となるものであり，職業別電話帳の創作性の根拠になるものというべきである[126]。

このように，編集方針や編集方法の創作性が素材の選択または配列の創作性の根拠となる編集著作物においては，編集方針や編集方法の類似性が編集著作権侵害の判断において考慮されることになる。例えば，東京都職業別電話帳の職業分類（職業分類に創作性があることが前提）をそのまま利用して大阪府職業別電話帳を創作する行為は，素材となる番号情報はまったく異なっているが，素材の配列の創作性を基礎づける職業分類が共通しているため，編集著作権侵害を構成することになる[127]。

③　創作性の判断基準

編集著作物として保護されるためには，素材の選択か配列かのいずれかに創作性が認められる必要がある。例えば，著作権関連の判例を網羅的に時系列順に並べた判例集など，編集の目的上不可避的ないしはありふれた選択，配列からなる編集物については，創作性が否定される。編集物を作成する場合には，素材の選択・配列以前の素材の収集作業に相当な労力，費用を要することが多いが，いかに労力や費用を費やしても，素材の選択または配列の点に創作性がなければ，編集著作物として保護されない[128]。

---

126)　前掲注119)〔NTT タウンページ事件〕参照。

127)　潮海・前掲注119) 236頁，横山・前掲注40) 161頁以下，中山154頁，渋谷178頁など参照。反対，加戸133頁参照。

68

第 2 節　著作物の種類　Ⅱ　特殊な著作物

　編集著作物の保護要件としての創作性は，一般の著作物と同じく，素材
の選択または配列に編集者の何らかの個性が表れていればよく，新規性や
独創性は不要とされる[129]。ただし，辞書や情報誌などの実用的な編集物
においては，利用者の利便性等の観点から，同種の編集物間で多かれ少な
かれ共通した編集方針が採用されるものであり，また，競合する編集物の
選択，配列を参考にして編集作業が行われることも多く，それが後行の編
集物の価値を高めることにもなるため（例えば，辞典を編集する際には著名な
先行業績を踏まえることは常識であろう），安易に創作性を認めると，後行の
編集者の編集活動を過度に妨げることになりかねない。裁判例では，特に
実用性の強い編集物の創作性を判断する場合に，同種の編集物と比べてど
の程度新規性，独創性が認められるかといった点が考慮されることが少な
くないが[130]，これも，素材の選択，配列に係る選択の幅が十分に存在す
るかどうかを判断する 1 つの手法として是認することができる[131]。

---

128)　東京地判平成 11 年 2 月 25 日判時 1677 号 130 頁〔松本清張作品映像化リスト事件〕参
　　照。かつてアメリカ著作権法には，"額に汗（sweat of the brow）"して創作された編集物
　　は，選択または配列に創作性がなくても保護するという判例法理が一部に存在したが，著名
　　な Feist 連邦最高裁判決において，編集著作物についても，一般の著作物と同様に"創作性
　　（creativity）"が必要となることが確認されている（Feist Publications, Inc. v. Rural
　　Telephone Service Company, Inc., 499 U. S. 340 (1991)）。

129)　名古屋地判昭和 62 年 3 月 18 日判時 1256 号 90 頁〔用字苑事件〕，前掲注 27)〔四谷大
　　塚事件：控訴審〕など参照。

130)　前掲注 128)〔松本清張作品映像化リスト事件〕，前掲注 119)〔NTT タウンページ事件〕，
　　東京高判平成 17 年 3 月 29 日判例集未登載（平 16(ネ)第 2327 号）〔ケイコとマナブ事件：控
　　訴審〕など参照。

131)　横山・前掲注 40) 165 頁参照。なお，本文で述べた新規性，独創性は，特許法における
　　新規性，進歩性の判断とは観点を異にすることに注意すべきである。すなわち，先行編集物
　　の選択，配列がその創作時点で新規かつ独創的なものであるとしても，学術的・実用的な見
　　地からみて，後行編集者が先行編集物と同種の編集物を作成するために先行編集物の採用す
　　る選択，配列と同一の選択，配列を採用することが望ましい場合には，先行編集物の選択，
　　配列は，当該編集物の分野において標準的に採用されるべき選択，配列ということになるか
　　ら，著作権法の観点からは，先行編集物の選択，配列はありふれていることになる。一方，
　　先行編集物の選択，配列の独自性が強いために，先行編集物に保護を認めても，後行編集者
　　が独自の基準を採用して同種の編集物を作成することがいくらでも可能であり，かつ，後行
　　編集者が適切な基準を採用する限り，後行編集物の学術的，実用的価値が損なわれることが
　　ないという場合には，著作権法の観点からは，先行編集物の選択，配列には創作性があると
　　いうことになる（東京地判昭和 59 年 5 月 14 日無体裁集 16 巻 2 号 315 頁〔アメリカ語要語
　　集事件：第一審〕参照）。著作権法の創作性の判断では，標準的な表現活動との較差がどの
　　程度存するかを検討することが重要であり，このような観点から表現の新規性，独創性が論
　　じられるのであれば，それは創作性を判断する指標として有効に機能するであろう。

69

第2章 著作物

(3) 編集著作物と素材の著作物との権利関係

詩集，画集など，他人の著作物を素材とした編集物を創作する場合には，他人の著作物を複製することになるため，素材の著作権者の許諾を得る必要があるが，素材の著作権者の許諾を得ずに創作された編集物も，素材の選択または配列に創作性がある限り，編集著作物として保護される。ゆえに，この場合も，編集著作物の著作権者は，第三者の無断利用行為に対して差止請求等をなしうるが，自ら編集著作物を利用する場合には，素材の著作権者の許諾を得なければ，素材の著作権を侵害することになる。

著作権法は，編集著作物に対する保護が，素材の著作物の著作者の権利に影響を及ぼさないものと規定する（12条2項）。これは，編集著作物が素材となる著作物とは別個に保護されるからといって，素材の著作者が編集著作物に収録された素材に対する権利を失うことはないということを確認的に規定したものである。編集著作物の利用には素材の利用を伴うため，素材の著作権者は編集著作物に対しても直接的に権利行使をなしうる。したがって，編集著作物を利用しようとする者は，編集著作物と素材の著作権者の双方の許諾を得る必要がある。また，編集著作物の著作権者ないし素材の著作権者のいずれかが編集著作物を利用する場合には，それぞれ相手方の許諾を得る必要がある。

編集著作物は，素材の選択または配列の創作性を根拠として著作権の保護が認められるものであるから，編集著作権の保護は，素材の選択または配列の創作性が利用された場合にのみ及び，編集物の中から特定の少数の素材を抽出利用する行為には及ばない[132]。

3 データベースの著作物

(1) 意 義

データベースとは，「論文，数値，図形その他の情報の集合物であつて，それらの情報を電子計算機を用いて検索することができるように体系的に構成したもの」をいう（2条1項10号の3）。データベースの著作物とは，このうち，情報の選択または体系的な構成によって創作性を有するものを

---

132) 知財高判平成17年11月21日判例集未登載（平17㈱第10102号）〔京城三坂小学校記念文集事件：控訴審〕参照。

いう（12条の2第1項）。

　データベースの著作物は，情報の集合物であるという点では編集著作物の一種ということができる。しかし，データベースの著作物においては，編集著作物のように記録媒体に固定された情報の物理的配置が重要な意味を持つわけではなく，コンピュータを用いて記録媒体から必要な情報を検索することを可能とする「体系的構成」が重要な意味を有しており，そのために編集著作物とは異なる創作作業（データの体系付け，情報の抄録化，キーワードの選定，付加など）が要求されることになる。そこで，現行法は，データベースの著作物を編集著作物とは別個の著作物として規定することにしたものである[133]。

　なお，データベースはコンピュータシステムの中で利用されるものであるが，データベースを稼働させるプログラムは，あくまでプログラムの著作物として保護されるべきものであって，データベースの著作物に含まれないことに注意する必要がある。

　データベースの著作物として保護されるためには，情報の選択または体系的構成のいずれかに創作性が認められればよい。現在では，技術の発展により記憶容量を問題とせずに，当該分野に関連する情報を網羅的に登載するデータベースが増えており，また，情報の網羅性の高いデータベースほど利用価値が高いために，情報の選択の点に創作性を認めることは困難な場合が少なくないと思われるが，データベースの性質上，体系的構成については，創作性が認められる場合が多いだろう[134]。データベースの創作性の判断は，編集著作物（本節Ⅱ 2(2)参照）と同様に解すれば足りるため，編集著作物の説明を参照してほしい。

(2) データベースの著作物とその部分を構成する著作物との関係

　著作権法は，データベースの保護が，その部分を構成する著作物の著作者の権利に影響を及ぼさないと規定している（12条の2第2項）。その趣旨

---

133)　加戸135頁参照。ただし，データベースは国際的には編集著作物として保護されることも多く，両者の間に本質的な違いはないと解することもできる（田村27頁）。

134)　データベースの創作性の肯定例として，前掲注 119)〔NTT タウンページ事件〕，東京地判平成 14 年 2 月 21 日判例集未登載（平 12(ワ)第 9426 号）〔コアネットデータベース事件〕，東京地判平成 26 年 3 月 14 日判例集未登載（平 21(ワ)第 16019 号）〔旅 nesPro 事件〕，否定例として，東京地判平成 13 年 5 月 25 日判時 1774 号 132 頁〔自動車データベース事件：中間判決〕参照。

第 2 章　著　作　物

は，編集著作物の場合と同様なので，編集著作物の説明（本節Ⅱ **2** (3)参照）
を参照されたい。

　データベースの著作物は，情報の選択または体系的構成の創作性を根拠
として保護されるものであるから，その保護は，データベースの情報の選
択または体系的構成の創作性が利用される場合にのみ及び，データベース
の中から一部の情報を抽出して利用する行為にまでは及ばない。

> ### ステップアップ　データベースと投資の保護
>
> 　特定分野の関連する情報を網羅的に登載し，これを汎用的な手法で分類したデー
> タベースは，その利用価値は大きいものの，情報の選択と体系的な構成のいずれに
> も創作性が認められないため，データベースの著作物として保護されない。また，
> データベースが著作物として保護される場合でも，データベースの著作権の保護は，
> 情報の選択や体系的構成の創作性が利用される場合にしか及ばないから，データベ
> ースから価値ある一部の情報を抽出利用することは自由であり，また，体系的構成
> の点にのみ創作性があるデータベースについては，その体系的構成に変更を加えれ
> ば，当該データベースに登載された情報をすべて模倣したとしても著作権の侵害に
> はならない。
>
> 　データベースにおいては，情報の収集過程で多大な投資がなされることが多いた
> め，データベースに登載された情報の模倣が許されることになると，データベース
> 作成者は，情報収集に要した投資を十分に回収することができず，社会的に有用な
> データベースの生産が阻害されるおそれがある。この点で，創作的表現の保護を目
> 的とした著作権法によってデータベースの保護を図ることには一定の限界があると
> 言わざるをえない。
>
> 　そこで，学説では，データベースについて，著作権法とは別に，情報収集に要す
> る投資を根拠に法的保護を認める制度を構築すべきであるという考え方が有力とな
> っていた[135]。特に最近では，IoT（モノのインターネット。身の回りにあるさま
> ざまなモノがネットとつながる仕組みのこと）や AI（人工知能）等の情報関連技
> 術の発達に伴い，ビッグデータの活用がビジネス上高い付加価値を生み出すように
> なっており，データの法的保護の必要性が一層強くなっていた。このような状況を
> 受けて，平成 30 年に不正競争防止法が改正され，企業が保有する一定の価値ある
> データを不正に取得，使用等する行為が不正競争として規制されることになった
> （改正不競法 2 条 1 項 11 号～16 号）。同法の保護対象となるのは，ID・パスワード

---

135)　諸外国の動向や立法論を紹介する文献として，由上浩一「データベースの法的保護」工
　　業所有権法研究 113 号 32 頁（1993 年），梅谷眞人『データベースの法的保護——現行法制
　　度の機能・限界と立法論的検討』（信山社，1999 年）59 頁，蘆立順美『データベース保護制
　　度論』（信山社，2004 年）参照。

等によって管理され，提供先が限定されているデータ群（「限定提供データ」）に限られているものの（同条7項参照），創作性の有無は問われないから，創作性のないデータベースも保護を受けることが可能である。また，限定提供データに限らず，他人が作成した商業的価値のあるデータベースを競業目的でデッドコピーする行為については，不法行為による救済が認められる余地がある[136]（詳しくは，本章第5節を参照）。

第3節　保護を受ける著作物

　現行法の著作物の定義規定は，著作物として保護される情報とそれ以外の情報とを識別する機能を有している。したがって，著作物の定義に該当しないものは，そもそも著作物として保護される余地はない。

　一方，著作物の定義に該当する場合であっても，そのすべてが直ちに我が国著作権法の保護を受ける著作物となるわけではない。著作物の定義に該当するもののうち，我が国の著作権法上保護されるのは，①日本国民の著作物，②最初に日本国内で発行された著作物，③条約上我が国が保護の義務を負う著作物に限られる（6条）。したがって，日本国民の著作物はすべて我が国の著作権法により保護されるが，外国民の著作物については，最初に日本国内で発行されるか，我が国が条約上保護義務を負う場合を除き，我が国の著作権法では保護されないことになる。我が国の著作権法は基本的に我が国の文化の発展に寄与することを目的とするものであるため，外国民の著作物については，我が国の文化政策上保護を認める積極的な理由がある場合に限り，我が国の著作権法の保護を与えることとしたのである。

　我が国に著作物の保護義務を課している条約としては，ベルヌ条約，万国著作権条約，TRIPS協定がある[137]。現在では，多くの国がベルヌ条約

---

136)　前掲注134）〔自動車データベース事件：中間判決〕は，原告データベースの著作物性を否定しつつ，開発に5億円以上，その維持管理に4000万円の投資が行われたデータベースを被告がデッドコピーして競合品を販売したことについて，不法行為の成立を認めている。

137)　これらの条約では，加盟国の国民の著作物，および加盟国で最初に発行された著作物について各加盟国に保護義務を課している（ベルヌ条約3条1項，万国著作権条約2条1項・2項，TRIPS協定9条1項）。

第2章　著作物

ないし TRIPS 協定に加入しているため，外国民の著作物も広く我が国の
著作権法の保護を受けることが可能となっている。

> **裁判例**　**北朝鮮事件**[138]
>
> 　北朝鮮は，ベルヌ条約加盟国ではあるが，我が国が国家として承認していないた
> め，北朝鮮の国民の著作物について我が国がベルヌ条約上保護義務を負うかという
> ことが問題となる。この点につき，最高裁は，我が国について発効済みの多数国間
> 条約に未承認国が事後的に加入した場合，我が国は原則として未承認国との間にお
> ける条約上の権利義務関係を発生させるか否かを選択することができるとの一般論
> を述べた上で，我が国は，未承認国である北朝鮮との間でベルヌ条約に基づく権利
> 義務関係は発生しないとの立場を採っているから，我が国は同条約に基づき北朝鮮
> の国民の著作物を保護する義務を負うものではないと判示した。

第4節　権利の目的とならない著作物（13条）

　著作権法上保護を受ける著作物に該当する情報は，著作者人格権および
著作権の保護を受けるのが原則である。しかし，著作権法は，保護を受け
る著作物のうち，①憲法その他の法令（13条1号），②国，地方公共団体
の機関等が発する告示，訓令，通達その他これに類するもの（13条2号），
③裁判所の判決，決定，命令および審判並びに行政庁の裁決および決定で
裁判に準じる手続により行われるもの（13条3号），④①～③の翻訳物お
よび編集物で，国または地方公共団体の機関等が作成するもの（13条4
号）については，権利の目的となることができないとしている（13条）。
権利の目的となることができないとは，著作者人格権および著作権の保護
の対象とならないということである。これらの著作物は，その性質上，国
民にその内容を広く周知徹底させ，国民の自由な利用を認めることが望ま
しいものであるため，著作者人格権および著作権の保護の対象外としたの
である。以下，各号につき，特に留意すべき点について指摘しておくこと
にする。

---

138)　最判平成23年12月8日民集65巻9号3275頁〔北朝鮮事件：上告審〕。同判決につい
　　ては，上野達弘〔判批〕A.I.P.P.I. 57巻9号2頁以下（2012年），横山久芳〔判批〕民商146
　　巻6号50頁以下（2012年）参照。

第 4 節　権利の目的とならない著作物（13 条）

　13 条 1 号は，憲法その他の法令を規定する。同号の「憲法その他の法令」には条約や外国の法令も含まれる[139]。また，同号の趣旨に鑑みれば，政府提出の法律案なども 1 号の対象となると解すべきであろう[140]。

　13 条 2 号は，国等が発する告示，訓令，通達等を規定するが，同号は，国等が発行する文書がすべて権利の対象とならないことを意味するものではない。例えば，内部文書や白書，報告書等は，著作権の対象となる[141]。ただし，国等が一般に周知させることを目的として作成し，その著作の名義の下に公表する広報資料や，調査統計資料，報告書等の著作物は，その公益的性格に鑑み，比較的緩やかな要件の下で権利の制限が認められている（32 条 2 項）。

　13 条 3 号は，裁判所の判決等を規定する。判決等を作成する場合には，第三者の著作物を複製する行為に対して権利の制限が認められており（42 条 1 項），かつその判決等は本号により著作権の対象とならないため，第三者の著作物を含めて判決等を複製しても第三者の著作権を侵害することにはならない（俳句の著作権侵害が争われた事件で，俳句を引用した判決をそのまま複製する場合など）。しかし，この場合も判決等に複製された著作物について第三者の著作権が消滅したわけではないため，判決等から第三者の著作物を抽出して判決とは関係のない形で利用すれば，第三者の著作権を侵害することになる[142]。

　13 条 4 号は，国等が作成した前 3 号までの著作物の翻訳物，編集物を規定する。素材が判決等であっても，民間の判例集のように，私人が作成したものは，編集著作物として権利の対象となる。著作権法にいう「編集物」にはデータベースの著作物は含まれないため（12 条 1 項括弧書），国等が作成したものであっても，データベースの著作物は権利の対象となる。データベースの作成には巨額の投資を要するものであり，その利用にあたっては受益者負担とすることが望ましい場合もあるため，例外的に著作権の保護を認めることにしたものである。

---

139)　加戸 138 頁。
140)　加戸 139 頁，田村 256～257 頁，中山 229～230 頁。
141)　旧著作権法下の事例であるが，東京地判昭和 52 年 3 月 30 日無体裁集 9 巻 1 号 360 頁〔龍渓書舎事件〕参照。
142)　加戸 140 頁，田村 257 頁，中山 231 頁参照。

第2章 著作物

第5節　著作権の保護を受けない情報の保護

著作権法上保護を受ける著作物に該当しない情報は，著作権の保護を受けることができない。しかし，このような情報であっても，経済的・商業的価値を有するものは少なくない。一般に，情報の生産には相応の投資を要することから，著作権の保護が否定された情報の模倣を完全に自由とすると，情報の生産者が情報の利用を通じて十分な投資回収を行うことができず，社会的に有用な情報が生産されなくなるおそれがある。そこで，著作権の保護が認められない情報についても，その利用行為に対して一定の法的保護を与えることができないか，ということが問題となる。具体的には，情報の生産者が第三者の模倣行為によって損害を受けた場合に一般不法行為上の救済（民709条）を受けることができるか，という問題である。不法行為は，実定法上の権利が侵害された場合のみならず，法律上保護される利益が侵害された場合にも成立するため，情報生産者の営業上の利益を「法律上保護される利益」と解釈することができるならば，不法行為の成立を認めることも可能となる。

この点については，理念的には，2つのアプローチが存在する。

1つは，不法行為の成立を緩やかに認める立場である[143]。著作権法は，情報の保護に関して一定のルールを定めているものの，情報の利用一般について事前に完璧なルールを設けることは困難であり，保護の必要性がある情報と現行著作権法が保護している情報との間には常に間隙が生じているため，現行著作権法の下で保護されない情報であっても，当事者の利益バランスを考慮して裁判所が保護を与えることが望ましいと考えた場合には，柔軟に不法行為の成立を認め，妥当な解決を図っていくべきとするのである。

もう1つは，不法行為の成立を厳格に解する立場である[144]。著作権法

---

143)　不法行為の成立を緩やかに認めた裁判例として，前掲注14）〔読売オンライン事件：控訴審〕，知財高判平成18年3月15日判例集未登載（平17(ネ)第10095号・第10107号・第10108号）〔通勤大学法律書事件：控訴審〕，知財高判平成20年12月24日民集65巻9号3363頁〔北朝鮮事件：控訴審〕参照。

144)　不法行為の成立を厳格に解する裁判例として，前掲注106）〔サイボウズ事件〕，東京地

76

第5節　著作権の保護を受けない情報の保護

は情報の生産者と利用者のバランスを考慮して，著作権により保護すべき情報と保護されない情報とを識別しているのであるから，著作権により保護されない情報は，原則として自由な利用を認めるべきであるとするのである。もっとも，後者のアプローチにおいても，情報の模倣行為が信用毀損や営業妨害等，著作権法が想定しない不利益を情報生産者にもたらすことになる場合には，例外的に不法行為の成立が認められることになる。例えば，従来の裁判例では，他人が自ら投資して開発した新商品を競合他社がデッドコピーしてその競合品を販売することにより，他人の営業活動を著しく困難ならしめたという事例において，自由競争の範囲を逸脱したものとして不法行為の成立を認めるものがあるが[145]，このような場合には，後者のアプローチにおいても不法行為の成立が認められることになろう[146]。

　以上のように，対立する2つのアプローチがある中で，最高裁は，北朝鮮事件において，後者のアプローチを採用することを明らかにした。以下，判決の内容を紹介する。

> **裁判例　北朝鮮事件**[147]
>
> 　事案は，日本のテレビ局が，そのテレビニュース番組において，北朝鮮における映画を利用した国民に対する洗脳教育の状況を報じる目的で，北朝鮮の国民の著作物である本件映画を6分の企画中約2分程度放映したことについて，著作権侵害および不法行為の成否が争われたというものである。最高裁は，北朝鮮の国民の著作物は著作権法6条3号の「条約によりわが国が保護の義務を負う著作物」に該当しないとして著作権侵害の成立を否定した上で（この点については，本章第3節 **裁判例** を参照），以下のように述べて，不法行為の成立も否定した。
>
> 　すなわち，「著作権法は，著作物の利用について，一定の範囲の者に対し，一定の要件の下に独占的な権利を認めるとともに，その独占的な権利と国民の文化的生

判平成15年1月28日判時1828号121頁〔スケジュール管理ソフト事件〕，前掲注130）〔ケイコとマナブ事件：控訴審〕など参照。

145)　前掲注60）〔木目化粧紙事件：控訴審〕，前掲注134）〔自動車データベース事件：中間判決〕など参照。

146)　多くの学説もこのような場合に不法行為の成立を認めることを支持している（上野達弘〔判批〕判時1806号188頁〔2003年〕，田村善之「知的財産権と不法行為」同編著『新世代知的財産法政策学の創成』〔有斐閣，2008年〕43頁，潮見佳男『不法行為法Ⅰ』〔信山社，第2版，2011年〕92頁など参照）。

147)　前掲注138）〔北朝鮮事件：上告審〕。

77

第2章 著作物

活の自由との調和を図る趣旨で，著作権の発生原因，内容，範囲，消滅原因等を定め，独占的な権利の及ぶ範囲，限界を明らかにしている。同法により保護を受ける著作物の範囲を定める同法6条もその趣旨の規定であると解されるのであって，ある著作物が同条各号所定の著作物に該当しないものである場合，当該著作物を独占的に利用する権利は，法的保護の対象とはならないものと解される。したがって，同条各号所定の著作物に該当しない著作物の利用行為は，同法が規律の対象とする著作物の利用による利益とは異なる法的に保護された利益を侵害するなどの特段の事情がない限り，不法行為を構成するものではないと解するのが相当である。」「これを本件についてみるに，本件映画は著作権法6条3号所定の著作物に該当しないことは前記判示のとおりであるところ，原告が主張する本件映画を利用することにより享受する利益は，同法が規律の対象とする日本国内における独占的な利用の利益をいうものにほかならず，本件放送によって上記の利益が侵害されたとしても，本件放送が原告に対する不法行為を構成するとみることはできない。」「仮に，原告の主張が，本件放送によって，原告が本件契約を締結することにより行おうとした営業が妨害され，その営業上の利益が侵害されたことをいうものであると解し得るとしても，前記事実関係によれば，本件放送は，テレビニュース番組において，北朝鮮の国家の現状等を紹介することを目的とする約6分間の企画の中で，同目的上正当な範囲内で，2時間を超える長さの本件映画のうちの合計2分8秒間分を放送したものにすぎず，これらの事情を考慮すれば，本件放送が，自由競争の範囲を逸脱し，原告の営業を妨害するものであるとは到底いえないのであって，原告の上記利益を違法に侵害するとみる余地はない。」

　上記判決は，直接的には，著作権法6条各号に該当しない著作物が利用された場合について判示したものであるが，判決の論理は，著作物性のない情報が利用された場合についても妥当するということができよう。すなわち，著作権法2条1項1号は，独占的な権利と国民の文化的生活の自由との調和を図る趣旨で，著作物性の要件（著作権の発生原因）を定め，独占的な権利の及ぶ範囲，限界を明らかにしたものであるから，ある情報が同号により著作物性が認められない場合には，当該情報の利用行為は，著作権法が規律の対象とする著作物の利用による利益とは異なる法的に保護された利益を侵害するなどの特段の事情がない限り，不法行為を構成することはないということになる[148]。

　もっとも，最高裁も，著作権法が規律の対象とする利益とは異なる利益が侵害されたなどの特段の事情がある場合には，不法行為の成立を認めることを示唆しており，本件事案においても，被告の行為が自由競争の範囲を逸脱した営業妨害的なも

---

148)　知財高判平成24年8月8日判時2165号42頁〔釣り★スタ事件：控訴審〕は，本判決を踏まえて，より一般的に，著作権侵害とならない情報の利用行為について特段の事情がない限り，不法行為の成立が認められないと判示している。

のではないことを理由に不法行為の成立を否定している。したがって，本判決の下でも，例えば〔木目化粧紙事件[149]〕や〔自動車データベース事件[150]〕の事例のように，第三者による情報の利用行為が「営業妨害的な」要素を含む場合には例外的に不法行為の成立が認められる余地があろう。営業の自由は個人に保障された憲法上の権利（憲22条）であるが，著作権法はこれを直接的に規律の対象とするものではないから，著作権で保護されない情報の利用行為が「営業妨害的な」性格を有する場合には，著作権法が規律対象とする利益とは異なる利益が侵害されたものと解することも可能である[151]。本件でも，被告が本件映画全体をDVDに収録して販売したり，テレビ放送していたような場合には，不法行為の成立を認める余地があろう。いずれにせよ，今後は，「営業妨害的な」場合を含めてどのような場合に著作権法の規律の対象となる利益と異なる利益が侵害されることになるかについて，具体的に検討していくことが重要となるであろう[152]。

---

149) 前掲注60)〔木目化粧紙事件：控訴審〕。

150) 前掲注134)〔自動車データベース事件：中間判決〕。

151) 山田真紀〔判批〕L&T 56号86頁（2012年）は，著作権法が規律の対象とする利益でない利益として，本判決が補足的に触れている「営業の自由」があると述べている。

152) 山田・前掲注151) 86頁は，著作権法の規律の対象とする利益でない利益の例として，「営業の自由」以外に，「名誉」等を挙げている。

第**3**章

著　作　者

　　ある人が小説を書いたとしよう。その人は著作者となり，著作者の権利を取得する。しかし，例えば新聞社の従業員である記者が職務として新聞記事を書いたという場合はどうだろう。この場合，わが国の著作権法によると，記者ではなく新聞社が著作者になる。では，著作者とはどのようにして決まるのか。そして著作者の権利は誰に帰属するのであろうか。

　　本章では，まず著作者に関する総論を述べた上で（第1節），著作者の認定における創作者主義の原則を明らかにし（第2節），創作者主義の修正としての職務著作等について概説する（第3節）。

第1節　総　論
第2節　創作者主義の原則
　Ⅰ　著作者の認定（2条1項2号）
　Ⅱ　共同著作（2条1項12号）
　Ⅲ　映画の著作物の著作者（16条）
　Ⅳ　著作者の推定（14条）
第3節　創作者主義の修正
　Ⅰ　職務著作（15条）
　Ⅱ　映画の著作物の著作権帰属（29条）

第3章 著作者

第1節 総　論

前章では著作物性について解説した。著作物性が肯定されると，次にその著作者は誰か，そして権利は誰に帰属するのかという点が問題になる[1]。

1 創作者主義の原則

著作物を現実に作成した者が著作者であり，その著作者に権利が帰属する。これが原則である。この原則は**創作者主義**と呼ばれる。具体的には次の2点を意味する[2]。

(a) 事実行為としての創作行為を行った自然人のみが著作者であること

(b) その著作者に著作者の権利（財産権・人格権）が原始帰属すること

2 創作者主義の修正

わが国著作権法において，著作者とは「著作物を創作する者をいう」と定義され（2条1項2号），さらに，著作者は著作者人格権および著作権を享有するものと規定されている（17条1項）。これは，創作者主義を定めたもののように見える。

しかし，わが国著作権法は，創作者主義を一応の原則としつつ，2つの場面でこれを修正している。それが，(1) 15条（職務著作）と(2) 29条（映画の著作物の著作権帰属）である。具体的にいうと，これらは次のように創作者主義の2つの意味のうちいずれかを修正したものである。

(1) 職務著作（15条）

職務著作とは，例えば，会社の従業員が職務上著作物を作成した場合，一定の条件の下で，その会社が著作者になるという制度である。職務著作が成立すると，事実行為としての創作行為を行っているとはいえない者（会社等）が著作者になる。実際のところ，著作者の定義規定（2条1項2号）における「創作する者」には，自然人のみならず法人も含まれるとい

---

1) 本章に関しては，上野達弘「著作者(1)総論」法教329号133頁（2008年），同「著作者(2)各論」法教330号147頁（2008年）も参照。

2) 上野達弘「大陸法から見たわが国『職務著作』」著作権研究30号72頁（2004年）参照。

うのが立法担当者の考えである[3]。したがって，これは創作者主義の第一
の意味(a)の修正だと位置付けることができる。

(2) 映画の著作物の著作権帰属（29条）

　創作者主義によれば，著作者の権利がすべて著作者に原始帰属する。こ
のことは，職務著作が成立する場合においても変わらない。しかし，わが
国著作権法上，映画の著作物に限っては，一定の条件の下，著作者（監督
等）ではなく映画製作者に著作権が帰属するものとされている。このよう
に，映画の著作物については，著作者でない者に著作権が自動的に帰属
（法定帰属と呼ばれる）することになるのである。したがって，これは創作
者主義の第二の意味(b)の修正だと位置付けることができる[4]。

　このように，わが国著作権法は創作者主義を一応の原則としつつ，2つ
の修正を加えているのである。以下ではこれを詳しくみていくことになる。
まず，創作者主義の原則（第2節）について明らかにした上で，これに対
する2つの修正（第3節）についての検討へと進むことにしよう。

第2節　創作者主義の原則

I　著作者の認定[5]（2条1項2号）

　創作者主義の原則によれば，事実行為としての創作行為〔著作物〔創作
的表現〕の作成〕を行った者が著作者であり，この著作者に著作者の権利
が帰属する。このように創作者主義の原則が妥当する場合，誰を著作者と
認定するかが問題となる。これが著作者の認定の問題である。現実には，
「自分はこの著作物の創作に関与した著作者である」と主張する者が登場
したようなとき，その者を著作者と評価できるかどうかを判断する際に問

---

3)　加戸25頁。

4)　もっとも，後述するように（→本章第3節 II 3(1)），29条による法定帰属とは，著作者
　（監督等）に原始帰属した著作権が映画製作者に移転するものと解するのが通説的であり，
　そのような観点から厳密にいうならば，同条は創作者主義の第二の意味（「著作者に著作者
　の権利が原始帰属すること」）の修正ではないということになる。

5)　上野達弘「著作者の認定」新・大系216頁参照。

第3章 著作者

題となる。

1 判断手法

従来の判例・学説によると，著作者の認定は，ある著作物の創作過程において，その者が行った行為を客観的に観察し，それが**事実行為としての創作行為**と評価できるかどうかを検証することによって行われる。したがって，直接の判断対象となるのは，あくまで創作過程における客観的な行為であって，主観的意思や著作物創作後の事情が直接これに関わることはない。

2 判断基準

では，このようにその者の行った行為を検証する際に，事実行為としての創作行為と評価できる行為とは具体的にどのようなものなのであろうか。

結論からいえば，事実行為としての創作行為と評価できるかどうかは，それが著作物（**創作的表現**）の作成といえるかどうかによる。すなわち，事実行為としての創作行為（著作物〔創作的表現〕の作成）といえるかは，まさに著作物性の要件（→第2章第1節）（とりわけ創作性・表現）とパラレルなのである[6]。

例えば，具体的な文章表現の作成に関与すること，メロディーの作成に関与すること，編集物における素材の創作的な選択または配列に関与することは，創作的表現を作成する行為といえるから，事実行為としての創作行為と評価できる。

これに対して，以下のように，創作的表現を作成する行為といえないものは，事実行為としての創作行為と評価できない。

(1) 表現とはいえない行為

第一に，単なる創作の依頼，アイデアの提供，抽象的な指示を行ったにすぎない者は著作者として認められない。

---

6) このことは，実質的にみても以下のように正当化できよう。すなわち，著作者の認定と著作物性の認定は，著作権法上の保護資格要件として共通の基盤を有し，どのような主体および客体になぜ著作者としての法的保護を与えるのかという問題そのものだからである（上野・前掲注5）236頁参照）。

84

第2節　創作者主義の原則　Ⅰ　著作者の認定（2条1項2号）

このことは，ある者が行った行為が，たとえ創作性のあるものであったとしても，それが**表現**といいうる程度に具体性のあるものでない限り，事実行為としての創作行為とは認められないことを意味している。これは，著作者たりうるためには「著作物を創作する者」（2条1項2号）でなければならないことから正当化されよう。すなわち，著作物は「表現したもの」である必要があるところ（同項1号），抽象的なアイデア等は表現とはいえず著作物性がない（傍点筆者）。そうした抽象的なアイデアを提供するにすぎない行為は，たとえそれが事実行為としての創作行為を行う者に不可欠の影響を及ぼしたとしても，事実行為としての創作行為それ自体とはいえないからである。

> **裁判例**　**SMAP 大研究事件：第一審**[7]
>
> 「an・an」等の雑誌に掲載された SMAP のインタビュー記事が無断で書籍に転載された事件で，記事中の文章（例：《中居正広》「俺，女の子とデートするなら，自転車のカゴにいろんなものつめてピクニックに行く……みたいなのがいいな。ベイブリッジがどーのとか，トレンディがこーのとか，そういうのは大嫌い。カタカナよりもひらがなってカンジのつきあいがしたい。」（POTATO 1992 年 5 月号）の著作者が誰であるかが問題になった。
>
> 判決は，本件の場合，「口述者は，文書表現の作成に創作的に関与したということはできず，単に文書作成のための素材を提供したにとどまるものであるから，文書の著作者とはならない」として，著作者は SMAP 個人ではなく，雑誌の出版社であると判示した（その結果，原告のうち出版社は勝訴したものの中居氏ら SMAP のメンバーは敗訴したのである）。

(2)　創作性のない行為

第二に，資料の提供，キーボード入力の作業，資金面での援助など，物理的な協力を行ったにすぎない者は著作者として認められない。

このことは，ある者が行った行為が，たとえ単なる抽象的なアイデアの提供にとどまらず具体性のあるものであり，そのため「表現」に関与したといえる場合であっても，そこに知的行為が認められない限り**創作性**を肯定することはできず，これを事実行為としての創作行為と認めることはできないことを意味している。これは，著作者たりうるためには「著作物を

---

7)　東京地判平成 10 年 10 月 29 日知的裁集 30 巻 4 号 812 頁。

第3章 著作者

創作する者」（2条1項2号）でなければならないことから正当化されよう。
すなわち，著作物は「創作的に表現」されている必要があり（同項1号），
著作者はそのようなものを「創作する者」である必要がある（傍点筆者）。
身体的活動や物理的な協力は創作性のある行為とはいえないので，それが
たとえ肉体的には非常な労苦を伴うものであったり，事実行為としての創
作行為を行う者に不可欠の影響を及ぼすものであったりしても，「著作物
を創作する」行為とはいえないからである。

> **裁判例**　ジョン万次郎像事件：控訴審[8]
>
> 　ジョン万次郎像（昭和43年完成・高知県土佐清水市）および岡野豪夫像（昭和
> 45年完成）の著作者が誰であるかが問題になった事案。上記各銅像の台座部分に
> はYの通称が表示されていた。
>
> 　判決は「本件各銅像のようなブロンズ像は，塑像の作成，石膏取り，鋳造という
> 3つの工程を経て制作されるものであるが，その表現が確定するのは塑像の段階で
> あるから，塑像を制作した者，すなわち，塑像における創作的表現を行った者が当
> 該銅像の著作者というべきである」とした上で，「本件各銅像の塑像制作について
> 創作的表現を行なった者はXのみであって，Yは塑像の制作工程においてXの助
> 手として準備をしたり粘土付け等に関与しただけである」として，本件各銅像の著
> 作者はYではなくXであると判示した。

3　事実認定

　事実行為としての創作行為が以上のような具体的意味を持つとしても，
著作者であることを主張する者による現実の行為が直接に立証されない限
り，その者が事実行為としての創作行為を行ったか否かを認定することは
容易でない。そうした事実認定を行うために，裁判例において考慮されて
いる事実には多様なものがある。例えば，創作行為を行ったと主張する者
の技能や経験，語学能力，職業，作成経緯，創作の動機，著作者としての
一貫した行動，許諾契約の存在，あるいは過去における権利主張の有無な
どの諸点が含まれる。

　歌詞「テフ　テフ」「コヒノボリ」「チューリップ」等の著作者が自己で
あると主張するXと，AであるとするYら（JASRACおよびAの遺族）と

---

8)　知財高判平成18年2月27日判例集未登載（平17(ネ)第10100号等）。

86

第 2 節　創作者主義の原則　Ⅱ　共同著作（2 条 1 項 12 号）

の間で争われた事案で，判決は，「X が本件歌詞を作詞したとする昭和 6
年当時の諸事情，作詞の動機に関する供述の具体性及び同 4 に認定した X
が『チューリップ』及び『コヒノボリ』等の作詞者であるとの新聞記事が
公表された時期以降の本件歌詞……の作詞者としての一貫した行動を総合
勘案すると，……本件歌詞の作詞者は X であるとの事実を優に推認する
ことが可能というべきである」（下線筆者）と判示している[9]。

4　著作者の地位

　著作者の認定は，あくまで客観的に行われる。したがって，著作者の地
位を契約によって変更することはできない。例えば，ある芸能人の著作名
義で出版されている本が，実はゴーストライターによって作成されたもの
であったという場合でも，著作者はあくまで当該ゴーストライターである
ということになり，契約によって，著作者の地位を当該芸能人に移転する
ことはできないのである。

Ⅱ　共同著作（2 条 1 項 12 号）

　著作者とは，著作物を創作する者をいう。もっとも，創作行為は常に一
人で行われるとは限らない。複数の者が共同して創作にあたる場合も少な
くない。これを**共同著作**という。共同著作物だと認められると，当該共同
著作物に関する権利が共有になり，保護期間も一体として算定されるなど
特別な取扱いが生じる。では，どのような場合に共同著作と認められるの
か，その要件をみてみよう。

1　共同著作の要件[10]

　共同著作物とは，「二人以上の者が共同して創作した著作物であつて，
その各人の寄与を分離して個別的に利用することができないものをいう」
と定義されている（2 条 1 項 12 号）。この定義から，3 つの要件が抽出され

---

9)　東京高判平成 5 年 3 月 16 日知的裁集 25 巻 1 号 75 頁〔コヒノボリ事件：控訴審〕。
10)　詳しくは，上野達弘「共同著作の要件論」牧野利秋ほか編『知的財産法の理論と実務 4』
　　（新日本法規，2007 年）91 頁参照。

87

第3章 著作者

る。すなわち，(1)二人以上の者の創作的関与，(2)共同性，(3)分離利用不可能性である。それでは以下敷衍しよう。

(1) 創作的関与

第一に，共同著作物であるためには「二人以上の者が……創作」していることが必要である。すなわち，複数の者が**創作的関与**をしていることが必要である。そして，創作的関与といえるためには事実行為としての創作行為を行っていることが必要となる。もし創作的関与がないとされれば，その者はそもそも著作者たりえない。このように，共同著作物の要件としての創作的関与は，著作者の認定に関する一般原則と一致することになる[11]。

例えば，1枚の絵を二人で描いたという場合は，二人とも創作的関与をしているものと評価できよう。そこでは，絵という著作物の創作的表現の作成に二人とも関与しているからである。

これに対して，他人による著作物の作成過程に何らかの関与をしたとしても，それが単に企画案や助言を与えただけにすぎないような者は，その助言行為それ自体が「創作」といえる程度の関与でない限り，創作的関与をしたとは認められない。したがって，単に補助的な指示や助言を与えただけのような者，企画案を提示したにすぎない者，あるいは文章の最終チェックを行ったにすぎない者は共同著作者にならないことが多い。たとえ，そのような企画案や助言がなければ著作物が創作されることはなかったとしても同じである。

> **裁判例** **智恵子抄事件：上告審**[12]
>
> 詩人・高村光太郎がその妻について書いた詩の中から取捨選択して編集した書籍『智恵子抄』に関して，出版社YのSがその企画を最初に高村光太郎に持ちかけ，関連する詩歌・散文を収集した上で第一次案を提示していたという事案で，著作者が誰であるかが問題になった。
>
> 判決は，「光太郎自ら『智恵子抄』の詩等の選択，配列を確定したものであり，同人がその編集をしたことを裏付けるものであって，Sが光太郎の著作の一部を集めたとしても，それは，編集著作の観点からすると，企画案ないし構想の域にとど

---

11) これに対して，共同著作物に関して通常の著作者認定よりも緩やかな基準をあてはめる見解もあるが，疑問である（詳しくは，上野・前掲注5）223頁以下参照）。

12) 最判平成5年3月30日判時1461号3頁。

第 2 節　創作者主義の原則　Ⅱ　共同著作（2 条 1 項 12 号）

まるにすぎないというべきである」として，高村光太郎の単独の著作物であると判示した。

　このように，創作的関与として認められるためには，その行為が独立して著作物（創作的表現）の作成と評価できるようなものでなければならない。したがって，これは著作物性の要件と重なることになる。

> ### ステップアップ　法人の共同著作
>
> 　著作権法 2 条 1 項 12 号にいう「二人以上の者」の「者」には，自然人のみならず法人も含まれるかどうか問題になりうるが，含まれると解するのが一般的である[13]。したがって，法人 A の従業者と外部の個人 B とが共同して著作物を作成し，前者について職務著作が成立する場合は，法人 A と個人 B との共同著作物となる。同様に，法人 C の従業者と法人 D の従業者とが共同して著作物を作成し，両者について職務著作が成立する場合は，法人 C と法人 D との共同著作物となる。

(2)　共同性

　第二に，共同著作物であるためには「二人以上の者が共同して創作した著作物」であることが必要である。すなわち，複数の者の創作行為に**共同性**がなければならない。

　典型的には，二人で同時に 1 枚の絵を描いた場合である。この場合，複数の者の創作行為に同時性があり，1 つの創作行為を複数の者が共同して行ったといえるため，ここにいう共同性が肯定されるのである。

　他方，行為の共同性がない場合は共同著作と認められない。例えば，ある者が日本語で書いた文章を別の者が英訳した場合のように，二人の行為に時間的なずれがあるために，1 つの創作行為を共同して行ったとはいえない場合である。このような場合，一方の著作物は，他方の著作物の二次的著作物になりうるにすぎず，共同著作物とはならないのである。

遺著補訂型　共同性の要件に関してはいわゆる遺著補訂型をめぐって議論がある。法律学の世界では，高名な学者の書いた体系書が，その死後も出版される際に，弟子がこれを補訂した上で，師匠と弟子の「共著」として出版されることがある。このように，死亡した師匠の書

---

13)　加戸 51 頁以下。

第3章 著作者

物を弟子が補訂したような場合に，この補訂版が著作権法上の共同著作物にあたるかどうかが問題となるのである。

(a) 肯定説　従来の通説は，両者の間に「意思の連絡」や「共通の意思」は必要なく，たとえ寄与の時点にずれがあっても，共同著作物にあたるとする[14]。また，その後の学説の中にも，「故人の名著を現役世代の研究者が改訂する」というものに関して，「共同著作者としての立場を欲する心情」等を指摘して，共同著作物と「みなす」べき場合があるとする見解がある[15]。

(b) 否定説　これに対して，共同性を肯定するためには，主観的な共同創作の意思と客観的な創作行為の共同性を要するとして，遺著補訂型は共同著作物ではなく，改訂版は単独の二次的著作物にすぎないとする見解も近時有力である[16]。

この問題については次のように考えるべきであろう。まず，共同著作物の定義からすると，その文言上，共同性はあくまで「創作」という行為について存在しなければならないものと解される。そうすると，共同著作物の要件としての共同性は，あくまで客観的にみて「創作」という行為が「共同」して行われたかどうかが決め手となるというべきであるように思われる[17]。そして，遺著補訂型についても同様の観点から判断することになり，少なくとも「故人の名著を現役世代の研究者が改訂する」というような場合は，先行著作者の行為が完了してから後行著作者の行為が行われており，そこに客観的な行為の共同性を認めることはできないため，これは共同著作物にあたらず，単独の二次的著作物と評価すべきであろう[18]。

このように，共同著作物の要件としての共同性に関しては，客観的にみ

---

14)　半田 59 頁以下，斉藤博『概説著作権法』（一粒社，第 3 版，1994 年）77 頁等参照。

15)　作花文雄『詳解 著作権法』（ぎょうせい，第 4 版，2010 年）182 頁以下，小泉直樹〔判批〕百選（第 3 版）95 頁参照。

16)　牧野利秋〔判批〕百選（第 3 版）97 頁，田村 371 頁，中山 243 頁以下，高林 110 頁以下，駒田泰土「共同著作，二次的著作」高林龍ほか編『現代知的財産法講座 I 知的財産法の理論的探究』（日本評論社，2012 年）217 頁以下等参照。

17)　詳しくは，上野・前掲注 10) 100 頁以下参照。

18)　実際のところ，原作者が作成した原稿に依拠して漫画家が漫画を作成したという事案において，漫画を二人で作成するという意味での共同創作の意思は認められるように思われるが，判決はこれを二次的著作物と評価している（最判平成 13 年 10 月 25 日判時 1767 号 115 頁〔キャンディ・キャンディ事件：上告審〕参照）。

90

て「創作」という行為が「共同」して行われたどうかが決め手になるものと考えられる[19]。

(3) 分離利用不可能性

第三に，共同著作物であるためには，「その各人の寄与を分離して個別的に利用することができないもの」であることが必要になる。

例えば，二人で1枚の絵を描いたという場合，この1枚の絵は「各人の寄与を分離して個別的に利用することができない」から，この要件を満たす。

他方，例えば，一人が作曲，もう一人が作詞をすることによって，1つの歌を作り上げたという場合，歌詞と楽曲というものは，それぞれ別の著作者の寄与によって個別に創作されたものであり，それぞれは「分離して個別的に利用すること」ができるものである。したがって，この要件を満たさず，共同著作物ではないということになる[20]。このように，共同著作物ではないけれども，外形上，複数の著作物が一体的に利用されるものを，講学上，**結合著作物**という。

分離「利用」不可能性　　分離利用不可能性の要件については，その文言上，分離することが不可能かどうかではなく，分離して「個別的に利用」することが不可能かどうかが問題とされている。これに関して，座談会のようなものが問題となる。座談会というものは，たしかに出席者相互間の発言が絡み合って著作物が完成しているともいえることから，「個々の発言を取り上げてもそれは独自の価値をもつものではなく，利用可能性はないというべきであろう」として，これを共同著作物とする見解もある[21]。しかし，ある出席者の発言が，仮に他の出席者の影響を受けたものであっても，それは単に抽象的なアイデアのレベルにすぎず，各出席者による発言の創作的表現は基本的に同人のみによって作成されたものというべきであろう。また，例えば特定の出席者の発言部分のみを取り出してウ

---

19)　もっとも，厳密にみると，どのような場合に共同性を肯定できるかという具体的な判断は必ずしも容易でないのもたしかである（詳しくは，上野・前掲注10）102頁以下参照）。

20)　もっとも，比較法的にみると，歌詞と楽曲を共同著作物とみる国もある（フランス知的財産法典113の2条等参照）。また，わが国の旧著作権法においても，歌詞と楽曲は「合著作」（旧13条）にあたるとする解釈が有力であった（上野・前掲注10）103頁以下参照）。

21)　半田62頁注4参照。小泉128頁も参照。

第3章 著作者

ェブサイトに掲載することも可能であることからすれば，各出席者の発言
という「寄与」は，独立して著作物と認めるに足りる創作的表現というこ
とができるものであるから，それが「独自の価値」を有するかどうかにか
かわらず，分離利用が可能というべきであろう。以上のように，座談会に
おける出席者の発言というものは，「各人の寄与を分離して個別的に利用
することができ」るもの，すなわち共同著作物にはあたらないというべき
であるように思われる[22]。

　このように，共同著作物の要件としての分離利用不可能性に関しては，
「各人の寄与」というものが独立して著作物と認められる創作的表現とい
えるかどうかが決め手になるものと考えられる[23]。

2　共同著作の効果

　共同著作の要件を満たすと，次のような効果が生じる。

(1)　共同著作物の著作者人格権・著作権の行使

第一に，権利の行使に関する効果である。

　共同著作の要件を満たすと，当該共同著作物の著作者人格権は，原則と
して，著作者全員の合意によらなければ行使することができない（64条1
項）。さらに，著作権は共同著作者間の共有となり，そのような共有著作
権について，各共有者は，原則として，他の共有者の同意を得なければそ
の持分を譲渡できず（65条1項），またその共有者全員の合意によらなけ
れば行使することもできない（同条2項）。もっとも，差止請求および損害
賠償請求等については単独で行うことができる（117条）。詳しくは第7章
（権利の活用）で検討する。

(2)　共同著作物の保護期間

第二に，保護期間に関する効果である。

　共同著作の要件を満たすと，その共同著作物の保護期間は，共同著作者
のうち最終に死亡した著作者の死後70年の経過により満了する（51条2

---

22)　詳しくは，上野・前掲注10）105頁参照。駒田・前掲注16）213頁以下も同旨。

23)　もっとも，厳密にみると，どのような場合に独立して著作物と認められる創作的表現と
評価できるかについての具体的な判断は必ずしも容易でない（上野・前掲注10）106頁以下
参照）。

92

項）。そのため，共同著作者のうち早く死亡した著作者の著作権も，最終に死亡した著作者の著作権と同じ期間存続するのである。詳しくは，第5章第4節で検討する。

Ⅲ　映画の著作物の著作者（16条）

1　はじめに

著作権法は，映画の著作物の著作者に限って，著作者の認定に関する規定を置いている。

映画の著作物の場合，他の著作物と比べて相対的に多数の者が関与することが多い。つまり，監督，カメラマン，美術家，道具係，脚本家，原作者，作曲家，ディレクター，俳優，さらには映画の製作に出資する映画会社などである。そのため，現行法の立法過程においても，映画の著作物の著作者に関してさまざまな議論があった。しかし，著作者が不明確な状態のままでは，権利者にとっても利用者にとっても都合が悪い。

そこで，著作権法は，映画の著作物の著作者を明確化するために規定を設けた[24]。すなわち，映画の著作物の著作者は，「その映画の著作物にお

---

24)　16条はあくまで2条1項2号を具体化した注意規定であり，創作者主義を修正したものではないと解される（上野・前掲注5）221頁参照。駒田・前掲注16）224頁以下も同旨）。立法担当者も，「本条に規定する『映画の著作物の全体的形成に創作的に寄与した者』が『映画の著作物を創作する者』であると理解すべき」とする（加戸151頁参照）。また，立法過程においても，同条に相当する文部省文化局試案（昭和41年）11条に関して，「本条は，著作者の『みなし』規定ではない。したがって，本条の規定は，第2条第1項第2号の定義を受けて，その定義を映画の著作物に関し敷衍したもの，すなわち，同号にいう『著作物を創作した者』とは映画の著作物に関しては『全体的形成に創作的に関与した者』を意味するものであることを積極的に明確にしたものということができよう」とする記述がみられる（『法案コンメンタール――文部省文化局試案について』〔文化庁〕11～13頁参照）。これに対して，16条を「映画著作物の利用・流通の促進という観点から著作者の範囲を制限し，権利の帰属を一部の者に集中したもの」と理解する見解もある（中山266頁）。しかし，29条が適用される限り映画の著作物の著作権は映画製作者に集中的に帰属することになるから，映画の著作物の著作者を限定しなくても著作権が利用の阻害要因になることはない。他方，著作者人格権についていえば，たしかに映画の著作物の著作者を限定した方が著作者人格権の主体も限定されるが，公表権について同意推定規定（18条2項3号）があることなどからして，例えば過去の映画をそのまま二次利用する際に，著作者人格権が利用の阻害要因になるケースというのは実際には稀であるように思われる。むしろ16条が映画の著作物の著作者を限定するものと解すると，29条が映画の著作物は多数の著作者が関わることを正当

第3章 著作者

いて翻案され，又は複製された小説，脚本，音楽その他の著作物の著作者
を除き，制作，監督，演出，撮影，美術等を担当してその映画の著作物の
全体的形成に創作的に寄与した者とする」と規定されているのである（16
条）。

2　映画の著作物の著作者の認定方法

16条によれば，映画の著作物の著作者は，次のように認定される。

(1)　モダンオーサーのみ

第一に，映画の著作物に用いられた原作小説や脚本，音楽などの著作者
（クラシカルオーサーと呼ばれる）は，映画の著作物それ自体の著作者（モダ
ンオーサーと呼ばれる）には含まれないということである。映画には，その
もとになっている原作小説や脚本があり，他方，映画の中で用いられる音
楽などもある。それらは一見すると，映画作品の中に一体として含まれて
いるようにみえるが，あくまで映画の著作物において利用されているもの
にすぎず，映画の著作物それ自体ではない。そのため，それらの著作物の
著作者は「映画の著作物」の著作者ではないということになるのである[25]。
そうしたクラシカルオーサーには以下の2つが含まれる。

①　「翻案」された著作物の著作者

1つ目に，原作小説や脚本などの原著作物の著作者である。映画のもと
になっている原作小説や脚本がある場合，映画の著作物は二次的著作物と
なる。このとき，原作小説や脚本は，映画の著作物とは独立して存在する
ものであり，映画の著作物との関係では原著作物に該当する。こうした原
著作物の著作者は，16条においては，「映画の著作物において翻案され
……た小説，脚本……の著作者」として，映画の著作物それ自体の著作者
ではないということになるのである（傍点筆者）。

　化根拠の1つとしていることに影響を及ぼしかねない。以上の点については，後掲注29）
　も参照。

25)　もっとも，比較法的にみると，こうした者も映画の著作物の著作者になりうるとする国
　もある（例えば，フランス知的財産法典113の7条等参照）。日本法のように「映画の著作
　物」の著作者でないということになると，映画の著作物とは独立して原作小説や音楽の著作
　者と認められ，また29条によってその著作権が映画製作者に法定帰属することもない。そ
　のため，「我が国の著作権法はシナリオ作家あるいは音楽作家には厚い保護の仕方をしてい
　る規定だと理解できようかと思います」（加戸153頁）ということになる。

94

第2節　創作者主義の原則　Ⅲ　映画の著作物の著作者（16条）

② 「複製」された著作物の著作者

2つ目に，音楽や美術などの著作物の著作者である。映画において音楽著作物や美術著作物が用いられている場合（例：主題歌，舞台美術），こうした著作物は，映画の著作物において利用されているにすぎず，映画の著作物それ自体ではないことから，映画の著作物において「複製」されている著作物と呼ばれている。また，楽曲や美術をアレンジ（翻案）して映画の著作物ができあがるわけではないから，これらの著作物は，原作小説や脚本とは異なり，映画の著作物を二次的著作物とする原著作物ではない（外形上一体的に利用されていることから，いわば結合著作物ということはできよう）。この著作物の著作者は，16条においては「映画の著作物において……複製された……音楽その他の著作物の著作者」として，映画の著作物それ自体の著作者ではないということになるのである（傍点筆者）。

(2) 全体的形成寄与者のみ

第二に，映画の著作物の著作者は，「映画の著作物の全体的形成に創作的に寄与」していなければならないということである。

ここで「映画の著作物の全体的形成に創作的に寄与」する者というのは，「一貫したイメージを持って映画制作の全体に参加している者」と解されている[26]。具体的には，16条にも「制作，監督，演出，撮影，美術等を担当して」と例示されているように，映画プロデューサー（「制作」），映画監督，テレビ映画におけるディレクター（「演出」），撮影監督，美術監督，フィルム・エディター，録音監督などが挙げられている[27]。すなわち，映画の各分野における活動が映画の全体的形成に創作的に寄与している場合，その活動をした者は映画の著作物の著作者と認められるのである。そして，これらの者は映画の著作物を共同して創作しており，各人の寄与を分離して利用することはできないと考えられることから，当該映画の著作物を共同著作物とする著作者ということになる[28]。

---

26)　加戸 152 頁。

27)　加戸 152 頁（また，俳優は原則として実演家であるにすぎないが，「主演俳優が監督の指示や台本どおりではなく，自分の創作性を発揮して演技し，映画の全体的形成に創作的に寄与したと認められる場合がないわけではありません」とされる）。

28)　このような考え方に対して，映画の著作物の著作者となりうるのは「総監督」だけであり，「撮影や美術などを担当した者は……映画の著作物として完結した成果物そのものにつ

95

第3章 著作者

　他方，そもそも「創作的に寄与」しているとは言い難い助監督やカメラ助手は著作者にならない[29]。

　ある者が映画の著作物の著作者にあたるかどうかは，その肩書にとらわれず，現実に行われた行為を客観的に観察することによって判断される。したがって，たとえ「監督」という肩書であったとしても，映画の著作物の著作者としての立場を否定される場合もある。

> **裁判例**　**宇宙戦艦ヤマト著作者事件[30]**
>
> 　一連のアニメシリーズ「宇宙戦艦ヤマト」について，「監督」等の肩書で表示されていたXがプロデューサーYに対して，本件映画の著作物を対象とする著作者人格権の確認を請求した事案。
> 　判決は，「本件著作物……の全体的形成に創作的に寄与したのは，専らYであって，Xは部分的に関与したにすぎないから，本件著作物……の著作者は，Yであって，Xではない」とした。

3　職務著作による映画

　映画の著作物であっても，職務著作（15条）が成立する場合は，16条本文は適用されず，15条によって著作者が決まる（16条但書）。例えば，会社のPRビデオをその従業員が職務上作成するような場合，職務著作の成立により会社が著作者になる。

　いては著作者とはなりえない旨の考えもありえよう」とする見解もあるが（斉藤135頁），少なくとも現行法の解釈上は妥当でないというべきであろう。

29)　なお，映画の著作物に「創作的に寄与」しているとしても，映画の著作物の「全体的形成」に寄与しているとはいえないという者がいるとした場合において（ある特定のシーンのみを創作的に撮影したカメラマンなどがこれにあたろうか），その者が単に映画の著作物の著作者であることを否定されるのみならず，そもそも著作者であることを否定されると解するならば，16条は単なる注意規定ではなく創作者主義を修正した規定だということになる。

30)　東京地判平成14年3月25日判時1789号141頁。

96

Ⅳ　著作者の推定（14条）

1　はじめに

　著作者の認定はあくまで著作物の創作過程に着目して行われる。もっとも，自己の著作物について著作者として訴訟を提起する際，いちいち当該著作物の創作過程を主張立証しなければならないというのでは大変である。

　そこで，著作権法は著作者の推定規定を置いている。すなわち，著作物の原作品に，または著作物の公衆への提供もしくは提示の際に，実名（氏名もしくは名称）または周知の変名（雅号，筆名，略称その他実名に代えて用いられるもの）が著作者名として通常の方法により表示されている場合，その者は著作者と推定されるのである（14条）。例えば，書籍の背表紙に「〇〇著」として著作者名が表示されていれば，その者が著作者と推定される。

2　周知の変名

　ここで「変名」とはペンネーム等のことをいう。そして「変名として周知のもの」というのは，例えば夏目漱石のように，「変名が著作者本人の呼称であることが一般人に明らかであり，その実在人が社会的に認識できるようなものであることを必要」とするとされている[31]。したがって，例えばある本の著者名がペンネームで表示されているという場合に，ペンネームそれ自体は有名であっても，本人が誰か不明であるという場合は（例えば，イザヤ・ベンダサン著『日本人とユダヤ人』がかつてそうであった)[32]，変名として周知のものとはいえず，著作者の推定がなされることもない。

3　推定の覆滅

　もちろん14条は推定規定であるので，事実によって反証されれば覆滅

---

31)　加戸143頁。
32)　イザヤ・ベンダサンは，ベストセラーとなった書籍『日本人とユダヤ人』（山本書店，1970年）の著者として表記されていたが，その正体は不明であった。現在は，出版社である山本書店の店主で「訳者」とされていた山本七平の著作であったといわれている。

第3章 著作者

する。すなわち，ある者の氏名が著作者として表示されていても，実際に当該著作物の創作過程を調査した結果，別の者が著作者であることが立証されれば，その者が著作者ということになる[33]。

> **裁判例　ジョン万次郎像事件：控訴審[34]**
>
> 　ジョン万次郎像等の著作者が誰であるかが争われた事案で，判決は，「本件では，Yがジョン万次郎像の制作者として，自己のサインをその台座部分に施しているため，著作権法14条により，ジョン万次郎像の著作者であると推定されるものの，その推定は覆されたものというべきであり，ジョン万次郎像は，Xにより制作され，著作されたものと認められる」とした。

第3節　創作者主義の修正

I　職務著作（15条）

1　はじめに

(1)　職務著作とは

　ある人が文章を書いた場合，その人はその文章の著作者となる。そしてその人にすべての著作者の権利が帰属する。これが創作者主義の原則である。しかし，その人が例えば新聞社の記者であり，職務上，新聞記事を書いた場合，現実に記事を書いた記者ではなく，その新聞社が著作者になる，ということになっている。これを講学上，**職務著作**という。

　職務著作が成立すると使用者である法人等が著作者になるため，著作者の権利（著作権および著作者人格権）は，すべて法人等に帰属する。他方，従業者には何の権利も与えられないことになる。

---

33)　編集著作物の編者の一人として表示されていた者が14条によって著作者と推定されるにもかかわらず，著作者に当たらないとされた裁判例として，知財高決平成28年11月11日判時2323号23頁〔著作権判例百選事件：抗告審〕参照。

34)　前掲注8)〔ジョン万次郎像事件：控訴審〕（第一審判決〔東京地判平成17年6月23日判例集未登載（平15(ワ)第13385号)〕引用部分)。

98

第3節　創作者主義の修正　I　職務著作（15条）

(2)　趣　旨

では，なぜ職務著作の制度が設けられているのであろうか。その趣旨を
めぐっては諸説あるが，ひとまず以下のようにいうことができよう。

①　使用者の保護

法人等の内部においては，その従業者によって多数の著作物が作成され
る。それは，法人等の発意に基づき職務上作成された著作物であるにもか
かわらず，その法人等がこれを利用しようとする際に，いちいち当該従業
者に許諾を得なければならないとすると煩雑である。まして，その著作物
は複数の従業者による共同著作物であることも多い。また，当該従業者が
退職してしまった場合には，事後的にその者から許諾を得ることはいっそ
う困難となろう。この状態のままでは，法人等による当該著作物の利用が
阻害され，結果として法人等の業務に支障を来すおそれがある。

そこで，職務著作制度は，著作者の権利を従業者に帰属させず，使用者
に集中的に帰属させることによって，当該使用者の円滑な事業活動を確保
しようとしたものと考えることができる。

もっとも，法人等の従業者が作成したというだけで，すべての著作物に
ついて法人等が著作者になってしまうというのは行き過ぎであろう。そこ
で，職務著作が成立するためには，原則として法人等の著作名義の下に公
表する著作物であることが必要とされている。これは，法人等が自己の著
作名義で著作物を公表するという場合，その社会的な責任を法人等が負う
ことになるため，そのような社会的責任を負う代償として，法人等が著作
者の地位を取得してしかるべきだという考えに基づくものといえよう[35]。

②　第三者の保護

ある著作物が法人等の著作名義で公表されているにもかかわらず，その
権利を当該法人等が有していないということになると，これを利用しよう
とする第三者にとってはいったい誰に許諾を得ればいいのかわからなくな
る。また，たとえ法人等に照会するなどして権利を有する従業者が判明し

---

[35]　加戸146頁も，「現実に会社が著作物を作成し出版するという形で，社会的にもその著作
物に関する責任を会社が負い，会社として対外的信頼を得ているという場合が多いわけであ
りますので，そういう性格のものについては，その会社を著作者とするという規定が本条で
あります」とする。もっとも，中山260頁以下の指摘も参照。

第3章 著作者

たとしても，現実に著作物を作成した従業者は複数であることも多く，また退職していることも十分ありうるのであるから，そのような者の全員から許諾を得ることは極めて困難である。この状態のままでは，第三者による著作物の利用が阻害されてしまうおそれがある。

そこで，職務著作制度は，法人等の著作名義で公表される著作物について，著作者の権利を従業者に帰属させず，使用者に集中的に帰属させることによって，権利の所在を第三者にとって明確かつ便宜なものにし，その法人等が著作者であると信じた第三者の信頼や予測可能性を保護するとともに，法人等に許諾を得ればすむという便宜を通じて第三者による著作物の円滑な利用を促進しようとしたものと考えることができる[36]。

2 要 件

それでは，どのような要件で職務著作が成立するのであろうか。

15条1項によると，「法人その他使用者……の発意に基づきその法人等の業務に従事する者が職務上作成する著作物……で，その法人等が自己の著作の名義の下に公表するものの著作者は，その作成の時における契約，勤務規則その他に別段の定めがない限り，その法人等とする」と規定されている。

これを分解すると5つの要件が抽出される。すなわち，(1)法人等の発意，(2)業務に従事する者，(3)職務上，(4)公表名義，(5)別段の定めがないこと，である（ただし，プログラムの著作物については，(4)公表名義の要件が必要ない〔15条2項〕）。以下，順に検討しよう。

(1) 法人等の発意

第一に，「法人その他使用者……の発意に基づ」くことが必要である[37]。

---

36)　もっとも，以上の説明は，排他的許諾権としての著作権を従業者に与えるべきでないということの説明にはなるとしても，①従業者に報酬請求権など何らの経済的補償もしていないこと，および②使用者である法人等に「著作者」の地位を与えてこれに著作者人格権を帰属させなければならないことの正当化根拠にまでは必ずしもなっていない。このような観点から，法人等に著作者人格権を帰属させている現行法は理由がないとして疑問を呈する見解もみられる（田村378頁参照）。

37)　なお，著作権法における「法人」には，「法人格を有しない社団又は財団で代表者又は管理人の定めがあるものを含む」ものと規定されている（2条6項）。代表者の定めのある同窓会や学会などが考えられようか。

第 3 節　創作者主義の修正　Ⅰ　職務著作（15 条）

「法人その他使用者」には法人のみならず自然人も含まれる。例えば，政治家がその私設秘書に演説原稿を作成させる場合にも，職務著作が成立しうる。

　ここで「発意」とは，「著作物作成の意思が直接又は間接に使用者の判断にかかっている」ことといわれている[38]。そのため，従業者による著作物作成が何らかの形で法人等の意図に由来するものであることを要するものと考えられる。

　例えば，雑誌出版社の従業員である編集者が雑誌を編集することはもちろん，自社の案内パンフレットを作成することなども，法人等の発意に基づくものと考えられる。

　法人等が著作物の作成を企画して従業員に作成を命じた場合のみならず，逆に，従業員がアイデアを出して上司の承諾を得た上で著作物を作成したという場合も，法人等の発意に基づくものと考えられる[39]。また，最近の裁判例では，雇用関係のある従業者が所定の職務を遂行している場合，法人等の具体的な指示あるいは承諾がなくとも，業務に従事する者の職務の遂行上，当該著作物の作成が予定または予期される限り，この要件を満たすとするものが少なくない[40]。

　他方，新聞社の記者がビデオゲームを作成するという行為は，法人等の発意に基づくものとは通常いえないだろう。もっとも，職務著作の成立要件としては，ほかに「職務上」要件があるため，使用者の業務に従事する者が職務上作成する著作物であれば，通常は当該使用者の発意に基づくものと考えられる。このように，「法人等の発意」という要件が独立して否定されることは想定しにくいことから[41]，この要件は「職務上」要件に吸

---

38)　加戸 146 頁。

39)　半田 67 頁，田村 380 頁参照。これに対して，権利関係が不明確になることを理由に，「法人等のイニシアティブは著作物の作成に際して，著作物作成の前段階で示されている必要があろう」（斉藤 125 頁以下参照）とする見解もある。

40)　知財高判平成 22 年 8 月 4 日判時 2101 号 119 頁〔北見工業大学事件：控訴審〕（肯定），知財高判平成 23 年 3 月 10 日判例集未登載（平 22 ㋫第 10081 号）〔病院業務管理書籍事件：控訴審〕（否定）参照。

41)　ただし，まさにこの要件を満たさないことを理由に職務著作の成立を否定した裁判例もある（東京地判平成 10 年 11 月 30 日知的裁集 30 巻 4 号 956 頁〔版画藝術写真事件〕参照）。

101

収されていると解する見解も有力である[42]。

しかし，それでもなおこの要件が必要とされる理由は，次のように説明できよう。まず，法人等の発意に基づかずに作成された著作物は，その事業との関連が薄いのであるから，そのような著作物を法人等が利用することを保護する必要性は低い。また，そのような発意に基づかずに作成された著作物については法人等が負う責任も大きくないものと考えられる。こうしたことから，そのような著作物について法人等が著作者の地位を得る理由に欠けることになる。そこで，職務著作の成立要件として法人等の発意が要求されているものと考えられよう。

(2) 業務従事者

第二に，「法人等の業務に従事する者が」作成することが必要である。

典型的には，法人等との間に雇用契約を締結している従業員が「法人等の業務に従事する者」にあたる。例えば，ソフトウェア会社の従業員であるプログラマがプログラムの著作物を作成する場合である。また，従業員のみならず，取締役等，法人の役員も「法人等の業務に従事する者」にあたるものと解されている[43]。

他方，外部の者に著作物の作成を依嘱したにすぎないような場合，その外部の者は，「法人等の業務に従事する者」にあたらない。例えば，ある会社が広告代理店に宣伝ポスターの作成を注文したような場合である。このような場合，当該広告代理店は基本的に独立して著作物を作成しているため，「法人等の業務に従事する者」にあたらないのである。この場合は，結果として，外注先の広告代理店が著作者となり著作者の権利を取得することになる。

この要件は次のように正当化できよう。まず，職務著作というのが，事実行為としての創作行為を行っていない者を著作者とする制度であることに鑑みると，事実行為としての創作行為を行った者と法人等との間に，この両者をいわば同視することができるほどの密接な関係が要求されてしかるべきである。また，そのような関係があれば，従業者は，使用者から，

---

42) 野一色勲「法人著作と退職従業者」民商107巻4＝5号597頁（1993年），田村380頁参照。

43) 加戸146頁以下。

一定の経済的保障（ないしそれを得る機会）を与えられていると考えられるから，仮に著作者としての地位が奪われてしまってもやむをえないということができる。逆に，使用者は，従業者に対して一定の経済的保障を与えているのが通常であるから，これに見合った地位を取得してしかるべきだといえよう。

雇用関係に限定されるか？　業務従事者の要件に関しては，「法人等の業務に従事する者」というのは雇用関係がある場合に限られるのかをめぐって議論がある[44]。

　(a)　限定説　1つ目に，雇用関係がある場合に限定すべきとする見解がある[45]。これは，わが国の職務著作制度というものが，法人さえをも「著作者」としてしまうという点で大陸法系の著作権法制度からみると極めて「特異な」制度だと捉えた上で，これをできるだけ厳格に解釈適用するために，「法人等の業務に従事する者」を雇用関係がある典型的な場合に限定しようとする考えに基づく。

　(b)　非限定説　2つ目に，必ずしも直接の雇用関係がある場合に限定しない見解がある。これは，現実社会には多様な関係がある中，雇用関係がないというだけで常に職務著作の成立を否定してしまうと，法人等の保護として十分でないという考えに基づく。具体的にはさまざまな見解が含まれる。

　すなわち，少なくとも派遣労働者については派遣先との関係で「法人等の業務に従事する者」であることを肯定する見解[46]，「形式上，委任や請負という形を採っていたとしても，実態において，法人等の内部において従業者として従事している者と認められる場合」を別論とする見解[47]，たとえ雇用関係になくても実質的な「指揮監督関係」がある場合にはこの要件を満たすとする見解[48]，「雇用関係から生ずるのと類似の指揮命令・監

---

44)　上野達弘「職務著作における『法人等の業務に従事する者』（最判平成 15 年 4 月 11 日）」民商 130 巻 1 号 135 頁以下（2004 年），同「職務著作・職務発明における従業者等」企業と法創造 2 号 141 頁（2004 年）参照。
45)　斉藤 127 頁。
46)　加戸 147 頁等。
47)　田村 381 頁。
48)　半田 66 頁以下。

第 3 章　著　作　者

督関係があり，使用者に著作権を原始的に帰属させることを前提にしてい
るような関係」があれば「法人等の業務に従事する者」にあたるとする見
解[49]，あるいは一定の場合には 15 条を類推適用する見解[50]がみられる。

RGBアドベンチャー事件　このような議論の中，いわゆる RGB アドベンチャー事件の最高裁判決は，「法人等の業務に従事する者」について一定の判断基準を示した。すなわち，①「法人等の指揮監督下において労務を提供するという実態にあ」ること，②「法人等がその者に対して支払う金銭が労務提供の対価であると評価できる」こと，という 2 要素である。このような判断基準は，職務著作に関する従来の学説および裁判例にはみられないものであり注目される。

> **裁判例**　**RGBアドベンチャー事件：上告審[51]**
>
>　中国人デザイナー X は，1 回目の来日の直後から，Y の従業員宅に賄い付きで居住し，Y のオフィスにおいて作業をし，Y が企画したアニメーション作品等のキャラクターとして本件図画を作成したという事案で，X は，Y に対し，本件アニメーション作品の頒布等の差止め等を請求した。
>
>　原判決[52]は，1 回目と 2 回目の来日中には，X がいわゆる就労ビザを取得していなかったこと，Y が X に対し就業規則を示して勤務条件を説明したと認められないこと等の事情を考慮し，その限りで X は Y の業務に従事する者にあたらないとして，X の請求を一部認容した。
>
>　これに対して，最高裁は，以下のように述べた上，原判決が「……指揮監督をしていたかどうかを確定することなく，直ちに 3 回目の来日前における雇用関係の存在を否定した」ことが違法だとして，原判決を破棄して差し戻した（差戻後控訴審判決〔東京高判平成 16 年 1 月 30 日〕は，「1 回目の来日後から雇用関係であった」として X の請求を棄却した）。
>
>　「著作権法 15 条 1 項は，法人等において，その業務に従事する者が指揮監督下における職務の遂行として法人等の発意に基づいて著作物を作成し，これが法人等の

---

49)　中山 256 頁。実際のところ，裁判例においても，「同条にいう『法人等の業務に従事する者』とは，法人と雇用関係にある者ばかりでなく，法人と被用者との間に著作物の作成に関する指揮命令関係があり，法人に当該著作権全体を原始的に帰属させることを当然の前提にしているような関係にあると認められる場合をも含む」として，法人等と雇用関係にない者が作成したテスト問題について職務著作を肯定したものがある（東京地判平成 8 年 9 月 27 日判時 1645 号 134 頁〔四谷大塚事件：第一審〕参照）。前掲注 7)〔SMAP 大研究事件：第一審〕も同旨。

50)　田村 381 頁以下。

51)　最判平成 15 年 4 月 11 日判時 1822 号 133 頁。

52)　東京高判平成 12 年 11 月 9 日判時 1746 号 135 頁。

104

名義で公表されるという実態があることにかんがみて，同項所定の著作物の著作者を法人等とする旨を規定したものである。同項の規定により法人等が著作者とされるためには，著作物を作成した者が『法人等の業務に従事する者』であることを要する。そして，法人等と雇用関係にある者がこれに当たることは明らかであるが，雇用関係の存否が争われた場合には，同項の『法人等の業務に従事する者』に当たるか否かは，法人等と著作物を作成した者との関係を実質的にみたときに，法人等の指揮監督下において労務を提供するという実態にあり，法人等がその者に対して支払う金銭が労務提供の対価であると評価できるかどうかを，業務態様，指揮監督の有無，対価の額及び支払方法等に関する具体的事情を総合的に考慮して，判断すべきものと解するのが相当である。」

もっとも，この判決の位置付けは微妙である。たしかに，本判決が示した判断基準には「法人等の指揮監督」といった考慮要素が含まれていることから，本判決はいわゆる非限定説をとったようにみえなくもない。

しかしながら，本件はあくまで雇用関係に基づく職務著作が主張された事案であり，本判決は雇用関係に基づく職務著作を否定した原判決を破棄したものにすぎない。したがって，雇用関係にない者が「法人等の業務に従事する者」にあたる場合があるかどうかについて，本判決が何らかの立場を明示したとは必ずしもいえないと評価すべきなのである[53]。

とはいえ，その後の下級審裁判例においては，直ちに雇用関係があるとはいえない場合であっても，上記の2要素を考慮して「法人等の業務に従事する者」にあたるかどうかを判断するものがみられるようになっており，その是非を含めてなお検討の余地を残している[54]。

(3) 職務上

第三に，「職務上作成する著作物」であることが必要である。これは，その著作物作成が従業者の直接の職務内容としてなされたことを要するも

---

53) 長谷川浩二〔判批〕L＆T 22 号 70 頁（2004 年），上野・前掲注 44）民商 130 巻 1 号 139 頁参照。

54) 大阪地判平成 17 年 1 月 17 日判時 1913 号 154 頁〔セキスイツーユーホーム事件〕，東京地判平成 17 年 3 月 15 日判時 1894 号 110 頁〔燃えつきるキャロル・ラスト・ライブ事件：第一審〕，知財高判平成 18 年 9 月 13 日判時 1956 号 148 頁〔同・控訴審〕，知財高判平成 21 年 12 月 24 日判例集未登載（平 21(ネ)第 10051 号）〔オートバイレース写真事件：控訴審〕，東京地判平成 28 年 2 月 25 日判時 2314 号 118 頁〔神獄のヴァルハラゲート事件〕参照。また，著作権法上の「業務に従事する者」と労働法との関係について，上野達弘「知的財産法と労働法」論究ジュリ 28 号 36 頁以下（2019 年）参照。

第3章　著作者

のと解されている。

　例えば，新聞記者が執筆する新聞記事は「職務上作成する著作物」にあたる。それがたとえ勤務時間外に作成されたとしても，直ちに「職務上」であることが否定されるものではない。

　これに対して，職務とは直接の関係なく作成された著作物はこれに含まれない。例えば，大学教授が教科書を執筆したとしても，それは教育研究という職務それ自体ではなく，職務に関連して派生的に作成される著作物にすぎないことから，「職務上作成する著作物」にはあたらないものと解される[55]。

　法人等の従業者ではあっても，例えば自宅で作成した著作物のように，職務として作成したわけではない著作物についてまで，その対価も与えられることなく，著作者の地位が奪われてしまうというのは，従業者の利益を過剰に害することになる。他方，職務として著作物が作成されたのであれば，従業員には一定の経済的保障（ないしそれを得る機会）が与えられていることが通常であろう。このような観点から，「職務上作成する著作物」という要件を正当化できるように思われる。

(4)　公表名義

　第四に，「その法人等が自己の著作の名義の下に公表するもの」であることが必要である。

　例えば，特許庁が毎年公表している『特許行政年次報告書』は特許庁の著作名義で公表されており，職務著作が成立する。また，ある会社が自社の案内パンフレットを作成し，当該会社の著作名義で公表した場合もこれにあたる。あくまで「著作の名義」であるから，単に氏名や名称が表示されているというだけでは足りず，著作者として表示されていなければならない。

　他方，例えば，大学教授による講義それ自体は，たしかに大学法人の従業者によって職務上作成される著作物ではあるが，著作名義が教授本人であると考えられるため，職務著作は成立しない[56]。また，新聞のコラムと

---

55)　加戸147頁。実際のところ，特許事務所に所属する弁理士が教科書を分担執筆したことが「職務上」にあたらないとした裁判例もある（東京地判平成16年11月12日判例集未登載（平16(ワ)第12686号）〔「知的財産権入門」事件〕参照）。

106

して論説委員の個人名義で掲載されている社説部分も，その名義が著作名義として表示されていると評価できる限りにおいて，法人等の著作名義の下に公表されているとは言い難いため，職務著作は成立しないものと解される[57]。

　この要件は次のように正当化できるように思われる。職務著作は，先に述べたように，法人等が主体として公表する著作物について社会的責任を負う代償として著作者の地位を獲得する制度であり，そのような著作物の利用許諾を得たいと考える第三者の信頼ないし予測可能性を確保する点に趣旨があると考えれば，そもそも法人等の著作名義で公表されない著作物については，法人等が社会的責任を負うわけでもなく，また第三者の信頼ないし予測可能性も生じる余地がないのであるから，そのような著作物について法人等を著作者とする必要性は低いものと考えられる。他方，法人等の著作名義で公表されるものであれば，その著作物について法人等が社会的責任を負っているものと評価できるし，また，第三者にとっても，当該法人等が著作者であるという信頼や予測可能性が生じうることになり，そうした公表名義人を著作者とすることによって第三者が利用許諾を得やすくなると考えられるのである。

内部分担表示　公表名義の要件に関しては，新聞に掲載されている通常の記事ではあるが，当該記事を担当した記者の氏名が表示されているような場合（例えば，記事の冒頭に「ワシントンにて〇〇特派員発」と表示されている場合），これを法人等の「著作の名義」ではないと解するのかどうかという点をめぐって議論がある。

　(a)　使用者名義説　　まず，このような表示は記者個人の「著作の名義」ではなく単に「記事の信憑性を示すための内部分担表示」にすぎないため，依然として新聞社という法人等の「著作の名義」で公表されているものと捉え，職務著作の成立を肯定する見解がある[58]。

---

56)　加戸148頁。

57)　加戸148頁も参照。

58)　加戸148頁。実際のところ，東京地判平成7年12月18日知的裁集27巻4号787頁〔ラストメッセージin最終号事件〕においても，問題となった雑誌の編集後記には，「編集長〇〇」などという形で現実の執筆者名が明示されているものもあったが，判決は，「本件記事は，当該雑誌の休刊又は廃刊にあたっての挨拶文であり，会社の機関ないし一部門として当

第3章　著　作　者

(b)　従業者名義説　他方，反対説[59]も有力である。これは，権利関係を明確化し著作物の円滑な利用を促進するという職務著作の趣旨に鑑みると，執筆者が特定される限り，この要件は満たさないものと解すべきだという考えに基づく。

「公表するもの」　また，15条1項の文言は「公表するもの」とある（傍点筆者）。そのため，すでに公表した著作物だけではなく，未公表であっても，法人等の著作名義で公表が予定されていたものも含むものと解されている[60]。例えば，新聞社のカメラマンは現場で大量の写真を撮影するが，最終的に新聞に掲載されるのはごく一部である。しかし，実際に掲載されなかった写真も含めて職務著作が成立することになる。これは，結果的に公表されたか否かによって著作者が事後的に変動することは妥当でないという考えに基づく。

また，公表が予定されていない内部資料（例：会議の議事録，営業秘密にあたる内部マニュアル）であっても，「公表するとすれば法人の名義を付すような性格のもの」はこの要件を満たすものと解されている[61]。これは，「官庁や企業で外部に出さない内部文書として作られたものが，かえって作成した個人の著作物になってその者が排他的な権利を持つということは不合理であ」るという考えに基づく[62]。

もっとも，この見解に対しては，「著作権法の文言を無視」しているとの批判や[63]，「公表を予定しない著作物について，仮に公表するとすれば，という仮定をすることは極めて不自然である」とした上で，「端的に，創作時に，法人等が著作物を自由に利用・処分する権利を有するものとして取り扱っていたかどうかを問えば十分であ」るとする見解もみられるところである[64]。

　　該雑誌の編集作業に携わった者が会社を代弁して挨拶するために，これらの者が法人内部の職務分担として執筆したものと認めるのが相当」と述べて，職務著作を肯定した。

59)　田村385頁。
60)　加戸148頁。
61)　加戸148頁以下参照（東京高判昭和60年12月4日判時1190号143頁〔新潟鉄工事件：控訴審〕も同旨）。
62)　加戸148頁。
63)　中山信弘〔判批〕百選（初版）41頁参照。
64)　茶園成樹「著作権法15条における公表名義の要件」阪大法学49巻3=4号456頁以下・

第3節　創作者主義の修正　Ⅰ　職務著作（15条）

プログラムの著作物
（15条2項）

なお，プログラムの著作物については，公表名義の要件が不要である（15条2項）。その理由は，プログラム著作物の場合，公表が予定されていないものが相当あり，また公表されるとしても無名または別名義でなされる場合が多いためだと説明されている[65]。

したがって，プログラムの著作物については，従業者個人の著作名義で公表されたものであっても，あるいは意識的に第三者の著作名義で公表されたものであっても，職務著作が成立しうることになる。

(5) 別段の定めの不存在

第五に，「その作成の時における契約，勤務規則その他に別段の定めがない」ことが要件となる。

例えば，著名なフリージャーナリストが新聞社の従業員として雇用されることになった場合，そのジャーナリストが執筆するすべての記事については特別にジャーナリスト個人を著作者とする，というように契約を締結することが考えられる。この場合，他の要件を満たすとしても，職務著作は成立しないことになる。

こうした別段の定めには，契約のみならず「勤務規則」も含まれていることから，使用者によって一方的に定められるものも含まれると解される（もっとも，現実には想定し難い）。

また，この別段の定めは著作物の「作成の時」において存在しなければならない。著作物が作成された後に著作者の地位が変動してしまうと，法律関係の安定性を害し，第三者に不測の不利益を与えることになりかねないからである。

このように，別段の定めによって職務著作の成立を妨げ，結果として著作者の地位をいわば変更できるとしても，著作者の認定についての規定（2条1項2号）はあくまで強行規定である。したがって，職務著作が成立しない場合において，事実行為としての創作行為を行った者ではない者を，契約によって著作者とすることはできない。

この要件の正当化については検討を要するところであるが，次のように

461頁（1999年）参照。

65)　加戸150頁。

第 3 章 著 作 者

いうことはできよう。すなわち，職務著作制度というのは従業者の著作者としての地位を奪う例外的なものであるから，これにより著作者の地位を取得できるはずの法人等が，その意思に基づいて別段の定めをすることによって，原則に回帰する可能性を残したものと考えられる。

> （ステップアップ） **別段の定めの立証責任**
>
> 職務著作の第 5 要件（別段の定めの不存在）については，その立証責任をめぐって争いがある。すなわち，別段の定めの不存在というものが，請求原因事実であるとする見解[66]と，抗弁であるとする見解[67]とがある。このことは，例えば，法人等が職務著作の成立に基づいて著作者として著作権侵害を理由とする損害賠償請求等を行う場合に，別段の定めがないことについてまで原告である法人等が立証責任を負うかどうかという点で違いを生じることになる。

3 効 果

職務著作の要件を満たすと，次のような効果が発生する。

まず，15 条は，「著作者は……その法人等とする」と規定しているため，使用者である法人等が「著作者」の地位を得ることになる。その上で，17 条 1 項により，著作者である使用者に著作権および著作者人格権が原始帰属することになるのである[68]。

以上のように，職務著作が成立すると，事実行為としての創作行為を行っているとはいえない者が著作者の地位を取得することになる。実際のところ，著作者の定義規定（2 条 1 項 2 号）における「創作する者」には，自然人のみならず法人も含まれるというのが立法担当者の考えである[69]。

これは，創作者主義の第一の意味（「事実行為としての創作行為を行った自然人のみが著作者であること」）の修正だと位置付けることができる。他方，

---

66) 髙部眞規子「著作権侵害訴訟の要件事実」西田美昭ほか編『民事弁護と裁判実務(8)』（ぎょうせい，1998 年）540 頁参照。

67) 大江忠『要件事実知的財産法』（第一法規，2002 年）483 頁参照。

68) 詳しくは，上野・前掲注 2) 77 頁以下参照。

69) 加戸 25 頁。したがって，職務著作が成立する場合に，事実行為としての創作行為を行った従業者のことを「創作者」と呼ぶことは法律用語として混乱を招くものであり適切でない。このことは，19 条 3 項において「著作者が創作者であることを主張する利益」という文言が用いられていることからも裏付けられよう（詳しくは，上野・前掲注 5) 218 頁以下参照）。

110

第3節　創作者主義の修正　Ⅰ　職務著作（15条）

職務著作が成立する場合であっても，あくまで著作者とされた法人等に著作者の権利がすべて帰属するのであるから，その意味では，創作者主義の第二の意味（「その著作者に著作者の権利〔財産権・人格権〕が原始帰属すること」）は揺らいでいないものと理解できる[70]。

　なお，職務著作が成立しない場合であっても，契約によって著作権を移転することはもちろん可能である。例えば，外部の広告代理店にポスター作成を注文した場合は，当該広告代理店が著作者となるが，請負契約に際して，当該広告代理店から注文者に著作権を移転させるように約することはありえよう。

> **ステップアップ**　**職務著作をめぐる議論**
>
> 　近時，職務著作の要件の持つ実務的な意味は非常に大きくなっている。というのも，立法当初，職務著作が成立する場面として主に念頭に置かれていたのは白書や会社パンフレットといったものであったが，近時においては，著作物の性質という点においても，そして要件解釈の点においても，職務著作の適用範囲が拡大しつつあるからである。そのため，わが国職務著作制度をめぐっては近時議論が盛んになっている[71]。
>
> 　そもそも，わが国職務著作は，これが成立する場合，事実行為としての創作行為を行った自然人クリエイタが著作者の地位も権利も得られない一方で，法人が著作者として著作者人格権をも取得しうるという点で，国際的にも特殊な制度といえる。それが日本社会に適合している可能性も否定できないが，将来的には再検討を要する課題といえよう[72]。

---

70)　特許法においては発明者主義が貫徹されており，職務発明（特許35条）が成立する場合でも，発明を行った自然人のみが発明者であり，この発明者に発明者権（特許を受ける権利および発明者名誉権）が帰属する。ただし，平成27年改正（平成27年法律第55号）によって，「契約，勤務規則その他の定めにおいてあらかじめ使用者等に特許を受ける権利を取得させることを定めたときは，その特許を受ける権利は，その発生した時から当該使用者等に帰属する」という規定が設けられた（特許35条3項）。

71)　潮海久雄『職務著作制度の基礎理論』（東京大学出版会，2005年）等参照。

72)　上野達弘「国際社会における日本の著作権法——クリエイタ指向アプローチの可能性」コピライト613号8頁以下（2012年），同「出版と著作権制度」上野達弘＝西口元編著『出版をめぐる法的課題——その理論と実務』（日本評論社，2015年）5頁以下参照。

111

第3章 著作者

Ⅱ 映画の著作物の著作権帰属（29条）

1 はじめに

創作者主義の第二の修正は，映画の著作物の著作権帰属である。

映画の著作物の著作権は，これを創作した監督等の著作者ではなく，映画製作者に帰属することになっている。すなわち，「映画の著作物……の著作権は，その著作者が映画製作者に対し当該映画の著作物の製作に参加することを約束しているときは，当該映画製作者に帰属する」と規定されているのである（29条1項）。

ただ，この場合でも，「著作者」はあくまで監督等であるため（16条参照），著作者人格権は監督等に帰属する。そのため，著作者である監督等は，著作権は有しないが，著作者人格権は有するということになる。したがって，監督等は著作権を主張することはできないが，例えば映画が事後的に著しく改変されたという場合であれば，同一性保持権（→第4章第2節Ⅲ）を主張できる可能性はある[73]。

では，なぜ映画の著作物に限って，このような取扱いになっているのであろうか。これは，以下のような事情から正当化されよう。

① 巨額の投資

第一に，巨額の投資を要するという点である。とりわけ劇場用映画というものは，映画製作者の巨額の投資によって製作されることが多い。そこで，そのような投資をした映画製作者が投資に見合った経済的利益を回収できるようにするために，上映やDVD販売，あるいはインターネット配信も含めて，原則としてすべての著作権を映画製作者に帰属させたものと考えられる。

② 多数の著作者の関与

第二に，多数の著作者の関与という点である。映画の著作物は，その他

---

73)　他方，公表権（→第4章第2節Ⅰ）については，29条に基づき映画の著作物の著作権が映画製作者に帰属した場合，当該著作物をその著作権の行使により公衆に提供または提示することについて，映画の著作物の著作者は同意したものと推定されるため（18条2項3号），監督等が公表権を主張できるケースは稀であろう。

112

の著作物（例：小説，音楽，絵画）が単独で創作されることが多いのに対して，多数の著作者による共同著作物であることが多い。それらの共同著作者が全員，映画の著作物について著作権を共有することになると，一人でも反対すれば原則として当該著作物の利用ができなくなり（65条2項），映画の著作物の円滑な利用を阻害するおそれがある。そこで，著作権を著作者（監督等）に帰属させず，映画製作者に集中させたものと考えられる。

2 要 件

29条の適用を受けるためには，「映画の著作物……の著作者が映画製作者に対し当該映画の著作物の製作に参加することを約束している」ことが必要となる。

(1) 映画製作者

映画製作者とは「映画の著作物の製作に発意と責任を有する者」と定義されている（2条1項10号）。

ここでは「発意」（企画構想・製作の意思）と「責任」の両方が必要となる。したがって，単に企画したというだけでは足りない。また，何らかの映画の製作を企画し，資金を提供したという場合でも，単なる外注にすぎないと評価されるときは，その者に「責任」が認められないため，映画製作者とは評価されない。

ここで「責任を有する者」とは，映画製作に関する「法律上の権利・義務が帰属する主体であって経済的な収入・支出の主体になる者」と解されている[74]。そもそも，資金を提供したにすぎない者は著作者でないため，本来であれば当然に著作権を取得できるわけではない。にもかかわらず，その者が29条によって著作権を自動的に取得することを正当化するためには，それに見合った特別の経済的リスクを負っていることが必要だと考えられるのである[75]。

---

74) 加戸45頁参照。また，東京高判平成15年9月25日判例集未登載（平15(ネ)第1107号）〔マクロス映画事件：控訴審〕，前掲注54)〔燃えつきるキャロル・ラスト・ライブ事件：控訴審〕，東京地判平成30年3月19日判例集未登載（平29(ワ)第20452号）〔映画「すたあ」事件〕も同旨。

75) なお，テレビCMについては，その著作権が制作会社，広告代理店または広告主のいずれに帰属するかが問題となるところ，広告主が映画製作者にあたるとした裁判例がある（知

第3章 著 作 者

裁判例 角川映画事件[76]

「法2条1項10号は，映画製作者について，『映画の製作について発意と責任を有する者』と規定している。すなわち，映画製作者とは，自己の危険と責任において映画を製作する者を指すというべきである。映画の製作は，企画，資金調達，制作，スタッフ及びキャスト等の雇い入れ，スケジュール管理，プロモーションや宣伝活動，並びに配給等の複合的な活動から構成され，映画を製作しようとする者は，映画製作のために様々な契約を締結する必要が生じ，その契約により，多様な法律上の権利を取得し，又，法律上の義務を負担する。したがって，自己の危険と責任において製作する主体を判断するためには，これらの活動を実施する際に締結された契約により生じた，法律上の権利，義務の主体が誰であるかを基準として判断すべきことになる。」

(2) 参加約束

映画の著作物の「著作者が映画製作者に対し当該映画の著作物の製作に参加することを約束している」こととは，監督等の立場で劇場用映画の製作に参加する契約を締結している場合が典型的である。このように，監督等が映画の著作物の製作に参加する約束さえしていれば，著作権を映画製作者に帰属させる意思までは有していなくても，著作権は映画製作者に帰属することになるのである。

(3) 職務著作の不成立

もっとも，映画製作者と監督等との間で職務著作が成立する場合は，15条が優先して適用され（29条1項括弧書），映画製作者が著作者となる。例えば，会社の従業員がその職務として会社 PR ビデオを撮影・編集し，これが会社名義で公表されるという場合，会社が著作者となる。これに対して，劇場用映画は，たとえ会社の従業員である監督等によって作成されたとしても，通常の場合，その著作名義は監督等だと考えられるため，職務著作に該当しないものと解される。

財高判平成24年10月25日判例集未登載（平24(ネ)第10008号）〔ケーズデンキ事件：控訴審〕参照）。

76) 東京地判平成15年4月23日判例集未登載（平13(ワ)第13484号）。

3 効 果

29 条 1 項の要件を満たせば，映画の著作物の著作権は，著作者（監督等）ではなく，映画製作者に自動的に帰属することになる[77]。

(1) 法定帰属

この自動的な権利帰属は「法定帰属」と呼ばれている。これはつまり，映画の著作物が製作されると，まずはいったん著作者（監督等）に著作権も著作者人格権も帰属するが，著作権の方だけが直ちに映画製作者に移転すると解されているのである[78]。

これに対して，原始帰属だとする説明もみられる[79]。これによると，映画の著作物の著作権は，著作者（監督等）に帰属することなく，映画製作者に原始的に帰属することになる[80]。

(2) 法定帰属する権利

法定帰属するといっても，「帰属」の対象となる権利は，あくまで「映画の著作物の著作権」にすぎない。そのため，映画の著作物において翻案されている著作物（例：原作，脚本）および映画の著作物において複製されている著作物（例：主題歌）の著作権までも，映画製作者に帰属するわけではなく，それぞれの著作者（クラシカルオーサー）のもとに残る。したがって，映画製作者がそれらの著作物を含めた映画フィルム全体を利用するためには，それらの権利を有する者から許諾を受ける必要があることになる。

---

77) その位置付けと課題について，上野達弘「著作権法からみた職務発明制度の立法論」L&T 63 号 56 頁以下（2014 年）も参照。

78) 加戸 222 頁（「我が国は法定帰属説という特殊な書き方でありますが，『帰属する』といいますのは，著作権が著作者に原始的に発生すると同時に，何らの行為又は処分を要せずして法律上当然にその著作権が映画製作者に移転するという効果を発生させることを意味します」と述べる），斉藤 282 頁，作花 195 頁参照。

79) 田村 390 頁，中山 281 頁以下参照。

80) もっとも，原始帰属説に従うならば，29 条が適用される場合，二次的著作物（映画の著作物）の著作者（監督等）は著作権をはじめから有しないことになるが，そうすると 28 条にいう「二次的著作物の著作者が有するもの」にあたる権利はないことになり，原著作物の著作者（原作者等）が二次的著作物（映画の著作物）の利用に関して著作権を有しないことになりかねない。このことから，原始帰属と捉えるのは困難のように思われる。

第3章 著作者

(3) テレビ放送用固定物[81]

劇場用映画の場合は、29条1項の適用を受け、映画の著作物の著作権がすべて映画製作者に法定帰属する。これに対して、例えばテレビ局が外部の監督ないしディレクター等を組織してテレビドラマを製作するような場合は必ずしもそうでない。すなわち、「専ら放送事業者が放送のための技術的手段として製作する映画の著作物」については、すべての著作権が法定帰属するわけではなく、一部の権利しか法定帰属しないものと規定されているのである（29条2項）。有線放送事業者についても基本的に同様である（同条3項）。

これらの規定にいう「専ら」は2か所にかかるとされている[82]。

第一に「専ら放送事業者」であることが必要である。したがって、放送事業者が単独で製作する場合であればこれらの規定の適用を受けるが、外部の番組制作会社が映画製作者となる場合や、放送事業者と番組制作会社とが発意と責任をもって共同製作する場合は、これらの規定の適用を受けない。

第二に、その映画の著作物を製作する目的が、「専ら……放送のための技術的手段として」でなければならない。したがって、例えば、事後的にDVDとして販売することを当初から予定しつつテレビドラマを製作する場合は、「専ら……放送のための技術的手段として」製作しているわけではないため、これらの規定は適用されない。

このようにして29条2項・3項が適用される場合、法定帰属する著作権は、放送または有線放送に関連する著作権に限定される。例えば、同条2項が適用されると、①放送権等（「その著作物を放送する権利及び放送されるその著作物について、有線放送し、自動公衆送信……を行い、又は受信装置を用いて公に伝達する権利」〔同項1号〕）、②複製権等（「その著作物を複製し、又はその複製物により放送事業者に頒布する権利」〔同項2号〕）のみが映画製作者に帰属することになる。

---

81) 実務に関しては、さしあたり、内藤篤『エンタテインメント契約法』（商事法務、第3版、2012年）405頁以下参照。

82) 加戸224頁。反対として、小倉秀夫＝金井重彦編著『著作権法コンメンタールⅠ』（第一法規、改訂版、2020年）595頁［小倉］参照。

したがって，例えば，29条2項の適用を受けるテレビ局は，当該テレビドラマを放送したり，これをDVD等の媒体に複製して他のテレビ局に放送番組として提供したりすることができる。しかし，テレビ局が頒布について有している権利は「放送事業者に頒布する権利」にすぎないから，複製したDVDを一般公衆に販売する行為については，映画の著作物の著作者（監督等）が有する頒布権が及ぶことになる。

これは次のように正当化されよう。例えば，テレビ局が外部の監督ないしディレクター等を組織し，専ら放送のための技術的手段としてテレビドラマを製作する場合，当初の段階では，そのテレビドラマをDVDで販売したり，劇場で上映したりすることなどは想定されていない。また，そのようなテレビ局は，劇場用映画の映画製作者と比較すると，これと同等の莫大な投資を行っているわけでもなかろう。そこで，法定帰属する権利の範囲を，当初から想定されている利用に必要な範囲に限定したものと考えられるのである。

(4) 未編集・未使用フィルムについて

また，29条をめぐっては，映画製作が中途で頓挫した場合における未編集フィルムや，映画製作の過程で生じた未使用フィルムについて，その著作権が誰に帰属するかが問題となる。すなわち，そのような未編集または未使用のフィルムについても同条が適用されて映画製作者に著作権が帰属するのか，それとも，同条が適用されず映画の著作物の著作者（監督等）に著作権が帰属するのか，をめぐる争いである。

(a) **29条非適用説**　第一に，29条非適用説がある[83]。裁判例においては，映画製作者が映画の著作物の著作権を取得するためには，編集作業を経て映画が完成することが必要であり，未編集状態の映像は「映像著作物」として，その著作権は著作者（監督等）に帰属するとしたものがある（三沢市勢映画事件：控訴審）。

> **裁判例**　**三沢市勢映画事件：控訴審**[84]
>
> 　青森県三沢市と映画製作者Yとの間に締結された市勢映画製作業務委託契約に

---

83)　渋谷114頁以下参照。

84)　東京高判平成5年9月9日判時1477号27頁（最判平成8年10月14日判例集未登載（平6(オ)第43号）〔同・上告審〕）。

第3章 著作者

基づき，「蒼い空と碧い海のまち──三沢市の軌跡」と題する映画が製作された。この際，Ｘは本件映画の製作において，監督として，その映画の著作物の全体的形成に創作的に寄与した。もっとも，三沢市の市勢映画は，本件契約上当初は，市勢編と歴史・文化編との２編からなる作品として製作される予定であった。本件映画は，市勢編のために撮影されたフィルムを中心とし，これに歴史・文化編のために撮影されたフィルムの一部を加えて編集されたものである。Ｘは，歴史・文化編のために撮影されたフィルムのうち，本件映画に使用されなかった部分（本件フィルム）について，その著作権が自己に帰属すると主張し，当該製作業務を受託したＹに対し，Ｘが当該著作権を有することの確認を求めた。

第一審判決[85]は，「著作者が映画製作者に対し当該映画の著作物の製作に参加することを約束しているときは，当該映画の製作のために撮影されたフィルムの著作物は，映画製作のいかなる段階にあるか，当該映画のいかなる部分であるかを問わず，映画製作者に帰属するものであって，この意味において，映画製作のための未編集フィルムであっても，映画完成後の編集残フィルムであっても，同条項にいう『映画の著作物』に当たるというべきである」として請求棄却した。

控訴審判決は次のように述べてＸの請求を認容した。

「著作権法29条1項により映画製作者が映画の著作物の著作権を取得するためには，いうまでもなく著作物と認められるに足りる映画が完成することが必要であるから，参加約束のみによって未だ完成されていない映画について製作者が著作権を取得することはない。しかし，そのことは，当初予定されていた映画が予定どおり完成しなければならないことまでを意味するものではなく，撮影済みフィルムを編集するなど，映画製作過程に入った後，製作が途中で打ち切られてもその時点までに製作されたものに創作性が認められれば，その限りで製作者は著作権を取得する。……本件において，本件契約の変更によりＸが参加約束をした『歴史・文化編』については，映像を撮影収録した本件フィルムがNGフィルム選別，シナリオに従った粗編集，細編集，音づけ等の映画製作過程を経ないまま未編集の状態で現在に及んでいることは前記……に認定したとおりであるから，結局本件フィルムに関する限り著作物と認めるに足りる映画は未だ存在しないものというべきである。そして，……本件フィルムに撮影収録された映像は，それ自体で創作性，したがって著作物性を備えたものというべきである……。そうであれば，<u>本件フィルムに撮影収録された映像著作物の著作権は，監督としてその撮影に関わった著作者であるＸにいぜん帰属する</u>ものといわなければならない。」（下線筆者）

(b) 29条適用説 第二に，29条適用説がある[86]。たしかに，三沢市

---

85) 東京地判平成4年3月30日判タ802号208頁。

86) 田村394頁以下参照（作花195頁以下も「類推適用」としており同旨）。

勢映画事件の控訴審判決が「映画の著作物」と区別されるものとして「映像著作物」という概念を措定し，編集作業を経たものだけが「映画の著作物」であり，それのみが29条の適用を受けるものとしていることは，通常，編集作業を経ない風景ビデオや家族ビデオのようなものであっても，創作性ある「映画の著作物」と評価できることからすると違和感を禁じえない。したがって，未編集フィルムや未使用フィルムについても29条を適用し，映画製作者に著作権が帰属するものと解するのが妥当のように思われる。

著作者人格権

　著作者の権利は2種類ある。著作権と著作者人格権である。著作権は著作者の財産的利益を保護する。これに対して，著作者人格権は著作者の人格的利益を保護する。これらはひとまず別個独立の権利である。したがって，例えば，画家が自分の絵に対する著作権を出版社にすべて譲渡したとしても，出版社がその絵を画家の意に反して改変して出版した場合，その画家は，自己の人格的利益が害されたとして著作者人格権の侵害を主張することができるのである。

　本章では，著作者人格権に関する総論を述べた上で（第1節），著作者人格権に含まれる3つの権利について概観しよう（第2節）。また，著作者人格権の侵害とみなされる行為（第3節），そして著作者が存しなくなった後における人格的利益の保護についてもあわせて触れることにする（第4節）。

第1節　総　論
第2節　著作者人格権
　　Ⅰ　公表権（18条）
　　Ⅱ　氏名表示権（19条）
　　Ⅲ　同一性保持権（20条）
第3節　みなし著作者人格権侵害（113条11項）
第4節　著作者が存しなくなった後における人格的利益保護（60条）

第1節 総　論

　人は，みずから創作したものに対して思い入れやこだわりを抱く。例え
ば，自分が創作した絵や文章にはそれぞれこだわりがあろう。もし，せっ
かく自分が創作した文章が他人の著作名義で公表されてしまったり，まだ
公表するつもりのない秘密の小説が無断で公表されてしまったり，あるい
は，自分の絵に無断で落書きがされてしまったりすると，個人的なこだわ
りが損なわれるばかりか，社会的評価が低下するなど，その者が有する人
格的利益が害されるおそれがある。

　著作者人格権は，著作物に対する著作者のそうした人格的利益を保護す
る権利として規定されている[1]。その意味で，著作者人格権は，著作者の
財産的利益を保護する著作権と区別される。このように，財産権としての
著作権と人格権としての著作者人格権とを明確に区別する考え方を二元論
という。わが国著作権法は二元論に立脚している[2]。そのため，著作者人
格権の侵害にあたるかどうかは，著作権侵害とは別個独立に判断される。
たとえ著作権侵害にはあたらなくても，あるいは著作者が著作権をすべて
他人に譲渡してしまっていても，著作者は依然として著作者人格権を主張
することができるのである。

　このように，著作者人格権は著作者の人格的利益を保護する人格権であ
る[3]。したがって，著作者人格権は著作者の一身に専属し，譲渡すること

1）　もっとも「人格的利益」という言葉がどのような法益を意味するのかは問題となるが，こ
　　こではさしあたり，社会的評価としての名誉や自己決定としての個人的なこだわりなどとい
　　った精神的利益を広く含むものと捉えておく。
2）　比較法的にみると，二元論を採用していない国もある。例えば，ドイツ著作権法は一元論
　　を採用しているため，著作者の権利は，財産的権能と人格的権能とが密接に関係した不可分
　　一体の権利だとされる。
3）　なお，職務著作（15条）により法人が著作者になる場合は，法人に著作者人格権が帰属
　　する。実際のところ，法人が有する著作者人格権の侵害を理由とする損害賠償請求が認めら
　　れた裁判例は少なくない（知財高判平成19年12月28日判例集未登載（平18㈹第10049
　　号）〔人材開発テキスト事件：控訴審〕等参照）。また，民法上も，法人について「無形の損
　　害」に対する金銭賠償を認めた判例があるのはたしかである（最判昭和39年1月28日民集
　　18巻1号136頁参照）。しかし，精神活動を有しない法人が有する著作者人格権については，
　　なお検討すべき課題が多い（さしあたり，大渕哲也「著作者人格権の主体」著作権研究33
　　号11頁〔2006年〕参照）。

ができないものと規定されている（59条）[4]。

　以下では，著作者人格権に含まれる3つの権利を概観し（第2節），著作者人格権の侵害とみなされる行為についてみた上で（第3節），著作者が存しなくなった後における人格的利益の保護について解説する（第4節）。

ステップアップ　著作者人格権と一般的人格権

　伝統的な議論においては，著作者人格権は民法上の一般的な人格権と同質か，それとも異質か，という点をめぐる論争が盛んに行われてきた。前者は著作者人格権を一般的人格権の具体化と捉えるのに対して，後者は両権利の客体や帰属等における相違を強調して別個独立の権利と捉えるのである。この議論はかつてのドイツ法に由来するものであるが，その実益は必ずしも大きくないように思われる。

　なお，著作権法に著作者人格権として定められているのは3つの権利（公表権，氏名表示権，同一性保持権）だけであるが，著作者が有する人格権がこの3つに限られるのかどうかも問題となる。この点，公共図書館の職員が「新しい歴史教科書をつくる会」の教科書に対する反感からこれを廃棄したという事案で，最高裁は，「公立図書館において，その著作物が閲覧に供されている著作者」が有する「著作者が著作物によってその思想，意見等を公衆に伝達する利益」は「法的保護に値する人格的利益である」と判示しており注目される（船橋市西図書館事件：上告審[5][6]）。

第2節　著作者人格権

　著作者人格権には，公表権（18条），氏名表示権（19条），同一性保持権（20条）の3つがある。

---

4)　そのため，著作者人格権に関する契約（特に，著作者人格権の不行使特約）が実務上重要になるが，その有効性に関しては議論がある（上野達弘「著作者人格権に関する法律行為」著作権研究33号43頁〔2006年〕参照）。その他，著作者人格権に関する立法的課題として，上野達弘「著作者人格権をめぐる立法的課題」中山信弘先生還暦記念『知的財産法の理論と現代的課題』（弘文堂，2005年）349頁参照。

5)　最判平成17年7月14日民集59巻6号1569頁。

6)　その他，潮見佳男「著作者人格権の性格——著作者人格権と民法上の人格権」著作権研究33号3頁（2006年）も参照。

第4章　著作者人格権

I　公表権（18条）

1　内　容

(1)　はじめに

　著作者は，その著作物でまだ公表されていないものを公衆に提供し，または提示する権利を有する（18条1項）。このように，**公表権**は，未公表の著作物につき，いつ公表するかを決定することのできる権利である。

　例えば，未完成であるため公表するつもりのない歌が，何者かによって駅前広場で歌われてしまうと，知られたくないものが世の中に知られてしまい，この歌を作った者が有している個人的なこだわりが損なわれ，さらにはその者の社会的評価が低下するなど，著作者の人格的利益が害されることがありえよう。したがって，このような場合は公表権の侵害となる。もちろん，この例では公表権の侵害になると同時に，演奏権という著作権（→第5章）の問題にもなる。しかし，演奏権はあくまで財産的利益を保護するものであるから，著作権侵害とは独立して公表権という著作者人格権の侵害が判断されることになるのである。また，例えば，誰にも見せていない個人的な日記が無断で街角に掲示された場合のように，そもそも著作権が及ばない行為であっても（展示権の対象は美術の著作物または写真の著作物に限られる），公表権侵害になりうるわけである。

　さらに，当該著作物を原著作物とする二次的著作物についても同様であるため（18条1項後段），ある著作物（例：小説）がいまだ未公表である場合，これを原著作物とする二次的著作物（例：映画）を公衆に提供または提示すると，原著作物の著作者（例：小説家）が有する公表権の侵害となる。

(2)　未公表

　公表権の対象になるのは，あくまで「まだ公表されていない」著作物のみである（また，著作者の同意を得ないで公表された著作物も含む〔18条1項括弧書〕）。したがって，すでに公表されてしまっている著作物（例：市販されている書籍）については，もはや公表権が働かない。

　ここで**公表**とは，原則として次のように定義されている。すなわち，著

124

作物は，発行され，または上演権・演奏権・上映権・公衆送信権等・口述権・展示権を有する者もしくはその許諾を得た者等によってそれらの方法で公衆に提示された場合に，公表されたものとされる（4条1項）。

　ここにいう**発行**とは，著作物について，その性質に応じ公衆の要求を満たすことができる相当程度の部数の複製物が，複製権を有する者またはその許諾を得た者等によって作成され，頒布された場合をいうとされる（3条1項）。ここで**公衆**とは，不特定の者のみならず，特定であっても多数の者であれば含まれるものと規定されている（2条5項）。

　したがって，例えば，著者から許諾を得た出版社によって数千部の書籍が作成され，頒布された場合は，発行にあたり，したがって公表にもあたることになる。他方，漫画家が書きかけの漫画を2部だけコピーして，知り合いの編集者2人に持ち込んだという場合は，特定かつ少数の者に配布すべく少部数の複製物が作成されたにすぎないため，いまだ公表されたとはいえないであろう。

　では，ここにいう「公衆の要求を満たすことができる相当程度の部数の複製物」とはどの程度なのだろうか。裁判例においては，ある詩が中学校の文集に掲載されて300部以上作成・配布されたという事案で，すでに公表されたものと認めたものがある。

> **裁判例**　「中田英寿　日本をフランスに導いた男」事件：第一審[7]
>
> 　Yが執筆した書籍『中田英寿　日本をフランスに導いた男』に，サッカー選手Xが中学校在学当時に創作した詩「目標」を掲載したことが，公表権の侵害等にあたるとして，Xが本件書籍の発行等の差止めおよび損害賠償を請求した事案。
>
> 　判決は，「本件詩は，平成三年度の甲府市立北中学校の『学年文集』に掲載されたこと，この文集は右中学校の教諭及び同年度の卒業生に合計300部以上配布されたことが認められる。右認定の事実によれば，本件詩は，300名以上という多数の者の要求を満たすに足りる部数の複製物が作成されて頒布されたものといえるから，公表されたものと認められる。また，本件詩の著作者であるXは，本件詩が学年文集に掲載されることを承諾していたものであるから，これが右のような形で公表されることに同意していたということができる」として，公表権侵害を否定した（なお，本事件に関しては他にも多数の争点があり，複製権およびプライバシー侵害に基づく請求は認容されている）。

---

7)　東京地判平成12年2月29日判時1715号76頁。

第 4 章　著作者人格権

2　制　限

　もっとも，公表権には一定の制限が課されており，以下のような場合には，公表権侵害にならないものと規定されている。

(1)　同意の推定

　まず，著作者が以下のような行為を行った場合は，一定の公衆への提供または提示に同意したものと推定される（18条2項）。

　すなわち，①著作者が著作権を譲渡した場合は，当該著作物をその著作権の行使により公衆に提供または提示することについて同意したものと推定される（18条2項1号）。例えば，作曲家が未公表の曲についての演奏権を譲渡した場合，この権利が転々流通したとしても，これを買い取った歌手が当該演奏権を行使してこの曲をコンサートで歌うことについて，作曲家は同意したものと推定されるのである。

　また，②著作者が美術の著作物または写真の著作物の原作品を譲渡した場合は，これらの著作物をその原作品による展示の方法で公衆に提示することについて同意したものと推定される（18条2項2号）。例えば，画家が，原作品である絵を画商に譲渡した場合は，たとえ著作権は譲渡していなくても，その原作品を公に展示することについて同意したものと推定されるのである。

　さらに，③著作権法29条の規定により映画の著作物の著作権が映画製作者に法定帰属した場合，映画の著作物の著作者は，当該著作物をその著作権の行使により公衆に提供または提示することについて同意したものと推定される（18条2項3号）。したがって，映画の著作物が映画製作者の発意と責任の下に製作される場合，映画の著作物の著作者はその著作権を映画製作者に譲渡するわけではないが，29条により自動的に著作権を取得した映画製作者がその映画の著作物を劇場で上映することについては，著作者が同意したものと推定されるのである。

　もちろん，これらはいずれも推定規定である。したがって，特約があるなどといった事情がある場合は，この推定が覆滅する。

(2)　情報公開法等による制限

　また，平成11年の著作権法改正により，情報公開法等の制定に伴う新

たな規定が設けられた。行政機関情報公開法[8]によれば，行政文書（行政機関の職員が職務上作成し，または取得した文書，図画および電磁的記録であって，当該行政機関の職員が組織的に用いるものとして，当該行政機関が保有しているもの）については，一定の不開示情報が記録されている場合を除き，何人も，開示を請求できるとされている。しかし，公開の対象となる文書に，とりわけ私人の未公表の著作物が含まれている場合，その開示が当該私人の公表権を侵害することにならないかどうかが問題となる。そのため以前から，行政機関等が，私人の公表権を害することになることを理由に行政文書の開示を拒むケースがあり，問題になってきた[9]。そこで，一定の情報公開によって著作物が公表される場合は公表権の侵害とならないことが明示されたのである（18条3項・4項）。

　まず，著作者が国の行政機関（18条3項1号），独立行政法人等（同項2号），地方公共団体もしくは地方独立行政法人（同項3号），国立公文書館等（同項4号）または地方公文書館等（同項5号）に著作物を提供し，かつ，開示決定のときまでに開示に同意しない旨の意思表示をしていない場合は，情報公開法等による開示に同意したものとみなされる（同項柱書）。

　また，行政機関の長等による，① 義務開示，② 裁量開示，③ 公務員の職務の遂行に係る情報の開示など，個人の権利利益を上回る公益上の必要性等がある場合は，未公表著作物の公表に対する著作者の意思にかかわらず，公表権の侵害にあたらないものと規定している（18条4項）。

II　氏名表示権（19条）

1　内　容

(1)　はじめに

　著作者は，その著作物の原作品に，または，その著作物の公衆への提供・提示に際し，その実名または変名を著作者名として表示し，または著

---

8)　行政機関の保有する情報の公開に関する法律（平成11年法律第42号）。
9)　平成11年改正前の事件として，東京高判平成3年5月31日高民集44巻3号81頁〔神奈川県公文書公開条例事件：控訴審〕参照。

作者名を表示しないこととする権利を有する（19条1項）。このように，**氏名表示権**は，著作物に著作者名を表示するか，それともしないか，表示するとすればどのようなものを表示するかについて決定することができる権利である。

　例えば，学者が出版社から本を出版しようとしたところ，出版社がこの学者の名前ではいまひとつ売れないからという理由で別の人物の著作名義を表示して出版した場合，世間はその本をその学者とは別の人物が書いたものと認識することになり，この学者がその本に有している個人的なこだわりが損なわれ，さらにはこの学者に与えられるべき社会的評価が損なわれるなど，著作者の人格的利益が害されることがありえよう。したがって，このような場合は氏名表示権の侵害となるのである。このように，氏名表示権は，著作者名の表示に関する著作者の人格的利益を保護するための権利だといえよう。

　たしかに，先の例の場合，出版社は学者から複製については許諾されていたのであるから，複製権という著作権の侵害にはならない。しかし，氏名表示権という著作者人格権の侵害にあたるかどうかは，著作権侵害とは別に独立して判断されるのである。

　また，当該著作物を原著作物とする二次的著作物の著作者名の表示についても同様であるため（19条1項後段），自己の著作物（例：論文）を原著作物とする二次的著作物（例：その英訳版）の公衆への提供または提示に関しても，原著作物の著作者（例：学者）は氏名表示権を有する。

(2)　実名もしくは変名

　著作権法19条1項は，「著作者は……その実名若しくは変名を著作者名として表示し，又は著作者名を表示しないこととする権利を有する」と規定されている。したがって，著作者名を表示する場合は実名か変名を選択できることになる。

　ここで変名とは，著作者の雅号，筆名，略称その他実名に代えて用いられるものを意味する（14条）。例えば，シンガーソングライターの松任谷由実氏は実名（松任谷由実）以外に「荒井由実」という旧姓や「呉田軽穂」というペンネームを使い分けていることで知られているが，これもその実名以外は変名である。このように，実名で公表するか，それとも変名で公

第2節　著作者人格権　Ⅱ　氏名表示権（19条）

表するか，という点も，著作者が決定できるのであり，第三者がこれと異なる著作名義で著作物を公衆に提供または提示すると氏名表示権の侵害となる。

(3)　「著作者名として」表示

　著作者名を表示するといっても，単に氏名を表示すればよいというわけではなく，あくまで「著作者名として表示」しなければならない。例えば，著作者の氏名が単なる補助的なスタッフの一人として表示されているにすぎない場合のように，その氏名が「著作者名として」表示されていない場合は，たとえ形式的には氏名が表示されていても，氏名表示権の侵害となるのである。

> **裁判例**　「ちぎれ雲」事件[10]
>
> 　映画監督・脚本家であるXは，映画会社Yの依頼に基づいて映画「ちぎれ雲」の脚本を著作し，監督として映画を製作した。訴外Bは，本件脚本をもとにして本件小説『ちぎれ雲〜いつか老人介護』を作成し，出版社Kから出版された（いわゆるノベライズ）。その際，本件小説の奥付には，著者名として，当初Bの氏名と併記して「X（原案）」とも表示されていたが，A（Yの従業員）のKに対する申入れにより「著者B」のみの表示に変更された。Xの氏名は，奥付の前頁に「本書は，映画『ちぎれ雲』を小説化したものです。」「映画『ちぎれ雲　いつか老人介護』」と2段で記載された下の「スタッフ」の所に「脚本・監督X」と表記されたのみであった。
>
> 　判決は，「右の現実に出版された単行本の奥付の記載では，Xの氏名は，映画のスタッフとして表記されたのみであって，本件小説の原著作者として表記されたとは認められない。……Aは，Kに対して申入れをして，本件小説の原著作者としてのXの氏名の表記を削除させたということができるから，この行為は，本件小説に関するXの氏名表示権を侵害する行為であるということができる」とした。

(4)　著作物の提供・提示

　また，「その著作物の原作品に，又はその著作物の公衆への提供若しくは提示に際し」と規定されているため，原作品そのものに氏名表示する場合は別として，著作物（またはその二次的著作物）それ自体が提供または提示されていないような場合には，氏名表示権の問題は生じない。

---

10)　東京地判平成12年4月25日判例集未登載（平11(ワ)第12918号）。

第4章　著作者人格権

　例えば，新聞記事において「A 著の小説『○○』が発売された」と紹介する際に，誤って B という著作者名を表示してしまった場合，たしかに著作者名は間違っているが，この新聞記事においては小説という著作物それ自体が公衆に提供または提示されているわけではないので，氏名表示権の侵害にはならないことになる。

　ただ，「著作物の公衆への提供若しくは提示」は，著作権の対象となる行為（例：公衆送信，上映，演奏）である必要はない。例えば，絵画が複製されたポスターを公衆に展示する行為（原作品の展示でないため展示権〔25条〕の対象にならない）であっても，「著作物の公衆への……提示」に当たり，氏名表示権の侵害になりうる。裁判例においては，他人がツイートした画像をリツイートして自己のタイムラインに表示させたことによって元画像に表示されていた著作者名が表示されなかったことが，氏名表示権の侵害にあたるとしたものがある。

> **裁判例**　リツイート事件[11]
>
> 　「著作権法 19 条 1 項は，文言上その適用を，同法 21 条から 27 条までに規定する権利に係る著作物の利用により著作物の公衆への提供又は提示をする場合に限定していない。また，同法 19 条 1 項は，著作者と著作物との結び付きに係る人格的利益を保護するものであると解されるが，その趣旨は，上記権利の侵害となる著作物の利用を伴うか否かにかかわらず妥当する。そうすると，同項の『著作物の公衆への提供若しくは提示』は，上記権利に係る著作物の利用によることを要しないと解するのが相当である。
>
> 　したがって，本件各リツイート者が，本件各リツイートによって，上記権利の侵害となる著作物の利用をしていなくても，本件各ウェブページを閲覧するユーザーの端末の画面上に著作物である本件各表示画像を表示したことは，著作権法 19 条 1 項の『著作物の公衆への……提示』に当たるということができる。」
>
> 　「被上告人は，本件写真画像の隅に著作者名の表示として本件氏名表示部分を付していたが，本件各リツイート者が本件各リツイートによって本件リンク画像表示データを送信したことにより，本件各表示画像はトリミングされた形で表示されることになり本件氏名表示部分が表示されなくなったものである……。……以上によれば，本件各リツイート者は，本件各リツイートにより，本件氏名表示権を侵害したものというべきである。」

---

11)　最判令和 2 年 7 月 21 日民集 74 巻 4 号 1407 頁〔リツイート事件：上告審〕。

2 制 限

氏名表示権には一定の制限が課されており，以下のような場合には，氏名表示権の侵害にはならないものと規定されている。

(1) 従前の表示に従う場合

まず，「著作物を利用する者は，その著作者の別段の意思表示がない限り，その著作物につきすでに著作者が表示しているところに従って著作者名を表示することができる」と規定されている（19条2項）。例えば，すでに「荒井由実」という変名で公表されている歌は，著作者があらかじめ表示の変更を申し出るなどしていない限り，その変名を表示して公に演奏しても，氏名表示権の侵害にはならない。

(2) 省略できる場合

また，「著作物の利用の目的及び態様に照らし著作者が創作者であることを主張する利益を害するおそれがないと認められるときは，公正な慣行に反しない限り，省略することができる」と規定されている（19条3項）。

例えば，テレビ番組では多数の音楽著作物がBGMや効果音として用いられているが，作曲者や作詞者の氏名がすべて表示されることはないであろう。あるいは，バーにおいて多数の音楽著作物がBGMとして演奏されている場合も同様である。このような場合は，公正な慣行に反しない限り氏名表示権の侵害にならないのである。

従来の裁判例においては，フリーカメラマンに依頼して撮影させた写真を，当初の許諾範囲を超えて利用するにあたって，氏名を表示しなかったことが同項によって許容されるかどうかをめぐって争われたものがあり，結論として，同項の適用を肯定したもの[12]と，否定したもの[13]とがある。

(3) 情報公開法等との調整

さらに，行政機関情報公開法等の規定により行政機関の長等が著作物を公衆に提供または提示する場合において，当該著作物につきすでにその著作者が表示しているところに従って著作者名を表示するとき，または当該著作物の著作者名の表示を省略することとなるときは，氏名表示権の侵害

---

[12]　大阪地判平成17年1月17日判時1913号154頁〔セキスイツーユーホーム事件〕。

[13]　東京地判平成5年1月25日判時1508号147頁〔ブランカ事件〕。

第4章　著作者人格権

にならない（19条4項）。

Ⅲ　同一性保持権（20条）

1　内　容

(1)　はじめに

　著作者は，その著作物およびその題号の同一性を保持する権利を有し，その意に反してこれらの変更，切除その他の改変を受けないものとされる（20条1項）。このように，**同一性保持権**は，著作物の改変に反対できる権利である。

　例えば，小説家が出版社と出版契約を締結したとしても，出版社がその原稿に無断で修正を加えて出版すると，小説家がその小説に有している個人的なこだわりが損なわれ，さらには小説家の社会的評価が低下するなど，著作者の人格的利益が害されることがありえよう。したがって，このような著作物の改変は同一性保持権の侵害となるのである。このように，同一性保持権は，著作物の完全性に関する著作者の人格的利益を保護するための権利だといえよう。

　先の例の場合，出版社は小説家から複製についての許諾は得ているから著作権としての複製権の侵害にはならないが，同一性保持権という著作者人格権の侵害にあたるかどうかは，著作権侵害とは別に独立して判断されることになるのである。

(2)　意に反して

　20条1項においては，「その意に反して」と規定されているため著作者の意思が尊重されることになる。そのため，客観的にみれば，改変によって著作物の価値が明らかに高まった場合であっても，その改変が著作者の意に反する限り，同一性保持権の侵害となることに変わりはない。

　従来の裁判例においても，大学生が執筆した論文について，大学側が，送りがなの変更，読点の切除，中黒の読点への変更，改行の省略といった表記の変更を行ったという事案で，同一性保持権の侵害が肯定されている。

第2節　著作者人格権　Ⅲ　同一性保持権（20条）

> **裁判例**　**法政大学懸賞論文事件：控訴審**[14]
>
> 　Xは「過疎地域青年のUターン行動と生活意識の変容」なる論文を著作し，これがY大学の懸賞論文募集の優秀賞を獲得し，Y発行の雑誌に掲載されたが，この際，Yは，X論文に53か所にわたる削除，変更等の改変を加えた。そこで，Xは同一性保持権の侵害にあたるとして，損害賠償および謝罪広告の掲載を請求した。
>
> 　控訴審判決は，第一審判決[15]が同一性保持権侵害を肯定した点（下表では番号1および5）のみならず，第一審判決が20条2項3号（現4号）に基づいて侵害を否定した29か所（送りがなの変更，読点の切除，中黒の読点への変更，改行の省略，加算の誤りによる誤字の訂正）のうち27か所（下表では番号2〜4）についても，同一性保持権の侵害にあたると判示した。
>
> 比較表（抄）
>
> | 番号 | 改変前 | 改変後 |
> |---|---|---|
> | 1 | 目次あり | 目次なし |
> | 2 | 「マス・メディアの発達と普及，等によって」 | 「マス・メディアの発達と普及等によって」 |
> | 3 | 「矛盾と危機の現われとしての」 | 「矛盾と危機の現れとしての」 |
> | 4 | 「Uターン後の生活意識，等を」 | 「Uターン後の生活意識等を」 |
> | 5 | 「る（表Ⅰ－1・付録調査票参照）。」 | 「る（表Ⅰ－1参照）。」 |

（3）題　号

　著作物の題号（タイトル）は著作物それ自体ではなく，創作性を有しないことも多いが，題号も同一性保持権によって保護されるものと規定されている（20条1項）。したがって，著作物それ自体には何の改変も加えない場合であっても，題号を改変することはその著作物の同一性保持権侵害となる。例えば，旧著作権法下の事件として，スイス人の著作した『Juli'14』を無断翻訳した上，その題号を『誰が世界大戦を製造したか』と改題したという事案がある[16]。

---

14)　東京高判平成3年12月19日知的裁集23巻3号823頁。

15)　東京地判平成2年11月16日無体裁集22巻3号702頁。

16)　東京地判昭和10年12月7日最新著判Ⅱ①巻430頁〔「誰が世界大戦を製造したか」事件〕参照。旧著作権法18条1項にも「題号ヲ改ムルコトヲ得ズ」という規定があり，この判決も改題による精神的損害の賠償請求を認容している。

133

第4章　著作者人格権

2　制　限

同一性保持権には一定の制限が課されている（20条2項）。同項には，以下のように3つの個別規定と1つの一般条項が定められている。

(1)　用字等の変更

著作権制限規定に基づいて，著作物を教科書等に掲載する場合または学校教育番組の放送等に使用する場合に，学校教育の目的上やむをえないと認められる用字または用語の変更その他の改変は，同一性保持権の侵害とならない（20条2項1号）。例えば，小説を小学校の教科書に掲載する際に，難しい漢字を簡単な漢字やひらがなに変更する行為は，同一性保持権の侵害とならない。これは，とりわけ学校教育という利用の目的が考慮されたものである。

(2)　建築物の増築等

建築物の増築，改築，修繕または模様替えによる改変は同一性保持権の侵害とならない（20条2項2号）。例えば，老朽化した建築物を修繕する目的で改変することは，同一性保持権の侵害にならない[17]。これは，とりわけ建築物が有する実用性が考慮されたものである。そのため，同号の規定は，人が立ち入って利用するという意味で同様に実用性を有する庭園にも類推適用されている[18]。

なお，同号が予定しているのは，あくまで経済的・実用的観点から必要な範囲の増改築であり，個人的な嗜好に基づく恣意的な改変や必要な範囲を超えた改変は許されないという見解もある[19]。

(3)　コンピュータプログラム

コンピュータプログラムのデバッグ（欠陥の除去）やバージョンアップのために必要な改変は，同一性保持権の侵害とならない（20条2項3号）。これは，とりわけコンピュータプログラムというものの機能性・実用性が

---

17)　傍論ながら同号の適用を認めたものとして，東京地決平成15年6月11日判時1840号106頁〔ノグチ・ルーム事件〕参照。

18)　前掲注17)〔ノグチ・ルーム事件〕，大阪地決平成25年9月6日判時2222号93頁〔希望の壁事件〕参照。

19)　加戸179頁以下参照。前掲注17)〔ノグチ・ルーム事件〕も同旨。反対として，前掲注18)〔希望の壁事件〕，中山631頁参照。

134

考慮されたものである。

(4) やむをえない改変（一般条項）

以上のほか，「著作物の性質並びにその利用の目的及び態様に照らしやむを得ないと認められる改変」は同一性保持権の侵害とならない（20条2項4号）。この規定は，上記の個別規定によってカバーされないものを受け皿的に拾うものである。例えば，絵画をカラー出版する際，色彩をどうしても完全には表現できない場合，あるいは演奏技術が未熟なために演奏が不完全になった場合などが，その例として挙げられている。

> **ステップアップ** 一般条項の活用による著作者と利用者の調整[20]
>
> 従来の通説・判例は，20条2項4号を極めて厳格に解釈運用されるべきものとして，いわば凍結してきた。そのため，裁判例においても4号が適用されることは，平成に入るまでまったくなかった。これは，著作権法というのは著作者の保護を第一義とするという考え方に基づく。
>
> とはいえ，現実には4号に基づかずに侵害を否定する裁判例が広範に展開されてきた。例えば，権利濫用を理由に同一性保持権の主張を排斥するものや[21]，改変についての「事実たる慣習」に依拠して同一性保持権の侵害を否定するもの[22]などである。
>
> しかし，このようないわば不文の適用除外は，かえって不明確な判断構造を招いてしまったように思われる。また，著作者の権利と利用者の権利は，どちらか一方があらかじめ優越的地位に立つという関係にはないものと考えられる。そうであれば，20条は単に著作者のみを優先的に保護するというような趣旨の規定ではなく，著作者と利用者との調整を行う規定と解釈すべきであるように思われる。このような観点から，20条2項4号の厳格解釈を見直して，同号の規定を活用すべきであると考える。実際にも，最近の裁判例は同号を適用しはじめている[23]。その他，同一性保持権をめぐっては議論が盛んである[24]。

---

20)　上野達弘「著作物の改変と著作者人格権をめぐる一考察——ドイツ著作権法における『利益衡量』からの示唆(1)(2・完)」民商120巻4＝5号748頁，同6号925頁（1999年）参照。

21)　東京地判平成8年2月23日知的裁集28巻1号54頁〔やっぱりブスが好き事件〕参照。

22)　東京高判平成10年8月4日判時1667号131頁〔俳句の添削事件：控訴審〕参照。

23)　東京高判平成10年7月13日知的裁集30巻3号427頁〔スウィートホーム事件：控訴審〕（映画をテレビ放送する際にトリミングおよびCM挿入したことについて），東京地判

第4章 著作者人格権

3 他人の同一性保持権侵害を惹起した者の責任

同一性保持権をめぐっては，他人による著作物の改変を惹起したという
場合に，どのような責任を負うかが問題となる。具体的には，ビデオゲー
ムに関して，プログラムの著作物そのものに改変が加えられるわけではな
いが，特定の数値を入力したメモリーカードを使用することによって，ゲー
ムソフトのストーリーが本来予定された範囲を超えて展開され，ストー
リーの改変をもたらすということが，ゲームソフトの改変にあたり，同一
性保持権を侵害するものであるとした上で，そうしたメモリーカードを頒
布する行為が不法行為にあたると判断した判例がある。

> **裁判例** **ときめきメモリアル事件：上告審**[25]
>
> Xのゲームソフト「ときめきメモリアル」は，プレイヤーが架空の高等学校の生
> 徒となって，卒業式の当日，あこがれの女生徒から愛の告白を受けることを目指し，
> 3年間の勉学や行事等を通してこれにふさわしい能力を備えるための努力を積み重
> ねるという内容の恋愛シミュレーションゲームである。Yは，そのハッピーエンド
> を簡単に実現できるパラメータのデータを記録したメモリーカードを輸入，販売し
> た。そこで，Xは同一性保持権に基づいて損害賠償を請求した。
>
> 判決は，「本件メモリーカードの使用は，本件ゲームソフトを改変し，Xの有す
> る同一性保持権を侵害するものと解するのが相当である。けだし，本件ゲームソフ
> トにおけるパラメータは，それによって主人公の人物像を表現するものであり，そ
> の変化に応じてストーリーが展開されるものであるところ，本件メモリーカードの
> 使用によって，本件ゲームソフトにおいて設定されたパラメータによって表現され
> る主人公の人物像が改変されるとともに，その結果，本件ゲームソフトのストーリ
> ーが本来予定された範囲を超えて展開され，ストーリーの改変をもたらすことにな
> るからである。……専ら本件ゲームソフトの改変のみを目的とする本件メモリーカ
> ードを輸入，販売し，他人の使用を意図して流通に置いたYは，他人の使用によ

平成10年10月30日判時1674号132頁〔血液型と性格事件〕（引用の際に要約したことに
ついて），東京高判平成12年4月25日判時1724号124頁〔脱ゴーマニズム宣言事件：控訴
審〕（漫画を引用する際イラストの似顔絵に目隠しを施したことについて），東京地判平成
16年11月12日判例集未登載（平16(ワ)第12686号）〔「知的財産権入門」事件〕（分担執筆
に係る法律解説書の原稿を校正したことについて），東京地判平成22年5月28日判例集未
登載（平21(ワ)第12854号）〔がん闘病マニュアル事件〕（他人の雑誌記事を自己のウェブサ
イトに転載する際に写真部分を切除したことについて）等参照。

24) 松田政行『同一性保持権の研究』（有斐閣，2006年）等参照。

25) 最判平成13年2月13日民集55巻1号87頁。

136

る本件ゲームソフトの同一性保持権の侵害を惹起したものとして，Ｘに対し，不法行為に基づく損害賠償責任を負うと解するのが相当である」と判示した[26]。

もっとも，この判決をめぐってはいくつか検討すべき点がある[27]。

第一に，著作物が改変されたといえるかが問題となる。一般に，ゲームソフトはプレイヤーの操作に応じてその展開がインタラクティブに変化することが予定されているからである。ただ，本件メモリーカードを使用すると，通常のプレイでは出会えないはずの早い段階で女生徒が登場するといったことから，判決は「本件ゲームソフトのストーリーが本来予定された範囲を超えて展開され，ストーリーの改変をもたらすことになる」としたものと考えられる。

第二に，著作物の改変があるとしても，それがプレイヤーの私的領域で行われる以上，同一性保持権の侵害になるかが問題となる。判決が「Ｙは，他人の使用による本件ゲームソフトの同一性保持権の侵害を惹起した」と判示していることからすれば，同一性保持権侵害の主体は「他人」すなわちプレイヤーだと考えられていると解するのが自然である。そうすると，プレイヤーが同一性保持権を侵害していることになるが，私的領域における著作物の改変が同一性保持権侵害にあたるという考えに対しては批判も強い。

第三に，同一性保持権侵害があるとしても，Ｙにその責任があるかが問題となる。というのも，Ｙは本件メモリーカードを輸入・頒布したにすぎないからである。ただ，判決が「専ら本件ゲームソフトの改変のみを目的とする本件メモリーカード」（下線筆者）という表現を用いていることからすれば，判決は，そうした特定のゲームソフトについての改変の機能のみといういわば二重の専用性を有するメモリーカードに限って不法行為に基づく損害賠償責任を肯定したものと考えられる[28]。

---

26) 同様の裁判例として，東京高判平成16年3月31日判時1864号158頁〔DEAD OR ALIVE 2事件：控訴審〕参照。

27) 詳しくは，上野達弘〔判批〕民商125巻6号739頁（2002年）参照。

28) したがって，不特定のゲームソフトを改変するメモリーカードや，他に汎用的な機能を有するメモリーカードは，この判決の直接の射程に含まれないことになろう。

第4章　著作者人格権

第3節　みなし著作者人格権侵害（113条11項）

1　はじめに

　著作者人格権の侵害に至らないような行為であっても，著作者の名誉または声望を害する方法によりその著作物を利用する行為は，その著作者人格権を侵害する行為とみなされる（113条11項）[29]。

　つまり，絵そのものに改変を加えれば同一性保持権の侵害になるが，改変を加えていない場合であっても，例えば，純粋美術として描かれた裸体画をポルノショップの看板に利用して，著作者の名誉を害するような行為は，著作者人格権の侵害とみなされるのである。ほかにも，荘厳な宗教曲をストリップのBGMに利用するといった例が挙げられている。また，言語の著作物を引用する場合においては，「前後の文脈を無視して断片的な引用のつぎはぎを行うことにより，引用された著作物の趣旨をゆがめ，その内容を誤解させるような態様でこれを利用」する行為もこれにあたる可能性があるとされている[30]。

　裁判例では，ある漫画家が依頼を受けて描いた天皇の似顔絵が，あたかも「陛下プロジェクト」なる企画に賛同して描かれたかのように無断でインターネット上に掲載されたことが，本項（当時113条6項）にあたるとされたものがある。

> **裁判例**　陛下プロジェクト事件：控訴審[31]
>
> 　漫画家Xは，ウェブサイト「漫画on Web」でX作品を購入した顧客に対し，その希望する人物の似顔絵をXが色紙に描き，これを贈与するというサービスを行っていた。Xは，Yの申入れを受けて，昭和天皇および当時の天皇（現上皇）の似顔絵各1枚を描いた。すると，Yは，「陛下プロジェクト」なる企画を立ち上げ，ツイッターのサイト（本件サイト）に，「天皇陛下にみんなでありがとうを伝えた

---

29)　なお，著作者人格権の侵害とみなされる行為は，著作者人格権の侵害行為によって作成された物の知情頒布など，他にもある（113条1項・4項参照。第8章第1節Ⅲ **2**）。

30)　東京高判平成14年11月27日判時1814号140頁〔「運鈍根の男」事件：控訴審〕参照。上野達弘「著作物の論評における名誉毀損と著作者人格権──『運鈍根の男』事件」知財管理54巻1号79頁（2004年）も参照。

第3節　みなし著作者人格権侵害（113条11項）

い。陛下の似顔絵を描いてくれるプロのクリエイターさん。お願いします。クール
JAPANなう，です。」と投稿し，その後，本件似顔絵を撮影した写真を画像投稿
サイトにアップロードした上，本件サイトに「陛下プロジェクトエントリーナンバ
ー 1，X。海猿，ブラックジャックによろしく，特攻の島」などと投稿して，上記
画像投稿サイトへのリンク先を掲示した。

　判決は，Yの行為が著作者人格権侵害とみなされる行為にあたるとして，損害賠
償請求を認容した。

　「上記の企画は，一般人からみた場合，Yの意図にかかわりなく，一定の政治的
傾向ないし思想的立場に基づくものとの評価を受ける可能性が大きいものであり，
このような企画に，プロの漫画家が，自己の筆名を明らかにして2回にわたり天皇
の似顔絵を投稿することは，一般人からみて，当該漫画家が上記の政治的傾向ない
し思想的立場に強く共鳴，賛同しているとの評価を受け得る行為である。しかも，
Yは，本件サイトに，Xの筆名のみならず，第二次世界大戦時の日本を舞台とする
『特攻の島』という作品名も摘示して，上記画像投稿サイト上の上記写真へのリン
ク先を掲示したものである。

　そうすると，本件行為……は，Xやその作品がこのような政治的傾向ないし思想
的立場からの一面的な評価を受けるおそれを生じさせるものであって，Xの名誉又
は声望を害する方法により本件似顔絵を利用したものとして，Xの著作者人格権を
侵害するものとみなされるということができる。」

　この規定の趣旨は，著作物を創作した著作者の創作意図を外れた利用を
されることによってその創作意図に疑いを抱かせたり，あるいは著作物に
表現されている芸術的価値を大きく損なうようなやり方で著作物が利用さ
れたりすることを防ぐことにあるといわれている[32]。

2　名誉または声望

　もっとも，113条11項にいう「名誉又は声望」は社会的名誉と解され
ており，本項にあたるためには，社会的にみて，著作者の名誉または声望
を害するおそれがあると認められるような行為であることが必要となる[33]。
したがって，著作者の主観的な名誉感情を害するにすぎない場合はこれに

---

31)　知財高判平成25年12月11日判例集未登載（平25㈱第10064号）（第一審判決〔東京地
　判平成25年7月16日判例集未登載（平24㈹第24571号）〕引用部分）

32)　加戸755頁参照。

33)　加戸755頁，前掲注30)〔「運鈍根の男」事件：控訴審〕参照。

139

第4章　著作者人格権

あたらない。

　もちろん，社会的名誉は民法上の名誉権によって保護されるのであるが，本項の規定は，そうした民法上の名誉権とは別に，その著作物の利用行為という側面から，著作者の名誉声望を保つ権利を実質的に保護する趣旨を有するものともいわれている[34]。

第4節　著作者が存しなくなった後における 人格的利益保護（60条）

1　はじめに

　著作権は，著作者の死後であっても存続期間の満了まで存続する。しかし，著作者人格権については存続期間の定めがみられない。ただ，著作者人格権は人格権として「著作者の一身に専属」すると規定されているのであるから（59条），著作者の死亡とともに消滅すると考えるのが自然であろう。

　とはいえ，著作者が存しなくなったら，あとはどのように著作物を改変しても，あるいはどのような氏名を表示しても自由だ，というのも問題である。たとえ著作者が存しなくなったとしても，その人格的利益を害するような利用が横行することは妥当でなかろう。

　そこで，著作者が存しなくなった後（自然人の死後のみならず法人の解散後を含む）においても，著作物を公衆に提供または提示する者は，著作者が存しているとしたならばその著作者人格権の侵害となるべき行為をしてはならないものと規定されているのである（60条）。

2　請求権者

　もっとも，そのような行為が行われた場合，著作者本人はすでに存在しないのであるから，誰がこれに対して法的措置をとるのかが問題となる。

---

34)　前掲注30)〔「運鈍根の男」事件：控訴審〕参照。

140

著作権法では，死亡した著作者の遺族のうち一定の者（配偶者，子，父母，孫，祖父母または兄弟姉妹）が，そうした行為をする者またはするおそれのある者に対して差止めおよび（故意または過失がある場合は）名誉回復等の措置を請求できることになっている（116条1項）。

裁判例　三島由紀夫書簡事件：控訴審[35]

　作家であるY₁は，故三島由紀夫氏との交際を中心として，三島氏の一面を描いた自伝的な告白小説『三島由紀夫 —— 剣と寒紅』を執筆し，Y₂がこれを出版したが，その中で，三島氏がY₁にあてた未公表の手紙とはがき計15通が無断掲載されたことが違法であるとして，Xら（三島氏の遺族2名〔長女・長男〕）が，Yらに対して出版の差止め等を求めた事案。

　判決は，本件手紙の著作物性を認めた上で，「本件各手紙が掲載された本件書籍を出版したYらの行為は，本件各手紙に係るXらの複製権を侵害する行為に該当し，また，『三島由紀夫が生存しているとしたならばその公表権の侵害となるべき行為』（著作権法60条）に該当する」（第一審判決[36]引用部分）として，Yらに対し，出版の差止め，書籍・印刷用原版等の廃棄，合計500万円の損害賠償，および謝罪広告を命じた。

　なお，著作者は遺言により，遺族に代えて当該請求をすることができる者（例：友人，団体，財団法人）を指定することができる（116条3項前段）。例えば，著名な画家が，遺言により，自分の遺族ではなく，その遺産を承継する財団法人を指定することが考えられる。この場合，財団法人は解散しない限り存続することになるが，半永久的に当該請求を行えるわけではなく，遺族が当該請求をする場合はせいぜい孫が生存する限りにおいてしか請求できないこととの関係上，遺言による指定を受けた者は，当該著作者の死亡翌年から70年後（その時に遺族が存する場合はその存しなくなった後）においては，その請求をすることができないと規定されている（同項後段）。

　ここにいう「指定」があったかどうかが問題となった裁判例としてノグチ・ルーム事件[37]がある。この事件では，債権者（イサム・ノグチ財団）が

---

35)　東京高判平成12年5月23日判時1725号165頁。
36)　東京地判平成11年10月18日判時1697号114頁。
37)　前掲注17)〔ノグチ・ルーム事件〕。

第4章　著作者人格権

著作者（イサム・ノグチ）から同項にいう指定を受けていたことについて疎明がされているとはいえないとして，申立てが却下されている。

第**5**章

著 作 権

　創作と同時に著作者が手にする権利のうち，財産的な権利を著作権という。本章では，この著作権の基本的な性質と内容を学ぶことになるが，これらをきちんと理解することは，（著作物や著作者といった基本概念の理解と並んで）著作権法学習の中心となる。

　著作権は，複製権や上演権といった個別の権利（支分権）の総称であり，著作権法は 21 条から 27 条において，各支分権について規定している。しかし，支分権に関するこれらの規定はあまり親切なものとは言えず，その内容を正確に理解するためには，かなり細かい定義規定（2 条）や，複雑な権利制限の規定（30 条以下）をあわせて読む必要がある。本章は本書の中でも一番分量が多く，内容的にも骨の折れる山場であるが，実社会で著作物の利用に関連するさまざまな事象（例えばカラオケ店の営業や図書館での複製など）が著作権法の観点からはこのように規律されているのか，という発見の章でもある。

　また本章では，著作権の内容の一環として，その存続期間についても扱う。存続期間が切れることの効果は大きいため，実務上は重要な箇所であり，最近では裁判例が増加しているほか，法改正による期間延長もなされた。

第 1 節　著作権の発生と効力　　　　第 3 節　権 利 制 限
第 2 節　法定利用行為　　　　　　　　Ⅰ　総　説
　Ⅰ　総　説　　　　　　　　　　　　Ⅱ　法定制限事由
　Ⅱ　著作物の有形的再製（21 条）　　Ⅲ　権利制限の補完制度
　Ⅲ　著作物の提示（22 条〜25 条）　第 4 節　保護期間（存続期間）
　Ⅳ　著作物の提供（26 条〜26 条の 3）　Ⅰ　原　則
　Ⅴ　二次的著作物の作成と利用　　　　Ⅱ　例　外

第5章 著作権

第1節　著作権の発生と効力

1　権利の発生 —— 無方式主義

　著作権は，著作物の創作と同時に，何らの手続を要しないで発生し（無方式主義，17条2項），著作者に原始的に帰属する（著作者人格権も同様である）。この点で，同じ創作法であっても，特許庁における設定の登録を経てはじめて権利が発生する（＝方式主義を採る）特許権，実用新案権，意匠権とは異なる[1]。

　なお米国では，著作物に©マークを表示したり，あるいは連邦議会図書館著作権局へ登録したりすることで，著作権侵害訴訟において権利の有効な発生に関する立証負担を軽減できる制度があるが，我が国の著作権法はこのような制度を置いていない。日本国著作権に関する限り，©マークや「不許複製」との表示には，権利の発生場面はもちろん侵害場面においても法的な意味はない。

2　排他的効力

　著作権は，他人による無許諾での著作物の利用を禁止する効力（排他的効力・消極的効力・禁止的効力）を有する。著作権法が著作権者に対して明文の規定で禁止権を与えている著作物利用行為を総称して，「法定利用行為」という。

　著作権がこのような法定利用行為に対する排他的効力を有する結果，著作権者は，自己が著作権を有する著作物を無許諾で利用する他人，すなわち著作権侵害者に対して，将来へ向けての侵害行為差止請求と，過去の侵害による損害賠償請求をすることができる（→第8章）。またその反面として，著作権者は著作物を利用する他人との間で，著作権侵害に基づく差止請求・損害賠償請求をしないという契約（利用許諾契約）を結ぶことができる（→第7章）。

---

1) 著作権にも登録制度があるが（77条），文化庁に備えられている登録原簿への登録は権利の発生要件ではなく，権利の移転等に関する対抗要件であるにすぎない（→第7章）。

144

第1節　著作権の発生と効力

　なお，例えば21条は，「著作者は，その著作物を複製する権利を専有する」と規定しており，一見すると著作者は他人に妨害されずに著作物を自分自身で複製する権利を持つかのようにも読める。しかし著作権の効力は，あくまで他人による無断利用を禁止する側面（消極的効力）に限られ，自己による利用を正当化する側面（積極的効力）は有しない[2]。したがって，著作権者に無断で映画を上映すれば著作権（の1つである上映権）の侵害となるが，上映設備を破壊して著作権者による映画上映を妨害しても著作権の侵害とはならない。また，他人の著作権を侵害することになる場合には，たとえ著作権者であっても当該著作物を利用することはできない[3]。

3　相対的効力

　著作権は他人による無断での「模倣」を禁止する効力（相対的効力）を有するにすぎない。つまり，著作権侵害の成立には他人の著作物に依拠していることが必要であり，偶然に同じ表現が創作されたとしても著作権侵害とはならない[4]。この点で，たまたま同じ技術・商標が使われた場合でも侵害が成立する，つまり絶対的効力を有する特許権や商標権とは異なる。

　このように，著作権が相対的効力しか有しないのは，権利侵害が業としての利用に限定されておらず，また権利の発生に関する公示制度がないことと関係している。つまり特許権・商標権の場合には，権利侵害を行えるのは業界に関わるプロであり，また特許庁の公報を見れば権利の存否や範囲が確認できるため，偶然に同じ技術・商標が使われた場合に権利侵害を認めても酷ではない。しかし著作権の場合には，一般ユーザーでも侵害者たりうる上に，公示制度がないため，例えば東京の無名の著作者に権利が発生したことを大阪で知る術はないから，偶然の一致を権利侵害と扱うことは利用者にとって酷に過ぎる事態を招くのである。

---

2)　実はこの点は，「自由にその所有物の使用，収益及び処分をする権利」として積極的に規定されている所有権（民206条）についても同様であり，所有権者は所有物について他人による無断使用・収益・処分を禁止することはできるが，自己によるそれらの行為を所有権によって正当化することはできない。

3)　二次的著作物や共有著作権など，同一の著作物に複数主体の著作権が重畳的に成立している場合に，そのような事態が生じる。

4)　最判昭和53年9月7日民集32巻6号1145頁〔ワン・レイニー・ナイト・イン・トーキョー事件：上告審〕。

145

第5章　著作権

第2節　法定利用行為

I　総　説

1　法定利用行為の位置付けと機能

　著作権は，複製権や上演権といった各種の支分権の束であり，「著作権」という用語は，著作権法が著作者に与えた経済的諸権利の総称である。各支分権はいずれも，① 依拠性，② 類似性，③ 法定利用行為，という 3 要件を充足してはじめて侵害が成立する。このうち，① と ② は全支分権に共通する侵害成立要件であるが，③ の内容は支分権ごとに異なる。本書では，① と ② は第 8 章「権利侵害」で扱うこととし，ここでは ③ についてのみ概説する。

　各支分権が定める著作物の利用行為の内容については，著作権法 21 条から 27 条までに限定列挙されている。著作権法が著作権を構成する具体的な支分権を限定列挙し，利用行為を法定することには，次の 2 つの意味がある。

　第一に，禁止権の対象となる行為類型をあらかじめ明らかにし，著作物の利用者に不測の不利益を与えないという側面である（行為規範の安定性）。著作権法上，支分権として定められていない行為（例えば読書）は，少なくとも著作権法上は適法となるため，これを安心して行うことができる。

　第二に，著作権侵害の成否を，客観的な行為の側面から形式的に判断することを可能にするという側面がある（評価規範の安定性）。したがって，著作権侵害の成否判断に際しては，当該行為がどの程度著作権者の利益を害するかといった実測困難な衡量は原則として行う必要がない。そのような衡量を政策判断も踏まえて行った結果が，現在の著作権法が定めた侵害成立要件であるということになる[5]。

---

5)　この点で，個別のケースに応じて権利者・侵害者双方の諸事情を衡量し侵害の成否が決せられる不法行為法や，また「商標としての使用」（商標 26 条 1 項 6 号参照）の有無という実質的観点も踏まえて侵害判断が行われる商標法とは異なる。もっとも，著作権法においても，

146

ただし最近では、著作権を実効的に保護するために、法定利用行為以外の、例えば法定利用行為を幇助する行為についても禁止する効力を著作権が有すると考える見解の当否が議論されている（→第8章）。そこでは、上記の2つの安定性を害してまで、著作権保護をどのような意味で実効化するのかが検討されなければならない。

2 法定利用行為の分類

Ⅱ以降では、各種の法定利用行為の具体的内容を詳しくみていくことになるが、ここでそれらをあらかじめ分類すると、次のとおりとなる。

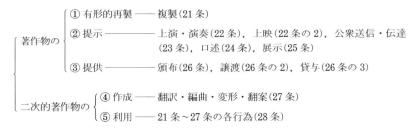

法定利用行為は、まず著作物に関する行為と二次的著作物に関する行為の2つに大別される。

前者のうち、① 著作物の**有形的再製**とは著作物を新たに有体物に化体させる行為、② 著作物の**提示**とは有体物（原作品・複製物）の存在を前提としないか、あるいは有体物の占有を移転せずに、著作物へのアクセスを直接的に可能にする行為、③ 著作物の**提供**とは有体物（原作品・複製物）の占有を移転して著作物へのアクセスを間接的に可能にする行為である[6]。

後者の二次的著作物に関する法定利用行為は、④ 二次的著作物自体を**作成**する行為と、⑤ 作成された二次的著作物を**利用**する行為に分けるこ

例えば複製概念や、複製権を制限する私的使用該当性には一定の柔軟性があるから、支分権の限定列挙により法的安定性が高められているといっても、相対的な問題ではある。

[6] 著作物の提示と提供は、いずれも著作物へのアクセスを可能にする点で共通するが、前者が無体物たる著作物を直接通じてなされるのに対して、後者は有体物たる原作品や複製物の流通（占有移転）を介してなされるという相違がある（各概念が含む具体的行為に関しては、提示については4条1項を、また提供については26条の2第1項および26条の3を、それぞれ参照）。著作権法は、さまざまな規定で両者を区別して使っている（例えば、2条1項19号、31条1項1号・3号、46条1号・2号など）。

第5章 著作権

とができる。二次的著作物の作成とは，著作物に対して新たな創作性を付加する行為であり，著作権法はそうして作成された二次的著作物を21条（複製）から27条（翻案等）の行為で利用することに対して，重ねて著作権者の権利を及ぼしている。

3 公衆・公

著作物の提示と提供は，「公衆」に対して，あるいは「公に」なされてはじめて著作権侵害となるが[7]，著作物の有形的再製にはそのような限定はない。複製物の個数を増やし，それらが転々流通して将来的に多数または不特定の者に反復継続して使用される可能性を孕む有形的再製と，その場限り，その相手方限りで著作物が使用されるにすぎない提示・提供とでは，著作権者に及ぶ経済的打撃の点で差異があるため，後者に限り公衆要件が加重されている。

なお，著作物の提示に関する「公に」の要件は，上演等が公衆に直接見せまたは聞かせることを「目的として」なされる行為を指すので（22条），主観的要件であり，客観的に観衆・聴衆がまったくいない場合も該当しうる。他方で，著作物の提供に関しては，「公衆」に対してなされることが要件とされており，現実に，特定少数以外の者に対してなされることを要する客観的要件である。

「公衆」の意味について著作権法が規定するのは，「特定かつ多数の者」を含む（2条5項）ということだけである。特定多数者を付加する前の本来の公衆概念については定義されていないが，もしそれが不特定多数者であれば，2条5項によって拡張された結論としての公衆は単なる多数者と違いがなくなる。わざわざ公衆という概念を用いている以上，公衆とは不特定者全般（原則）に特定多数者（2条5項）を付加したもの，すなわち「特定少数者以外すべて」を指すものと解される[8]。裁判例においても，

---

7) 提示行為（22条から25条まで）にあっては「公に」という用語が使われているが，これは「公衆に直接見せ又は聞かせることを目的として」（22条）という意味である。また，頒布（26条）については，その定義規定（2条1項19号）において，「公衆に」提示することを目的として譲渡・貸与することとされている。

8) なお，譲渡権（26条の2第1項）は一定の場合に消尽するが（同条2項），「公衆」への譲渡は被「許諾」者に対して（同項1号），また「特定かつ少数の者」への譲渡は被「承諾」

148

貸与権について，不特定少数者を公衆としたものがある[9]。

	特定	不特定
少数	非公衆	固有の公衆
多数	付加的な公衆 （2条5項）	

　ここで，特定者と不特定者とは，事前の人的結合関係の強弱によって区別される。カラオケボックス店は，それぞれのボックス内でサービスを提供された顧客を事後的に特定できたとしても，事前には誰でも顧客になれるので，店と顧客の人的結合関係は希薄であり，顧客は不特定者に該当する（カラオケディスクの再生は公衆への上映にあたる）。ネットオークションでの複製物の落札者（譲受人）は，落札時には結果として特定されていても，落札前には出品者（譲渡人）との間に人的結合関係はないから，やはり不特定者である（オークション〔競売〕は公衆への譲渡にあたる）。レンタルCD/DVDショップのように，会員制で顧客が限定されていても，誰でも会員になれるとするならば同様である（レンタルは公衆への貸与にあたる）。

　裁判例でも，社交ダンス教室の受講者は，各回の授業における受講生が特定できるとしても，教室主催者は受講資格に制限を設けておらず，また授業によっては受講生が入れ替わるので，教室主催者との間に人的な結合関係がない不特定者であるとされた[10]。また，プログラムをグループ会社にリースする行為について，たとえグループ会社であっても「リース会社にとってのリース先（すなわちユーザ）は，専ら営業行為の対象であって，いかなる意味においても人的な結合関係を有する関係と評価することはできない」

　者に対して（同項4号）と用語が区別されているのは，特定少数者については公衆概念に含まれず，したがって特定少数者への譲渡が本来的に譲渡権侵害に該当しないからである。逆にいうとこれらの規定からも，不特定少数者が公衆概念に含まれることがうかがえる。

9)　東京地判平成16年6月18日判時1881号101頁〔NTTリース事件〕。

10)　名古屋地判平成15年2月7日判時1840号126頁〔社交ダンス教室事件：第一審〕。地上波TV番組のネット転送サービスについて，何人もサービスの利用契約を締結できることを理由に，利用者（顧客）を不特定者にあたるとした例として，最判平成23年1月18日民集65巻1号121頁〔まねきTV事件：上告審〕。

第5章 著作権

として，不特定少数者すなわち公衆への貸与であるとされた例もある[11]。

他方，少数と多数の区別は多分に相対的であり，何名以上が多数になるという明確な線を引くことはできない。その具体的な人数は，① 著作物の種類・性質，および② 利用行為の種類に従って異なりうる[12]。

もっとも，前述のとおり，不特定者であれば人数にかかわらず公衆となるので，特定者の場合に限り少数と多数を区別する意義がある。逆にいうと，多数者性は，たとえ特定者であっても不特定者と同視できる場合，すなわち人数が多いために行為者との人的結合関係がかなり希薄な場合にはじめて肯定すべきであろう[13]。

Ⅱ　著作物の有形的再製（21条）

著作権法が掲げる利用行為（著作権侵害行為類型）のカタログのうち，最初に登場するのは複製（21条，**複製権**）である。複製は，「印刷，写真，複写，録音，録画その他の方法により有形的に再製すること」と定義されている（2条1項15号柱書)[14]。例えば，コピー機を用いた紙への複写や，パソコン内ハードディスクへのダウンロードなど，私達の日常生活に身近な行為もそこには含まれる。

このうち「印刷，写真，複写，録音，録画その他の方法により」という前半は，技術的手段に制約がないことを意味するにすぎない。印刷等は例

---

11)　前掲注9)〔NTT リース事件〕。ただし，営業行為としてなされる有償（有料）での貸与が必ずしも常に不特定者への貸与となるわけではない（逆に非営利・無料でも公衆への貸与たりうる〔38条4項〕）。この裁判例も，営業行為の有償性ではなく，あくまでその反復継続性に着目して相手方の不特定性を肯定したものと理解すべきであろう。なお，プログラム貸与後にリース先企業がプログラムをインストールすれば複製権侵害となるので，リース会社については貸与権侵害とは別に（公衆要件のない）複製権侵害の幇助責任（少なくとも損害賠償責任）が問題となりうる。

12)　前掲注10)〔社交ダンス教室事件：第一審〕。

13)　人的結合関係に加え，社会通念や条理に照らして公衆性を判断する裁判例（前掲注10)〔社交ダンス教室事件：第一審〕，東京地判平成25年12月13日裁判所ウェブサイト〔祈願経文事件〕）もある。

14)　前掲注4)〔ワン・レイニー・ナイト・イン・トーキョー事件：上告審〕は，「著作物の複製とは，既存の著作物に依拠し，その内容及び形式を覚知させるに足りるものを再製することをいう」と述べるが，複製の定義規定がなく，また提示行為も複製に含むと解されていた旧著作権法時代のものであることに注意を要する。

示であり，「その他の方法」，すなわちあらゆる技術的手段がそこには含まれる。またいずれの技術的手段を採っても効果は同じだから，それを特定する実益はない。

複製の要件として実際上の意味があるのは，後半に規定された「有形的に再製すること」である。なお複製の要件としてしばしば言及される依拠性と類似性は，複製そのものの要件ではなく著作権侵害一般の成立要件であるから，ここでは触れない（→第8章)[15]。

1 有形的再製

著作物の有形的再製とは，著作物が新たな有体物へ固定されることにより，将来反復して使用される可能性が生じることである。ここで，有体物への「固定」とは，有体物（紙やCD-Rやハードディスクなど）に対して物理的・化学的変化を及ぼすことにより著作物を一定の時間永続的に化体させることをいう。スクリーンへの映写は，スクリーンに対して何ら物理的・化学的変化を及ぼさないので，固定ではない（別途，上映にあたる）。

また，有形的再製は，有体物への「新たな」固定が必要である。例えば有体物としての原画をそのまま展示することは，すでに固定された著作物の利用にすぎないから有形的再製にはあたらない（別途，展示権の侵害が問題となる）。原画を画集に収めるなどした場合にはじめて，新たな固定として有形的再製になる。また，インターネット上でハイパーリンクを張る行為についても，単に接続情報（コンテンツのURL）を記述しているだけであり「著作物」（コンテンツそのもの）の新たな固定を伴わないので，有形的再製にはあたらない[16]。

上演・演奏・上映・放送などの「提示」行為についてはそれぞれ別の支

---

15) 東京地判平成11年10月27日判時1701号157頁〔雪月花事件〕は，書の著作物について「墨の濃淡，かすれ具合，筆の勢い等」が写真において感得できないことを理由に「複製」でないとしたが，本来は類似性要件の問題であろう。

16) したがってリンクをしても複製権侵害は成立しないが，ウェブサイトにリンク禁止表示があり，同意クリック等で合意を認定できる場合には，債務不履行責任を負う可能性がある（契約の拘束力の問題）。また，トップページ以外のコンテンツに直接ハイパーリンクを張るディープリンクや，さらにはいわゆる「直リンク」のように，他人の著作物をあたかも自己の著作物であるかのように表示することを可能にする行為は，別途，著作者人格権（氏名表示権，みなし侵害）や標識法（不正競争防止法等）上の問題が生じうる。

第5章 著作権

分権が割り当てられているが[17]，これらは公になされてはじめて著作権侵害行為となる。他方で，複製についてはそのような要件は課されていないが，これは有形的再製がひとたびなされると，その場では多数者に提示されていなくても，将来において複製物を反復して使用することが可能となり，潜在的には多数者に対してなされたのと同じ効果が生じるからである[18]。逆にいうと，有形的再製であるかどうかは，再製された著作物が将来反復して使用される可能性があるかどうかによって判断する必要がある[19]。

　その結果，紙印刷や写真フィルム撮影のような可視的な再製はもちろん，テープや CD/DVD-R への磁気的・電気的記録のような不可視的な再製も，機器を用いて反復して読み出しが可能である以上は有形的再製に該当する。他方，回線に電気的にデジタル情報を流す行為そのもの[20]や，パソコンのモニター画面への出力[21]，さらにはコンピュータや通信機器の使用に必然的に伴う RAM（書込み可能な記憶装置）等へのプログラムの蓄積のうち，瞬間的かつ過渡的なものは，いずれも有体物に著作物が化体していてもそれが将来反復して使用される可能性がないので，有形的再製ではないと解される[22]。

> ### ステップアップ　一時的蓄積
>
> 　本文で記したとおり，コンピュータや通信機器の使用に伴う瞬間的かつ過渡的な著作物の蓄積は，そもそも複製に該当しないと解されており争いはない。問題はその先にあり，瞬間的でなく一定の時間存続するが，しかし電源を落とすと情報が消えてなくなるもの（一時的固定と呼ばれる）をどう扱うかが議論されてきた[23]。一定の時間存続する以上，これを複製でないと位置付けるのは難しいが，しかしこ

---

17) 旧著作権法下では，提示行為も複製として理解されていた（小林尋次『現行著作権法の立法理由と解釈 —— 著作権法全文改正の資料として』〔文部省，1958 年〕142 頁）。
18) 島並良「デジタル作品の著作権侵害と帰責」知財研フォーラム 44 号 49 頁（2001 年）参照。
19) 東京地判平成 12 年 5 月 16 日判時 1751 号 128 頁〔スターデジオ事件 I〕参照。
20) 公衆送信（23 条 1 項）に該当し，公になされた場合にはじめて著作権侵害となる。
21) 上映（22 条の 2）に該当し，公になされた場合にはじめて著作権侵害となる。
22) 「著作権審議会第 2 小委員会（コンピューター関係）報告書」（文化庁，1973 年）326 頁，「文化審議会著作権分科会報告書（平成 18 年 1 月）」56 頁。
23) もっとも，「過渡的」と「瞬間的」，「蓄積」と「固定」など，類似の用語が十分に整理されないまま議論が混乱している面があるので，論者がどのような意味で用いているのかを常に留意する必要がある。

152

れをすべて違法とすると，社会的に有用なコンピュータや通信機器の使用が阻害されることになる。

　例えば，文化庁の平成18年審議会報告書は，瞬間的かつ過渡的な蓄積と，一時的固定をあわせて「一時的蓄積」と呼び，それを(a)複製でないもの，(b)複製だが立法により権利制限すべきもの，(c)違法なもの（権利侵害となるもの），の3つに分類している[24]。

$$
一時的蓄積 \begin{cases} 瞬間的かつ過渡的な蓄積 \text{———} (a)複製ではないもの（適法）\\ 一時的固定 \text{———} 複製 \begin{cases} (b)権利制限すべきもの（適法）\\ (c)権利侵害となるもの（違法）\end{cases}\end{cases}
$$

　一時的蓄積のうち，ある種のものが適法であるとされる実質的根拠としては，①本来は適法な著作物の「使用」に必然的に随伴すること[25]，②著作権者への不利益（著作物の市場機会喪失）がないこと[26]，③蓄積者が複製の意図・目的・認識等の主観的要素を欠くこと[27]，などが挙げられている[28]。もっともそれぞれ，①適法使用がなぜ違法利用に常に優先するのか，②著作権者が得るべき利益（市場機会）の範囲画定は権利設定の結果であって理由とはならないのではないか，③技術に関する知識レベルが高い者ほど不利益な立場に置かれるのは不当ではないか，といった反論がありうる。技術の進展に伴い，いかなる一時的蓄積を適法と位置付けるかは，このような実質的根拠の探求にも依存する，これからの課題である[29]。

---

24) 前掲注22) 著作権分科会報告書61頁以下参照。そこでは，(b)に該当するのは，「著作物の使用又は利用に係る技術的過程において生じる」，「付随的又は不可避的（著作物の本来の使用・利用に伴うもので，行為主体の意思に基づかない）」，「合理的な時間の範囲内」という3要件を満たすものであるとされ，例えば，RAMへの蓄積，利用者のコンピュータ内のキャッシュなどがそれに該当すると整理された。その後，平成21年の法改正により，送信の効率化のための一時的な著作物の利用に関する権利制限が設けられた（47条の8，現47条の4第1項1号）。

25) 斉藤博「交錯する新旧の課題」ジュリ1132号5頁（1998年）。

26) 紋谷暢男「プログラムの保護に関する諸問題」コピライト33巻6号5頁（1993年）。

27) 苗村憲司「マルチメディア社会における知的財産権」苗村憲司＝小宮山宏之編著『マルチメディア社会の著作権』（慶應義塾大学出版会，1997年）66頁，塩澤一洋「『一時的蓄積』における複製行為の存在と複製物の生成」法学政治学論究43号218頁（1999年）。

28) 島並良「日本における複製権と一時的複製について」知的財産研究所『知的財産保護の将来像に関する調査研究 ── 著作物の蓄積に関する問題について』（知的財産研究所，2001年）36頁参照。

29) 例えば，携帯電話の修理業者が，携帯電話内にダウンロードされた音楽・映像コンテンツを一時的に取り出し修理後に再度戻す行為には，往復2回の著作物複製行為が介在しているが，単に携帯ユーザーの求めに応じた修理の期間，過渡的に著作物を蓄積するにすぎないためその適否が議論された。平成18年法改正は，このような保守・修理のための蓄積が複製に該当することを前提に，複製権を制限しこれを適法と位置付けているが（47条の4，現同条2項1号），これも一時的蓄積の適否と同じ問題意識から施された措置である。

第 5 章　著　作　権

　上述のとおり，複製（有形的再製）であるためには著作物を将来反復し
て使用する可能性が必要であるが，複製そのものは反復してなされる必要
はない。コピー機を用いた 1 枚の複写や，ハードディスクへの 1 度の書き
込みなど，1 回限りの行為でも複製たりうる[30]。また大量になされた海賊
出版も，印刷機を用いた 1 冊 1 冊の印刷行為それぞれが複製にあたる。

　また複製は，次元や表現手段を異にしても該当する。例えば，平面の漫
画・設計図をもとに立体のぬいぐるみ・建築物を作成する行為や，小説を
音読して録音する行為も，既存の創作的表現が新たに固定されていること
には変わりがないから，複製である。もっとも，次元や表現手段に変更が
ある場合には，利用者によって新たな創作性が付加されることが多いが，
その場合には複製ではなく翻案等（27 条）に該当することになる。

　なお侵害行為としての複製には有体物への固定が必要であるが，権利者
側の著作物そのものは（権利発生の要件として）有体物に固定されている必
要はない[31]。有体物に固定されていない著作物（ライブパフォーマンスなど）
を新たに有体物に固定（録画など）しても，複製に該当する。

2　演劇・建築に関する特別規定

　著作権法は，複製の一般的定義とは別に，2 つの行為についても特に複
製に含む旨を規定している（2 条 1 項 15 号）。すなわち，① 演劇用の著作
物（例えば脚本）の上演・放送・有線放送を録音・録画することは，（上演
等の複製であると同時に）当該「演劇用の著作物」の複製にあたる（同号イ）。
また，② 建築に関する図面（例えば設計図）に従って建築物を完成するこ
とは，未だ（有体物としての）建築物が完成していない「建築の著作物」の
複製にあたる（同号ロ。次頁 ステップアップ 参照）。

　これらの規定の性質については，創設規定説[32]と確認規定説[33]の争いが

---

30)　私的使用のための複製は著作権侵害にはあたらないが（30 条 1 項柱書），あくまで複製
　　であることには変わりがない。
31)　ただし，映画の著作物であるためには固定が必要であるため（2 条 3 項），映画の著作物
　　について固有の特則（29 条等）の適用を主張する場合には，例外的に権利者側の著作物の
　　固定が要件となる。
32)　加戸 54〜55 頁。
33)　田村 121 頁，中山 303 頁。

154

ある。**1**で述べたとおり，たとえ次元や表現手段が変更されても複製に該当しうるから，仮に本規定がなくても，もともと上演の録画は上演に化体した脚本の著作物の複製であり，建築の完成は建築設計図に化体した建築の著作物の複製にほかならない。また，著作権の発生に，著作物の化体した複製物の完成はそもそも必要ないから，建築物が未完成でも設計図の完成時点で無体物としての建築の著作物に関する著作権は発生している。したがって，①（15号イ），②（同号ロ）いずれについても，確認規定説が妥当である。

もっとも，上演や建築によって新たな創作性が付加されることもあるから，結論としては複製ではなく翻案等と位置付けられることも少なくないだろう。本規定の妥当する範囲は，ごく限られたものになる（本規定を，そのような二次的著作物の作成行為について，あえて翻案ではなく複製と捉える旨の特則である，と考える実益はない）。

> **ステップアップ**　建築・建築物と図面・設計図の関係

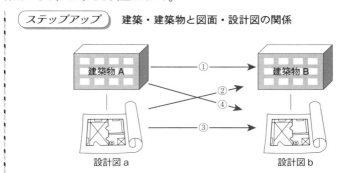

建築の著作物性と図面の著作物性とは，その創作性の所在が異なる。前者は三次元の表現に関する創作性であり，後者はそれをいかに二次元に落とし込むかという表現に関する創作性である[34]。したがって，建築が著作物であっても，その（設計）図面が常に著作物であるとは限らないし，その逆も同様である。このような創作性の所在に関する相違は，次のとおり複製概念を理解する上でも重要である。

いま，有体物としての建築物Aとその設計図aがあり，それぞれ無体物としての「建築の著作物」と「図面の著作物」が化体しているとしよう。Aをもとに類似の建築物Bを建築する行為①は，当然，Aに化体した「建築の著作物」の複製

---

34) 同様の関係は，機械とその設計図，モデルとその肖像写真，風景とその絵画についてもあてはまるが，機械やモデルや風景については通常，三次元の表現に創作性は認められず，単に構図や明暗等の二次元の表現にのみ創作性が認められるにすぎない。

第5章 著作権

である。さらに2条1項15号ロは，このような①だけでなく，aをもとにBを完成する行為②についても，同じく「建築の著作物」の複製であることを確認的に規定している。本文で述べたとおり，これはAのみならずaにも「建築の著作物」が化体しており，また無体物である「建築の著作物」は，有体物であるAがたとえ未完成でもaの上に化体されうるからである。他方で，三次元のBの上には，二次元の表現が持つ創作性は再製されていないから，①と②はいずれも「図面の著作物」の複製にはあたらない。

では，aをもとに類似の設計図bを作成する行為③はどうか。aに化体した二次元の表現に関する創作性がbに再製されているので，③はまず「図面の著作物」の複製にあたる。しかし，話はそれだけでは終わらず，③は同時にaに化体した「建築の著作物」の複製でもある。なぜなら行為者は，有体物であるaに物理的に触れることを通じて，無体物である「建築の著作物」，すなわち三次元の表現の創作性に依拠しており，またそれが有体物であるbの上に固定されているからである。では最後に，Aをもとにbを作成する行為④はどうだろうか。正解は，「建築の著作物」の複製だけに該当することになるが，その理由はここまで読まれた皆さんには明らかだろう。

	建築の著作物の複製の成否	図面の著作物の複製の成否
行為①	○	×
行為②	○	×
行為③	○	○
行為④	○	×

Ⅲ 著作物の提示 (22条〜25条)

1 上演・演奏 (22条)

上演と演奏は，いずれも著作物を演ずることであり（2条1項16号参照），客体が音楽の著作物である場合が演奏，それ以外の著作物である場合が上演である。

これらは，公衆に直接見せまたは聞かせることを目的としてなされた場合に限って，著作権侵害となりうる（22条，**上演権**および**演奏権**）。他方，非営利・無料・無報酬の上演・演奏については，権利が制限される（38条1項）。なお，実演家（俳優，演奏家，歌手など）自身に著作権はない（著作

156

隣接権〔→第6章〕が帰属するにとどまる）から，他人の実演を見てそれを模倣した場合，実演家ではなく脚本家や作曲家の上演権・演奏権を侵害することになる。

上演は，演奏以外の著作物を演ずる行為を広く指す（2条1項16号）から，演劇やダンスのような舞台芸術だけでなく，落語や漫才などを演ずることも含まれる。また，演奏とは，音楽の著作物を演ずる行為であり，楽器を用いるもの（狭義の演奏）と肉声を用いるもの（歌唱）の両者を含む（同号括弧書）。なお，オペラのような複合的な著作物を演ずると，上演権と演奏権の両者を同時に侵害することとなりうる。

上演・演奏には，生（ライブ）の上演・演奏だけでなく，それを録音・録画したCDやDVD等の再生（公衆送信または上映に該当するものを除く）や，電気通信設備を用いて伝達すること（公衆送信に該当するものを除く）も含む（2条7項)[35]。

上演や演奏については，実際に身体を用いて著作物を演ずる主体以外に，演目を決めたり場所を提供したりして，実演者をコントロール（管理・監督）し営業上の利益を得ている主体（劇場，コンサートホール，カラオケ店，公演企画者など）が同時に存在することが多く，そのような主体に著作権侵害の責任を帰すことができないかが議論されている（→第8章）。

2　上映（22条の2）

上映とは，著作物を映写幕その他の物に映写することをいう（2条1項17号）。映写された著作物は，映写幕等に物理的・化学的変化を及ぼしていないため，有体物に固定されているわけではない。この点で，有形的再製である複製（同項15号）とは異なる。

上映は，公に，すなわち公衆（2条5項参照）に直接見せまたは聞かせることを目的として（22条参照）行った場合に限り，著作権侵害となる（22条の2，**上映権**）。他方で，非営利・無料・無報酬の上映に対しては，権利

35）　現行著作権法制定時に，デパートや喫茶店でBGMとしてレコード音楽を流す場合のように，適法録音物の再生について出所明示を条件に（音楽喫茶やダンスホール等を除いて）例外的に適法とする旨の経過規定（附則14条，施行令附則3条，旧30条1項第8，同条2項）が置かれたが，これらの経過規定は平成11年改正で廃止された。

第 5 章　著　作　権

が制限される（38 条 1 項）。

　上映権の客体である著作物は種類を問わない。かつては映画の著作物に限られていたが，条約上の要請[36]により平成 11 年改正によってすべての著作物に拡張されたため，例えば写真やスライドなどの静止画を映写することも上映に該当する。なお，映写の対象となる著作物は，行為の性質上，視覚で認識できるもの（いわゆる映像）が典型例であるが，映画の著作物に固定されている音（台詞やサウンドトラックなど）に限っては，映画上映に伴って再生する場合に限り上映権の客体に含まれる（2 条 1 項 17 号）。本来であれば上演か演奏に該当する行為であるが，映画本体との接着度に着目して，映画と同じ処理をすることにしたものである（単なる整理の問題にすぎず，効果に違いはない）。

　映写物を受ける「映写幕その他の物」には，スクリーン，テレビ受像器，パソコンモニターなどを広く含み，また映写物を送る手段もプロジェクターや OHP など機器を問わない。ただし，公衆送信された著作物を受信装置を用いて公衆に提示する行為に限っては，上映とは別の「伝達」（23 条2 項）という法定利用行為が用意されている（これも単なる整理の問題であり，両者の効果に違いはない）。

3　公衆送信・伝達（23 条）

(1)　公衆送信

　送信とは，通信における情報の送出行為であり[37]，公衆によって直接受信されることを目的としてなされる場合（これを特に「公衆送信」〔2 条 1 項7 号の 2〕という）に限り，著作権侵害となる（23 条 1 項，**公衆送信権**）。送信の技術的手段は，無線・有線を問わない。

　公衆（2 条 5 項参照）によって直接受信されることが目的である必要があるから，通常の電話・ファクシミリ・電子メールのように特定少数者に対

---

36)　WIPO 著作権条約 8 条（公衆への伝達権）。

37)　インターネット上でハイパーリンクを張る行為は，リンク先コンテンツの送信にはあたらない（大阪地判平成 25 年 6 月 20 日判時 2218 号 112 頁〔ロケットニュース 24 事件〕）。いわゆるツイッターのリツイートも同様である（知財高判平成 30 年 4 月 25 日判時 2382 号 24頁〔リツイート事件〕参照）。なお，違法にアップロードされたコンテンツにユーザーを誘導するリーチサイトについては，令和 2 年改正で規定が設けられた（113 条 2 項・3 項）。

158

して直接受信されることを目的とする通信の送信を行うことは，公衆送信ではない。もっとも，電話やファクシミリを用いても不特定者からの求めに応じた情報提供サービスは可能であり，また電子メールについてもメーリングリストを用いた大量発信のように個別ケースによっては公衆送信に該当する場合もある。また，公衆によって直接受信されることは「目的」で足り，現実に公衆によって受信されたことまでは不要である。

　公衆送信にはさまざまな種類があり，公衆による受信のタイミングが同時か異時か，送信手段が無線か有線か，送信が公衆からの求めに応じて自動的になされるか，という3つの基準に従って，**① 放送**（2条1項8号），**② 有線放送**（同項9号の2），**③ 自動公衆送信**（同項9号の4），**④ その他の公衆送信**[38]の4種類に分類することができる（下の図を参照）。

　これらの行為は，かつては別々の法定利用行為とされていたが，平成9年改正によってすべてを包括する公衆送信としてまとめられた。公衆送信を構成する各行為は相互に効果が異なる点もあるが，支分権の名称としては，いずれも公衆送信権と呼べば足りる[39]。

公衆送信	同時受信	無線送信 「放送」（2条1項8号）	例）地上波放送，BS放送
		有線送信 「有線放送」（同項9号の2）	例）音楽有線放送，ケーブルテレビ
	異時受信	自動送信 「自動公衆送信」（同項9号の4）	例）インターネットのウェブサイト，BBS，オンデマンドのデータベースサービス
		手動送信 その他の公衆送信	例）文献情報ファクシミリサービス

---

38)　概説書等ではこの概念を認めない説明もあるが，公衆送信と自動公衆送信の各定義（2条1項7号の2，同項9号の4）からは，「手動送信かつ異時受信」の形態による公衆送信（例えば顧客からの個別の求めに応じてファクシミリで情報〔著作物〕を送信する行為）も排除されていないというべきである。

39)　現行法上は，著作権の中に放送権や自動公衆送信権といった支分権はなく，放送や自動公衆送信は，単に公衆送信権を侵害する一行為態様にすぎない。次の(2)で述べる送信可能化についても，同様である。これに対して，伝達権は，23条2項において，公衆送信権とは別の支分権として規定されている。

第5章 著作権

(2) 公衆送信の例外

構内放送 　同一構内における公衆への送信は，公衆送信に含まれない（2条1項7号の2括弧書[40]）。例えば，実演や講演をLANを用いて送信し，本会場に入りきれない観衆に対して同一構内の別室で提示する場合である。このような場合には，本会場での実演・講演を演奏権・口述権等で捕捉すれば足りるから，それに加えて別室について公衆送信権侵害を成立させる必要性は乏しいため，設けられた例外である。

ただし，コンピュータプログラムについてはこの例外規定は及ばない（2条1項7号の2括弧書内括弧書）。例えば，1台のホストコンピュータに（許諾により）適法に蓄積されたプログラムを，LANを通じて多数のパソコン端末で使用することは，他の支分権では押さえられないので，例外の例外として公衆送信と捉えることとされた。

送信可能化 　公衆送信のうち，自動公衆送信に限っては，送信の前段階における準備行為である**送信可能化**も侵害行為類型に含まれる（23条1項括弧書[41]）。送信可能化は2条1項9号の5において複雑に定義されているが，すでにインターネットに接続されたサーバーへ著作物をアップロードすることや（同号イ参照），共有フォルダに著作物を記録したパソコンを後からインターネットに接続すること（同号ロ参照）等をいう。例えば，インターネット上のウェブサイトは，閲覧者（公衆）からの閲覧請求信号に応じてサーバーから情報が送信されるが，そのような自動公衆送信が実際になされた（＝現実に閲覧者が現れた）かどうかを著作権者が把握するのは困難なので，それよりも前にサーバーに著作物をアップロードした時点で侵害と捉えることとされた。

もっとも，著作物をサーバーへアップロードする行為のように，有体物への固定が介在する場合には複製権で捕捉できる。また，インターネットにおけるプロスポーツやコンサートの生中継のように有体物への固定が介

---

40)　平成9年改正により，有線送信のみならず無線送信も公衆送信の例外に該当することとされた。

41)　支分権の名称としてはこれも含めて公衆送信権と呼ばれる（公衆送信権を侵害する行為として送信可能化があるにとどまり，著作権法上，著作権の中に送信可能化権という支分権があるわけではない）。この点で，送信可能化権が付与されている著作隣接権とは異なる（92条の2, 96条の2, 99条の2, 100条の4参照）。

在しない場合であっても，公衆によって同時受信されていればやはり有線放送として公衆送信権の侵害となる（有線放送には公衆からの求めは必要ない）。本規定は，条約上の要請[42]に他国に先駆けていち早く応え平成9年改正によって公衆送信権の創設と同時に盛り込まれたものであるが，独自の意義に乏しい（有体物への固定が介在せず，かつ異時受信の場合に限り意義がある）。

(3) 伝　達

伝達とは，公衆送信されている著作物を，スピーカーやテレビ受像器などの受信装置を用いて，そのままリアルタイムで提示する行為であり，公に行うと著作権侵害となる（23条2項，**伝達権**）。この行為は，公衆送信を用いていわば間接的に上演・演奏・上映・口述する行為であるが（ただし上映については2条1項17号括弧書で除外），上演権等は「公に」，つまり公衆に「直接」なされることが侵害成立要件となっているので，別途，支分権が置かれた。

ただし公衆送信のうち放送・有線放送される著作物は，非営利かつ無料であれば伝達権は制限される（38条3項前段）。また，通常の家庭用受信装置を用いた場合には，営利・有料であっても権利が制限される（同項後段）。

なお，公衆送信された著作物をいったん録音・録画して公に提示する行為は伝達権の対象ではない。別途，録音・録画行為は複製権，公への提示行為は上演権・演奏権・上映権・口述権の侵害となる。演奏権や上映権は，伝達権とは異なり通常の家庭用受信装置を用いても（非営利・無料・無報酬でなければ）侵害となるため，例えば飲食店でハードディスクレコーダーに録画したテレビ番組を無断で再生することは許されない。

4　口述（24条）

口述とは，著作物を口頭で伝達することをいう（2条1項18号）。ただし，実演に該当するものを除く（同号括弧書）ので，結局，非演劇的な態様で言語の著作物を口頭で伝達する場合のみを指すことになる。その典型例には，2条1項18号で例示されている朗読のほか，講演や授業などがある。

---

42)　WIPO 著作権条約8条（公衆への伝達権）。

第5章 著作権

口述は，公になされた場合に限り著作権の侵害となる（24条，**口述権**）一方で，非営利・無料・無報酬であれば権利が制限される（38条1項）。

なお，口述には，生（ライブ）の口述だけでなく，それを録音・録画したものの再生（公衆送信または上映に該当するものを除く）や，電気通信設備を用いて伝達すること（公衆送信に該当するものを除く）も含む（2条7項）。例えば，小説の朗読を吹き込んだCDブックや英会話のテープを再生する行為である。

5　展示（25条）

展示とは，有体物の占有を移転することなく，その上に化体した著作物への視覚的なアクセスを可能とすることであり，①美術および未発行写真の著作物について，②その原作品により，③公になされる場合に限り，著作権の侵害となる（25条，**展示権**）。美術および写真の著作物については，言語や映画の著作物などとは異なり，その化体した有体物そのものが視覚による美的鑑賞の対象とされることがあるため規定されたものである[43]。

展示は有体物を介した著作物利用行為であるため，展示権と所有権とは正面から衝突することになる。例えば，美術館や画廊での絵画の掲示は，一方では有体物（原作品・複製物）に関する所有権の行使（使用・収益）であるが，他方では無体物（著作物）の利用行為たる展示にも該当する。そこで，所有者自身（およびその同意を得た者）による展示に関する調整規定（45条）が置かれており，展示権の効力は大幅に制限されている。その結果として，所有者の同意を得ない者による（例えば盗品の）展示と（同条1項反対解釈），美術の著作物の原作品を公園等に恒常的に設置する場合（同条2項）に限り，展示権が働くことになる。

著作物が化体した有体物には，原作品と複製物があるが，25条は前者だけを対象としている。上に述べたとおり展示権は所有権と衝突するため，大量に作成される可能性がある複製物については，その作成と譲渡・貸与に限り禁止権の対象とされているのである（複製権，譲渡権，貸与権）。も

---

43) 例えば，有名小説家の手書き生原稿が美的鑑賞の対象とされることもあるが，それは言語の著作物ではなく，美術の著作物としての側面が利用されているので，やはり展示権の対象となる。

第2節　法定利用行為　Ⅳ　著作物の提供（26条～26条の3）

っとも原作品についても，絵画の場合には1点しかないが，写真や版画，鋳造彫刻の場合には複数存在しうる。写真の著作物について未発行のものに限られているのは，原作品と複製物の区別が特に困難なためであるが，版画や鋳造彫刻と別異に扱うまでの合理的理由は見出しにくい[44]。

Ⅳ　著作物の提供（26条～26条の3）

1　総　説

　著作権法26条，26条の2，26条の3は，それぞれ頒布，譲渡，貸与という，いずれも著作物の提供行為，すなわち複製物（有体物）の占有を移転することで，それに化体した著作物（無体物）へのアクセスを間接的に許す行為について規定している。いずれの提供行為も，公衆に対して行って（あるいはその目的があって）はじめて著作権の侵害となる点で，著作物の提示行為と共通するが（ただし，後述のとおり映画の著作物の頒布については一部例外がある），提示が著作物へのアクセスを直接許すか（上演，演奏，上映，送信，伝達，口述），もしくは有体物の占有を移転せずに著作物へのアクセスを間接的に許すものである（展示）のに対して，提供は有体物の占有移転を伴い著作物へのアクセスを間接的に許す点で異なる。

　頒布，譲渡，貸与は，いずれも複製物の占有移転を伴う行為である。このうち頒布は，公衆譲渡と公衆貸与の両者を包含する概念である（2条1項19号）。また譲渡と貸与とは，前者は所有権の移転を伴うが，後者はそれを伴わない点で異なる。

　なお，支分権としては，映画の著作物およびその中で複製されている著作物（音楽・美術など）に限り特に頒布権という特別の支分権が割り当てられており，他の著作物は譲渡権・貸与権の対象とされている。ただし，行為そのものとしては，頒布は映画の著作物のみを対象としているわけでは

---

44)　フィルム写真においては，現像作業により作品として完成するため，ネガではなくポジが原作品と解されてきた。それとの平仄を合わせるためには，デジタル写真も紙に印刷されたものを原作品と呼ぶことになろうが，しかしコンピュータで描かれてから紙に印刷されるデジタル絵画（写真ではないので未発行のものに限られない）との区別を正当化することは困難であろう。

第5章 著作権

ないので，映画以外の著作物について頒布が侵害とみなされる場面がある
（113条1項2号）。

これら著作物の再生を伴わない行為は，いずれも旧著作権法（明治32年
法）下では適法であったが，現行著作権法（昭和45年法）制定時に劇場上
映用映画フィルムの配給制度を法的に担保するために映画の著作物に関す
る頒布権が創設され，また昭和59年改正で貸レコード店の増加に対応す
るためにその他の著作物の貸与権が，さらに平成11年改正ではWIPO著
作権条約6条(1)を国内法化するために譲渡権が追加された。

2　頒布（26条）

頒布とは，複製物の占有を移転することで公衆に著作物へのアクセスを
間接的に許すことであり，有償・無償を問わず，また所有権を移転する譲
渡と移転しない貸与の両者を含むものである（2条1項19号）。著作権法上，
映画の著作物（コンピュータゲームの画面表示なども含む動画一般をいう（同条
3項参照））およびその中で複製されている著作物（音楽・美術など）につい
て頒布が著作権の侵害となるほか（26条各項，**頒布権**），映画の著作物以外
についても著作権等の侵害行為によって作成された物（いわゆる海賊版の書
籍，CD，コンピュータソフトなど）を悪意で頒布すると著作権等の侵害とみ
なされる（113条1項2号，**みなし侵害**）[45]。

頒布権と，譲渡権・貸与権とは，次の3つの点において相違がある。

第一に，権利の客体が，頒布権は原則として映画の著作物であるのに対
して，譲渡権・貸与権は映画以外の著作物である。ただし，映画以外の著
作物であっても，映画の著作物において複製されている音楽・美術等の著
作物[46]については，映画の著作物の複製物と共に流通するという特性に鑑
みて，例外的に頒布権の客体とされている（26条2項）[47]。

---

45)　頒布の定義規定（2条1項19号）では，対象となる著作物が映画に限定されていないこ
とに留意。頒布権以外でも頒布の概念が用いられている場合には，客体に映画以外の著作物
も含む。

46)　これらの著作物の著作者は，映画の著作物の著作者ではない（16条）。この点は，映画
の著作物において「翻案」されている小説・脚本等の著作物の著作者と同じであるが（同
条），ただしこれらの者は（二次的著作物たる）映画の著作物の原著作者として，映画の著
作物の著作者と同一の種類の権利を有する（28条）ため，結果として映画の著作物の頒布
権を持つことになる。

164

第2節　法定利用行為　Ⅳ　著作物の提供（26条〜26条の3）

　第二に，提供の相手方が，頒布権では一部拡張されている。すなわち，複製物を公衆に提供するのではなく，特定少数者に提供する場合であっても，将来公衆に提示（例えば上映）することを目的としてなされるなら，例外的に頒布に該当する（2条1項19号，特に「後段頒布」とも呼ばれる）。この拡張により，特定の映画館に対する譲渡・貸与も頒布権で捕捉できるようになり，従来から存在した劇場上映用映画フィルムの配給制度を法的に担保することが可能となった。

　第三に，頒布権には，譲渡権（26条の2第2項）のように，いったん適法に譲渡された後は当該複製物について権利を行使できないとする旨の，権利消尽に関する明文の規定がない。26条と26条の2を対比して文理解釈するならば，映画の著作物については，著作権者の意思に基づいて譲渡された複製物（真正商品）であっても，そのさらなる譲渡には著作権者の許諾を要することとなる。この結論は，頒布権創設の経緯から，配給制度を持つ劇場上映用映画フィルムについてはそのまま妥当すると解されるが，それ以外の一般消費者鑑賞用パッケージメディア（ビデオテープやDVDなど）についても頒布権が及ぶかどうかが争われた[48]。下級審判決には，ビデオテープについて頒布権が及ぶことを肯定する例[49]と否定する例[50]があり，また（2条3項によって映画の著作物に含むとされる）ゲームソフトのカートリッジについても次のとおり判断が分かれたが，その後，後者について頒布権が消尽する旨を明示する次の最高裁判決により，実務上は決着した。

> **裁判例**　**中古ゲームソフト事件**
>
> 家庭用テレビゲーム機に用いられ公衆への提示を目的としないゲームソフト・カ

---

47)　これはあくまでも，音楽や美術の著作物について頒布権が及ぶ例（客体の拡張）であって，音楽や美術の著作者に映画の著作物の頒布権が与えられる例（主体の拡張）ではないことに留意が必要である（前掲注46）に記した，小説・脚本等の場合と対比せよ）。

48)　この区分は，著作物（無体物）ではなく，複製物（有体物）に着目したものであることに留意が必要である。すなわち，映画の著作物を（例えば劇場上映用映画とそれ以外に）区分しているのではなくて，映画の著作物の複製物を劇場上映用フィルム（ロール）とパッケージメディアに区分しているのである。

49)　東京地判平成6年7月1日知的裁集26巻2号510頁〔101匹ワンチャン事件〕。反対する立場からの本判決解説として，島並良〔判批〕百選（第3版）134頁参照。なお本判決は，後の最判平成14年4月25日民集56巻4号808頁〔中古ゲームソフト大阪事件：上告審〕によって否定されたと解される。

50)　東京地判平成14年1月31日判時1791号142頁〔中古ビデオソフト事件：第一審〕。

165

第5章 著 作 権

ートリッジの中古品転売について，ゲームソフト会社が差止め等を請求した訴訟が，大阪と東京でほぼ同時期に提起された（訴訟の当事者は異なるが，争点は同一である）。大阪・東京の地裁・高裁で，計4つの下級審判決が下されたが，その結論と理由付けは次のとおり著しい対照をみせた。

	大阪事件	東京事件
地裁判決	頒布権侵害肯定[51]	頒布権侵害否定[52] ∵ゲームソフトは映画の著作物でない
高裁判決	頒布権侵害否定[53] ∵頒布権は消尽する	頒布権侵害否定[54] ∵ゲームソフトの複製物は頒布権の対象である複製物ではない

　このような混乱を受け最高裁は，大阪事件の上告審[55]において，次のとおり述べて頒布権の消尽を理由に同権利の侵害成立を否定した。すなわち，特許権は真正商品について消尽するが[56]，「この理は，著作物又はその複製物を譲渡する場合にも，原則として妥当するというべきである。けだし，(ｱ) 著作権法による著作権者の権利の保護は，社会公共の利益との調和の下において実現されなければならないところ，(ｲ) 一般に，商品を譲渡する場合には，……譲受人が当該目的物につき自由に再譲渡をすることができる権利を取得することを前提として，取引行為が行われるものであって，仮に，著作物又はその複製物について譲渡を行う都度著作権者の許諾を要するということになれば，市場における商品の自由な流通が阻害され，著作物又はその複製物の円滑な流通が妨げられて，かえって著作権者自身の利益を害することになるおそれがあり，ひいては……（著作権法1条）という著作権法の目的にも反することになり，(ｳ) 他方，著作権者は，著作物又はその複製物を自ら譲渡するに当たって譲渡代金を取得し，又はその利用を許諾するに当たって使用料を取得することができるのであるから，その代償を確保する機会は保障されているものということができ，著作権者又は許諾を受けた者から譲渡された著作物又はその複製物について，著作権者等が二重に利得を得ることを認める必要性は存在しないからである。」「26条は，映画の著作物についての頒布権が消尽するか否かについて，何らの定めもしていない以上，消尽の有無は，専ら解釈にゆだねられている

---

51)　大阪地判平成11年10月7日民集56巻4号843頁〔中古ゲームソフト大阪事件：第一審〕。

52)　東京地判平成11年5月27日判時1679号3頁〔中古ゲームソフト東京事件：第一審〕。

53)　大阪高判平成13年3月29日民集56巻4号867頁〔中古ゲームソフト大阪事件：控訴審〕。

54)　東京高判平成13年3月27日判時1747号60頁〔中古ゲームソフト東京事件：控訴審〕。

55)　前掲注49)〔中古ゲームソフト大阪事件：上告審〕。

56)　最判平成9年7月1日民集51巻6号2299頁〔BBS並行輸入事件〕が引用されている。

166

第2節　法定利用行為　Ⅳ　著作物の提供（26条〜26条の3）

と解される。」「公衆に提示することを目的としない家庭用テレビゲーム機に用いられる映画の著作物の複製物の譲渡については，市場における商品の円滑な流通を確保するなど，上記(ア)，(イ)及び(ウ)の観点から，当該著作物の複製物を公衆に譲渡する権利は，いったん適法に譲渡されたことにより，その目的を達成したものとして消尽し，もはや著作権の効力は，当該複製物を公衆に再譲渡する行為には及ばないものと解すべきである。」

　この最高裁判決は，ゲームソフトという，公衆への提示（映画館での上映等）を最初から予定していない著作物の複製物に関するものであるが，判旨の述べる理由付けからみて，その射程は，公衆への提示を目的として創作される（本来的な）映画の複製物のうち，市場で多数の商品が流通するDVDやBlu-ray等にも及ぶと解される。

　結局，26条の規定する複製物には，頒布権が消尽しない複製物（劇場上映用映画フィルム）と，消尽する複製物（一般消費者鑑賞用パッケージメディア）が混在することになる。著作権者が真正商品たる複製物の流通をコントロールすることは，映画の著作物が持つ無体物としての特性ではなく，劇場上映用映画フィルムが持つ有体物としての特性（作成と管理に特別のコストを要する一方で，そのコストを個々の流通段階で回収することが容易であること）によってはじめて正当化できると考えられるから[57]，そのような特性を持たない一般消費者鑑賞用パッケージメディアについては（本来的な映画かどうかを問わず）頒布権が消尽すると解すべきである。しかし，譲渡権に関する26条の2各項との関係では文理になじまない解釈であることは否めず[58]，立法論としては26条を改正してこちらにも消尽規定を設けることが望ましい[59]。

---

57)　26条立法時の映画フィルムは，作成に特殊な機材と技術を要し，また保存に際しても特別の温湿度管理を求められた（可燃性のセルロイド製であったため火災が多発した）。それゆえ作成数は限られ，流通先も上映機材を備えた特定の者（劇場等）にとどまっていた。このような複製物については，著作権者による流通コントロールを認め作成管理コストを回収する手段を与えることは，必要性と実効性が十分にあったといえる（島並・前掲注49）135頁参照）。

58)　前掲注49）〔中古ゲームソフト大阪事件：上告審〕は，譲渡権の消尽規定（26条の2第2項）を確認規定であると位置付けた上で，その反対解釈として頒布権がすべて消尽しないと解することは相当でないとする。

59)　その際には，劇場上映用映画フィルムだけを別異に扱う必要性そのものについても，再検討すべきである。映画の配給制度は，契約による処理と上映権によって十分に法的に担保

第5章　著作権

3　譲渡（26条の2）

　譲渡とは，有体物の所有権と占有をいずれも移転することである。譲渡[60]は，①映画以外の著作物を，②その原作品または複製物により，③公衆に対してなされる場合に，著作権の侵害となる（26条の2第1項，**譲渡権**）。

　ただし，譲渡権については，いったん適法な譲渡がなされた後は，その後の譲渡について権利が及ばない旨の規定，すなわち権利消尽の明文規定が置かれている（26条の2第2項）。同項は，権利消尽する類型として，第一譲渡が適法となる原因ごとに，譲渡権者等の意思に基づき公衆に譲渡された場合（1号），譲渡権者等の意思に基づかずに公衆に譲渡された場合（2・3号），譲渡権者等の意思に基づき非公衆（特定少数者）に対して譲渡された場合（4号）を列挙し，さらに国際的にも消尽する旨を明定している（5号[61]）。また，これらの譲渡権消尽制度を実効化するため，たとえ譲渡権が消尽していない場合であっても，原作品・複製物を譲り受ける際に譲渡権が消尽していないことについて善意無過失である譲受人については，譲渡権が及ばないものとされている（113条の2）[62]。譲渡権の消尽は，いわば権利そのものが制限されているのでその成否は対世的に判断されるが[63]，この善意者保護制度は，単なる「みなし非侵害」にすぎず譲受人ご

　　される。そうであれば，よりわかりやすい法制という観点からも，頒布権を廃止して譲渡権と貸与権に整理統合し，劇場上映用映画フィルムについても権利消尽を肯定する途も考えられよう。

60)　著作権法上は，譲渡と貸与をあわせた概念である頒布に関するルール（頒布権〔26条〕および，みなし侵害〔113条1項2号〕）と，純粋な譲渡のみに関するルールが混在しているが，ここでは後者についてだけ取り上げる。

61)　同号は，外国において当該国の著作権法上適法に譲渡された原作品・複製物について，国内譲渡によっても譲渡権が及ばないとする規定であるが，これとは別に，（内外の著作権制度が異なり）外国において日本著作権法上違法となるべき行為によって作成された場合には，輸入そのものが認められない（113条1項1号）。

　　またさらに平成16年改正により，譲渡権の国際消尽の例外として，商業用レコードについてだけの真正商品輸入規制が置かれた（国外頒布目的商業用レコード還流防止規定，113条10項）。

62)　もっとも，譲渡権侵害の不成立は，常に適法であることを意味しない。譲受時に善意無過失であっても，その後の頒布時に悪意であれば，著作権侵害とみなされる（113条1項2号）。

63)　適法な第一譲渡に際して，仮に譲渡権が消尽しない旨を譲渡権者と譲受人が合意しても，

とに判断される[64]。

なお，図書館等における複製（31条1項1号）や，引用による複製（32条）など，複製権が制限されることで適法に作成された複製物については，複製権を制限した趣旨を実効化するために，複製後の譲渡も適法とされている（47条の7本文）。この譲渡権制限規定は，あくまで複製権の制限を無意味にしないためのものなので，複製権の制限が一定の目的での複製に限られている場合には，他目的での譲渡には及ばない（同条但書）[65]。

4 貸与（26条の3）

貸与とは，有体物の所有権を移転することなく占有を移転することである。著作権法は，映画の著作物（貸与権ではなく頒布権の対象となる）以外の著作物について，その複製物[66]を公衆に貸与することを著作権の侵害としている（26条の3，**貸与権**）。したがって，まず，公衆ではない特定少数者，例えば特定の友人に音楽CDを貸与することは，適法である[67]。

さらに著作権法は，非営利かつ無料の貸与については権利を制限している（38条4項）ので，例えば公立図書館や学校図書館での図書貸出しは，公衆に対するものであるが適法である。また，建築の著作物については著作権が大幅に制限され（46条柱書），建物や部屋の大家（賃貸人）が公衆たるテナント（賃借人）から賃料を受ける場合であっても，貸与権侵害とはならない。

貸与行為については，かつては映画の著作物に関する頒布権（26条）し

後の譲受人にその効力は及ばず，当該原作品・複製物に関して譲渡権は対世的に消尽する。

64) 後の譲受人が，譲受時に善意無過失という要件を満たさない場合には，113条の2の適用はなく，その後の譲渡は原則どおり譲渡権侵害となる。

65) 例えば，大学の教師や学生は，授業過程で使用する目的であれば必要限度内で公表著作物を複製することができるが（35条1項），作成された複製物を授業の構成員以外に譲渡すると譲渡権侵害となる。

66) 譲渡権（26条の2第1項）とは異なり，貸与権（26条の3）の対象は複製物だけであり，原作品は含まれていない。貸与の可否について，原作品の所有者は複製物の所有者よりも厚く保護されていることになる。ただし，26条の3にいう「複製物」には，原作品も含むと解する学説（田村169頁注1)）もある。

67) ここで仮に，貸与の相手方たる特定少数者が，著作物を公衆へ提示する目的を有していたとしても，貸与行為自体の非公衆向けという性質は変わらない（2条1項19号後段と対比せよ）。ただし別途，貸与の相手方が著作物を公衆へ提示する目的を有していることにつき故意・過失ある貸与者については，共同不法行為責任（民719条）を負う可能性は残る。

第5章 著作権

か規定されていなかったが，貸レコード店の登場と増加に対応して，昭和59年改正によりその他の著作物を対象とする貸与権の規定が創設された。また，立法当初は貸本業を保護する趣旨で，楽譜を除く書籍と雑誌については貸与権の規定（現26条の3）を適用しない旨の経過規定（附則4条の2）があったが，平成16年改正により同経過規定が廃止され，現在は映画以外の著作物について媒体を問わず本条の適用がある。

貸与は，どのような名義・方法であるかを問わない（2条8項）。したがって，買戻しや下取りの特約付譲渡も，26条の3にいう貸与に含まれる[68]。また，譲渡権が消尽した真正商品たる複製物（26条の2第2項参照）についても貸与権の規定は及ぶ（つまり，貸与権は消尽しない）ので，適法に購入した音楽CDを公衆にレンタルする営業についても，貸与権侵害に該当する[69]。

> **ステップアップ　店舗内での貸出しと貸与権**
>
> 喫茶店や理美容室などにおける雑誌や漫画本の店内貸出しが，貸与権侵害とはならないことに争いはない。では，漫画本の店内貸出しを主たる集客手段としている漫画喫茶はどうだろうか。漫画本の店外への持ち出しが許されていない以上，その占有は店から客へ移転しておらず（客は占有補助者にとどまる），そもそも貸与ではないという見解（非侵害説）[70]と，漫画喫茶の主たる集客手段が著作物へのアクセスを許す点にある以上，漫画本の実質的な占有者は顧客であり貸与に該当すると考える見解（侵害説）[71]がある。
>
> 後者の立場では，通常の喫茶店や理美容室での雑誌等の店内貸出しは，実質的に非営利・無料の貸与（38条4項）であるとして救済せざるをえないが，喫茶店等でのBGMについて一般には非営利・無料の演奏（同条1項）とは捉えられていないことと整合しない。集客の主たる手段であるかどうかを問わず，店内限りでの貸出しでは当該顧客のみが著作物にアクセスするにすぎないが，（貸本屋のように）複製物の店外持ち出しを許す場合には多数者が著作物にアクセスするおそれが生じ，著作権者への経済的打撃という観点からは両者には本質的な違いがある。顧客が店

---

68) 適用例として，東京地決昭和62年4月6日判時1227号132頁。例えば，後に1800円で買い戻すことを前提に，複製物の占有移転と同時にいったん2000円で所有権を移転することは，法形式上は譲渡でも，実質的には差額200円での貸与にほかならないので，著作権法上の貸与にあたる。

69) 実務上は，業界団体（日本コンパクトディスク・ビデオレンタル商業組合）から権利管理団体（日本音楽著作権協会：JASRAC）に貸与権許諾の対価が支払われている。

70) 中山339頁以下。

71) 作花283頁。

内にとどまるかどうかで，形式的に侵害を判断する非侵害説が正当だろう。

V 二次的著作物の作成と利用

1 二次的著作物の作成（27条）

(1) 4つの支分権と相互関係

著作権法は，二次的著作物（2条1項11号）[72]を作成する行為を，著作物の法定利用行為として掲げている（27条）。同条は，二次的著作物の作成行為として，翻訳，編曲，変形，翻案を並列的に挙げていることから，同条に含まれる支分権には，**翻訳権，編曲権，変形権，翻案権**の4種類があることになる。27条の支分権をすべてまとめて翻案権と呼ぶのは正確ではないが，同条が翻案の例示として脚色と映画化を挙げることからもわかるとおり，翻案は他の3つに比べて（そして日常用語から想起されるよりも）かなり幅の広い概念である。

翻訳・編曲・変形・翻案の4つの法定利用行為は，いずれも二次的著作物を作成する行為，すなわち①既存の著作物（原著作物）に新たな創作性を付加する行為で，かつ，②原著作物の本質的特徴を直接感得しうるものを作成する行為である。したがって，まず，既存の著作物に新たな創作性を付加しない場合には，単なる複製や上演等，つまり21条から26条の3に規定された法定利用行為に該当しうるにすぎない。また，既存の著作物を前提としても，それに新たな創作性を過大に付加した結果，もはやそれから原著作物の本質的特徴を直接感得しえない場合には，別の新たな創作と評価され著作権侵害にはあたらない。

上記の①と②の性質を持つ行為は，定義上，二次的著作物の作成行為であり，4つの法定利用行為のいずれかに必ず該当する。その上で，権利制限においては各法定利用行為により効果に違いが生じる場合があり（43条各号），また翻訳権については特則[73]があるので，それらの限りで翻

---

72) 二次的著作物の意義については，第2章参照。

73) 附則8条（いわゆる10年留保），万国著作権条約の実施に伴う著作権法の特例に関する法律5条1項（いわゆる7年強制許諾）。

第 5 章　著 作 権

訳・編曲・変形・翻案の各法定利用行為を相互に区別する意義がある[74]。

(2)　同一性保持権との関係

無許諾での二次的著作物の作成行為は，27 条に規定された財産権の侵害であると同時に，通常，同一性保持権（20 条 1 項）（→第 4 章）という著作者人格権の侵害でもある。両者の相互関係は，一方の権利侵害が権利者による許諾や著作権法上の制度（例えば，20 条 2 項，47 条の 6）により成立しない場合に，他方の権利侵害の成否がいかなる影響を受けるか，という点で問題となる。翻案権等と同一性保持権の制度趣旨は異なるため，両者の侵害判断は独立になされるのが原則であるが[75]，しかし互いの制度趣旨が異なるからこそ，一方の結論が他方の趣旨を没却する事態も避けなければならない。例えば，特段の事情がない限り，翻案（27 条）の許諾は改変（20 条 1 項）の許諾をも含意するものとして当事者の意思を解釈すべきだろう。

2　二次的著作物の利用（28 条）

(1)　28 条の機能

著作権法は，二次的著作物の原著作物の著作者は，二次的著作物の利用に関して，二次的著作物の著作者と「同一の種類」の権利を有すると規定する（28 条）[76]。二次的著作物（$\alpha + \beta$）の利用は，同時に，それから本質的特徴を感得しうる原著作物（α）の利用でもあるので，原著作物の創作性が及ぶ範囲で二次的著作物（$\alpha + \beta$）の利用に原著作物（α）の著作者の権利が働くことは，本条を待つまでもなく本来当然のはずである[77]。また，原著作物の著作者は同一の種類の「権利」を享有するにとどまり，期間等は個別に判断されるから[78]，この点でも本条は，原著作物の保護期間を延

---

74)　詳しくは，第 2 章参照。

75)　その 1 つの表れとして，著作権の制限規定は，著作者人格権に影響がない旨が規定されている（50 条）。

76)　28 条は独立の支分権ではない。原著作物の著作者は，28 条を介して，21～27 条の各支分権を行使することになる。

77)　例えば，小説を脚色した場合，脚本の上演は当然にもととなった小説の上演でもあるから，小説家は本条の規定がなくても，（脚本家と同一の種類の権利である）上演権を有し，したがって脚本を上演するには，脚本家のみならず小説家の許諾も要することになる。

78)　前掲注77)　の設例では，脚本の上演権が存続している間に，小説の上演権が先に消滅す

第2節 法定利用行為　V　二次的著作物の作成と利用

ばすわけではなく，創設的な意味はない。

　著作権法が28条を置いたことにより，二次的著作物の利用行為は，法的には原著作物の利用行為ではなく，あくまで二次的著作物の利用行為としてだけ評価されることになった。例えば，小説が脚色された場合，脚本の上演は，小説家にとっても，「小説」の上演権侵害ではなく，「脚本」の上演権侵害としてだけ評価されることになる。このように，二次的著作物の支分権が与えられるかわりに，その分だけ原著作物の支分権がへこむことになるが，これはあくまで評価（どのようなラベルを貼るかという整理）の問題であり，仮に28条が置かれていなかったとしても法的効果に違いはない。

　28条が法的に固有の機能を果たすのは，対象となる著作物が限定されている支分権についてである。つまり，28条が置かれた結果，本来は当該著作物類型については与えられない「種類」の支分権が，原著作物の著作者に与えられる場合がある。例えば，展示権（25条）は，その対象を美術と写真の著作物に限定しているから，言語の著作物については発生しない。しかし，詩人Ａの詩歌を書家Ｂが色紙に書いた場合には，28条の規定によって，その書についてＢが有するものと同一の「種類」の権利，すなわち展示権をＡも享有することになる[79]。

(2)　原著作物の著作者の権利が及ぶ物的範囲

　原著作物（α）の著作者が28条によって持つ権利は，二次的著作物（α＋β）全体の利用に対して及ぶことは明らかである。では，新たに付加された部分（β）のみの利用についてはどうか。例えば，小説をもとにストーリー漫画が作成された場合に，小説には何ら表現されていなかった登場人物の姿形のみを，キャラクターグッズとして販売することは，小説家の（28条を介した）複製権および譲渡権を侵害するのだろうか。

　裁判例の中には，次のように，本条の機能を(1)に記した点より大きく捉え，原著作物（α）の著作権の物的保護範囲が，二次的著作物（α＋β）の作成に際して新たに付加された部分（β）のみの利用にも及ぶと理解す

　ることはありうる。

[79]　前段落で述べたとおり，ここでＡが持つ展示権は，詩歌の展示権ではなく，あくまで書の展示権である。

173

第 5 章 著作権

るものがある。

> **裁判例** **キャンディ・キャンディ事件：控訴審**[80)81)]
>
> 「著作権法 28 条……によれば，原著作物〔小説〕の著作権者〔X（原作小説家）〕
> は，結果として，二次的著作物〔連載漫画〕の利用に関して，二次的著作物の著作
> 者〔Y（作画家）〕と同じ内容の権利を有することになることが明らかであり，他
> 方，Y が，二次的著作物である本件連載漫画……の著作者として，本件連載漫画の
> 利用の一態様としての本件コマ絵の利用に関する権利を有することも明らかである
> 以上，本件コマ絵につき，それがストーリーを表しているか否かにかかわりなく，
> X が Y と同一の権利を有することも，明らかというべきである」（下線筆者）。

　判例の 28 条に関するこのような理解は，創作性の保護（創作性が及ぶ限
りでの保護）という著作権法の原則から一歩を踏み出すものであり，本条
を全面的に創設規定と位置付けるものである。しかし，他人による新たな
創作性付加という偶然の事情で，原著作物の著作者を際限なく広範囲に保
護するものであるとして，学説上の反対が強い[82)]。

　もっとも，原著作物の著作者の権利について，その物的保護範囲を広く
捉える裁判例の背景には，二次的著作物（$\alpha+\beta$）の作成に際して新たに付
加された部分（β）が持つ財産的価値が，原著作物（α）の創作性にも依存
している場合に，前者（β）だけの利用によって得られる経済的利益を後
者（α）の著作者にも還流させるべきだ，という価値判断があると思われ
る[83)]。例えば，ストーリー漫画の登場人物の姿形を描いたキャラクターグ
ッズの売上げが，その絵柄の美しさではなく，原作小説の優れたストーリ
ーに依存しているのであれば，たとえ原作小説において登場人物の姿形に
関する指示がなかったとしても，衡平の観点から，原作小説家にもグッズ
販売利益還流の途を開くべきではないかという問題意識である。ただし，
このような衡平の達成が，著作権法の担うべき機能であるのかについては

---

80)　東京高判平成 12 年 3 月 30 日判時 1726 号 162 頁。

81)　同事件の上告審は，理由は必ずしも明確ではないが，控訴審判決の結論を肯定した（最
　　判平成 13 年 10 月 25 日判時 1767 号 115 頁）。

82)　田村 374 頁，中山 186 頁以下。これらの学説の中には，前掲注 81) に記した最高裁判例
　　の射程を連載漫画に限定するなどの努力を払うものもあるが，連載漫画だけを別異に取り扱
　　うことは，理論的に必ずしも容易ではない。

83)　島並良「二次創作と創作性」著作権研究 28 号 34 頁以下（2001 年）参照。

なお議論の余地があろう。

第3節　権利制限

I　総　説

1　独占と自由の調整

　法定された著作物の利用行為（21条～27条）であっても，著作権の制限事由（30条以下）に該当する場合には，著作権侵害は成立しない。これを著作権者からみれば，自己の著作権が制限されていることになり，他方，著作物の利用者からみれば，著作物利用の自由領域が確保されていることになる。

　法定制限事由の解釈や，新たな制限事由の立法にあたっては，著作権者と利用者の利益を正しく衡量する必要がある[84]。このような著作権者と利用者の利益調整は，例えば「著作物」とは何か，いかなる行為が「法定利用行為」に該当するか，というレベルでも図られているが，著作権法上の最後の調整場面がこの権利制限である[85]。

　もっとも，法定の制限事由によって調整が図られるのは，あくまでも財産的な権利としての著作権についてだけである。すなわち，制限事由の規定は著作者人格権には影響がない（50条）ため，著作権の法定制限事由に該当する著作物利用行為であっても，同時に著作者人格権を侵害する行為は，結果として違法となる。仮に著作者人格権の行使によって著作物利用の自由が不当に害される場合があるとしても，それは著作者人格権規定（例えば同一性保持権に関してやむをえない改変を許容する20条2項4号）の解釈によって調整が図られることになる（→第4章）。

---

[84]　これは，複製権の制限を「当該著作物の通常の利用を妨げない」こと，そして「著作者の正当な利益を不当に害しない」こと，という要件の下で認めているベルヌ条約（9条2項）の要請でもある。

[85]　島並良「権利制限制度の歩みと展望」論ジュリ34号64頁（2020年）も参照。

第5章　著作権

2　内容と正当化根拠

著作権の制限事由を，条文の規定順に分類・列挙すると，次のとおりとなる。

① 私的使用のための複製（30条）
② 写り込み（30条の2）
③ 検討の過程における利用（30条の3）
④ 非亨受利用（30条の4）
⑤ 図書館等における複製等（31条）
⑥ 引用（32条）
⑦ 教育・試験のための利用
・教科用図書等への掲載（33条）
・教科用拡大図書等の作成のための複製等（33条の2）
・学校教育番組の放送等（34条）
・学校その他の教育機関における複製等（35条）
・試験問題としての複製等（36条）
⑧ 障害者のための利用
・視覚障害者等のための複製等（37条）
・聴覚障害者等のための複製等（37条の2）
⑨ 営利を目的としない上演等（38条）
⑩ 報道・国家活動のための利用
・時事問題に関する論説の転載等（39条）
・政治上の演説等の利用（40条）
・時事の事件の報道のための利用（41条）
・裁判手続等における複製（42条）
・行政機関情報公開法等による開示のための利用（42条の2）
⑪ 公的アーカイブのための利用
・公文書管理法等による保存等のための利用（42条の3）
・国立国会図書館法によるインターネット資料及びオンライン資料の収集のための複製（43条）

⑫ 放送事業者等による一時的固定（44条）
⑬ 所有権との調整
・美術の著作物等の原作品の所有者による展示（45条）
・公開の美術の著作物等の利用（46条）
・美術の著作物等の展示に伴う複製（47条）
・美術の著作物等の譲渡等の申出に伴う複製等（47条の2）
・プログラムの著作物の複製物の所有者による複製等（47条の3）
⑭ 電子計算機における著作物利用に付随する利用（47条の4）
⑮ 電子計算機による情報処理の結果提供に伴う軽微利用（47条の5）

第3節　権利制限　I　総説

　これらの規定によって著作権が制限されている理由は，個人の私的行為
への非介入や学校教育の円滑化など，それぞれの制限事由ごとにまちまち
であるが，それらは次の2つに大別することができる。

　第一に，財産的権利である著作権は，他者の「表現の自由」を制約する
権利であり，短期的には社会にとって望ましくない制度であるが，長期的
な視点に立てば，表現活動の促進という政策目標を実現するために有効で
あるからこそ，国家からの付与が正当化される。したがって，長期的にみ
ても表現活動の促進に資さない（創作への誘因として機能しない）著作権の
行使は，もともと正当化が困難であり，権利が制限される場合がある（内
在的制限）。例えば，調査，研究，報道，批評の自由を確保するための権利
制限はこれにあたる。

　第二に，たとえ長期的には表現活動の促進に資する（創作への誘因として
機能する）権利行使であっても，それを上回る何らかの政策目標を実現す
るために，特にこれを阻むことが必要になる場合がある（外在的制限）。例
えば，学校教育の円滑な遂行や，政治上の表現の自由の確保，障害者の著
作物へのアクセスの確保を目的とした権利制限はこれにあたる。

3　規定の性質

　我が国の著作権法は，米国法[86]とは異なり，著作権の制限事由を限定的
に列挙している。つまり原則として，30条以下に列挙されている事由以
外の事由によって，著作権が類型的に制限されることはない[87]。しかしこ
のことは，これら制限列挙事由に該当しない限り，著作権がまったく無制
約であるということまでは意味しない。例えば，著作権も私権である以上，
民事法の一般原則である信義則や公序良俗に反する権利行使は認められな
いし[88]，さらには競争を不当に制限する権利行使は独占禁止法上違法とな

---

86)　米国連邦著作権法は，いくつかの制限事由（例えば，図書館等での複製に関する108条）
　　を例示するとともに，公正な利用（fair use）は著作権を侵害しない旨の一般条項（107条）
　　を置いている。
87)　東京地判平成7年12月18日知的裁集27巻4号787頁〔ラストメッセージin最終号事
　　件〕は，著作権法がすでに独占と利用の調整を図っている（1条参照）ことを理由に，米国
　　法に倣った「フェア・ユースの抗弁」を否定している。
88)　例えば，自己の犯罪を撮影したビデオであっても現行法上は著作物たりうるが（この点
　　で，公序良俗に反する発明〔特許32条〕や商標〔商標4条1項7号〕が特許庁での登録を

177

第 5 章　著　作　権

る場合がある[89]。

　もちろん，当事者双方にとっての予測可能性や，裁判所の審理負担を考えると，このような「著作権法に書かれざる権利制限」を広く一般的に認めることはできない。また，長期的な表現活動促進に資するかどうかや，他の権利・利益との調整の妥当性は，個別事案ごとの実証が困難な課題なので，ある程度肌理（きめ）の粗い政策判断に委ねるほかはなく，具体的な制度構築は立法府がその役割を担うこと（必要性があれば法定制限事由の拡充によって対応すること）が本来は望ましい。

　しかし，時代の要請に応じた即時の立法対応が常には図れない以上，裁判所においても著作権制度の趣旨を逸脱する濫用的な権利行使は阻まれるべきであり，個別事案で妥当な結論を導く最後のツールとして，権利濫用法理などの適用可能性をおよそ否定することは相当ではない[90]。また，立法論としても，従来の権利制限個別条項に加えて，将来における社会状況の変化にも対応可能な権利制限一般条項を，当事者の予測可能性を過度に害しない範囲で補充的に設けることがありえよう[91]。

> ### ステップアップ　　強行法規性 —— 契約による権利制限規定の回避
>
> 　権利制限規定の性質に関しては，これらが強行規定か任意規定かという論点がある。前者であれば，著作権法が適法とみなした行為（例えば，私的使用のための複製）を，交渉力に富む著作権者の意思に基づいて違法として扱うこと，つまり権利制限規定の回避（オーバーライド）は許されないが，後者であればこれが許されることになる。実際上は，いわゆるソフトウェア商品のビニール・パッケージを破ることで成立するシュリンクラップ契約や PC 画面上でボタンをクリックすることで成立するクリックオン契約のように，著作権者の一方的な意向に基づいて，著作物のユーザー（使用者）が著作物の利用に制約を課す契約を結ぶことを強いられている場合に，当該契約の効力を著作権法上どのように評価するかが問題とされる。
> 　もっとも，例えば「私的使用のための複製をしない」旨の個別契約が，利用者側

　　阻まれることとは扱いが異なる），その著作権行使は信義則上許されない可能性がある。
89)　とりわけ，コンピュータプログラムやデータベースのように，産業財としての性格が強い著作物については，取引社会の競争秩序を維持するための制約を受ける程度が高い。
90)　島並良「差止請求権の制限の可能性」百選（第 6 版）178 頁参照。
91)　なお，個別条項と一般条項の相違は，著作権がどれだけ制限されるかという制限の範囲ではなく，制限するかどうかを決定する場所（立法か司法か）および時期（当事者の行動の前か後か）にあるということに留意を要する（島並良「権利制限の立法形式」著作権研究35 号 90 頁〔2008 年〕参照）。

178

第3節　権利制限　Ⅱ　法定制限事由

の完全な自由意思で結ばれた場合に，その契約の拘束力を否定する理由はない（契約自由の原則）。この点は，障害者による著作物へのアクセスを容易にするための制限事由のように，公益性の高い場合であっても同様である。したがって，少なくとも現行法の解釈論としては，著作権法上の権利制限規定はすべて任意規定であると解される。その上で，どの程度，利用者の自由意思に基づく契約であったかという，いわゆる附合契約成立の有効性や内容の解釈問題が残ることになるが，その際に，一定の著作物利用行為を自由とした著作権制限規定の趣旨が考慮されることになろう。

Ⅱ　法定制限事由

1　私的使用のための複製（30条）

(1)　内容と趣旨

　私的使用を目的とするときは，著作物を複製することができる（30条1項柱書）。翻案等によって二次的著作物を作成した上でなされる私的使用のための複製についても同様であるが（47条の6第1項1号），以下では便宜上，単なる複製に対象を絞って解説する。

　私的使用とは，個人的な使用，または家庭内その他これに準ずる範囲内における使用をいう（30条1項）。例えば，テレビ番組を家庭で時間をずらして視聴するためにハードディスクレコーダーに録画したり（タイム・シフティング），通学移動の際に聴くためにレンタルしたCDから楽曲を携帯プレイヤーやスマートフォンに録音したり（プレイス・シフティング）する行為である。

　私的使用のための複製に関する権利制限の正当化根拠は，主に，①個人の私的な領域における活動の自由を保障する必要性があること[92]，および②私的使用目的のような軽微な利用にとどまれば，たとえ放任しても著作権者への経済的な打撃が小さいこと，にある[93]。

　したがって，例えば複製行為自体が家庭内でなされても，家庭外で多数

---

92)　逆に，仮に侵害とすると，個人の私的領域に踏み込んで侵害行為の有無を確定する必要が生じ，プライバシー保護の観点からも問題が生じることになる。

93)　このほか，たとえ権利侵害であるとしても，権利の実現（侵害者の捕捉と執行）にコストがかかり過ぎて意味がないことが理由として挙げられることがある（市場の失敗論）。

第5章 著作権

者に鑑賞させることを目的としてなされたのであれば，もはや個人の私的な領域における活動とはいえず，また著作権者への経済的打撃も大きくなりうるので，本条によっても複製権は制限されない。本条が「使用」の「目的」を問題としている所以である。

　また，30条1項により適法な複製となるためには，私的に「使用する者」自身が複製することが必要である。たとえ私的使用目的であっても，例えば複製業者に依頼して複製させる場合には，大量になされることで著作権者への経済的打撃が増大する可能性があるので，権利は制限されない。

> **ステップアップ**　**書籍の自炊代行**
>
> 　使用者自身による複製かどうかが争われたのが，いわゆる「書籍の自炊代行」問題である。書籍の自炊とは，（多くの場合に書籍の背を裁断した上で）自動スキャナーにかけることで書籍をデジタルデータ（例えば PDF 形式）に変換・保存し，電子書籍化することをいう。書籍のスキャンにはその複製が伴うが，個人が自ら行えば私的使用（読書等）が目的である限り適法となる。しかし，裁断機やスキャナーを持たない，あるいは手間を惜しむ個人のために，こうした一連の電子書籍化を有料で代行する事業者が現れた（さまざまな事業態様と問題の所在については，島並良「書籍の『自炊』」法教 366 号 2 頁〔2011 年〕を参照）。
>
> 　一方では，顧客が自己の所有する書籍の自炊代行を依頼し，裁断後の書籍やデジタルデータが代行業者によって流通させられなければ，個人による自炊と同じく単に媒体が変換（デジタル化）されただけで，著作権者の利益は害されない。他方で，個人による自炊とは異なり，業として大量の書籍を電子化する代行業者の関与により，コピープロテクト等が施されていないデジタルデータがインターネット上で流通するおそれが高まるのであれば，著作権者としてはそのことによる書籍の販売数の減少を未然に防ぎたいと考えるだろう。
>
> 　私的複製制度との関係では，書籍の使用者が顧客であることを前提に，複製の主体がスキャナーを操作する代行業者なのか，それを依頼した顧客自身なのかが問題となる。裁判例では，いずれも前者の評価が下されたために私的複製制度の恩恵は受けられず，自炊代行業は違法とされた（東京地判平成 25 年 9 月 30 日判時 2212 号 86 頁〔サンドリーム事件：第一審〕，東京地判平成 25 年 10 月 30 日判例集未登載〔平24(ワ)第 33533 号〕〔ユープランニング事件：第一審〕，知財高判平成 26 年 10 月 22 日判時 2246 号 92 頁〔サンドリーム事件：控訴審〕）。

　なお，私的使用目的の有無は，複製時が基準となる。ただし，たとえ複製時に私的使用目的があっても，その後，それ以外の目的で複製物を頒布し，または公衆に提示すると，その頒布・提示の時点で[94]複製を行ったも

のとみなされる（49条1項1号）。このような公衆に対する行為はもはや私的な領域における活動とはいえず、また、著作権者への経済的打撃も大きくなりうるからである。ただし、この「みなし複製」は、複製権侵害の成立をみなしたわけではなく、他の複製権制限事由（例えば、35条1項や42条）に再度該当する場合には、頒布・提示行為はやはり適法となる。

(2) 企業内複製・業務上の複製

裁判例では、企業その他の団体において内部的に業務上利用するためになされる複製は、私的使用目的とはいえないとされた例[95]がある。通説[96]も、私的使用目的ではない複製が企業や大学等で広く行われていることを認めつつも、それらはすべて違法であるとしている。

もっとも、企業等でなされた業務上の複製の使用目的は、「家庭内」に準ずる範囲内であるとはいえないとしても、例えば出張先への荷物を減らすために書籍のコピーをとる行為や、老眼の社長が新聞の拡大コピーをとる行為など、「個人的」な使用と評価できる場合も中にはあるのではないか。30条が非営利目的を要件とはせず[97]、また「家庭内」要件とは別に「個人的」要件を置いた趣旨からみても、企業内での複製や業務上の複製を一律に本条の対象から除外するべきではないように思われる。個人の限られた私的領域での活動の自由を保障する必要性と、著作権者への経済的打撃の程度を相関的に考慮した上で、使用の目的（個人的な使用かどうか）が個別的に判断されるべきであろう。

(3) 例外1——自動複製機器による複製（30条1項1号）

レンタルCD店に来客用に置かれたダビング装置など、公衆の使用に供することを目的として設置されている自動複製機器を用いた複製は、たとえ私的使用目的であっても、複製権は制限されず違法となる（30条1項1号）。このような行為は、個々の利用者ごとにみれば少量の複製がなされるにすぎなくても、総体としては同一機器によって大量の複製がなされ、著作権者に経済的打撃がもたらされる可能性が高いためである。

---

94) 損害賠償請求権の消滅時効や、公訴時効の基準時は、頒布・提示の時点である。
95) 東京地判昭和52年7月22日無体裁集9巻2号534頁〔舞台装置設計図事件〕。
96) 加戸231〜232頁、中山355頁以下。
97) この点で、公衆への提示行為に対する権利制限が、非営利目的を要件としている（38条各項）こととは異なる。

第5章 著作権

この規定は，貸与権を創設した昭和59年改正において同時に盛り込まれたが，当分の間は，30条1項1号の「自動複製機器」に「専ら文書又は図画の複製に供するもの」を含まないものとされている（同年の改正附則5条の2）。つまり，コンビニエンスストアや図書館に設置された文書・図画用コピー機を用いた複製は，30条1項柱書により複製権が制限され適法となる。音楽や映像のレコーダーに比べて，文書・図画用コピー機の家庭への普及が十分ではないことから置かれた時限措置であるが，コピー機能付きのファクシミリ機やプリンターが家庭にも広まった現状に鑑みると，立法論としては文書・図画用コピー機だけを例外視することは理論的に困難であろう。

(4) 例外2——技術的保護手段回避による複製（30条1項2号）

平成11年改正により，映画DVD，音楽CD，パソコンソフト，ゲームソフト等からの無断複製を防止・抑止するための技術（コピープロテクション）を解除するための専用装置やプログラムを公衆に販売するなど，著作物の「技術的保護手段」（2条1項20号に定義されている）の回避[98]に関与する一定の行為は，刑事罰の対象とされた（120条の2第1号・2号）。あわせて民事的には，このような技術的保護手段を回避することで可能となった複製を，その事実を知りながら行った場合，たとえ私的使用目的であっても複製権は制限されず違法と評価されることとなった（30条1項2号）[99]。本規定は，デジタルコンテンツの増加を受け，著作物に技術的保護手段を施した著作権者の期待（たとえば，複製されないことを前提としたビジネスモデル）を保護する趣旨であり，WIPO著作権条約上の義務履行の一環とし

---

98) 「回避」とは具体的な信号の除去もしくは改変その他の当該信号の効果を妨げる行為または暗号の復元を指し（30条1項2号括弧書），したがってそもそも信号に反応しない「無反応機器」を用いた複製は，技術的保護手段の回避にはあたらない。また，信号の除去または改変は，ダビング等によって技術上不可避的に信号が除去・改変される場合は含まない（同括弧書内の括弧書）。

99) なお，関連して，同じく平成11年の不正競争防止法改正により，「技術的制限手段」（不正競争防止法2条8項に定義されている）を解除する機器やプログラムを譲渡等する行為は，不正競争として（不正競争2条1項17号・18号）民事的な差止め・損害賠償請求の対象とされた。著作物以外も保護される結果となる点で，著作権法上の規整とは異なる。

技術的保護手段・制限手段に関する，著作権法上の刑事規整と不正競争防止法上の民事規整の各内容と相互関係については，文化庁長官官房著作権課内著作権法令研究会＝通商産業省知的財産政策室編『著作権法・不正競争防止法改正解説』（有斐閣，1999年）参照。

て導入されたものである。

(5) 例外3——違法配信ファイルのダウンロード（30条1項3号・4号）

　私的使用目的での複製を適法とする30条1項は，複製の際にアクセスした対象が違法複製物か適法複製物かを問わないのが原則である。私的使用目的での複製主体にとっては，アクセスした複製物が適法に作成されたものかどうかは必ずしも明確ではないので，個人の私的な領域における活動の自由を，著作権者の経済的利益よりも重んじた結果である。

　しかし，このような原則に対する例外が，平成21年改正によって導入された。すなわち，近年インターネット上に違法にアップロードされた著作物が，個々には私的使用目的で，しかし全体としてみれば大量にダウンロードされる例が増えたため，違法配信であることを知りながらなされたデジタル方式の録音・録画は，私的使用目的であっても権利制限されないこととなった（30条1項3号）。また，令和2年改正によって，録音・録画以外のダウンロード（例えば画像や漫画ファイルのダウンロード）についても，違法配信であることを知りながら行う場合は，権利制限されないことになった（同項4号〔2021年1月1日施行〕）。ただ，録音・録画以外のダウンロードについては，正当な情報収集等が萎縮しないように，二次創作作品のダウンロードや軽微なダウンロード，あるいは著作権者の利益を不当に害しないと認められる特別な事情がある場合は，引き続き適法とされる（同号）。

　こうした民事的な規整に加えて，平成24年改正および令和2年改正により，配信される著作物がすでに有償で公衆に提供・提示されている「有償著作物等」(例えばCDやDVDとして販売されていたり，インターネットで有料配信されていたりする音楽や映画。単にテレビで放送されただけの作品は含まないとされる）である場合に限り，私的ダウンロードに刑事罰が科されることとされた（119条3項1号・2号）。これら一連の変更は，情報取得の自由を尊ぶインターネットをめぐる社会規範からの乖離が著しい改正であるため，今後は特に悪意（知りながら）の認定について慎重な運用が必要であろう（令和2年改正により，重過失により知らない場合は悪意にあたらないことが明示された〔30条2項〕）。

第 5 章 著 作 権

(6) 例外 4――映画の盗撮

2007（平成 19）年に制定された「映画の盗撮の防止に関する法律」により，最初の上映から 8 か月間に限り，映画館等における映画の盗撮（録画・録音）には著作権法 30 条 1 項の適用がないものとされた（同法 4 条）。したがって，映画の盗撮は，たとえ私的な鑑賞目的（実際にそのような例は少ないだろうが，従来は映画館で指摘されてもそうした言い訳がありえた）であっても権利は制限されず，複製権侵害として差止請求，損害賠償請求のほか，刑事罰の対象にもなる。これは，海賊版販売目的での映画盗撮が現に横行しているところ，映画館入場時に契約で盗撮行為を禁止するだけでは刑事罰がかからず抑止力が足りないこと，海賊版がネット上で拡散される前に規制する必要がある（著作権法 49 条 1 項 1 号による事後規制では間に合わない）ことから設けられた制度である。

(7) 私的録音録画補償金（30 条 3 項）

私的使用目的での複製について複製権が制限される理由の 1 つは，先にも述べたとおり，著作権者への経済的打撃が些少であるという点にある。しかし，複製技術の発達によりデジタル情報は品質をほとんど劣化させることなく個人で複製することが可能となり，たとえ私的使用目的であっても著作権者への経済的打撃が無視できない状況が現れた。そこで平成 4 年改正により，特定のデジタル機器を用いて特定のデジタル記録媒体に録音・録画する行為については，たとえ私的使用目的であっても「相当な額の補償金」を著作権者に支払うことが義務付けられた（30 条 3 項）。具体的な機器と記録媒体の指定については，政令に委任されている（同項）[100]。

この規定により，著作権者には，ある種の私的録音や私的録画について，差止請求権を伴わない対価請求権だけが付与されることになった。もっとも現実には，著作権者が私的な使用実態を把握し個別に対価を徴収することは困難であるため，文化庁長官の指定管理団体[101]による集中管理がな

---

100) これを受けて，著作権法施行令 1 条が特定機器を，同 1 条の 2 が特定記録媒体を，それぞれ指定している。その結果，MD，CD-R，DVD-RW，Blu-ray といった，消費者になじみの深い多くの市販デジタル録音録画技術が補償金請求権の対象となっている。なお，インターネットを活用したデジタル音楽流通の増大を受け，ハードディスク・フラッシュメモリ内蔵型録音機器（iPod 等）やパソコン用ハードディスクドライブについて，この特定機器に含めて補償の対象とするべきかが議論されている。

されている（104 条の 2 第 1 項）。補償金の徴収方法，金額の決定方法，権利者への分配方法，補償金の支払義務のない者への返還制度等については，104 条の 4 以下に具体的な規定が置かれている。

> **裁判例**　**SARVH 対東芝私的録画補償金事件**
>
> 　2009（平成 21）年 2 月に，アナログチューナー非搭載（デジタル専用）DVD 録画機がはじめて発売された。上記のとおり，私的録音録画補償金の対象となる「特定機器」は，政令で個別に指定されているが（30 条 2 項，施行令 1 条），その文言はアナログデジタル変換がなされることを前提としつつ，変換の場所（機器内でなければならないか）は限定していなかった。そこで，デジタル放送のみを録画源とする（つまり機器内で変換は行われない）デジタル専用機が補償金の対象となる特定機器に該当するか，より実質的には，「ダビング 10」等により権利者が技術的にコピーをコントロールできるデジタル放送について，さらに重ねて補償金を課しコピーを制約すべきかが争われた。
>
> 　本件は私的録画補償金管理協会（SARVH）が，機器購入者から私的録画補償金相当額を徴収して SARVH に支払うべき法律上の義務があるとして，機器を製造販売する東芝に対して補償金相当額 1 億 4600 万円あまりの支払を求めて提訴したものである。第一審（東京地判平成 22 年 12 月 27 日判タ 1399 号 286 頁）は，①政令の文言上アナログデジタル変換の場所に限定はないので，（機器外で変換がなされる）デジタル専用機も特定機器に該当するが，②製造業者に課せられた協力義務は抽象的な義務であり法的強制力はないとして請求を棄却した。これに対して控訴審（知財高判平成 23 年 12 月 22 日判時 2145 号 75 頁）は，第一審とは逆に，②製造業者には補償金徴収に協力する法的義務があるものの，①政令はアナログ放送を前提としているためデジタル専用機は特定機器に該当しないとして，結局は控訴を棄却した。
>
> 　その後，最高裁は上告不受理決定を下し（最決平成 24 年 11 月 8 日），デジタル録画専用機器につき機器メーカーに補償金支払義務がないことが確定した。それに先立つ 2011（平成 23）年 7 月に地上波アナログテレビ放送は終了しデジタル放送に移行していたため，本判決で補償金受領の途を失った SARVH はその役割を終え，2015（平成 27）年 3 月 31 日に解散した。

---

101)　私的録音については（社）私的録音補償金管理協会（sarah，サーラ）が，私的録画については（社）私的録画補償金管理協会（SARVH，サーブ）が，それぞれ指定を受けていたが，後者は平成 27 年 3 月 31 日に解散した（ 裁判例 の記述参照）。

2 写り込み（30 条の 2）

　カメラによる撮影など，何らかの対象を複製・伝達しようとする際，これに付随して著作物が写り込むことがある。例えば，テレビ局が繁華街で番組撮影をする際，インタビューした相手の服にアニメキャラクターがプリントされていた場合，当該人に付随して当該キャラクターが映像に写り込む。しかし，それは撮影の主たる対象である人に付随して写り込んだにすぎないものであり，これによって権利者による通常の著作物利用が害されるとは考えがたい。逆に，これが著作権侵害にあたるとすれば，何かを複製・伝達しようとする際，他人の著作物が一切写り込まないようにしなければならないことになりかねない。

　そこで，30 条の 2 は，何らかの対象を複製・伝達する際に写り込んだ著作物の利用について，正当な範囲で著作権侵害にあたらないと定めている。

　この規定は，令和 2 年改正［同年法律第 48 号］によって拡充され（2020年 10 月 1 日施行），写真の撮影等のみならず，事物の影像または音を複製・伝達する行為（複製伝達行為）が広く対象になる。そのため，インターネットの生配信やスマホによるスクリーンショットにも，同条は適用されうる。また，改正前における「分離することが困難であるため付随して対象となる」という条件が削除されたため，例えば，一般人が公園で子供にキャラクターのぬいぐるみを持たせて撮影した写真を SNS に投稿する行為のように，分離困難とはいいがたい場合であっても，子供が主たる対象といえる限り，同条は適用されうる。

　もっとも，この規定は，あくまで複製伝達行為に「付随」して著作物が写り込む場合に限って適用されるため，ある著作物を主たる対象として複製・伝達していると評価される場合には適用されない。例えば，テレビ番組の BGM としてある楽曲を意図的に利用するという場合，同条は適用されない。

3 検討の過程における利用（30 条の 3）

　権利者の許諾を得て著作物を利用するかどうか検討する過程で行われる

著作物利用は，必要な限度で許容される。例えば，ある人気キャラクターを販促キャンペーンに起用するかどうかを検討する企画会議で用いるためのサンプルとして当該キャラクターを複製したとする。このような複製は，形式的には著作物の複製にあたるが，それが必要な範囲にとどまる限り，これによって権利者による通常の著作物利用が害されるとは考えがたい。逆に，これが著作権侵害にあたるとすると，一切著作物を利用しないで著作物利用の検討をしなければならないことになりかねない。

そこで，30条の3は，著作権者の許諾（または文化庁長官の裁定）を得て適法に著作物を利用しようとする者が，その検討の過程において必要な範囲で当該著作物を利用することは，著作権侵害にあたらないと定めている。

同条は，「いずれの方法によるかを問わず」著作物を利用できると規定しているため，あらゆる利用行為が許容されうる。例えば，広告代理店が，ある映画の一場面をアレンジした映像を用いたテレビ CM を提案するためにサンプル動画を作成して広告主に上映することも，同条の適用を受けうる。

4　非享受利用（30条の4）

著作物を自ら享受しまたは他人に享受させることを目的としない利用は許容される。

著作物というのは，これを享受すること（例：音楽や美術を鑑賞すること，コンピュータプログラムを実行すること）によって知的・精神的欲求を満たすものである。著作権法が著作権を付与しているのは，そのように著作物を享受しようとする者から権利者が直接または間接に対価を回収する機会を確保するためと考えられる。そうすると，公衆に著作物を享受させるための利用行為（例：漫画出版，映画上映）や，自ら著作物を享受する利用行為（例：新聞記事の社内複製）には，著作権が及んで然るべきである。他方，形式的には著作物の利用にあたるとしても，著作物を自ら享受しまたは他人に享受させることを目的としない場合は，著作物を享受する者がいないのであるから，対価回収の機会を確保する必要がない[102]。

---

102)　以上のような説明について，文化庁著作権課「著作権法の一部を改正する法律（平成30年改正）について」コピライト 692 号 33 頁以下（2018 年）も参照。

第 5 章 著 作 権

そこで，30 条の 4 は，著作物を自ら享受しまたは他人に享受させることを目的としない利用（非享受利用）は，著作権侵害にあたらないと定めている。

この規定は，平成 30 年改正［同年法第 30 号］によって「柔軟性の高い権利制限規定」として設けられたものであり，非享受利用にあたる 3 つの場合を掲げると共に（同条 1～3 号），それ以外の非享受利用についても広く権利制限の対象にしている（同条柱書）。

(1) 技術の開発・実用化のための試験（30 条の 4 第 1 号）

第一に，技術の開発または実用化のための試験の用に供するために著作物を利用する場合である。例えば，動画圧縮技術の開発を行う会社が，圧縮率向上のための試験としてテレビ番組を録画・変換する行為がこれにあたる。このような行為は，あくまで技術の開発のための試験の用に供するものであり，著作物を享受する（させる）目的で行われるものではないからである。

(2) 情報解析（30 条の 4 第 2 号）

第二に，情報解析のための利用である。例えば，新聞や書籍において特定の単語がどのように用いられているかを解析するために当該新聞や書籍を複製する行為や，人工知能開発のために大量のコンテンツを機械学習する行為がこれにあたる。このような行為は，形式的には著作物の複製にあたるとしても，あくまで大量の情報から情報を抽出・比較するなど解析を目的として行われるものであり，著作物を享受する（させる）目的で行われるものではないからである。

この規定は，平成 30 年改正［同年法律第 30 号］によって拡充された結果，「いずれの方法によるかを問わず」利用できると規定されているため，例えば，情報解析を行う他社のためにデータセットを作成して提供することも，同号にあたりうる[103]。

(3) 知覚認識なき利用（30 条の 4 第 3 号）

第三に，「著作物の表現についての人の知覚による認識」を伴わない著

---

103) 日本法が「機械学習パラダイス」と言えることについて，上野達弘「人工知能と機械学習をめぐる著作権法上の課題——日本とヨーロッパにおける近時の動向」法律時報 91 巻 8 号 37 頁以下（2019 年）参照。

第3節 権利制限 Ⅱ 法定制限事由

作物利用である。例えば，「電子計算機による情報処理の過程における利用」として，情報通信設備のバックエンドにあるネットワークシステム内部で行われる著作物の蓄積がこれにあたる。これは，形式的には著作物の複製にあたるとしても，あくまでコンピュータによる情報処理の過程で生じているものであり，人が知覚によって認識することはない以上，著作物を享受する（させる）目的で行われるものではないからである。

また，同号は，「電子計算機による情報処理の過程における利用」のみならず，「その他の利用」とも規定しているため，コンピュータを用いない場合にも適用されうる。例えば，肉牛やチーズの品質を改善するため，これに"聞かせる"目的でCDから音楽を複製する行為は，人の知覚による認識が伴わないため，同号にあたりうる。

(4) その他の非享受利用（30条の4柱書）

30条の4は，その柱書で，「次に掲げる場合その他の当該著作物に表現された思想又は感情を自ら享受し又は他人に享受させることを目的としない場合」と規定しているため，上記(1)〜(3)にあたらない場合であっても，これらと同様に非享受利用と評価できる場合は，広く権利制限の対象になりうる[104]。

その上で，非享受利用にあたるかどうかは，「著作物等の視聴等を通じて，視聴者等の知的又は精神的欲求を満たすという効用を得ることに向けられた行為であるか否か」という観点から判断される[105]。例えば，コンピュータプログラムを調査・解析するリバースエンジニアリングに伴う利用がこれにあたる[106]。

ただ，同条においては，著作物を享受する（させる）目的が存在しないことが要件となるため，他に主たる目的があったとしても，同時に著作物を享受する（させる）目的もあると評価される場合（例：漫画の作画技術を教えるための手本として市販の漫画を複製して受講者に配布する行為）は，同条

---

104) そのため，30条の4は但書を用いた「受け皿規定」と言える。上野達弘「平成30年著作権法改正について」高林龍・三村量一・上野達弘編『年報知的財産法2018−2019』（日本評論社，2018年）5頁以下も参照。

105) 文化庁著作権課・前掲注102）33頁参照。

106) 文化庁著作権課・前掲注102）35頁参照。

189

第5章　著作権

の適用を受けない[107]。

5　図書館等における複製等（31条）

　図書館等は，一定の範囲で図書館資料を用いて著作物を複製することができる（31条）。図書館等における調査研究の機会を保障し（31条1項1号），また図書館資料の保存や拡充を図ることで（同条1項2号・3号，同条2項），知識の拡布や学術の発展を促進するためである。

　ここで図書館等とは，「図書，記録その他の資料を公衆の利用に供することを目的とする図書館その他の施設で政令で定めるもの」であり（31条1項柱書），これを受けて著作権法施行令が各種の図書館や研究施設を列挙している（施行令1条の3第1項各号）[108]。

　また複製が許される一定の範囲とは，営利を目的としない事業として[109]，①利用者の求めに応じて調査研究目的で公表著作物の一部分[110]の複製物を1人につき1部提供し（31条1項1号），あるいは翻訳する場合（47条の6第1項2号），②図書館資料の保存のために必要がある場合（31条1項2号），③他の図書館の求めに応じて入手困難な図書館資料の複製物を提供する場合（同条1項3号），④国立国会図書館が収蔵資料を電子化する場合（同条2項）である。

　なお「営利を目的としない事業として」複製することができるという31条柱書の文言から，本条における複製の主体はあくまで図書館等であり，その利用者は含まれないことは明らかである。図書館利用者自身が，私的使用目的で複製（30条1項）する行為は，広く適法である[111]。逆にい

---

107)　文化庁著作権課・前掲注102) 34頁参照。

108)　一般の公立図書館や大学附属図書館は含まれる一方で，調査研究目的で設置されていない小・中・高等学校の学校図書室や，営利事業に付随して設置される企業内資料室等は含まれていないことに留意を要する。

109)　コピー代の実費を徴収することは許されるが，それを超えて対価を徴収し収益をあげている場合には，本要件を欠くことになる。

110)　例えば，百科事典については一項目ごとに「著作物」であり，また「一部分」とは多くともその半分までと解する見解もありうるが，調査研究機会の保障という31条の趣旨を実効化するためには，ここでの「著作物」とは，商品としての一冊の書籍等を指し，また「一部分」とは，商品全体の需要を実質的に奪わない程度の割合を指すものと解すべきである。例えば，すでに絶版となった書籍であれば，書籍本来の需要を奪うことはないから，ほぼ全体であっても一部分であると評価できよう。

111)　コピー機は自動複製機器（30条1項1号）に該当するが，文書・図画の複製について

190

うと，31条1項1号の定めるさまざまな制約は，図書館職員が利用者のために複製を行い，その複製物を提供する場合にのみ問題となる[112]。他方で，同項2号や3号についても，例えば図書館が外部の複写製本業者に依頼して貴重資料の複製物を作成することは，図書館資料の保存や拡充を図るという規定の趣旨から許されるべきだろう（私的使用目的の複製が使用者のみについて許される〔30条1項柱書〕のとは異なる）。

　本条は，複製権しか制限していないが，公衆送信権も含めることで，利用者の求めに応じてファクシミリや電子メールで図書館資料を提供するサービスも適法化すべきだという立法論がある[113]。

6　引用による利用（32条）

(1)　内容と趣旨

　公表された著作物は，公正な慣行に合致するものであり，かつ，報道，批評，研究その他の引用の目的上正当な範囲内であれば，引用して利用することができる（32条1項）。例えば，学術論文において他人の学説を批判して自説を展開する際に，他人の先行業績の一部をそのまま引用しても，本条によって複製権が制限されるため適法である。

　この適法引用制度は，既存作品についてその内容（アイデア）だけでなく表現に関しても一定程度の自由な利用を認めることで，新たな表現活動を実効的に保護・支援する必要性があること，また公正な慣行や正当な範囲という一定の枠内での利用であれば，著作権者への経済的打撃が些少であることから認められたものである[114]。したがって，適法引用にあたる

　は附則5条の2により同規定の適用が除外されているので，結局，私的使用目的で図書館資料のコピーをとる行為は適法である。

[112]　図書館に備え付けられたコピー機を用いた場合，たとえ図書館利用者がコピーをしても，図書館の手足として行ったと評価すべきであるから31条1項1号の規制がかかるという見解もあり，また多くの図書館はこのような見解に従って利用者によるコピーを制限している。しかし31条1項1号は，本来は許されない図書館職員による複製を一定の制限下で許した規定にすぎず，そのことによって30条1項によって許されるべき図書館利用者の複製が違法になるいわれはない。また実際上も，同じ図書館利用者の私的使用目的での複製について，コピー機の所在地（図書館の内外）によってその適否を区別する実益はない。

[113]　中山388頁以下。2021年通常国会で改正が行われる予定である。

[114]　先行作品を引用した上でそれを批判した場合には，先行作品の売上げが落ちて著作権者に少なからぬ経済的打撃が加わりうるが，それは言論の自由の下，少なくとも著作権法上は甘受しなければならない不利益である。

第5章 著作権

かどうかは，新たな表現活動といえるかどうかや，また著作権者への経済的打撃の程度に鑑みて相関的に判断されることになる。

(2) 要件論

本条によって著作物の利用が適法となる要件は，① 公表された著作物であること（**公表要件**），② 引用であること（**引用要件**），③ 公正な慣行に合致すること（**公正慣行要件**），④ 報道，批評，研究その他の引用の目的上正当な範囲内であること（**正当範囲要件**），の4つである。これらはいずれも複製権その他について侵害訴訟を提起された被告（利用者）が侵害成立を免れるために主張立証責任を負う抗弁事実である。かつての裁判例には，明瞭区別性と主従関係性（附従性）という不文の2要件で引用の適法性を判断するものもあったが[115]，少なくとも条文にないこれら要件のみで適法性を判断し尽くすのは解釈論上相当ではないため，最近の裁判例にはこれら2要件に拘泥しないものが増えており，また学説でも条文に立ち戻って検討することの必要性が広く共有されている[116]。

以下では，① 公表要件は公表の定義（4条）に該当するかどうかで判断され本条独自の問題は少ないので[117]，残る3要件について，まず前提となる ② 引用要件，次いでその引用が適法とされるための ③ 公正慣行要件，④ 正当範囲要件の順に概説する。

引用要件　どのような行為がそもそも引用に該当するかについて，著作権法上の明文規定はない[118]。そうすると，引用にあたるかどうかは，用語本来の意味に即して判断されざるをえないが，まず，(a) 自己

---

115) 最判昭和55年3月28日民集34巻3号244頁〔パロディ＝モンタージュ事件：上告審〕。ただし旧著作権法下の，しかも著作者人格権侵害が問題とされた事案である。

116) 詳細な検討として，上野達弘「引用をめぐる要件論の再構成」半田正夫先生古稀記念『著作権法と民法の現代的課題』（法学書院，2003年）307頁。最近の裁判例として，知財高判平成22年10月13日判時2092号135頁〔絵画鑑定証書事件：控訴審〕。

117) なお未公表著作物を引用して公表すると，公表権（18条1項）の侵害も問題となる。

118) もっとも，引用する際の著作物利用行為の種類については，複製以外の方法でも引用が可能であることを前提とした規定（48条1項3号）がある。

引用に際して著作物に手が加えられる場合については，条文上は翻訳引用だけが許されている（47条の6第1項2号）。そこで，それ以外の要約等（著作権法上は翻案〔27条〕にあたりうる）による引用の可否が争われている（要約引用を認める裁判例として，東京地判平成10年10月30日判時1674号132頁〔血液型と性格事件〕。学説では認めないものが多い〔斉藤242頁，加戸267頁，田村246頁など〕）。もちろん，要約の程度が進み内容紹介にまで至れば，表現の類似性が否定され，そもそも翻案に該当しないから，争いなく適法となる。

の創作にかかる引用部分（利用者側表現）と他者の創作にかかる被引用部分（権利者側表現）が明瞭に区別できること（**明瞭区別性**），(b)量的・質的に，引用部分が主，被引用部分が従という関係が存在すること（**主従関係性〔附従性〕**），が必要であると解される。自己の創作にかかる部分と他者の創作にかかる部分が明瞭に区別できなかったり，あるいは前者が後者よりも従たる地位を占めたりする場合には，その適法性を判断する以前に（用語本来の意味から）そもそも「引用」とは呼べないだろう。以下のとおり，明文規定のある公正慣行要件や正当範囲要件は，（明瞭区別性・主従関係性を満たした）引用の中から，さらに適法なそれを選別する機能を担うことになる。

このほか，引用にあたるというために，引用後の作品が新たに著作物性を満たしていることが必要かどうかについて争いがある。32条を，新たな表現活動を実効的に保護・支援するための制度であると捉えるならば，当然，引用後の作品は著作物性を要することになる[119]。これに対して，旧著作権法（旧30条1項第2）と異なり，引用後の作品について，著作物であることを条文には明記していない現行著作権法の規定ぶりや，フェアユース規定がないことによる不都合を，適法引用制度の活用によって回避すべきであるという実際上の要請などから，これを不要とする見解もある[120]。

ステップアップ　パロディと適法引用の成否

引用要件については，特に著作物のパロディ利用の可否が問題となる。仮に，パロディ芸術や批判精神文化の保護を理由に公正慣行要件や正当範囲要件の充足性を肯定したとしても，新たな作品の中に他者の著作物が取り込まれて両者が明瞭に区別できなかったり（例えば，既存小説のパロディ版），あるいは他者の著作物自体がパロディの対象となるために両者の主従関係性が肯定できなかったりする（例えば，モナリザに髭を書き加える行為）場合には，そもそも引用と呼べるかどうかが疑わしいからである。ある種のパロディが，32条が保護・支援しようとしている既存著作物を活用した新たな表現活動に該当し，また文化の多様性の観点から社会

---

[119]　裁判例として，東京地判平成10年2月20日知的裁集30巻1号33頁〔バーンズ・コレクション展事件〕。学説として，斉藤241頁。

[120]　裁判例として，前掲注116〔絵画鑑定証書事件：控訴審〕。学説として田村善之「絵画のオークション・サイトへの画像の掲載と著作権法」知財管理56巻9号1315頁（2006年），中山405頁以下。ただし，絵画オークションに伴う複製については47条の2も参照。

第5章 著作権

的に望ましいことは確かなので，一定の範囲で適法と評価すべき場合があることは間違いない。しかし，その要件はもちろん，これを著作物の引用として救済するのか，権利濫用やフェアユース等の一般法理で扱うのか，あるいはフランス法のように特別規定を置くのかという手段についても，我が国では裁判例[121]・学説[122]が分かれている。

なお，国もしくは地方公共団体の機関，独立行政法人または地方独立行政法人が一般に周知させることを目的として作成し，その著作の名義の下に公表する広報資料，調査統計資料，報告書その他これらに類する著作物については，転載を禁止する旨の表示がない限り，説明の材料として新聞紙，雑誌その他の刊行物に転載することができる（32条2項）。これら著作物の公共性に鑑みて，公正慣行要件と正当範囲要件を課すことなく転載を認めたものであり，したがって単なる引用よりも許容されやすいが，説明の材料としてなされることが必要である以上，やはり明瞭区別性と主従関係性は必要であると解される。

公正慣行要件　引用が適法であるためには，公正な慣行に合致していなければならない。著作物の種類やそれが利用される業界によって引用の作法は異なるが，従来認められてきたルールには従わなければならないとするものである。ただし，従前からの慣行であるからといって，それがすべて法規範性を持つわけではなく，法的観点から「公正」と認められるものでなければならない。また，未だ慣行が形成されていないような業界や先進的な引用態様については，今後あるべき公正な慣行を措定した上でその適合性が仮定的に判断されることになる。

どのような引用が公正慣行要件を満たすかはケースバイケースであり，ここで一般的な基準を明示することはできないが，既存著作物を活用した新たな表現活動を保護・支援する必要性と，引用により著作権者が被る経済的打撃の程度を，相関的に判断することが求められる。したがって，例

---

121)　東京地決平成13年12月19日判例集未登載（平13(ヨ)第22103号）〔「チーズはどこへ消えた？」事件〕。

122)　染野啓子「パロディ保護の現代的課題と理論形成」法時55巻7号37頁（1983年），青木大也「著作権法におけるパロディの取扱い」ジュリ1449号55頁（2013年），木下昌彦＝前田健「著作権法の憲法適合的解釈に向けて——ハイスコアガール事件が突き付ける課題とその克服」ジュリ1478号46頁（2015年）。田村241頁以下，中山398頁。なお，米独仏各国の状況について，著作権研究37号「〈シンポジウム〉パロディについて」所収各論文（2010年）参照。

第3節　権利制限　Ⅱ　法定制限事由

えば作品内容を批判する目的で当該作品を引用し，著作権者が一定の経済的打撃を受けたとしても，名誉毀損にあたらない正当な批評にとどまるものであれば，公正慣行要件を満たすことになる。逆に，個人の人格権を侵害するような態様で他人が著作権を持つ肖像写真を引用することは，公正な慣行に合致せず適法な引用とはいえない[123]。

　裁判例では，出所の明示（48条）を怠った引用について，公正慣行要件を欠くとしたものがあるが[124]，著作権侵害罪（119条1項）とは別に，より軽い出所明示義務違反罪（122条）が規定されていることから，学説の多くは出所明示を適法引用の要件と捉える見解には反対している[125]。出所の明示は，公正な慣行に合致しているかどうかを判断するための，一考慮事情であると捉えるべきだろう。

正当範囲要件　引用が適法であるためには，報道，批評，研究その他の引用の目的上正当な範囲内でなければならない。これは，引用される側の権利者の作品全体のうち，どの程度の量的・質的割合が引用に供されうるかを問う基準であり，その割合が著作権者への経済的打撃の程度を左右するために置かれた要件である。

　なお，先にみた主従関係性も同じく関係的な基準であるが，主従関係性が利用者の作品Aに占める利用者の創作部分（下図α）と権利者の作品Bの創作部分（同γ）の関係を問うものであったのに対して，この正当範囲要件は，権利者の作品Bに占める引用に供されない部分（同β）と引用に供される部分（γ）の関係を問うものであり，両者は比較の対象物が異なる。

---

123)　個人を批判する目的で作成されたビラの中に，当該個人の肖像写真が利用された場合に，吹き出しを付加するなどの掲載態様に鑑みて，批判目的との関係で公正な慣行に合致しないとされた例として，東京地判平成15年2月26日判時1826号117頁〔日蓮正宗ビラ事件：第一審〕。

124)　東京高判平成14年4月11日判例集未登載（平13㈱第3677号等）〔絶対音感事件：控訴審〕。

125)　加戸379頁，田村262頁。

195

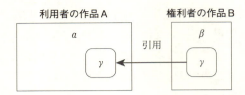

引用が正当な範囲内かどうかは,「報道,批評,研究その他の引用の目的」に鑑みて判断される。したがって,本要件は上述のとおりβとγの関係を問うものであるが,それはAの作成目的に照らして考慮されることになる。報道,批評,研究目的は引用の必要性が高いものの例示にすぎず,引用がその他の目的(例えば,歴史小説の執筆)であっても差し支えないが,例示されたような引用の必要性が高い表現活動を目的としている場合には,それだけ本要件を容易に充足することになる。とはいえ,たとえ報道・批評・研究の目的であっても,引用はその目的を達成するために必要な範囲だけが正当と評価されることになろう。

7 教育・試験のための利用(33条〜36条)

(1) 教科用図書等への掲載

公表された著作物は,学校教育の目的上必要と認められる限度において,教科用図書に掲載することができる(33条1項)。公教育の円滑な実施を確保するためのものである。同規定の適用を受ける教科用図書とは,文部科学省の検定を経た教科書または同省が著作名義を有する教科書に限定され(同条括弧書),大学で教授が指定する教科書は含まない。

教科用図書に掲載された著作物は,学校教育の目的上必要と認められる限度において,教科用図書代替教材に掲載し,教科用代替教材の使用に伴って利用することができる(33条の2第1項)。ICT活用教育の普及に伴い,教科用図書と同一内容のデジタル教科書を学校の教材として使用することが可能となったことを受けて(学校教育法34条2項参照),デジタル教科書への著作物の掲載等を可能としたものである。

教科用図書に著作物を掲載する場合には,翻訳,編曲,変形,翻案して利用することが可能であり,教科用図書代替教材に掲載する場合には,変形,翻案して利用することが可能である(47条の6第1項1号・3号,2項)。

また，著作物の利用に際して，用字，用語の変更など学校教育の目的上やむをえない改変は許容される（20条2項1号）。

教科用図書等に著作物を掲載する場合には，著作者への通知が必要である（33条2項，33条の2第2項）。著作物の利用に際して不必要な改変が行われるなど，著作者人格権が不当に害されることのないように配慮したものである。

教科用図書等に著作物を掲載する者は，文化庁長官の定める補償金を著作権者に支払わなければならない（33条2項，33条の2第2項）。教科用図書等の出版により生じた利益の一部を著作権者に還元することが公平と考えられたことによる。

(2) 教科用図書の拡大複製等

教科用図書に掲載された著作物は，視覚障害，発達障害等の児童または生徒の学習の用に供するため，文字，図形等を拡大するなど当該児童または生徒が著作物を使用するために必要な方式により複製することができる（33条の3第1項）。障害を持つ児童や生徒に健常者と同等の教育機会を与えるために，教科用拡大図書やデジタル録音図書の作成を可能としたものである。

教科用拡大図書等に著作物を掲載する場合には，著作物を変形，翻案して利用することも可能である（47条の6第1項3号，2項）。また，用字，用語の変更など学校教育の目的上やむをえない改変は許容される（20条2項1号）。

教科用拡大図書等を作成する場合には，元となる教科用図書の発行者への通知が必要である（33条の3第2項）。教科用図書の発行者が自己の教科書の複製物がどこで作成されているかを把握できるようにするためのものである。教科用拡大図書等を営利目的で作成する者は，文化庁長官の定める補償金を著作権者に支払わなければならない（同項）。

(3) 学校教育番組の放送等

公表された著作物は，学校教育の目的上必要な限度で，学校向けの放送番組または有線放送番組において放送，有線放送，自動公衆送信し，また，当該番組の教材に複製することができる（34条1項）。33条1項と同様，公教育の円滑な実施の確保を目的としたものである。本条により著作物を

第5章 著作権

利用する場合には，翻訳，編曲，変形，翻案による利用が可能である（47条の6第1項1号・2項）。また，学校教育の目的上やむをえない改変は許容される（20条2項1号）。本条により著作物を利用する者は，その旨を著作者に通知し，相当な額の補償金を著作権者に支払わなければならない（34条2項）。

(4) 学校等における複製等

公表された著作物は，学校等の非営利の教育機関において，教育を担任する者および授業を受ける者が，その授業の過程における使用に供するために，必要と認められる限度において複製し，公衆送信し，公に伝達することができる（35条1項）。学校等の教育機関における教材の作成や利用の便宜を図り，円滑な教育の実施を可能とするためのものである。

本条の適用を受ける教育機関には，小学校等の初等中等教育機関の他，大学や職業訓練所等も含まれるが，非営利でなければならないため，予備校や企業の研修施設等は含まれない。

本条の利用の主体は，学校等において教育を担任する者および授業を受ける者である。ゆえに，教員のみならず，生徒が授業のための資料として著作物を複製等することも可能である。

本条による著作物の利用は，授業の過程における使用に供することを目的として行われる必要がある。教師が生徒の自習用に著作物を複製したり，授業に関する単なる情報交換のために教員間で著作物を共有したりすることは認められない。

本条の対象となる利用行為は，複製，公衆送信，伝達である。従前は，複製と遠隔合同授業[126]のための公衆送信のみが対象となっていたが，ICT活用教育の普及に伴い，平成30年改正により，その他の全ての公衆送信と受信装置を用いた公の伝達が本条の対象に加えられることとなった（2020年4月28日施行）。これによって，例えば，教師が著作物を利用して作成した教材をネットワークを通じて生徒の端末に送信することや，インターネット上の動画投稿サイトに掲載されている動画を学生に視聴させる

---

126) 遠隔合同授業とは，遠隔会議システムなどを利用して離れた学校の学級同士を繋いで行う同時中継の授業であり，少なくとも主会場に教員と生徒，遠隔地の副会場に生徒がいることが前提とされるものをいう。

198

ことが可能となった[127]。

本条による著作物の複製等は，授業の目的上，必要な範囲で行わなければならず，授業の目的上必要とされる場合でも，著作物の種類，用途，複製等の利用の態様に照らし，著作権者の利益を不当に害するものは許容されない。著作権者の利益を不当に害するか否かは，問題となる利用が著作権者による著作物の利用市場にどの程度の影響を及ぼすかを勘案して判断される[128]。例えば，市販のワークブックやドリル，教育用ソフトは，教材として購入されることを想定して販売されており，本条による複製等が認められると，著作権者の販売機会が不当に奪われることになるため，本条は適用されないと解される[129]。

35条1項により公衆送信を行う場合には，教育機関設置者が相当な額の補償金を著作権者に支払う必要がある（同条2項)[130]。補償金請求権の行使について文化庁長官が指定する団体がある場合には，同団体のみが補償金請求権を行使できる（104条の11）。このような団体として，現在，一般社団法人授業目的公衆送信補償金等管理協会（SARTRAS）が指定されている。

本条により著作物を利用する場合には，翻訳，編曲，変形，翻案による利用も可能である（47条の6第1項1号・2項）。

(5) 試験問題としての複製等

公表された著作物は，入学試験等の人の学識技能に関する試験または検定の目的上必要と認められる限度において，複製，公衆送信することができる（36条1項）。例えば，大学入試の国語の問題に，小説を出題する場合などがこれに該当する。試験，検定を公正に実施するためには，問題の内容を秘匿する必要があり，事前に著作権者の許諾を得ることが困難であること，その一方で，試験，検定のための著作物の利用は，通常，著作権者による著作物の利用市場に影響を及ぼすものではないことから，著作権の制限を認めたものである[131]。ゆえに，試験問題として使用されるもの

---

127) 詳しくは，上野達弘編『教育現場と研究者のための著作権ガイド』（有斐閣，2021年）
128) 加戸283頁参照。
129) 加戸283頁参照。
130) 平成30年改正前から35条の対象となっていた遠隔合同授業のための公衆送信は補償金制度の対象外である（35条3項参照）。
131) 加戸286頁参照。

第5章 著作権

であっても，教科書に準拠した国語テストのように，内容を秘匿する必要がなく，あらかじめ著作権者の許諾を得ることが困難でないものは，本条にいう「試験又は検定の問題」に当たらない[132]。また，本条は，試験，検定を目的とした著作物の複製等を対象とするものであるから，入試過去問集の出版など，試験または検定の実施後に著作物を複製等する場合には本条は適用されない。

本条の対象となる利用行為は，複製と公衆送信である。従前は複製のみが対象となっていたが，最近では，インターネットを利用して試験を実施するケースもみられることから，平成15年の改正により，公衆送信が本条の対象に加えられることとなった。もっとも，公衆送信は，複製に比べて，簡易な手段で多数の者に著作物を伝達することを可能とするものであり，著作権者の利益が害されるおそれが否定できないことから，公衆送信に限り，著作物の種類および用途ならびに当該公衆送信の態様に照らし，著作権者の利益を不当に害することとなる場合には，本条の適用が否定されることになる（36条1項但書参照）。例えば，英語のヒアリング用CDのように，各試験会場でそれぞれ購入して使用することを前提に販売されている著作物を1本購入してインターネットにより公衆送信するような場合は，著作権者の利益を不当に害するものとして本条の適用が否定されよう[133]。

本条により著作物を利用する場合には，翻訳して利用することも可能である（47条の6第1項2号・2項）。条文上，著作物を翻案して利用することは認められないが，試験問題では著作物を要約して出題する必要がある場合も少なくないため，元の著作物に忠実な要約は認められるべきであろう[134]。

試験問題の作成に当たっては，虫食いや文章の並び替えなど，著作物に変更が加えられることが多いが，変更が自明な場合にはそもそも著作物が改変（20条1項）されたとはいえず，また，作問上必要な改変はやむをえ

---

132) 東京地判平成15年3月28日判時1834号95頁〔小学校用国語テスト事件〕，東京地判平成18年3月31日判タ1274号255頁〔教科書準拠国語テスト事件〕参照。
133) 作花344頁参照。
134) 中山337頁参照。

ない改変（20条2項4号）に該当し，同一性保持権侵害にならないと解するべきであろう。

本条は，予備校の模試のように営利目的で行われる試験または検定にも適用されるが，その場合，複製等を行う者は，通常の使用料の額に相当する額の補償金を著作権者に支払わなければならない（36条2項）。営利を目的とする以上，そこから生じた利益の一部を著作権者に還元するのが公平であると考えられたことによる。

8　障害者のための利用（37条〜37条の2）

著作権法は，視聴覚障害者による著作物へのアクセスを保障するための権利制限規定を置いている。これらの規定は，著作権者に対して一定の経済的打撃があり創作誘因を減退させるが，障害者保護という創作誘因を上回る社会的要請に基づき権利を制限するものである。

その内容はまず，視覚障害者が著作物へアクセスする機会を保障するために，点字による複製等は適法とされている（37条）。また，聴覚障害者が著作物へアクセスする機会を保障するために，平成12年改正により著作物に字幕等を付して自動公衆送信することが認められた（37条の2）。

なお，**7**で教育活動の円滑化のための規定として説明した教科用拡大図書等の作成のための複製に関する権利制限（33条の3）は，特に視覚障害者への教育活動を円滑化するための規定である。

9　営利を目的としない上演等（38条）

著作物の提示・提供のうち，一定の行為は，非営利目的等の要件を満たせば適法となる（38条各項）。

まず，著作物は，①それが公表されており，②非営利・無料・無報酬の場合には，公に上演・演奏・上映・口述することができる（38条1項）。上演等の著作物の公衆への提示行為は，社会が著作物を享受する機会を増やす点で望ましいものなので，例えば学芸会での上演・演奏などの素朴な態様についてその自由を確保したものである[135]。

---

135)　ただし，慣行があれば出所を明示しなければならない（48条1項3号）。

第5章　著作権

38条	許される行為	対象著作物	要　件
1項	上演，演奏，上映，口述	既公表	非営利・無料・無報酬
2項	有線放送，自動公衆送信	放送される	非営利・無料
3項	伝達	放送／有線放送される	非営利・無料／家庭用受信装置使用
4項	貸与	既公表・非映画	非営利・無料
5項	貸与による頒布	既公表・映画	政令指定施設・無料・補償金支払

　これに対して，同じく著作物の提示のうち公衆送信は，著作権者への経済的打撃が大きいので，放送される著作物をそのままリアルタイムに非営利・無料で有線放送，自動公衆送信する場合に限り認められる（38条2項）[136]。さらに，公への伝達については，放送または有線放送される著作物をそのままリアルタイムに①非営利・無料で伝達する場合（街角の大型ビジョンなど）と，②通常の家庭用受信装置で伝達する場合（飲食店，理髪店，病院の待合室など）に限り認められる（同条3項）。なお，38条2項・3項には，放送されることなく最初から自動公衆送信だけがなされる著作物は含まれていないので（38条3項括弧書参照），インターネットを通じて送信される著作物（動画共有サイト上の作品など）は権利制限の対象ではない。

　聴衆・観客から料金を受けない無料の場合でも，例えば企業が商品宣伝活動の一環として行えば，営利性があるので本条の適用はない。企業の社会貢献（メセナ）活動であっても，営利法人が主体となって行われる以上は原則として営利性が肯定され，著作権者の許諾を要する（公益団体や市民が主体となる活動を経済的に支援するにすぎない場合には，本条の適用がありうる）。また，1項後段が求める出演者への無報酬要件は，著作権者が上演等の対価を受けないこととのバランスをとったものと理解されているが[137]，それに加えて，無報酬の利用であれば一般に上演等のクオリティーが低いので，著作権者への経済的打撃が些少であるという理由も指摘で

136）　したがって，放送されていない著作物はもちろん，過去に放送された著作物を複製して異時再送信することも認められない。また，放送そのものは許される行為に含まれていないので，たとえ同時でも再放送は認められない。

137）　加戸303頁。このような理解の背景には，実演家（著作隣接権者）よりも，著作者・著作権者の方が高い地位にあるという，著作権法の基本的な姿勢があるといえる。

第3節 権利制限 Ⅱ 法定制限事由

きよう[138]。

　さらに1項と同趣旨により，図書館が行うような非営利・無料での貸与も権利が制限されている（38条4項）。また映画の著作物の複製物に限っては，特に限定された範囲で貸与による頒布が認められる（同条5項）。5項では，貸与が認められる主体が政令（施行令2条の3）で定めるものに限定され（例えば学校の図書室は含まれない），また補償金を支払う必要がある。

10　報道・国家活動のための利用（39条～42条の2）

　39条から41条は，報道の自由を保障し，ひいては民主主義の維持・促進を図るための，また42条と42条の2は，司法・立法・行政の各国家活動を円滑に遂行するための複製権制限規定である。したがって，例えば行政活動を円滑化することを超えて，報道記事をクリッピングし庁内LANで広く公衆送信することは認められない[139]。

11　公的アーカイブのための利用（42条の3，43条）

　文書や資料などの記録を保存し，未来へ伝達することをアーカイブといい，国立公文書館や国公立・大学図書館などの公的機関が，その重要な役割を担っている。このうち，図書館が図書をアーカイブすることについては，31条（**5**参照）が複製権等を制限しているが，それ以外の記録の公的アーカイブに必要な著作物の利用行為について著作権の制限を定めるのが，42条の3および43条である。

　まず，国立公文書館等は，歴史資料として重要な公文書等（歴史公文書等）のうち当該館に移管されたものについて永久に保存する義務を負う（公文書管理2条6項，15条1項）。そこで著作権法上も，その保存に必要な限度で，当該歴史公文書等に係る著作物の複製や，公衆への提供（写しの交付）・提示（録画物等の再生等）が認められている（42条の3，公文書管理19条）。

　また，こうした紙文書の資料だけでなく，近年爆発的に増加したインタ

---

138)　たとえ非営利・無料でも，報酬を支払ってプロの演奏家に演奏させた場合には，演奏のクオリティーが高いために，その視聴が音楽CDの購入に代替する可能性が高い。

139)　東京地判平成20年2月26日判例集未登載（平19(ワ)第15231号）〔社保庁LAN事件〕。

第5章 著作権

ーネット上に流通するデジタル資料についても公的アーカイブの必要性が高まったことから，平成21年・24年の国立国会図書館法改正により，同図書館は公的なインターネット資料と私的なオンライン資料を収集できることとなった（国図25条の3，25条の4）。これを受けて，著作権法上も，それらデジタル資料の収集と提供に必要な限度で，著作物の複製が認められている（43条）。

12　放送事業者等による一時的固定（44条）

放送事業者等は，公衆送信権の許諾を得ただけでは，実際に著作物の放送等ができない場合が多い。放送等には著作物の一時的な固定，すなわち複製が必然的に随伴するからである。そこで，放送事業・有線放送事業を円滑に遂行するために，放送事業者・有線放送事業者は，自己の放送・有線放送のために著作物を一時的に録音・録画することが認められた（44条1項・2項）。

このような趣旨から，これによって作成された複製物は，一定期間（複製後6か月）のみ存在を許され（44条3項），また複製物を放送等の目的以外で頒布・公衆提示すれば，その時点で複製権侵害となる（49条1項1号）。

13　所有権との調整

著作権法は，著作権と所有権を調整するための規定を置いている。

(1)　美術著作物の原作品の利用

45条から47条は，美術の著作物についてその原作品の所有権と展示権等を調整する規定である。これにより，美術著作物の原作品[140]の所有者または，所有者から同意を得た者は，原作品の公衆展示が許されるが（45条1項），ただし，屋外に恒常設置する場合は，公衆による著作物享受の機会が大きく権利者への経済的打撃が大きいので，たとえ所有者といえども許されない[141]（同条2項）。

---

140)　同じ有体物でも，複製物はそもそも展示権の客体でない（25条）ので，権利制限の問題は生じない。

141)　その結果，原則として，屋外恒常設置を除き，不法占有者による公衆展示だけが展示権侵害となる。

204

他方で，いったん適法に屋外に恒常設置されたら，その後の当該著作物の利用については，特に著作権者に対する経済的打撃が大きい場合（46条各号）を除いて，大幅に権利が制限されている（同条柱書）。これは，風景写真撮影などの一般人の行動の自由を確保する必要性がある一方，最初の恒常設置可否決定の時点で著作権者には対価確保の機会が保障されている[142]からである。また，建築物は本来的に屋外恒常設置されているから，この46条の規定は建築の著作物も対象としている。なお裁判例では，車体に絵が描かれた路線バスの写真が，絵本の表紙と本文に掲載された事案について，可動的なバスについて屋外恒常設置されたとした上で，さらに専ら美術の著作物の複製物の販売目的（46条4号）にはあたらないとされた例[143]がある。

(2) 美術作品販売に伴う複製等

　例えば，インターネットで絵画のオークションを行う場合に，オークションにかけた作品をオークション参加者に紹介する必要があるが，ネット上のカタログに作品を掲載すると，引用（主従関係性）要件を満たさないために適法引用（32条）にはあたらず，複製権侵害および公衆送信権侵害となる。そこで，平成21年改正において，カタログ閲覧者によるさらなる複製を防止する措置等を講じることを条件として，これらの権利を制限した（47条の2）。

(3) プログラムのインストール等

　プログラムの著作物の複製物の所有権と，複製権等を調整する規定がある（47条の3）。これは，プログラムをコンピュータで使用することに必然的に随伴する複製（インストールやバックアップ等）や翻案（バグ除去等）を適法とすることで，プログラムの使用という社会的に有益な行為を円滑に行えるようにしたものであり，プログラムを著作物とする昭和60年改正時に同時に盛り込まれた（著作者人格権については20条2項3号参照）。

---

142)　45条2項。この趣旨から，無断で設置された作品については，46条は及ばないと解される。

143)　東京地判平成13年7月25日判時1758号137頁〔はたらくじどうしゃ事件〕。

第5章　著 作 権

14　電子計算機における著作物利用に付随する利用（47条の4）

電子計算機における利用を円滑または効率的に行うための付随的利用や電子計算機における利用の状態維持または回復のための利用は，一定の条件の下で許容される（47条の4）。

第一に，電子計算機における利用を円滑または効率的に行うための付随的利用である（47条の4第1項）。例えば，円滑なウェブサイト閲覧に伴うブラウザキャッシュやプログレッシブダウンロード（同項1号），情報通信の負荷低減のためのミラーサーバやキャッシュサーバ（同項2号），SNS提供に際してユーザがアップした大量のコンテンツを並列分散処理でコピーすること（同項3号）が，これにあたる。また，同項柱書は，同項1〜3号にあたらない場合でも，これらと同様に，「著作物の電子計算機における利用を円滑又は効率的に行うために当該電子計算機における利用に付随する利用に供することを目的とする場合」を権利制限の対象としている（例：インターネットサービスプロバイダがウィルスや有害情報等のフィルタリングを行うために行う複製）[144]。

第二に，電子計算機における利用の状態維持または回復のための利用である（47条の4第2項）。例えば，携帯電話の修理や新製品への買い換えの際，保存されている楽曲データを一時的に複製する行為（同項1号・2号），サーバの滅失等に備えたバックアップ（同項3号）がこれにあたる。また，同項柱書は，同項1〜3号にあたらない場合でも，これらと同様に，「当該著作物の電子計算機における利用を行うことができる状態を維持し，又は当該状態に回復することを目的とする場合」を権利制限の対象としている。

15　電子計算機による情報処理の結果提供に伴う軽微利用（47条の5）

電子計算機による情報処理により新たな知見または情報を創出し，その結果を提供するサービスに付随する軽微な著作物利用は，一定の条件の下で許容される（47条の5）。そのようなサービスは，社会的意義が認められる一方で，著作物利用が軽微なものである限り，これによって権利者によ

---

144)　文化庁著作権課・前掲注102）36頁参照。

第3節 権利制限 Ⅲ 法定制限事由

る通常の著作物利用が害されるとは考えがたく，権利者に及びうる不利益も軽微なものにとどまるからである。この規定は，以下の3つのサービスを掲げている（同条1項1～3号）。

(1) 所在検索サービス（47条の5第1項1号）

第一に，コンピュータを用いて検索により求める情報の特定または所在に関する情報を検索し，その結果を提供するサービスである。例えば，インターネット検索サービスや書籍に登場する言葉をキーワード検索して前後の文章をスニペットの形で表示する書籍検索サービスに伴う著作物利用（例：ウェブサイトの収集や書籍の電子化，インデックス作成，検索結果としてのスニペットやサムネイル等の表示）が，権利制限の対象となる。

(2) 情報解析・結果提供サービス（47条の5第1項2号）

第二に，「電子計算機による情報解析を行い，及びその結果を提供する」サービスである。例えば，論文剽窃検証サービスに伴う著作物利用（例：大量の論文や書籍等の電子化，検証結果の提供に伴う対応論文の一部表示）が，権利制限の対象となる。

(3) その他の政令指定サービス（47条の5第1項3号）

第三に，上記(1)および(2)と同様に，「電子計算機による情報処理により，新たな知見又は情報を創出し，及びその結果を提供する行為であつて，国民生活の利便性の向上に寄与するもの」について，「政令で定めるもの」については権利制限の対象になりうる。

そのため，国民生活の利便性の向上に寄与するサービスであっても，政令指定を受けなければ権利制限の対象にならない。ただ，政令で指定すれば，法改正を要せず権利制限の対象となるという点で，「相当程度柔軟性のある規定」とされる[145]。なお，現在，政令で指定されたサービスはない。

---

145) 文化庁著作権課・前掲注102) 26頁参照。

第5章 著作権

Ⅲ 権利制限の補完制度

1 翻訳，翻案等による利用 (47条の6)

30条以下の権利制限規定によって著作物の利用が許されたとしても，もともとの著作物に一切手を加えられないとするならば，その意味がない場合もある。そこで，30条以下の権利制限規定を実効化するために，一定の範囲で翻案等の二次的著作物を作成する行為が認められた (47条の6) [146]。

例えば，47条の6第1項2号によれば，引用 (32条) が認められる場合は，翻訳に限り二次的著作物の作成が認められる。では，要約して引用する行為はどうか。47条の6第1項各号のうち，2号以外が他の行為に伴う翻案を認めている以上，文理上は明らかに，引用に伴う要約は認められないはずであるが，裁判例の中にはこれを適法とするものがある [147]。実際の必要性に応じたものであるが，明らかに法律の不備であり，立法的に解決すべきであろう。

2 複製権の制限により作成された複製物の譲渡 (47条の7)

30条以下の各種の法定制限事由により複製権が制限されることで，適法に作成された複製物は，譲渡により公衆に提供することができる (47条の7本文)。複製が適法とされても複製物の使用が複製者本人に限られたのでは，複製権制限の趣旨が没却されるためである。ただし，複製権を制限するに際して目的による限定がある場合には，当該目的以外の目的で譲渡することは認められない (同条但書)。なお，このような行為は，この本条但書の規定により譲渡権侵害になると同時に，複製権侵害ともみなされる (49条1項1号) が，両権利の侵害を重畳的に認める実益はないので，立法論としては疑問が残る。

---

146) 権利制限規定自体が「いずれの方法によるかを問わず，利用することができる」というように定めている場合には，本条を待つまでもなく翻案等は許容される (30条の2第2項，30条の3，30条の4，33条の2第1項，40条1項，46条，47条の4各項，47条の5第1項)。

147) 前掲注118) 〔血液型と性格事件〕。

208

第3節　権利制限　Ⅲ　権利制限の補完制度

3　出所の明示（48条）

　多くの権利制限規定については，著作物の利用を許す反面，合理的な方法と程度で，当該著作物の出所を明示することが求められる（48条1項柱書）。二次的著作物の原著作物の出所についても同様である（同条3項柱書）。出所の明示にあたっては，当該著作物に表示されている著作者名を表示するのが原則だが，一定の例外がある（同条2項）。また，常に出所明示義務を生じさせる利用（同条1項1号・2号）と，その旨の慣行がある場合に限り義務を生じさせる利用（同項3号）がある。

　本条は著作物利用者の義務を規定するのみで，義務違反による民事上の効果は規定していない（なお，刑事上は50万円以下の罰金が科せられる〔122条〕）。義務違反があっても，著作権侵害ではないので著作物の利用は阻まれないが，義務の履行を促す手段として出所明示請求が認められることになる。また，出所を明示される利益は，48条によって法的に保護された利益であり，故意または過失で出所明示を怠った場合には，不法行為として損害賠償責任が発生する（民709条）。

　なお48条2項は，著作権者ではなく，著作者に関する情報を出所として明示することを求めているが，氏名表示権（19条）とは別に規定されていること，出所明示義務違反罪（122条）が非親告罪であること（123条1項参照），そして著作権の制限に付随して規定が置かれていることから，あくまで著作権者の財産的利益を保護しているものと解される。したがって，上述した出所明示請求の主体は著作権者のみであり[148]，また出所明示がなされなかった場合に賠償されるべき損害は，著作権者が受けた損害である（実際の算定は困難であろう）。

4　複製物の目的外使用等（49条）

　著作権制限規定によって適法に作成された複製物や二次的著作物について，複製や翻案等を許された目的以外の目的で頒布し，公衆に提示する行為は，当該頒布や提示の時点で複製・翻案等を行ったものとみなされる

148）　これに対して加戸381頁は，著作権者に加えて著作者についても請求権者としている。

第5章 著作権

（49条各項）。例えば，授業過程使用目的で作成した複製物（35条1項）や，私的使用目的で作成した翻訳物（30条1項，47条の6第1項1号）を，公衆に譲渡する行為がこれに該当する。このような目的外使用は，それぞれの権利制限規定の趣旨を逸脱する行為であり，原則に戻って複製・翻案等とみなされるわけである。

ただし，この「みなし複製・翻案等」は，複製権や翻案権等の侵害の成立をみなしたわけではなく，他の複製権・翻案権等制限事由（例えば41条）に再度該当する場合には，やはり適法となる。

第4節　保護期間（存続期間）[149]

I　原　則

1　始期と終期起算点

著作権は，創作時に発生する（51条1項）。著作権は無方式で権利が発生する（17条2項）が，同じことを時間の観点から表現したものがこの規定である。

他方で，著作権は所有権のような永久権や，商標権のような更新可能な権利ではなく，一定の期間が経過すれば消滅する権利とされている[150]。その理由は，著作権は創作活動への誘因として国家から特別に与えられた財産権なので，逆に，創作活動への誘因として必要な限度で与えられれば足りるし，また，著作権は他人の表現の自由を制約する権利であり，独占の弊害をもたらすので，創作活動への誘因として必要な限度を超えて与えるべきではないからである[151]。そして，その終期の起算点[152]は，原則と

149）　著作権法は，著作物については「保護」期間，著作権については「存続」期間の語を用いるが，その長さや計算方法は同じである。

150）　ただし，このことは独占権が消滅することだけを意味する。したがって，保護期間が経過すると，著作物の無断利用に対してはもはや差止めを請求できないが，権利存続期間中の無断利用について損害賠償を請求することは認められる。

151）　もっとも，これまでの法改正による保護期間延長（例：平成15年改正による映画著作

して著作者[153]の死亡時である（51条2項）。ただし，暦年主義（57条）[154]
が採られる結果，著作者の死亡した年の翌年の元日から終期が起算され，
保護期間が満了する年の大晦日の終了で消滅することになる。

　なお共同著作物については，著作者が複数存在するが，著作権の存否に
は一体性が求められるので[155]，誰の死亡時を起算点とするかを決めなけ
ればならない。そこで，単独著作の場合よりも（他の共同著作者が早く死亡
した）共同著作の場合を不利益に扱う理由はないことから，共同著作者の
うち最終に死亡した著作者の死亡時が終期の起算点とされている（51条2
項括弧書）[156]。

　また，二次的著作物については，映画の著作物を除き（54条2項），原
著作物とは独立に保護期間が算定される[157]。

2　期　　間

　著作権の存続期間は，70年間である（51条2項）。創作時が始期，著作
者の死亡時が終期起算点とされることから，著作者がもし創作後30年間
生きていたならば，生前と死後を合わせて100年間，当該著作物は独占権

　　　物の保護期間延長〔2004年1月1日施行〕，TPP11協定締結に伴う平成28年改正による保
　　　護期間延長〔2018年12月30日施行〕は，改正法施行後に創作される著作物のみならず，
　　　施行時にまだ存続する既存の著作物についても適用された（平成15年改正附則2条，平成
　　　28年改正附則7条1項）。著作権を，創作への誘因としてのみ捉えるならば，創作後の作品
　　　に20年間の追加的な独占権を与えることは正当化できない。この改正を合理的に説明する
　　　ためには，著作権を単なる創作への誘因としてではなく，より広い視点での著作物をめぐる
　　　利害調整制度として捉えることが必要である。
152)　始期（創作時）と終期の起算点（著作者の死亡時）とを混同してはならない。特許権の
　　　場合は，始期が権利登録時，終期の起算点が出願時となり，後者の方が先になる。
153)　著作権が移転して，創作者（著作者）と著作権者が分離しても，著作権の終期の起算点
　　　はあくまで創作者の死亡時である。
154)　民法139条が定める即時起算原則に対する例外であり，法的安定性の観点から，著作者
　　　の死亡日を確定しなくても死亡年だけがわかれば著作権の存否を判断できるようにしたもの
　　　である。
155)　ある著作物について，共同著作者Aとの関係では著作権が消滅し，共同著作者Bとの
　　　関係では存続する，という結論は採りえない（著作権者が，AとBから権利譲渡を受けた
　　　C単独である場合を想定してみよう）。
156)　自然人と法人が共同著作者となる場合には，一律に自然人の死亡時から起算する立場
　　　（田村271頁）と，自然人の死亡時と著作物の公表時の遅い方から起算する立場（加戸400
　　　頁）がある。
157)　最判平成9年7月17日民集51巻6号2714頁〔ポパイ・ネクタイ事件：上告審〕。

211

第 5 章　著作権

の対象となることになる。20 年未満の独占権しか与えられない特許権と
比べて極めて長い期間であるが，これは，著作権の客体が著作者の個性が
発露した表現であり，また著作権には相対的効力しかない（依拠性が侵害
成立要件とされている）ので，長期の独占を認めても弊害が少ないからであ
る。

Ⅱ　例　　外

1　無名・変名の著作物

　無名または変名（ペンネームや芸名など〔14 条〕）の著作物については，著
作物の公表時が保護期間の終期起算点とされている（52 条 1 項）。このよ
うな著作物は，著作者が誰でありその死亡時がいつかを，著作物の利用を
望む者が認識することが困難だからである。ただし，変名が周知であった
り，実名が登録される（75 条 1 項参照）など，上記趣旨が該当しない場合
には，原則どおり著作者の死亡時が終期起算点となる（52 条 2 項各号）。

2　団体名義の著作物

　団体名義で公表された著作物についても，著作物の公表時が保護期間の
終期起算点とされている（53 条 1 項）。ただし，創作から 70 年間公表され
ない著作物については，創作時が起算点とされ，保護の上限が画されてい
る（同項括弧書）。

　これは，まず著作者が法人であるもの（職務著作物）は著作者の死亡が
そもそも観念できず（法人の解散等を基準時とすると永久に存続しうることにな
ってしまう），また著作者が自然人であるもの[158]は誰が著作者でありその
死亡日がいつかを法人外部から認識することが困難だからである。

　なお，プログラムの著作物の職務著作については，著作名義を記さなく
ても法人が著作者となる（15 条 2 項）ため，本条との関係では法人名義と
みなされて（53 条 3 項），53 条 1 項の適用がある[159]。

---

158)　本条の適用は，団体が著作「名義」であることが要件なので，自然人が著作者で団体が
　　著作名義となる場合を含む。

第 4 節　保護期間（存続期間）Ⅱ　例　外

3　映画の著作物

　映画の著作物についても，著作物の公表時（創作後 70 年間公表されない場合は創作時）が保護期間の終期起算点とされている（54 条 1 項）。これは，映画の著作物には複数の著作者が存在することが多く（16 条参照），誰が著作者であるか，また（もし，仮に共同著作物と同じく最終の死亡者の死亡時を起算点とすると）誰がいつ最終に死亡したかを確定することが困難であることから，映画作品の利用を円滑化するために設けられた例外である。

　なお，映画の著作物で翻案されているクラシカルオーサーの著作物（原作小説や脚本など）の著作権については，当該映画の著作物の利用に関する限り，映画の著作物の著作権と同時に消滅する（54 条 2 項）。これも，映画作品の利用の円滑化を図るためであるが，その趣旨をまっとうするために同項を類推して，映画の著作物で複製されているクラシカルオーサーの著作物（音楽など）の著作権についても同様に解すべきである。結局，映画の著作物が著作権フリーとなった後は，映画に取り込まれた著作物の著作権を梃子として，映画の著作物の利用を阻むことはできないことになる。ただし，映画の著作物の利用とは離れて，映画に取り込まれた著作物を独自に利用する場合（例えば，原作小説の出版や，サントラ盤音楽 CD の販売）には本条の適用はなく，原則どおり小説家等の死亡時から終期が起算される。

> ### ステップアップ　映画の著作物の 1953 年問題
>
> 　平成 15 年改正により，映画の著作物の保護期間は映画の公表から 70 年間とされたが，同改正の経過規定は「この法律の施行の際現に改正前の著作権法による著作権が消滅している映画の著作物については，なお従前の例による」（附則 2 条）として，改正法施行時点である 2004（平成 16）年 1 月 1 日にすでに著作権が消滅している場合は改正法の適用がないものと定めている。そこで，暦年主義（57 条）の結果，2003（平成 15）年の末と同時に保護期間が満了する 1953（昭和 28）年公表の映画が，改正法の適用を受けて 2023（平成 35）年末まで保護されるのかどうかが問題となった[160]。実際には，1953 年が『ローマの休日』をはじめとする映画

159）　現在の名義にかかわらず，仮に公表するなら法人名義とされる場合も法人が著作者とされるため（15 条 1 項の解釈論），プログラム以外の著作物であっても法人が著作者とされる場合には，広く 53 条 3 項を類推適用すべきである（田村 276 頁参照）。

160）　1952（昭和 27）年公表の映画に改正前の法律（保護期間 50 年）が，1954（昭和 29）年公表の映画に改正後の法律（保護期間 70 年）が適用されることは争いなく，両者の端境期

213

第 5 章　著　作　権

の当たり年で現在まで人気のある作品が多く公表されていたところ，それらの廉価
版 DVD の販売差止めを求めて，著作権者である映画会社が訴える訴訟が相次い
だ[161]。

　この問題について，文化庁は改正法の適用を肯定する立場を表明していたが，最
高裁[162]はこれを立法者意思ではないと位置付けた上で，「一般に，法令の経過規
定において，『この法律の施行の際現に』という本件経過規定と同様の文言（以下
「本件文言」という。）が用いられているのは，新法令の施行日においても継続する
こととなる旧法令下の事実状態又は法状態が想定される場合に，新法令の施行日に
おいて現に継続中の旧法令下の事実状態又は法状態を新法令がどのように取り扱う
かを明らかにするためであるから，そのような本件文言の一般的な用いられ方……
を前提とする限り，本件文言が新法令の施行の直前の状態を指すものと解すること
はできない」と述べ，本件著作物の保護期間は公表後 50 年であり，すでに著作権
は消滅していると結論付けた[163]。

4　継続的刊行物等の公表の時

　ところで，以上に述べた 3 つの例外では，保護期間が公表時から起算さ
れるので，保護期間の終期を確定するためには，公表時がいつかをまず確
定する必要がある。著作権法は，著作物の公表は発行等であると定義し
（4 条各項），さらに，著作物の発行とは相当程度の部数の複製物の作成・
頒布であると定義している（3 条 1 項）が，新聞や雑誌のように各号・各
冊が継続的に刊行される著作物や，連載小説や連載漫画のように一部分ず
つが逐次に公表される著作物については，いずれの段階をもって著作物の
公表と捉えるかがなお不明である。そこで，著作権法は，継続的刊行物に
ついては各回の公表時を（56 条 1 項前段），また逐次公表著作物については

　である 1953（昭和 28）年公表の映画だけが問題となる。

161)　横山久芳「著作権の保護期間に関する考察 ── 『ローマの休日』東京地裁仮処分決定
　　に接して」NBL 844 号 32 頁（2006 年）参照。

162)　最判平成 19 年 12 月 18 日民集 61 巻 9 号 3460 頁〔シェーン事件：上告審〕。

163)　ただし，本件訴訟の後，かなり古い映画作品について著作者を映画会社ではなく監督で
　　あるとする判断が相次いでいる（知財高判平成 20 年 2 月 28 日判時 2021 号 96 頁〔チャップ
　　リン事件：控訴審〕など）。そのような場合には，旧著作権法が定める保護期間（著作者の
　　死亡時を終期起算点としている）と，現行著作権法が定める保護期間（公表時を終期起算点
　　としている）の長い方が適用される（現行法附則 7 条）結果，1953（昭和 28）年に公表さ
　　れた映画でもまだ著作権が切れていない場合が多いことに留意を要する。

214

第 4 節　保護期間（存続期間）　Ⅱ　例　外

最終部分の公表時を（同項後段），それぞれ公表時であるとしている。

　このように，継続的刊行物と逐次公表著作物とでは効果が異なるので，いずれに該当するかが争われることがある。裁判例では，一話完結形式の連載漫画作品である『ポパイ』について下級審の判断が分かれたが[164]，最高裁[165]はこれを継続的刊行物であるとした。

---

164)　継続的刊行物とした例として東京地判平成 4 年 3 月 18 日判時 1435 号 131 頁〔ポパイ立看板事件〕，逐次公表著作物であるとした例として東京高判平成 4 年 5 月 14 日民集 51 巻 6 号 2862 頁〔ポパイ・ネクタイ事件：控訴審〕がある。

165)　前掲注 157)〔ポパイ・ネクタイ事件：上告審〕。

第**6**章

著作隣接権

　著作権法は，著作権と並んで，著作隣接権という権利を保護している。著作権が著作物を創作した者に与えられる権利であるのに対して，著作隣接権は，著作物などの情報の伝達に貢献した者に付与される権利である。一口に情報の伝達に貢献した者といってもさまざまな者が考えられるが，現行法は，実演家・レコード製作者・放送事業者・有線放送事業者の4者に，著作隣接権を付与している。著作隣接権は，著作権に類似した物権的権利であり，伝達行為の成果の利用を排他的に独占する権利であるが，伝達行為の性質の違いを反映して，各著作隣接権者に付与される権利の内容は異なったものとなっている。また，著作物と実演等は相互に密接な利用関係にあることが多いため（著作物の実演を録音したレコードがテレビ放送で利用されるなど），著作権法には，著作権者と各著作隣接権者の利害関係を調整する規定も設けられている。

　本章では，まず著作隣接権の意義およびその一般的な法的性質について説明し（第1節），ついで，各著作隣接権者に認められる個別の権利の内容を説明することにする（第2節〜第5節）。

第1節　総　論
　Ⅰ　隣接権制度の意義
　Ⅱ　隣接権制度の概要
第2節　実演家の権利
　Ⅰ　権利の客体と主体
　Ⅱ　実演家人格権
　Ⅲ　実演家の著作隣接権の内容
第3節　レコード製作者の権利
　Ⅰ　権利の客体と主体
　Ⅱ　レコード製作者の権利の内容

第4節　放送事業者の権利
　Ⅰ　権利の客体と主体
　Ⅱ　放送事業者の権利の内容
第5節　有線放送事業者の権利
　Ⅰ　権利の客体と主体
　Ⅱ　有線放送事業者の権利の内容

第1節　総　　論

I　隣接権制度の意義

　著作権法は，著作物の創作活動を奨励するために著作物を創作した者に著作権を付与し，その保護を図っている。しかし，いかに優れた著作物が創作されても，それが著作者の手元にとどまる限り，その著作物は社会的には何ら役に立たない。著作物は，我々の手元に伝達され，我々がこれを享受してはじめて社会的に意味を有するものである。音楽を例にとれば，作曲家によって創作された音楽が実演家によって演奏され，音楽 CD が製作・販売され，あるいは，テレビやラジオで放送されることではじめて我々は音楽を享受することができるのである。その意味で，実演や音の固定，放送といった伝達行為も，著作物の創作活動と同様に，文化の発展に寄与する重要な行為といえる。しかし，これら伝達行為を行うにはしばしば多大な労力や費用が必要となるため，伝達行為を行った者に何ら保護が与えられないことになると，伝達者は伝達行為の成果を利用して十分な収益を上げることが期待できず，伝達行為に対するインセンティブが低下することとなる。そこで，著作権法は，実演，音の固定，放送，有線放送といった伝達行為を行う者に対し，著作権に類似の排他的権利を付与し，伝達行為の奨励を図っている。その権利を総称して，著作隣接権（neighboring rights）と呼ぶ。

II　隣接権制度の概要

1　著作隣接権の対象

　情報の伝達行為にはさまざまなものが存在するが，すべての伝達行為が著作隣接権による保護の対象となるわけではない。現行法上，著作隣接権者として保護されるのは，実演家，レコード製作者，放送事業者，有線放送事業者の 4 者に限られる（89 条 1 項〜4 項）。情報の流通過程にはさまざ

第1節　総　論　Ⅱ　隣接権制度の概要

まな伝達者が大なり小なり関与しているが，それらすべての者に権利を付
与するとなると，情報の利用に際して多数の伝達者との間で権利処理を行
わなければならなくなり，取引コストが増大し，かえって情報の円滑な利
用を阻害する結果となる。そこで，現行著作権法は，伝達行為の中でも社
会的重要性が大きく，法的保護の必要性が特に強い実演，音の固定，放送，
有線放送に限り，著作隣接権による保護を与えることにしたのである[1]。

　どのような伝達行為に著作隣接権の保護を認めるかは優れて政策的な判
断によるものである[2]。したがって，現時点で著作隣接権による保護が認
められない伝達行為であっても，将来，その社会的重要性が高まり，法的
保護が必要となれば，新たに著作隣接権による保護が認められる可能性が
ある。例えば，出版（版面の作成や編集作業）や，タイプフェイス（印刷用
書体），データベース構築のための情報の収集作業などは，情報の伝達行
為として重要なものであるが，現行著作権法の下では保護が認められてい
ない。これらに著作隣接権による保護を与えるかどうかは今後の検討に委
ねられている。

2　著作隣接権の保護要件

(1)　無方式主義

　著作隣接権は，著作権と同様，権利の発生にいかなる方式の履行も必要
とされない（89条5項）。実演・音の固定・放送・有線放送という行為が
行われた瞬間に自動的に権利が発生し，保護が開始する（101条1項）。ま
た，著作物と異なり，創作性は要件ではないから，所定の伝達行為が行わ
れれば，権利が発生することになる。

---

1)　ちなみに，旧著作権法には隣接権制度は存在しなかったが，演奏やレコードは著作物とし
　て保護されていた（旧1条1項，旧22条の7）。隣接権制度の歴史的経緯については，吉田
　大輔「著作隣接権制度の形成と発展」横浜国際経済法学4巻2号223頁以下（1996年）参
　照。
2)　現行法が実演家等に著作隣接権の保護を認めているのは，実演家等が著作物に準ずる精神
　的，創作的給付を行っているからだという説明がなされることもあるが（例として，吉田・
　前掲注1) 227〜228頁），実演家はともかく，レコード製作者や放送事業者にはそうした要
　素は希薄である。むしろ現行著作権法は，伝統的にみて重要性を有する伝達行為に対して著
　作隣接権による保護を与えてきたとみるべきであろう。そしてこのように解するならば，著
　作隣接権の保護主体は必ずしも実演家等に限定される必要はないということになる（吉田・
　前掲注1) 236頁，田村519頁，中山660頁）。

第6章　著作隣接権

(2)　著作権からの独立性

著作隣接権は著作権法に規定されているが，伝達の対象が著作物である必要はない。実際には，著作物が伝達されることがほとんどであろうが，例えば，野鳥の声を録音したり，スポーツ（非著作物）の中継を放送する場合でも，著作隣接権の保護が認められる。伝達の対象が著作物でなくとも，情報の伝達行為は広い意味で文化の発展（1条）に寄与する行為であり，その伝達に労力や費用を要することに鑑みれば，法的保護を与えることが合理的であると考えられる。また，著作物性の判断はしばしば微妙であるから，伝達の対象が著作物であることを著作隣接権の保護要件とすると，権利の発生についての予測可能性が害されるおそれがある。そこで，著作権法は，伝達の対象が著作物であるか否かを問うことなく，著作隣接権による保護を認めることにしたのである。

著作隣接権は，著作権とは別個独立の権利であり，著作権とは独立に行使することが可能な権利である[3]。例えば，実演家が楽曲を演奏すれば，著作隣接権を取得する。この場合，実演家が楽曲の演奏につき著作権者に許諾を得ていないために，楽曲の著作権（演奏権）を侵害することになったとしても，実演家は実演により著作隣接権を取得し，著作権者の意思にかかわりなく，自己の実演を無断で利用する者に対して，権利を行使することができる。ただし，著作隣接権の発生は，著作権の行使を妨げる理由とはならないから（90条），実演家が無許諾で公に楽曲を演奏したり，その演奏を録音した CD を販売したりする行為は楽曲の著作権の侵害となる。第三者が楽曲の演奏を録音した CD を複製する場合は，楽曲の著作権者と実演家およびレコード製作者（著作隣接権者）の双方の許諾を得る必要がある。

3　保護の枠組み

(1)　著作権制度の借用

著作隣接権は著作権の保護の枠組みを借用している。すなわち，著作隣接権者は，その伝達行為の成果の利用につき，排他的な独占権を有する。

---

3)　知財高判平成 21 年 3 月 25 日判例集未登載（平 20 ㋑第 10084 号）〔BRAHMAN 事件〕参照。

著作権法は，実演家等が経済的利益を獲得する契機となる重要な利用行為を個々的に権利（支分権）の対象とし，著作隣接権は，これら支分権の束として構成されている。著作隣接権についても，著作権と同様に，権利の保護と公正な利用とのバランスを図るため，権利の制限規定[4]（102条で30条以下を準用）や存続期間[5]に関する規定（101条）が設けられている。

著作隣接権は著作権と同様の性質を有する財産権であり，著作隣接権の譲渡，消滅，実演等成果物の利用許諾，著作隣接権の共有および著作隣接権者と連絡することができない場合における実演等成果物の裁定による利用に関して，著作権の規定が準用されている（103条で61条1項，62条1項，63条，65条，67条，67条の2等を準用）。譲渡等のための登録制度も具備されている（104条で77条，78条を準用）。

(2) 著作隣接権の特徴

著作隣接権は情報の伝達行為を奨励し，情報の流通，利用の促進を図ることを目的とした権利であるが，著作隣接権者に対し強力な保護を与えると，その分，情報の利用者の権利処理が煩雑化し，情報の円滑な流通・利用が阻害されるおそれがある。著作物の流通促進の手段であるはずの権利がかえって著作物の流通の妨げになるならば，まさに本末転倒である。ゆえに，著作隣接権の効力は著作権に比べると相対的に限定的な内容となっている。具体的には，①支分権の内容がより限定されている（例えば，実演家は，放送・有線放送・送信可能化以外の公の利用行為に対する権利が認められていない），②保護が必要な場合にも，排他権の行使を認めず，金銭的な補償にとどめている場合がある[6]（95条，95条の3，97条，97条の3参照），③

---

4) ただし，33条や34条など，いくつかの制限規定は準用から外されていることに注意する必要がある。

5) 著作隣接権の存続期間の始期は，「実演」・「固定」・「放送」・「有線放送」がそれぞれ行われた時であり（101条1項），終期は，実演，レコードについては，「実演」「レコードの発行」がそれぞれ行われた日の属する年の翌年から起算して70年，放送，有線放送については，「放送」，「有線放送」がそれぞれ行われた日の属する年の翌年から起算して50年を経過した時である（101条2項）。なお，レコードについては，存続期間の始期と終期の起算点がズレているが，これはレコードについて発行後50年の保護を義務づけたWIPO実演・レコード条約に対応したものである（同条約17条2項）。

6) ちなみに著作権法上，著作隣接権とは，排他的効力を有する財産権を指し，金銭的な補償を受ける権利は著作隣接権に含まれない（89条6項）。金銭的な補償を受ける権利も，著作隣接権者の利益を保護するための権利に違いはないが，著作権法は，著作隣接権者が差止請求権を行使しうると規定しているため（112条），差止請求権を伴った著作隣接権とその他

第6章　著作隣接権

排他権の行使の機会を成果物を最初に利用する段階に限定し，その二次利用に対して権利行使を認めない**ワン・チャンス主義**が取り入れられている[7]（91条2項，92条2項2号，92条の2第2項，95条の2第2項参照）といった点にあらわれている。

第2節　実演家の権利

I　権利の客体と主体

1　実　演

実演とは，「著作物を，演劇的に演じ，舞い，演奏し，歌い，口演し，朗詠し，又はその他の方法により演ずること（これらに類する行為で，著作物を演じないが芸能的な性質を有するものを含む。）」をいう（2条1項3号）。著作物を実演せずとも「芸能的な性質」を有するものは実演に含まれることから，物真似や手品なども著作隣接権の対象となる。プロの実演かアマの実演かによって，保護に差が生じることはない。一方，体操競技などのスポーツ実技は，芸能的な性質を有するものではないから，実演として保護されない[8]。ただし，フィギュアスケートやアイスショーのように，スポーツ実技であっても，芸能的な性格を有するものは実演として保護される場合がある。

実演が我が国著作権法の保護を受けるためには，著作権法7条の「保護を受ける実演」に該当する必要がある。「保護を受ける実演」とは，①国

の金銭的請求権とを法的に区別する必要があるからである。

7)　特に，映画の著作物に収録された実演家の権利については，ワン・チャンス主義が広く採用されている。これは，映画の著作物には一般に多数の実演家が関与するため，映画の著作物の円滑な利用を確保するために個々の実演家の権利を制限する必要性が大きいからである。著作隣接権の基本条約であるローマ条約においても，影像の固定物に収録された実演について ワン・チャンス主義が採用されている（同条約19条）。

8)　加戸26〜27頁参照。知財高判平成26年8月28日判時2238号91頁〔ファッションショー事件〕は，ファッションショーにおけるモデルの動作やポーズ等が「実演」にあたらないとしている。

222

内において行われる実演（1号），②保護を受けるレコード（8条1号・2号）に固定された実演（2号），③保護を受ける放送（9条1号・2号）で送信される実演（3号），④保護を受ける有線放送（9条の2）で送信される実演（4号），⑤我が国が条約上保護義務を負う実演[9]（5号～8号）である。

2 実演家

実演家とは，「俳優，舞踊家，演奏家，歌手その他実演を行う者及び実演を指揮し，又は演出する者」をいう（2条1項4号）。ゆえに，実演家には自ら実演を行う者のほか，例えば，オーケストラの指揮者や，舞台劇の演出家のように，自らは実演を行わないが，実演家を指図して自らの主体性の下に実演を行わせる者も実演家となる[10]。

なお，実演については職務著作（15条）に相当する規定がないため，実演家は自然人に限られ，法人が実演家となることはない[11]。

> **ステップアップ** 共同実演
>
> 実演には，オーケストラの演奏や演劇の上演のように，1つの作品を多数の実演家が共同で実演するという場合がある。このような場合の実演家の権利については，次の2通りの考え方がある。1つは，各実演家の実演をバラバラに捉えて，各実演家が自己の実演部分につき個別に著作隣接権を取得すると解するものであり，もう1つは，複数の実演家の実演を統合的に1個の実演と捉えて，実演家全員がかかる1個の実演につき著作隣接権を共有すると解するものである。
>
> 著作権法は，著作物については，複数の著作者が共同で創作したものを「共同著作物」と定義し（2条1項12号），著作者全員が共同著作物につき著作権を共有するものとし，共有者間で著作権および著作者人格権の行使の一体性を確保するための規定を設けているが（64条，65条），実演については，「共同実演」という観念を明文上認めておらず，実演家の人格権に対し，共同著作物の著作者人格権の行使に関する規定（64条）を準用していない[12]。このような条文の構造からすれば，

---

9) 我が国に実演の保護義務を課している条約としては，ローマ条約（5号），WIPO 実演・レコード条約（6号），TRIPS 協定（7号），視聴覚的実演に関する北京条約（8号）がある。

10) 加戸27頁。舞台劇の演出家らが，単なる実演の指導や指図にとどまらず，実演の対象となる作品の表現のあり方を自ら決定している場合には，著作者となる場合もある。

11) 中山682頁。

12) 一方，著作権の共有に関する規定（65条）は実演家の著作隣接権にも準用されているが（103条），これは，著作隣接権についても，持分譲渡や相続等で事後的に権利が共有となることが想定されるために準用が認められたものであって，「共同実演」による権利の原始的共有を念頭に置いたものではないと解される。

223

第6章　著作隣接権

実演については，著作物の場合と異なり，複数人が共同で実演した場合であっても，各実演家が自己の実演につき個別に著作隣接権を取得すると解するのが素直な解釈となろう[13]。しかし，他方で，実演に関しても，複数の実演家が共同で1つの作品を実演した場合には，作品の円滑な利用を確保するために，実演家間で人格権および著作隣接権の行使の一体性を確保する措置を講じる必要性があることは否定できない。そこで，学説では，共同著作物の場合に倣って「共同実演」という観念を認め，「共同実演」については共同著作物に準じた取扱いを認めるべきである（具体的には，共同著作物の著作者人格権および共有著作権の行使に関する規定〔64条，65条〕の準用が問題となろう）と解する見解も有力である[14]。

Ⅱ　実演家人格権

1　総　説

(1)　創設の経緯（平成14年改正）

従来，著作隣接権者に対しては，著作権法上の特別な人格権が認められていなかった。しかし，実演は，著作物の創作と同じく，実演家の個性が強く発揮されるものであり，実演の利用態様によっては著作物の場合と同様に実演家の人格的利益が害されることがある。とりわけ，近時，デジタル技術の発達により，実演の加工・改変が極めて容易となり，現実にも，インターネット上で悪質な改変が行われることが増えてきたため，実演家の人格権保護が強く要請されるようになってきた。こうした状況を受け，WIPO実演・レコード条約に，実演家の人格権として，氏名表示権，同一性保持権の保護が盛り込まれた（同条約5条）。これを機に，我が国の著作権法においても，平成14年改正により，実演家の人格権が創設されるこ

---

13) 作花478頁，中山681〜682頁など参照。

14) 加戸685頁，斉藤301頁，茶園成樹「実演家の人格権」ジュリ1227号78頁（2002年）など参照。「共同実演」を観念しない場合には，各実演家の許諾がない限り，当該実演を含む作品の利用は不可能となるから，事前にすべての実演家との間で将来の作品の利用を確保するための契約的処理を適切に行っておくか，拒絶の意思を示した実演家の実演を削除して作品を利用するなどの対応をとる必要が生じる。一方，「共同実演」を認める立場をとれば，作品の利用にはすべての実演家の合意が必要であるが（65条2項，64条1項），各実演家は「正当な理由がない限り」または「信義に反して」合意を拒むことができないため（65条3項，64条2項），「共同実演」を認めない場合に比べると作品の利用が相対的に促進されることになる。

ととなった[15]。

(2) 権利の性質

実演家人格権は，氏名表示権（90条の2）と同一性保持権（90条の3）から構成される。著作者人格権とは異なり，公表権が含まれていない。実演についても，練習中の実演やNGとなった実演など，未公表の実演について公表権による保護の実益がないわけではないが，WIPO実演・レコード条約において保護義務が課されていないことから，公表権の保護は導入されなかった[16]。

実演家の人格権は，著作者人格権と同様に一身専属的なものであり，譲渡することはできない（101条の2）。ゆえに，実演家の人格権は実演家の死亡によって消滅するが，著作者が死亡した場合（60条）と同様に，実演家の死後においても，実演家が生存しているとしたならばその実演家の人格権の侵害に該当する行為は原則として禁止される（101条の3）。実演家の人格権は，実演家の人格的利益の保護を目的としたものであるから，著作隣接権が制限される場合（102条）（本章第1節 II 3(1)参照）であっても，人格権の行使が制限されることはない（102条の2）。

2 氏名表示権（90条の2）

実演家の氏名表示権とは，実演家がその実演を公衆に提供・提示する際に，実演家名を表示するか否か，表示するとすればいかなる実演家名を表示するかを決定する権利である（90条の2第1項）。例えば，実演家は，CDのジャケットや，映画のエンディングロールなどに自己の氏名を表示すること，または表示しないことを請求することができる。

実演を利用する者は，実演家から別段の意思表示がない限り，すでに表示された実演家名を表示することができる（同条2項）。一般に，実演家は，

---

15) 著作権法に特別な人格権の規定がなくても，実演家は自己の名誉を毀損するような実演の利用行為に対して，一般的人格権の侵害を理由とした差止請求や損害賠償請求をすることができる（一般論として，東京地判昭和53年11月8日無体裁集10巻2号569頁〔昭和の記録事件〕）。しかし人格権の内容が法律に具体的に明記されたことで，安定的な権利行使が可能となろう。

16) もちろんこれら未公表の実演の公表が実演家の一般的人格権の侵害となることはあろう（中山681頁参照）。

第6章 著作隣接権

自己の実演の利用に際して，社会的に通用している実演家名がそのまま表示されることを期待していると解されるからである[17]。ゆえに，実演家が氏名表示に関して特別な意向を表明している場合には，実演の利用者はそれに従う必要がある。

実演の利用の目的および態様に照らし，実演家がその実演の実演家であることを主張する利益を害するおそれがないと認められるとき，または公正な慣行に反しないと認められるときは，実演家名の表示を省略することができる（同条3項）。著作者の氏名表示権の場合は，「著作者の利益を害しないこと」，および（and），「公正な慣行に反しないこと」という両方の要件が充足されてはじめて適用除外が認められたが（19条3項），実演家の氏名表示権の場合は，「実演家の利益を害しないこと」，または（or），「公正な慣行に反しないこと」のいずれかの要件を満たせば適用除外が認められるため，著作者の氏名表示権に比べて，適用除外がより認められやすくなっている。これは，1つの作品に多数の実演家の実演が利用されることが少なくないため，著作物の場合に比して氏名表示を省略する現実的必要性が大きいことによるものといえる[18]。適用除外が認められる場合としては，例えば，デパートや喫茶店などで BGM としてレコードを流す場合や，映画のエンディングロールにおいてエキストラの氏名表示を省略する場合などが考えられる。

また，行政機関情報公開法等の規定により行政機関の長等が実演を公衆に提供または提示する場合に，すでにその実演家が表示しているところに従って実演家名を表示するとき，および，個人識別情報を除くために実演家名の表示を省略することとなるときは，氏名表示権の規定は適用されない（90条の2第4項参照）。

3 同一性保持権（90条の3）

実演家は，自己の名誉または声望を害する変更，切除その他の改変を受

---

17) 実演家がグループで活動している場合に，各実演家の氏名に代えてグループ名を表示できるかという問題があるが，実演家が実演の提供・提示に際してグループ名を表示している場合には，本項によりグループ名を表示することも許されると解すべきであろう（中山683頁参照）。

18) 中山683頁。

けないための権利として，同一性保持権を有する。映像のコマを早送りして，俳優の演技をコミカルなものにしたり，歌手の声の音域にアレンジを加えて伝達する行為などが，同一性保持権の侵害となる。

もっとも，実演は，商品化の過程で，編集利用や部分利用が行われることが多いため，著作者の同一性保持権と同程度の広範な保護を認めると，実演の利用を過度に阻害するおそれがある。そこで，実演家の同一性保持権の保護は，著作者の同一性保持権に比べると，より限定されたものとなっている。

まず，実演家の同一性保持権は，意に反する改変一般に及ぶのではなく，実演家の名誉または声望を害する改変についてのみ及ぶとされる（90条の3第1項）。したがって，実演家の同一性保持権の侵害が成立するためには，実演の改変利用により，実演家個人の名誉感情が害されたというだけでなく，実演家が社会から受ける客観的な評価が低下することが必要である[19]。また，実演家の同一性保持権は，「その利用の目的及び態様に照らしやむを得ない」場合だけでなく，「公正な慣行に反しないと認められる」場合についても制限される（同条2項）。これは，放送番組における作品紹介のための部分利用や，放映のためのトリミングや再編集，他言語への吹き替えなど，その性質上やむをえない改変といえなくても，実演の改変利用が社会的に相当なものであれば，実演の円滑な利用を促進するために，その種の改変を認めるべきであるとの判断によるものである。

なお，実演家の同一性保持権は実演が利用されている場合に働くものであるから，デジタルサンプリング等により元の実演が認識できない態様で改変された場合には同一性保持権の侵害とはならない[20]。

---

19)　平成14年改正前の事案であるが，演奏家の演奏を録音したテープの無断増製物の販売行為について，増製物の音質が劣っているという程度では，演奏家の人格権侵害とはならないと判断した裁判例がある（前掲注15）〔昭和の記録事件〕）。

20)　茶園・前掲注14）80頁，中山684〜685頁参照。

第6章　著作隣接権

Ⅲ　実演家の著作隣接権の内容

1　総　説

　実演家は，著作隣接権として，録音・録画権（91条1項），放送・有線放送権（92条1項），送信可能化権（92条の2第1項），譲渡権（95条の2第1項），商業用レコードの貸与権（95条の3第1項）を有する。公になされる実演の上演・演奏については，権利が認められていない。

　また，実演家は，実演の利用に関する金銭的請求権として，放送のための固定物（録音・録画物）等による放送に関する報酬請求権（94条2項），放送される実演の有線放送に関する報酬請求権（94条の2），商業用レコードの放送・有線放送に関する二次使用料請求権（95条1項），貸与権消滅後の商業用レコードの貸与に係る報酬請求権（95条の3第3項），私的録音録画補償金請求権（102条1項，30条2項），いわゆるIPマルチキャスト放送による放送の同時再送信に係る補償金請求権（102条5項・6項）を有する。

　実演家の著作隣接権は実演家に原始的に帰属するが，財産権であるため，譲渡が可能である（103条，61条1項参照）。実演家の著作隣接権が譲渡された場合には，譲受人が著作隣接権者となり，利用者は譲受人から許諾を受けることが必要となる。そこで，著作権法は，「実演家」が各種権利を専有すると規定しつつ，権利が譲渡された場合を想定して，許諾の主体を「各種権利を有する者」と規定している[21]。以下では，実演家が著作隣接権者であることを前提に説明を行うが，譲渡があった場合には譲受人が著作隣接権者となることに注意を要する[22]。

---

21)　実演を固定したレコードには実演家の著作隣接権とレコード製作者の著作隣接権が重畳的に働くが，レコードの利用の際に常に両者の許諾を得なければならないとすると不便であるため，実務上は，実演家とレコード製作者との契約に基づき，実演家の著作隣接権がレコード製作者に譲渡されていることが多い（前田哲男「音楽産業とその関係者」紋谷暢男編『JASRAC概論　音楽著作権の法と管理』〔日本評論社，2009年〕233頁参照）。ゆえに，実演家の権利は実際にはレコード製作者が有しており，第三者は，通常，レコード製作者から許諾を得れば，実演を固定したレコードを利用することが可能となる。

22)　この点は，レコード製作者，放送事業者，有線放送事業者の著作隣接権についても同様である。

228

2 録音権・録画権（91条）

(1) 原 則

実演家は，自己の実演の録音・録画について排他的権利を有する（91条1項）。録音とは，音を物に固定することをいい，録画とは，影像を連続して物に固定することをいう。実演の最初の固定時（マスターテープの作成）はもちろん，すでに存在する録音・録画物（マスターテープやその増製物）をさらに増製することも含まれる（2条1項13号・14号）。

実演家には翻案権は認められていないが，実演をそのまま録音・録画する場合はもとより，実演を録音・録画する過程でカラーから白黒への変更やトリミングなどの修正が加えられた場合も，当該実演家の実演であることが認識できる限り，それらを録音・録画することは，録音・録画権の侵害になると解すべきである[23]。

録音・録画権は，実演家が行った実演そのものを録音・録画する行為に及ぶから，物真似など，既存の実演に類似した他の実演を録音・録画する行為には及ばない[24]。

録音・録画権は，著作権とは異なり，録音・録画以外の態様での複製行為には及ばない。例えば，実演を写真に撮影することは実演家の著作隣接権の侵害とはならない[25]。

著作権における複製権と同様，私的使用目的での録音・録画については，録音・録画権は制限され，代わりに実演家は補償金請求権を取得することになる（102条1項において30条1項・2項を準用）。

(2) 例 外

① 映画の著作物に録音・録画される実演の取扱い

映画の著作物に録音・録画された実演については，特別に権利が制約されている。すなわち，実演家がその実演を映画の著作物に録音・録画する

---

23) 田村523頁。
24) 加戸565頁。
25) 加戸565頁。もっとも，無許諾で撮影された写真の利用に対して，実演家は，パブリシティ権や肖像権侵害を主張しうる（東京地判昭和51年6月29日判時817号23頁〔マーク・レスター事件〕，東京高判平成3年9月26日判時1400号3頁〔おニャン子クラブ事件：控訴審〕など参照）。

第6章　著作隣接権

ことを許諾したときは，その実演の録音・録画物を増製する行為に対しては，録音・録画権の適用がない（91条2項）。映画の著作物に録音・録画される実演には，映画に出演した俳優の実演のみならず，映画音楽の歌唱・演奏者の実演も含まれる。

　映画の製作には多数の実演家が関与しているため，映画の著作物を増製する行為について個々の実演家の権利を認めると，権利処理が煩雑となり，映画の著作物の利用に支障を来すおそれがある。これでは，著作権法が，映画の著作権を映画製作者に一元的に帰属させ（29条），映画の著作物の円滑な利用を促進しようとした趣旨がまっとうされないことになる。そこで，著作権法は，映画の著作物の製作に参加する実演家に対して，実演を最初に映画の著作物に収録する段階で一括して録音・録画権を行使させ，その後，その録音・録画物を利用してビデオやDVDなどの複製物を増製する段階では権利行使を一切認めないこととした（ワン・チャンス主義）。これにより，映画の製作者は，実演家の許諾を得ることなく映画の著作物の複製物を製作することが可能となり，映画の著作物の円滑な利用が確保されることになる[26]。実演家としては，実演が最初に映画の著作物に収録される段階で，その後，録音・録画物が増製されることを見越して許諾をする必要がある（例えば録音・録画物が増製された場合の再協議条項や追加報酬条項を盛り込むなどの対応が考えられる）。

　ただし，映画の著作物に収録された実演も，影像を伴わずに，その音声のみを取り出して「録音物」を増製する行為については，実演家の録音権が及ぶことになる（91条2項括弧書）。上述の権利制限は，あくまで映画の著作物の円滑な利用を目的としたものであるから，映画の著作物にいったん収録された実演も，映画の著作物として増製されるのでない限り，実演家の権利行使を認めるべきであると考えられたのである。例えば，映画音楽や俳優の台詞のみを収録したサウンド・トラック版レコードの増製には演奏家や俳優の録音権が及ぶことになる。

26）　ちなみに，録音・録画物の増製行為一般について権利の発生が否定される結果，映画の著作物の海賊版についても，実演家は権利行使ができないことになる。海賊版に対しては実演家と映画製作者の利害が一致するため，映画製作者の著作権の行使を認めれば十分と考えられたのであろう（渋谷588頁参照）。

なお，本条の適用除外は，実演家が録音・録画に対し許諾を与えた場合に認められる。劇場用映画の場合は，その性質上，実演家が出演を承諾したことにより，当然に録音・録画の許諾を与えたということができるが，テレビ放送番組の場合には，テレビ放送に出演することを承諾しただけでは，一般にテレビ放送番組の録音・録画への許諾を与えたとはいえない（103条において63条4項を準用）。後述のとおり，放送事業者は，実演家から録音・録画の許諾を得ていなくても，実演の放送について許諾を得ていれば，その実演を放送するために録音・録画することはできるが（93条1項，102条1項，44条1項），放送局がその録音・録画物を用いて番組のDVD化等の二次利用を行う場合にはあらためて実演家の許諾を得る必要がある（93条2項，102条9項1号）。

② 放送のための固定

実演家は放送権（92条）を有するが，放送事業者が実演家から放送の許諾を得た場合には，その実演を放送のために録音・録画することが認められる[27]（93条1項）。放送局は事前に番組を録画して放送するのが通常であるが，放送のために実演を録音・録画するたびに，いちいち実演家の許諾を得なければならないというのは煩雑であるため，放送事業者の放送の便宜を優先し，実演の固定についての権利処理を不要としたものである。

ただし，放送許諾契約において別段の定めが置かれている場合や，許諾の対象となった放送番組と異なる内容の放送番組に使用する目的で録音・録画する場合には，本項が適用されない（93条1項但書）。また，放送事業者がいったん本項の適用を受けて作成した録音・録画物を目的外使用した場合には（例えば，放送番組をビデオ化・DVD化して販売するなど），権利制限の効果が否定され，許諾を要する録音・録画を行ったものとみなされる（93条2項）。

3 放送権・有線放送権（92条）

(1) 原 則

実演家は，自己の実演を放送または有線放送する排他的権利を有する

---

27) 有線放送についてはこのような特権はない。

第 6 章　著作隣接権

（92条）。放送（2条1項8号）および有線放送（2条1項9号の2）の内容は，著作権の場合と同様である。

(2)　例　外

実演家の放送権，有線放送権は，放送・有線放送事業者の便宜を図るために，大幅な制限が認められている。具体的には，① 放送される実演を有線放送する場合（92条2項1号），② 実演家の許諾を得て作成された録音・録画物を利用して実演を放送または有線放送する場合（92条2項2号イ），③ 実演家の許諾を得て映画の著作物に録音・録画された実演を利用して実演を放送または有線放送する場合（92条2項2号ロ）には，実演家の放送権・有線放送権は，適用されない[28]。いずれもワン・チャンス主義に基づくものである。

①は，放送の有線による同時再送信について実演家の権利が及ばないとするものである。実演家の排他権行使の相手を放送事業者に限定することにより，放送の有線による同時再送信が円滑に行われるように配慮したものといえる[29]。もっとも，有線放送事業者は，非営利かつ無償で行う場合を除き，実演家に相当な額の報酬を支払わなければならない（94条の2）。

②は，放送・有線放送事業者が実演家の許諾を得て作成された録音・録画物を用いて放送・有線放送を行う場合に実演家の権利が及ばないとするものである。実演家の排他権行使の機会を放送・有線放送に利用される録音・録画物の作成段階に限定することにより，放送・有線放送における実演の円滑な利用を確保することを意図したものといえる。

③は，放送・有線放送事業者が実演家の許諾を得て映画の著作物に録音・録画された実演を利用して放送・有線放送を行う場合に実演家の権利が及ばないとするものである。実演家の排他権行使の機会を放送・有線放送に利用される実演が最初に映画の著作物に収録される段階に限定するこ

---

28)　なお，92条2項2号イは，実演の録音・録画物一般を対象としているが，実演の録画物のほとんどは映画の著作物であり，映画の著作物は同号ロで権利制限が認められるため，録画物については事実上ほとんど意味のない規定となっている（田村526頁，530頁注1）参照）。

29)　92条2項1号は，「放送される実演を有線放送する場合」一般について適用除外を認めているから，実演家の許諾を得ずに放送される実演を有線放送する場合でも，実演家の有線放送権は及ばないことになる。

とにより，放送・有線放送における映画の著作物の円滑な利用を確保することを意図したものといえる[30]。

　また，放送の許諾を得た者が適法に作成した録音・録画物（93条1項参照）を用いてするリピート放送（94条1項1号），その者から当該録音・録画物の供給を受けて行うテープネット放送（94条1項2号），および，放送の許諾を得た者から番組の供給を受けて行うマイクロネット放送（94条1項3号）については，契約に別段の定めがない限り，実演家の放送権が働かない[31]。放送事業者が同一番組の放送を円滑に行うことができるように配慮したものである（ワン・チャンス主義）[32]。ただし，その代償として，放送事業者は，実演家に相当な額の報酬を支払わなければならない（94条2項）。報酬の支払主体は原放送事業者である。

(3)　商業用レコードが放送・有線放送された場合の二次使用料請求権

　実演家の許諾を得て作成された録音物を用いて実演を放送・有線放送する場合には，実演家の権利は働かないが（92条2項2号イ），録音物の中でも，商業用レコードを用いて実演の放送・有線放送が行われた場合，実演家は，二次使用料請求権を取得する[33]（95条1項）。商業用レコードとは，一般に，CD等の市販の目的をもって製作されるレコードの複製物をいうが（2条1項7号），本条の「商業用レコード」には「送信可能化されたレコード」が含まれるため（95条1項第2括弧書参照），CD等を介さず，インターネット等から直接配信される音源（配信音源）を用いて放送，有線放

---

30)　②は，実演家の許諾を得て作成された録音・録画物を放送等に利用する場合に適用除外を認めるものであるから，実演家の許諾を得て作成された録音・録画物から許諾を得ずに増製された録音・録画物が放送に利用される場合には適用除外が認められないが，③は，実演家の許諾を得て映画に収録された実演の録音・録画物を放送等に利用する場合に適用除外を認めるものであるから，実演家の許諾を得ずに増製された録音・録画物が放送に利用される場合にも適用除外が認められることになる（加戸572～573頁）。

31)　現在の民間テレビ放送では，東京の民放各局（キー局）と地方の放送局（ネット局）との間でネットワーク協定が締結され，キー局が番組を制作してネット局に送付し，系列全体で同一番組が放送されるようになっている。キー局からネット局への番組の提供の形態としては，番組が固定されたテープやハードディスクなどの記録媒体を提供する方法（＝テープネット放送）と，マイクロ波や光ファイバー回線で番組を伝送する方法（＝マイクロネット放送）がある。

32)　有線放送についてはこのような特権はない。

33)　ただし，非営利かつ無料で行われる有線放送による同時再送信（受信障害対策で行われる有線放送など）には支払義務はない（95条1項第3括弧書参照）。

第 6 章　著作隣接権

送する場合にも，実演家の二次使用料請求権が発生することになる。本条
は，もともと商業用レコードを用いた放送や有線放送が実演家の生演奏に
代替し，実演家の収入が減少すること[34)]への対策として導入されたものと
されるが[35)]，放送や有線放送には広告宣伝効果があり，実演が放送・有線
放送されることで実演の人気が上昇し，実演家も利益を得るという関係に
あるため，現在では，本条は実演家の収入減少を補てんする制度というよ
りは，放送・有線放送事業者が実演を利用して得た利益の一部を実演家に
還元する制度として理解すべきであろう[36)]。二次使用料請求権の存続期間
は，著作隣接権の存続期間と同一である（95 条 1 項第 4 括弧書）。

　二次使用料請求権は，文化庁長官が指定する団体があるときは，その団
体によってのみ権利行使が可能である（95 条 5 項）。そのような団体とし
て，公益社団法人日本芸能実演家団体協議会（芸団協）が指定されてい
る[37)]。二次使用料請求権は放送・有線放送に利用された実演の実演家個人
に発生する権利であるが[38)]，放送・有線放送では日々大量の実演が利用さ
れており，実演家個人に権利を行使させると，円滑な放送・有線放送を行
うことが困難となるため，団体による集中的，包括的な権利行使が望まし
いと考えられたのである。二次使用料の額は，芸団協と放送事業者または
その団体との毎年の協議により定められることとなっている（95 条 10 項）。
協議が成立しないときは，文化庁長官に裁定を求めることができる（95 条
11 項）。

---

34)　こうした状況を，レコードという機械的手段の登場により実演家の失業が発生するとい
　　う意味を込めて，「機械的失業（technological unemployment）」と呼ぶ。

35)　加戸 591 頁参照。

36)　中山 678 頁参照。

37)　実際の業務は，芸団協の内部組織である実演家著作隣接権センター（CPRA）が行って
　　いる。

38)　本条を実演家の機械的失業対策の規定と捉えるならば，他人の実演が録音された商業用
　　レコードの放送，有線放送がすべての実演家の生演奏に代替する可能性がある以上，商業用
　　レコードに録音された実演の実演家に限らず，すべての実演家が二次使用料請求権を有する
　　と解釈することもあながち不合理ではないが，著作権法は，放送，有線放送された商業用レ
　　コードに録音された実演の実演家に二次使用料請求権が帰属することを明記しているため
　　（95 条 1 項参照），現行法の解釈として，商業用レコードに録音されていない実演家が二次
　　使用料請求権を有すると解することは困難であろう（東京地判昭和 57 年 5 月 31 日無体裁集
　　14 巻 2 号 397 頁〔芸団協事件：第一審〕，東京高判昭和 60 年 2 月 28 日無体裁集 17 巻 1 号
　　17 頁〔同・控訴審〕）。

4 送信可能化権（92条の2）

(1) 原 則

実演家は，その実演を送信可能化（2条1項9号の5）する権利を専有する（92条の2第1項）。著作権とは異なり，自動公衆送信一般ではなく，送信可能化についてのみ権利が認められている。その理由は，WIPO実演・レコード条約が認める範囲内での立法を行ったからだとされる（同条約10条参照）。

(2) 例 外

送信可能化権についても，放送・有線放送権と同じく，ワン・チャンス主義による適用除外規定が設けられている（92条の2第2項）。すなわち，送信可能化権は，実演家の許諾を得て作成された実演の録画物を用いて送信可能化する場合（同項1号），および，実演家の許諾を得て映画の著作物に録音・録画された実演を用いて送信可能化する場合（同項2号）には，適用されない[39]。ただし，放送・有線放送権の場合と異なり，実演の録音物の送信可能化については，権利が制限されていない。つまり，録音物を送信可能化する場合には，あらためて実演家の許諾が必要となる。

> ### ステップアップ　ウェブキャスティングの位置づけ
>
> 　近年，欧米では，ウェブキャスティングと呼ばれる音楽配信サービスが急速に浸透しつつある。ウェブキャスティングとは，ラジオ型のインターネットストリーミングサービス（事業者の作成した番組編成に基づき予定された時間にインターネットを通じて音楽が配信されるサービス）のことである。最近では，個々の利用者の意見をあらかじめ聴取し，個々の利用者の趣向に合わせた楽曲を推薦するというサービスも登場し，人気を集めている。しかし残念なことに，我が国ではこのようなウェブキャスティングが活発に行われているとは言い難い。その理由の1つは著作権法にある。我が国の著作権法においては，ウェブキャスティングは，オンデマンドのストリーミングサービスと同様，「自動公衆送信」と捉えられ[40]，実演家やレコード

---

39) なお，平成18年改正により，放送される実演は，専ら当該放送に係る放送対象地域において受信されることを目的として送信可能化をすることができることとなった（102条5項）。いわゆるIPマルチキャスト放送について権利の制限を認めた規定である。ただし，非営利かつ無償で行う場合を除き，実演家に相当な額の補償金を支払う必要がある（102条6項）。

40) 我が国著作権法は，「公衆送信のうち，公衆からの求めに応じ自動的に行うもの」を「自

第6章　著作隣接権

製作者の送信可能化権が適用されると解されているため，これらの権利者から許諾を得ない限り，サービスを適法に行うことができない[41]。しかし，我が国では，実演家やレコード製作者の権利について著作権のような集中管理が行われておらず，配信事業者がサービスを開始するためには個別に権利者から許諾を得ることが必要となるため，権利処理に相当な困難を伴う上に，レコード製作者が配信事業者にライセンスを付与することに消極的であることもあって，ウェブキャスティングがなかなか円滑に行われないという状況にある[42]。

　この点，WIPO 実演・レコード条約では，ウェブキャスティングは，排他的権利の対象となる「送信可能化」（同条約14条）ではなく，報酬請求権の対象となる「公衆への伝達」（同条約15条1項）として位置づけられており，欧州の多くの国も，ウェブキャスティングを「放送」ないし「公衆への伝達」に位置づけ，実演家やレコード製作者に報酬請求権のみを付与している[43]。一方，アメリカでは，ウェブキャスティングにも実演家およびレコード製作者の権利が及ぶものの，一定の要件の下に法定使用許諾（compulsory license）が認められている[44]。このように欧米では，ウェブキャスティングについては，配信事業者が権利者から個別に許諾を得ることなくサービスを提供することが可能となっており，配信事業者が得た収益が集中管理団体を通して実演家やレコード製作者に公平に配分されるスキームが確立している。ウェブキャスティングは，CD 等のパッケージ・ビジネスが衰退する中で，それに代替する新たなビジネスモデルを提供するものである。我が国においても，欧米の諸制度を参考にしつつ，ウェブキャスティングを円滑に行うことを可能とし，かつ，それによって生じた収益の一部が実演家等にも適切に還元されるための仕組みを構築することが求められている[45]。

動公衆送信」と定義しているところ（2条1項9号の4），ウェブキャスティングも，利用者からのアクセスを受けてサーバから利用者の端末に楽曲を送信するものであり，利用者のアクセスなしに利用者の手元まで同時に楽曲を届けるものではないから，「自動公衆送信」にあたると解されている（前田・前掲注21）235頁など参照）。

41)　前掲注21）で述べたように，実演家の著作隣接権は，実務上は，実演家からレコード製作者に譲渡されていることが一般的であるため，配信事業者は，レコード製作者から実演の送信可能化の許諾を得ればよいことになる。

42)　安藤和宏「音楽配信ビジネスの現状と課題」高林龍ほか編『年報知的財産法 2014』（日本評論社，2014年）4頁参照。

43)　日欧の「送信可能化」と「利用可能化」の解釈の相違について，詳しくは，上野達弘「公衆への利用可能化権に関する国際的検討——アンブレラ・ソリューションの光と影」高林龍ほか編『年報知的財産法 2013』（日本評論社，2013年）25頁参照。また，欧州のウェブキャスティングをめぐる実演家の権利保護の現状について，君塚陽介「欧州におけるウェブキャスティングをめぐる実演家の権利と現状」高林ほか編・前掲注 42）25頁参照。

44)　アメリカのウェブキャスティングをめぐる実演家の権利保護の現状について，黒田智昭「音楽配信に関する米国著作権法制度の概要と実演家の権利——ウェブキャスティングと集中管理を中心に」高林ほか編・前掲注 42）16頁参照。

45)　上野・前掲注 43）30頁は，日本法の現行制度が日本におけるインターネット放送の発展

第2節　実演家の権利　Ⅲ　実演家の著作隣接権の内容

5　譲渡権（95条の2）

(1)　原　則

実演家は，その実演をその録音物または録画物の譲渡により公衆に提供する権利を専有する（95条の2第1項）。実演の録音・録画物の譲渡は，実演の重要な経済的利用行為の1つであり，WIPO実演・レコード条約においても，レコードに固定された実演について譲渡権が認められたことから（同条約8条1項），我が国においても，平成11年改正により，譲渡権が創設されるに至った。

(2)　例　外

譲渡権は，①実演家の許諾を得て録画された実演（95条の2第2項1号），②実演家の許諾を得て映画の著作物に録音・録画された実演（同項2号）には適用されない。ワン・チャンス主義に基づくものである[46]。

実演の録音・録画物が国内外においていったん適法に譲渡された場合には，以後，当該録音・録画物を再譲渡する行為については，実演家の譲渡権の効力が及ばない（95条の2第3項各号）。譲渡権の消尽を認めたものである（消尽の趣旨については，第5章参照）。

6　商業用レコードの貸与権（95条の3）

(1)　権利の内容

実演家は，その実演が録音されている商業用レコードを貸与することにより，その実演を公衆に提供する権利を専有する（95条の3第1項）。著作権の場合と同様，レンタルレコード業の急激な発達に伴い，商業用レコードの貸与が実演の重要な経済的利用の手段と考えられるようになってきたため，昭和59年の改正により，貸与権が創設されることとなった（詳し

を阻害する要因となっているとすれば，将来的には，諸事情を考慮しながらも，制度の再構成が検討されるべきとする。

[46]　実演家の許諾を得て録音された実演については適用除外が認められていないが，これは，WIPO実演・レコード条約が録音物の譲渡権の権利制限を消尽の場合に限定しているからである（同条約8条2項）。ただし，実演家が録音物の作成を許諾した場合には，当該録音物に関する限り，同時に譲渡の許諾もあったと解することができる場合が多く，その場合には譲渡権が消尽するため（95条の2第3項1号），実際上大きな差があるわけではない。

第6章　著作隣接権

くは，第5章参照）。著作権における貸与権は複製物全般に及んでいたが，実演家の貸与権の客体は商業用レコードに限られており，レンタルビデオやDVDなど，映画の著作物に録音・録画された実演には貸与権は認められていない。これは，映画の二次利用を円滑に行うためのワン・チャンス主義に由来するものである[47]。

また，著作権者の貸与権と同様，非営利かつ無償の貸与については，権利が制限される（102条1項，38条4項）。

(2) 期間経過商業用レコードの報酬請求権

貸与権については，商業用レコードの最初の販売日から1年という権利行使期間が定められており（95条の3第2項，施行令57条の2），権利行使期間の経過後は，実演家は，報酬請求権のみを取得する[48]（95条の3第3項）。新作発売直後の貸与は新作の販売と直接競合し，新作の売上に大きな影響をもたらすが，発売後一定期間を経過すれば，新作の販売との競合も薄れ，貸与が新作の売上に及ぼす影響も軽微なものとなることから，新作販売直後の期間のみ排他権の行使を認め，後は，実演の利用の方を優先し，報酬請求権にとどめることとしたのである[49]。本条の報酬請求権は，商業用レコードの二次使用料の場合の指定管理団体（現在は，日本芸能実演家団体協議会〔芸団協〕）によって行使することが可能である（95条の3第5項）。

---

47)　加戸617頁は，「映画の著作物に複製された実演については，その映画の利用について録音・録画権，放送権，有線放送権などが原則として及ばないこととのバランスからみると，貸ビデオについて実演家の権利を認めることは困難である」と述べている。

48)　発売日から1年の権利行使期間が満了した商業用レコードは「期間経過商業用レコード」と呼ばれる（95条の3第2項）。

49)　実演家は，発売から1年間は，貸与権をフルに行使し，貸与を一切禁止することも可能であるが，実際には，邦盤については，発売後1年以内の新譜も貸与が行われている。これは，業界団体（日本コンパクトディスク・ビデオレンタル商業組合）と権利者団体（芸団協）との合意に基づき，アルバムについては最長3週間，シングルについては最長3日間に限って貸与を禁止し，以降は，許諾料の支払により貸与を可能とする運用が行われているからである。しかし，洋盤については，海外の権利者が1年間フルに貸与権を行使しているため，発売から1年間新譜の貸与が禁止されている。

第3節　レコード製作者の権利

I　権利の客体と主体

1　レコード

　著作隣接権の客体となる「レコード」とは，物に固定されている音源をいう（2条1項5号）。録音媒体は何でもよい。LPやSP等のアナログレコードのほか，CDやCD-ROM，さらにはUSBメモリ等の携帯用メモリカードなども「レコード」に含まれる。ただし，音を専ら影像とともに再生することを目的としたもの（録画物や映画の著作物）は除く。

　レコードが我が国著作権法の保護を受けるためには，著作権法8条の「保護を受けるレコード」に該当する必要がある。「保護を受けるレコード」とは，①日本国民をレコード製作者とするレコード（1号），②音が最初に国内で固定されたレコード（2号），③我が国が条約上保護義務を負うレコード[50]（3号～6号）である。

2　レコード製作者

　著作隣接権の主体となる「レコード製作者」とは，レコードに固定されている音を最初に固定した者をいう（2条1項6号）。実演家の生演奏から最初に原盤（マスターレコード）を作成した者がこれにあたる。原盤の再生音を録音した者や原盤からリプレスなどの方法で増製した者は，レコード製作者とはならない。原盤の製作には，設備や機材の準備等，多額の費用が必要となることが多いため，レコード製作者の投資保護の観点から著作隣接権による保護が認められたのである。

　このように，レコード製作者の著作隣接権が投資の保護を目的としたものであることから，レコード製作者として保護すべき者は，自らの責任と

---

50)　我が国にレコードの保護義務を課している条約としては，ローマ条約（3号），WIPO実演・レコード条約（4号），TRIPS協定（5号），レコード保護条約（6号）がある。

第 6 章　著作隣接権

計算においてレコード製作に従事した者ということになる[51]。例えば，レコード会社の従業員が職務としてレコードを製作した場合，物理的に音を固定したのは当該従業員であるが，原盤製作の責任と費用を負担しているのはレコード会社であるため，レコード会社がレコード製作者となる[52]。

Ⅱ　レコード製作者の権利の内容

レコード製作者は，著作隣接権として，複製権（96 条），送信可能化権（96 条の 2），譲渡権（97 条の 2 第 1 項），貸与権（97 条の 3 第 1 項）を有する。公に行われる録音物の再生による上演・演奏等については，権利が認められていない。また，レコード製作者は，金銭的請求権として，商業用レコードの二次使用料請求権（97 条 1 項），貸与報酬請求権（97 条の 3 第 3 項），私的録音録画補償金請求権（102 条 1 項，30 条 2 項），いわゆる IP マルチキャスト放送による放送の同時再送信に係る補償金請求権（102 条 7 項・6 項）を有する。

1　複製権

レコード製作者は，そのレコードを複製する権利を専有する（96 条）。「複製」は，音源を「有形的に再製」する行為全般に及ぶ（2 条 1 項 15 号）。同種の媒体への増製（リプレス）のみならず，CD の再生音をメモリカードに記録するなど異種媒体への複製や，CD の再生音を映像とともにビデオや DVD に固定することも複製にあたる。また，実演家の場合と異なり，レコード製作者は，レコードが映画の著作物に収録された場合も複製権を有しているから，映画の著作物の増製に対して権利行使することが可能である。

レコード製作者には翻案権は認められていないが，音源を同じくする限り，多少の修正・増減が加えられても，複製権の効力が及ぶと解すべきで

---

51)　東京地判平成 19 年 1 月 19 日判時 2003 号 111 頁〔THE BOOM 事件〕，知財高判平成 26 年 4 月 18 日判例集未登載（平 25 ㈹第 10115 号）〔原判決（東京地判平成 25 年 11 月 20 日判例集未登載〔平 24 ㈵第 8691 号〕）を引用〕〔I'm a woman Now-MIKI-事件〕参照。
52)　加戸 30 頁参照。

240

ある[53]。

　レコード製作者の複製権はあくまでレコード製作者が現実に固定した音源の複製行為に及ぶものであるから，既存のレコードと実演家や楽曲が同じでも，別途，生演奏から録音が行われる場合には，複製権は及ばない。

　私的使用目的での複製については権利が制限され，代わりに，レコード製作者は私的録音録画補償金請求権を取得する（102条1項において30条1項・2項を準用）。

2　送信可能化権

　レコード製作者は，そのレコードを送信可能化する権利を専有する（96条の2）。レコードを送信可能化するためには，サーバにレコードの音のデータが蓄積されることが多いため，通常は，レコード製作者の複製権も重畳的に働くと考えられるが[54]，ウェブキャスティングなど，複製を伴わない送信可能化が行われた場合には，送信可能化権も独自の意味を有することになる[55]。なお，実演家の場合と異なり，レコード製作者はレコードが録画物や映画の著作物に録音された場合も送信可能化権を有しているため，レコードが録音された映画の著作物の送信可能化に対して権利行使が可能である。

3　商業用レコードの放送等に対する二次使用料請求権

　著作権法は，レコード製作者に対して，放送・有線放送権を認めていない。これは，公共性を有する放送・有線放送の便宜を図ったものである。ただし，レコード製作者は，商業用レコードを用いた放送または有線放送

---

53)　田村532頁参照。大阪地判平成30年4月19日判時2417号80頁〔ジャコ音源事件〕は，「ある固定された音を加工する場合であっても，加工された音が元の音を識別し得るものである限り，なお元の音と同一性を有する音として，元の音の『複製』であるにとどま」るとする。

54)　東京地決平成14年4月9日判時1780号71頁〔ファイルローグ事件仮処分事件Ⅱ〕参照。

55)　なお，実演家の場合と同様，放送されるレコードは専ら当該放送に係る放送対象地域において受信されることを目的として送信可能化することができるが，非営利かつ無償で行う場合を除き，レコード製作者に相当な額の補償金を支払う必要がある（102条7項で102条5項・6項を準用）。

につき，二次使用料を受ける権利を有する[56]（97条1項）。本条の「商業用レコード」には「送信可能化されたレコード」が含まれるため（95条1項第2括弧書参照），配信音源を用いて放送，有線放送する場合にも，レコード製作者の二次使用料請求権が発生することになる。レコードの使用が放送事業者の収益に大きく貢献している以上，放送事業者がレコード製作者にその収益の一部を還元するのが衡平に資すると考えられたことによる[57]。

二次使用料請求権は，実演家の場合（95条5項）と同様，文化庁長官が指定する団体があるときは，その団体によってのみ権利行使が可能であるとされており（97条3項），そのような団体として，一般社団法人日本レコード協会が指定されている。その趣旨は，権利の集中的・包括的な行使により，二次使用料の徴収・分配手続の効率化を図ることにある。その他，指定団体を通じた二次使用料請求権の行使については，実演家の規定がそのまま準用されている（97条4項，95条6項～14項）。

4 譲渡権

レコード製作者は，そのレコードを複製物の譲渡により公衆に提供する権利を専有する（97条の2第1項）。ただし，レコードの取引の安全のために，権利の消尽の規定が設けられている（97条の2第2項）。

5 貸与権

レコード製作者は，そのレコードが複製されている商業用レコードを貸与することにより，そのレコードを公衆に提供する権利を専有する（97条の3第1項）。ただし，貸与権の行使期間は，商業用レコード発売から最長1年に限られており（97条の3第2項），権利行使期間の経過後は，報酬請求権のみが認められている（97条の3第3項）。報酬請求権は，指定団体による集中的・包括的な権利行使が予定されている。その趣旨は実演家の貸与権の場合と同様なので，詳しくは本章第2節Ⅲ6を参照のこと。商業用

---

56) ただし，非営利かつ無料で行われる有線放送の同時再送信（受信障害対策で行われる有線放送など）には支払義務はない（97条1項第1括弧書参照）。
57) 加戸628頁参照。

レコードの二次使用の場合と同じく，一般社団法人日本レコード協会[58]が指定されている。指定団体による徴収業務に関しては，実演家の権利の規定が準用されている（97条の3第5項，95条6項〜14項）。

第4節　放送事業者の権利

I　権利の客体と主体

1　放送に係る音や影像

放送事業者の権利の客体は，ある特定の放送（2条1項8号）により送信された音や影像である[59]。音や影像そのものが保護の対象となるわけではない。例えば，同一の音や影像であっても，異なる放送局から送信されれば，別個の放送となり，また，同一放送局が別の機会に同一の音や影像を送信する場合にも，別個の放送となる。

放送が我が国著作権法の保護を受けるためには，著作権法9条の「保護を受ける放送」に該当する必要がある。「保護を受ける放送」とは，①日本国民を放送事業者とする放送（1号），②国内にある放送設備から行われる放送（2号），③我が国が条約上保護義務を負う放送[60]（3号・4号）である。

2　放送事業者

隣接権の主体となる放送事業者とは，放送（2条1項8号）を業として行う者（2条1項9号）をいう。レコード製作者とは異なり，放送を業として

---

58)　実演家の貸与権の場合と同様，邦盤に関しては，業界団体（日本コンパクトディスク・ビデオレンタル商業組合）と権利者団体（日本レコード協会）との合意に基づき，貸与権行使期間においても，一定の許諾料を支払うことで新譜の貸与が可能となっている。一方，洋盤については，海外のレコード製作者が1年間フルに貸与権を行使しているため，新譜の貸与は認められない。

59)　加戸640頁参照。

60)　我が国に放送の保護義務を課している条約としては，ローマ条約（3号），TRIPS協定（4号）がある。

第6章　著作隣接権

行う者のみが放送事業者となる。テレビ放送局，ラジオ放送局などがこれにあたる。業として放送を行う者であれば，法人に限らず，個人も放送事業者となりうる。放送免許の有無は問わない。放送事業は番組の制作・編成などで多大な投資を要するため，隣接権者としての保護が認められている。放送事業者が制作した番組が著作物である場合，放送事業者は隣接権者として保護されると同時に著作者としても保護されることになる。

Ⅱ　放送事業者の権利の内容

放送事業者は，著作隣接権として，複製権（98条），再放送権・有線放送権（99条），送信可能化権（99条の2），テレビジョン放送の伝達権（100条）を有する。特別な金銭的請求権は認められていない。実演家やレコード製作者と異なり，私的録音録画補償金請求権も認められていない。

1　複製権

放送事業者は，その放送またはこれを受信して行う有線放送を受信して，その放送に係る音または影像を録音・録画または写真その他これに類似する方法により複製する権利を専有する（98条）。本条の対象となるのは，放送の録音・録画と写真による複製である。

録音・録画は，物への最初の固定に加えて，録音・録画物の増製も含むから（2条1項13号・14号），いったん作成した録音・録画物をもとに再録音・録画する場合にも権利の効力が及ぶことになる。

放送の写真による複製とは，直接テレビ画面を写真撮影したり，連続影像データから静止画データとして複製することなどをいう[61]。これらの写真をさらにコピーする行為も，複製にほかならないから，権利の対象となる。

放送事業者の複製権は，放送を受信して行う再放送[62]から複製する行為

---

61)　加戸643頁参照。例えば，音楽テレビ番組でアイドルが歌唱しているシーンを写真撮影した場合，実演家の権利は侵害しないが，放送事業者の権利を侵害することになる。

62)　再放送とは，日常用語では，一度放送した番組を再度放送すること（リピート放送）をいうが，著作権法上の「再放送」とは，これとは異なり，放送を受信して行う放送のことをいう。

にまでは及ばない。再放送からの複製については再放送事業者が隣接権者として権利を有しているため，原放送事業者に再放送権（99条1項）を認めておけば，原放送事業者は再放送からの複製に対して再放送事業者に権利を行使させることにより，事実上，自身の利益を確保することが可能となるからである（ワン・チャンス主義）。これに対して，放送を受信して行う有線放送からの複製については，放送事業者の複製権が及ぶ。放送を受信して有線放送を行う者には隣接権者としての保護が認められていないため（9条の2第1号括弧書），有線放送事業者の権利を介して放送事業者の利益を確保するということが不可能だからである。

2　再放送権および有線放送権

(1)　原　　則

放送事業者は，その放送を受信して，これを再放送または有線放送する権利を専有する（99条1項）[63]。

放送事業者の再放送権・有線放送権の効力は，著作物の公衆送信権とは異なり，放送の再放送・有線放送にのみ及び，放送を受信して行われる再放送または有線放送を受信してさらに行われる再々放送や再有線放送にまでは及ばない（ワン・チャンス主義）。放送の再放送を受信して行われる再々放送に関しては，再放送事業者が隣接権者として権利行使をなしうるため，再放送事業者の権利行使を介して，原放送事業者の利益が保護されることになる。しかし，放送を受信して行う有線放送には著作隣接権が認められず（9条の2第1号括弧書参照），かかる有線放送を受信した再放送や再有線放送については，有線放送事業者の権利を介して，原放送事業者の利益を保護するということは期待できないため，立法論的には，放送事業者に，放送の有線放送を受信して行う再放送や再有線放送に対して権利を認

---

[63]　本条に関しては，放送を同時に再放送・有線放送する場合に限り適用されるとする説と（田村536頁），放送を固定して異時に再放送・有線放送する場合にも適用されるとする説（加戸644頁，作花502頁）との対立がある。固定物を用いた異時再放送等に権利が及ばなくても，放送事業者は固定の段階で複製権侵害を主張しうるが（中山694〜695頁），固定物が第三者に譲渡された場合には，放送事業者は譲渡先に対して複製権侵害を主張できないため，譲渡先の再放送等に対し放送事業者の権利行使を可能とするためには，固定物を用いた再放送等も本条の対象になると解しておくべきであろう。

第6章　著作隣接権

めることも検討に値しよう[64]。

(2)　例　外

　放送事業者の有線放送権は，放送を受信して行う有線放送が法令により
義務づけられている場合には適用されない（99条2項）。受信障害区域に
おける有線テレビジョン放送事業者はその区域内での全テレビジョン放送
を受信して同時に再送信する義務を負っているが（放送140条1項），この
義務の履行として行う有線放送については，放送事業者の隣接権が働かな
いものとしたのである[65]。

　また，時事問題に関する論説等や政治上の演説等について著作物の放送，
有線放送が認められる場合（39条1項，40条1項・2項）には，これらを受
信して行う有線放送等[66]について権利が制限される（102条8項）。39条1
項等の規定は，公益性のある著作物を公衆に広く周知・徹底させるために
著作権者の公衆送信権の行使を制限して放送事業者に著作物を自由に放
送・有線放送させることにしたものであり，同様の趣旨から，放送事業者
の著作隣接権についても制限すべきと解されたものである[67]。しかし，39
条1項等の適用がある場合でも，放送を受信して行う再放送については，
放送事業者の著作隣接権は制限されていない。これは，一般に放送は有線
放送に比べてより広範囲の公衆に伝達することが可能であるため，放送の
再放送に放送事業者の権利が及ばないとすると，放送事業者に及ぼす影響
があまりに大きいと考えられたことによる[68]。

3　送信可能化権

　放送事業者は，その放送またはこれを受信して行う有線放送を受信して，
その放送を送信可能化する権利を専有する（99条の2）。放送を固定して送
信可能化する場合には放送事業者は複製権を行使しうるが，放送と同時に

---

64)　半田＝松田226頁，215頁［上原伸一］参照。

65)　これに対し，著作権の場合は，非営利かつ無償の場合に限り，放送される著作物を有線
　放送する行為について権利が制限されることに注意を要する（38条2項）。

66)　影像を拡大する特別の装置を用いた公の伝達（100条）や放送対象地域において受信さ
　れることを目的とした放送の送信可能化（99条の2）についても権利が制限される。

67)　加戸677頁参照。

68)　加戸677〜678頁参照。

246

送信可能化する場合には，放送事業者は何ら権利行使をなしえないため，送信可能化権が別途認められている[69]。

放送事業者の送信可能化権は，放送を受信して自動公衆送信を行うことが法令上義務づけられている場合には適用されない（99条の2第2項）。いわゆるIPマルチキャスト放送によりテレビジョン放送の送信を行っている事業者は，有線放送事業者と同様に，放送法上，受信障害区域において全テレビジョン放送を受信し同時再送信する義務を負っているため[70]（放送140条1項），この義務の履行として行う送信可能化について放送事業者の隣接権が働かないものとしたのである。

4　テレビジョン放送の伝達権

放送事業者は，そのテレビジョン放送またはこれを受信して行う有線放送を受信して，影像を拡大する特別の装置を用いて，その放送を公に伝達する権利を専有する（100条）。著作権における伝達権（23条2項）に相当する権利であるが，著作権の場合は，ラジオ放送などの伝達行為一般に及ぶのに対して，放送事業者の伝達権の場合は，テレビ放送に限定されている点に違いがある。

放送事業者の伝達権は，大型プロジェクタや超大型テレビ受像機など「影像を拡大する特別の装置」を用いて伝達する場合にのみ及び，通常の家庭用受信装置を用いて伝達する行為には及ばない。要するに，本来テレビ放送が予定している利用の範囲・程度を超えて一種の映画的利用がなされる場合に限って，放送事業者の権利を認めたものとされる[71]。こうした行為は，一度に大多数の公衆に放送を提供する効果を有する点で，放送の再放送や有線放送と同様の効果を有するため，再放送権・有線放送権とならび，テレビジョン放送の伝達権を創設したものである[72]。

---

69)　なお，前掲注63）で述べたとおり，本条に関しても，固定物を用いた送信可能化行為を含むと解すべきである。同旨，大阪高判平成19年6月14日判時1991号122頁〔選撮見録事件：控訴審〕参照。

70)　放送法上は，IPマルチキャスト事業者も有線放送事業者と同様に「一般放送事業者」とされ，放送法140条の放送の同時再送信義務に服することになる。

71)　加戸651頁参照。

72)　田村537頁参照。

第6章　著作隣接権

　なお，著作権における伝達権の場合は，非営利かつ無料であれば，影像を拡大する特別の装置を用いて伝達する行為に権利の効力が及ばないが（38条3項），放送事業者の伝達権は，非営利かつ無料の場合にも権利の効力が及ぶという点に注意する必要がある（102条において38条3項が準用されていない）。

第5節　有線放送事業者の権利

I　権利の客体と主体

1　有線放送に係る音・影像

　有線放送事業者の権利の客体は，ある特定の有線放送（2条1項9号の2）により送信された音や影像である。音や影像そのものが保護の対象となるわけではない。例えば，同一の音や影像であっても，複数の者が有線放送すれば，それぞれ別個の有線放送となる。

　有線放送の中でも，放送を受信してする有線放送については，受信した放送をそのまま流すだけで，独自の番組制作が行われていないことから，隣接権の保護の客体とはならない（9条の2第1号括弧書）。

　有線放送が我が国著作権法の保護を受けるためには，著作権法9条の2の「保護を受ける有線放送」に該当する必要がある。「保護を受ける有線放送」とは，①日本国民を有線放送事業者とする放送（1号），②国内にある有線放送設備から行われる有線放送（2号）である[73]。

2　有線放送事業者

　有線放送事業者とは，有線放送を業として行う者をいう（2条1項9号の3）。CATV（ケーブルテレビ）や，有線音楽放送局などがこれにあたる。もともと，有線放送事業は，放送の受信障害区域解消のための放送の同時再

---

[73]　なお，条約上，有線放送事業者の権利の保護を定めたものはない。

248

送信を目的とした限定的なメディアにすぎなかったため，現行法制定当時は著作隣接権による保護が与えられていなかった。しかし，近年では，都市型CATVのように自主制作番組を有線放送するなど，放送事業と同様の活動実態を有するようになったことから，昭和61年改正により，有線放送事業者も隣接権者として保護されるようになった。

Ⅱ　有線放送事業者の権利の内容

有線放送事業者は，著作隣接権として，複製権（100条の2），放送権・再有線放送権（100条の3），送信可能化権（100条の4），有線テレビジョン放送の伝達権（100条の5）を有する。特別な金銭的請求権は認められていない。実演家やレコード製作者と異なり，私的録音録画補償金請求権も認められていない。

1　複製権

有線放送事業者は，その有線放送を受信して，その有線放送に係る音，影像を録音，録画，または写真その他これに類似する方法により複製する権利を専有する（100条の2）。有線放送事業者の複製権は，有線放送を直接受信して複製する行為に限定されており，有線放送を受信してする放送ないし有線放送から複製する行為には及ばない（ワン・チャンス主義）。有線放送を受信してする放送や再有線放送については，それぞれ放送事業者・再有線放送事業者が自身の隣接権を行使することで，その有線放送事業者の利益を確保することが可能だからである。その他，権利の具体的な内容については，本章第4節Ⅱ1を参照されたい。

2　放送権および再有線放送権

有線放送事業者は，その有線放送を受信してこれを放送，再有線放送する権利を専有する（100条の3）。権利の具体的な内容については，本章第4節Ⅱ2を参照されたい。ただし，有線放送については，放送とは異なり，その再送信を義務づける法令が存在しないため，99条2項のような適用除外規定は置かれていない。

第6章　著作隣接権

3　送信可能化権

有線放送事業者は，その有線放送を受信してこれを送信可能化する権利
を専有する（100条の4）。権利の具体的な内容については，本章第4節Ⅱ3
を参照されたい。

4　有線テレビジョン放送の伝達権

有線放送事業者は，その有線テレビジョン放送を受信して，影像を拡大
する特別の装置を用いてその有線放送を公に伝達する権利を専有する
（100条の5）。権利の具体的な内容については，本章第4節Ⅱ4を参照され
たい。

第7章

権利の活用

　著作権は著作物の利用に関する排他的独占権であり，著作権者は，著作権法により認められた範囲内で，著作物を独占的に利用することが保障されている。著作権者は他者の利用を排除して自ら著作物を利用して収益を上げることもできるが，書籍の出版やレコードの製作の例に見られるように，多くの場合，著作権者は，出版社やレコード会社等の専門的な事業者に著作物の利用を許諾し，または，著作権を譲渡するなどして対価を得ることになる。そこで，著作権法は，著作物の利用許諾や権利の譲渡などに関して一定のルールを設けている。また，著作権法は，共同著作物のように同一著作物に複数の権利者が存在する場合に，権利者相互の利害を調整し，権利の有効活用を図るための一定のルールを設けている。

　本章では，これらの権利の活用に関するさまざまなルールを学ぶことにする。

第1節　利用許諾
　I　債権的利用許諾
　II　出版権
第2節　譲渡
　I　総説
　II　一部譲渡
　III　譲渡の範囲
　IV　対抗要件としての登録
　V　相続人不存在の場合等における
　　　著作権の消滅
第3節　担保権の設定
　I　総説
　II　質権
第4節　著作権の管理
　I　集中管理
　II　信託

第5節　裁定による利用権の設定
　I　総説
　II　著作権者不明等の場合における
　　　著作物の利用（67条）
　III　裁定申請中の著作物の利用（67
　　　条の2）
　IV　著作物の放送（68条）
　V　商業用レコードへの録音等（69
　　　条）
第6節　権利者が複数の場合
　I　総論
　II　共有著作権
　III　著作者人格権

第7章 権利の活用

第1節 利 用 許 諾

I 債権的利用許諾

1 法的性質

著作権者は，他人に著作物の利用を許諾することができる（63条1項）。著作権は著作物の利用に関する排他的独占権であるから，著作権者以外の者がその著作物を利用した場合には，著作権者から差止請求や損害賠償請求などの権利行使を受けることになる。利用許諾とは，許諾を受けた者による著作物の利用について著作権者がかかる権利行使を行わないことを約定することをいう。利用許諾により，許諾を受けた者は著作物を適法に利用しうる債権的地位を取得することになる。

利用許諾は権利者の意思表示によってその効力が生じる。通常は，権利者と利用者の契約によるが，著作権者の単独行為によって利用許諾が成立する場合もある[1]。例えば，文化庁の「自由利用マーク」やクリエイティブ・コモンズの「クリエイティブ・コモンズ・ライセンス」のように，著作権者が不特定多数の第三者に対し一定の条件下で自由な利用を宣言する場合などが考えられる。

利用許諾は，要式行為ではないから，文書による場合に限らず，口頭でも成立する。また，明示の利用許諾がない場合も，諸般の事情から，黙示の利用許諾が認定される場合もある[2]。

2 種 類

(1) 単純利用許諾と独占的利用許諾

利用許諾には，**単純利用許諾**（非独占的利用許諾）と**独占的利用許諾**がある。

---

1) 松田俊治「著作権の利用許諾をめぐる問題点」牧野利秋ほか編『知的財産法の理論と実務4』（新日本法規，2007年）163頁以下。
2) 東京地判平成5年1月25日判時1508号147頁〔ブランカ事件〕参照。

252

第1節　利用許諾　I　債権的利用許諾

　単純利用許諾とは，通常の利用許諾のことである。単純利用許諾は，利用の許諾を受けた者（以下，「利用権者」という）に対し，許諾の範囲内で著作物の利用を認めるにすぎないものである。したがって，著作権者は，利用権者以外の第三者に同一内容の利用許諾を与えることも可能である。

　これに対し，独占的利用許諾とは，著作権者が利用権者以外の第三者に対し同一内容の許諾を付与しないことを約定して利用許諾を与えることをいう。著作権者が独占的利用許諾を与えた後に利用権者以外の者に同一内容の利用許諾を与えた場合には，利用権者に対する債務不履行責任が生じることになる。

(2)　侵害者への権利行使

　著作権侵害が生じた場合，利用権者は著作物の売上げの減少等の経済的損失を被ることになるため，著作権者とは別に，利用権者自身が侵害者に対して差止請求や損害賠償請求をなしうるかということが問題となる。

①　単純利用許諾の場合

　単純利用許諾の場合，利用権者は著作物の利用を行う権原を取得するにすぎないから，侵害者に対し固有の権利として差止請求を行うことはできない。また，利用権者は著作権者に対して，契約上当然に侵害行為の排除を求める権利を有するわけではないから，著作権者に代位して侵害者に対し差止請求権を行使すること（民法423条の債権者代位権の転用）も認められない[3]。さらに，第三者が著作権侵害行為を行っても，利用権者の利用行為自体が妨げられるわけではなく，第三者の侵害行為により利用権者の法律上保護される利益が害されることにはならないから，利用権者は損害賠償を請求することもできない。

②　独占的利用許諾の場合

　独占的利用許諾の場合は，差止請求と損害賠償請求とを分けて考える必要がある。

　差止請求は著作権の物権的効力に由来するものであるが（112条），独占

---

3)　もっとも，著作権侵害が生じると，利用権者は自己の製品の売上げが減少する等の経済的不利益を被るため，利用許諾契約において著作権者が侵害排除義務を負う旨の合意がなされることがありうる。このような場合には，利用権者は著作権者に対して侵害行為の排除を求める権利（被保全債権）を有することから，利用権者の代位行使を認める余地があろう。

第7章 権利の活用

的利用許諾は単純利用許諾と同様に著作権者に対する債権的な請求権を発生させるにすぎないものであるから，利用権者は固有の権利として侵害行為の差止めを求めることはできない[4]。ただし，独占的利用許諾の場合，利用権者は，著作権者が侵害者に対して有する差止請求権を代位行使しうるとする見解が有力である[5]（民法423条の債権者代位権の転用）。独占的利用許諾の目的は，利用権者に対し許諾の範囲内で著作物の利用を独占させることにあるから，著作権者が独占的利用許諾を付与した場合には，著作権者は利用権者の独占的な利用を可能とする債権的な義務を負うものというべきであり，著作権者が第三者の侵害行為を漫然と放置し，その結果，利用権者の独占的地位が害されている場合には，利用権者は，自己の独占的地位の維持・回復を図るために著作権者に代位して侵害者に対し差止請求権を行使しうるものと解するのが妥当である[6]。

　一方，損害賠償請求は，著作権の物権的効力に由来するものではなく，権利または法律上保護される利益が侵害されたことにより認められる救済手段であるから（民709条），差止請求の場合とは異なり，物権的権利を有しない利用権者も，侵害行為によって自己の権利または法律上保護される利益が侵害される限り，固有の権利として損害賠償を請求しうることにな

---

4) 著作権の事例ではないが，大阪地判昭和59年12月20日無体裁集16巻3号803頁〔ヘアーブラシ事件：第一審〕参照。

5) 加戸449頁，田村485頁，中山729〜730頁，松田・前掲注1）173頁。特許権に関するものであるが，三村量一「特許実施許諾契約」椙山敬士ほか編『ビジネス法務大系Iライセンス契約』（日本評論社，2007年）123頁参照。傍論ながら，東京地判平成14年1月31日判時1818号165頁〔トントゥぬいぐるみ事件〕も，独占的利用許諾場合の利用権者の債権者代位の可能性を示唆している。

6) 学説では，著作権者が積極的に侵害排除義務を負担する場合に限り，利用権者の代位行使を認めるべきであるとする見解も有力である（高林217〜218頁参照）。しかし，一般に侵害訴訟の提起には時間と費用を要するため，利用許諾契約に著作権者の侵害排除義務が定められないことも少なくないであろう。したがって，著作権者が積極的に侵害排除義務を負う場合に限り，利用権者の代位行使を認めるとすると，代位行使が認められる余地がかなり限定され，利用権者の保護が不十分なものとなるおそれがある。著作権者が独占的な利用許諾を行った場合には，第三者に重ねて利用許諾を行うことができないのであるから，第三者の侵害行為が生じた場合に利用権者の代位行使を認めても著作権者の正当な利益が害されることはなく，むしろ利用権者の代位行使を認めることが独占的利用許諾の目的・趣旨に合致するものといえるから，著作権者が積極的に侵害排除義務を負うか否かに関係なく，利用権者の代位行使を認めることが妥当であろう。

る。この点，侵害者が独占的利用許諾の存在を知りながらことさらに利用権者を害する目的で侵害行為を行った場合には，利用権の侵害（故意による債権侵害）を理由とした損害賠償を請求しうることになるであろう[7]。しかし，このような特殊な場合に限らず，独占的利用許諾においては，一般に利用権者の損害賠償請求を認めるのが妥当であると思われる[8]。独占的利用許諾は，物権的な利用権の設定が一般に認められていない著作権法の下で，物権的な利用権に代替するものとして実務上広く活用されているものであり，独占的利用権者の法的地位を強化することは，著作権の有効活用を促進し，著作権者の利益に資することにもなる。したがって，利用権者がその独占的地位に基づいて取得する利益は一般に「法律上保護される利益」に該当し，利用権者は第三者の著作権侵害行為によってかかる利益が侵害されたことを理由として，侵害者に対して損害賠償を請求しうるものと解釈すべきである。

> **ステップアップ**　独占的利用権者への差止請求権の付与
>
> 　本文で述べたように，独占的利用権者は，著作権侵害者に対しては，債権者代位構成に基づき差止請求をする余地があるが，著作権者が約定に反して第三者に重畳的な許諾を与え，その第三者が利用行為を行う場合には，そもそも著作権侵害が生じていないため，差止請求をすることができない。しかし後者の場合も，独占的利用権者の独占的地位が害されることに変わりはない[9]。ゆえに，立法論としては，特許法の専用実施権（特許77条）に倣って，著作権についても，独占的利用権者に差止請求権を付与する制度を導入することが検討されるべきであろう[10]。

3　利用許諾の内容

(1)　許諾の範囲の解釈

著作権者は，利用許諾に際して，許諾の対象となる利用行為の種類や期

---

7)　東京地判平成3年5月22日知的裁集23巻2号293頁〔英語教科書準拠録音テープ事件〕，足立謙三「著作権の移転と登録」斉藤博＝牧野利秋編『裁判実務大系27 知的財産関係訴訟法』（青林書院，1997年）266頁，作花435頁など参照。

8)　田村485頁，渋谷489頁，中山776〜777頁など参照。著作権の事例ではないが，前掲注4)〔ヘアーブラシ事件：第一審〕を参照。

9)　田村485頁。

10)　具体的な検討として，一般財団法人ソフトウェア情報センター「著作物等のライセンス契約に係る制度の在り方に関する調査研究報告書（平成30年3月）」97頁以下参照。

第7章　権利の活用

間に限定を付すことができる。例えば，出版や録音，放送などの利用態様，発行部数や演奏回数などの利用の頻度，利用場所などの限定が考えられる。このような限定が付された場合，利用権者はその範囲内において著作物を利用しなければならない（63条2項参照）。契約の文言などから，許諾の範囲に関する著作権者の意思が明らかにならない場合は，利用許諾の目的やその成立の経緯，当事者の地位，取引慣習や社会通念など諸般の事情を考慮して，著作権者の許諾の意思表示を合理的に解釈することによって，利用許諾の範囲を画定する必要があろう。

> **裁判例**　コンビニコミック事件[11]
>
> 　Yは，A執筆の書籍「Aの都市伝説」の漫画版として，複数の漫画家が作画した漫画各話を掲載したコンビニコミック（主としてコンビニエンスストアで販売される廉価版コミック。以下，「本件各コミック」）の出版を企画した。Yは，漫画家であるXに対し，本件各コミックの作画原稿1枚当たり1万円ないし1万3000円の原稿料を支払うとの条件で，作画の制作を順次依頼し，Xはその都度これを了承した。その際，原稿料以外の条件や本件各コミックの発行予定部数，流通期間等が話題になることはなく，また，XとYの間で契約書等の書面が作成されることもなかった。Yは，本件各コミックの初版発行時には増刷を予定していなかったが，その後，需要があったため，Xの許諾を得ずに増刷を行った。Xは，コンビニコミックは基本的には初版から2週間程度の出版に限定されるものであり，増刷されることは例外であるから，X・Y間の合意による利用許諾の効力は，初版から2週間程度の出版に限定され，増刷分には及ばないと主張し，Yが本件各コミックを増刷して発行した行為が複製権侵害に当たるとして，Yに対し損害賠償を請求した。判決は，以下のように述べて，Xの請求を棄却した。「〔X・Y間の〕原稿料の定め方は書籍等の単価に印刷部数又は販売部数を乗じ，更に一定割合（印税）を乗じて著作権者に支払われるべき対価を算出する，いわゆる印税契約とは異なり，著作物が掲載された出版物の発行部数の多寡によってその金額が左右されるものではない。そして，本件各コミックの出版において，初版時の発行部数やその後に増刷を実行するか否かは，いずれも出版社であるYにおいて適宜決定すべき事項であるところ，Yとの間で，作画原稿の1枚当たりの所定金額に枚数を乗じて算出される金額をもって当該作画原稿の制作や出版及び販売についての利用許諾の対価とすることに合意したXにとっては，増刷によって本件各コミックの発行部数が増加することは，初版における発行部数の多寡とその性質において異なる意味を有するものではない」。これらのことからすれば，「Xの利用許諾の効力は，本件各コミックの初版の

---

11)　知財高判平成25年6月27日判例集未登載（平25(ネ)第10013号）。

256

第1節　利用許諾　Ⅰ　債権的利用許諾

発行から約2週間程度に限定されるものではなく，その増刷分についても及ぶもの
と認めるのが相当である」。

(2)　放送の許諾の範囲（63条4項）

　著作権法は，放送または有線放送の利用許諾について，契約に別段の定
めがない限り，録音または録画の許諾を含まないとしている（63条4項）。
今日では，録音・録画物による再生放送が普通になっているため，著作権
者が放送の許諾を与えた場合は，当該放送のための録音・録画の許諾も与
えたものと解するのが合理的な解釈といえるが[12]，著作権法は，録音・録
画物が放送に必要な範囲を超えて濫用的に利用されることを懸念して，契
約上，録音・録画に関する定めが明確でない場合には録音・録画の許諾は
含まないものとし，著作権者の保護を図ったものとされる[13]。放送事業者
にとって契約で別段の定めをすることは容易であるため，本条項が著作権
者の保護にどの程度資するのか疑問がないわけではないが[14]，他方で，将
来の二次利用を含め，事前に許諾の対象となる録音・録画の範囲を契約上
明確化しておくことは，紛争の未然防止の観点からも一定の意義が認めら
れよう。

(3)　未知の利用方法

　著作物の利用形態は技術の進歩とともにさまざまに変化していくため，
著作権者が許諾時に想定していなかった著作物の利用方法が利用許諾の対
象となるかということが問題となることがある。例えば，アナログ技術を
前提に著作物の利用許諾契約（例：書籍の出版）が締結された後に，当該著
作物をデジタル形式で利用する（例：CD-ROM の発行）という場合に，デ
ジタル形式での利用が利用許諾の対象に含まれるか，という問題である。
この点も，通常の許諾の範囲の解釈と同様に，著作権者の利用許諾の意思
表示を合理的に解釈することで許諾の範囲を画定すべきであろう。

---

12)　田村483頁参照。なお，放送事業者が自己の放送のために，自己の手段または当該著
　　作物を同じく放送することができる他の放送事業者の手段により，一時的に録音・録画を行う
　　場合には，別途，44条により権利が制限されるが，同条は外部のプロダクションに録音・
　　録画物の制作を委託した場合には適用されない（加戸337頁参照）。
13)　加戸451～452頁参照。
14)　田村483頁，中山531頁参照。

257

第7章　権利の活用

　例えば，著作権者が利用許諾を与える際に，特定の利用方法を念頭に置いて対価を決定している場合には，未知の利用方法が許諾の対象に含まれるとすると，著作権者が取得する対価に不足を生じ，著作権者が不測の不利益を被るおそれがあるため，未知の利用方法は，通常，許諾の範囲に含まれないと解するのが妥当であろう[15]。しかし，例えば，著作権者が契約上利用権者の収益に応じた許諾料を取得できるようになっている場合など，未知の利用方法を許諾の対象に含めたとしても，著作権者が十分な対価を取得することが期待できる場合には，許諾時に特定の利用方法のみが念頭に置かれていた場合でも，新たな利用方法を許諾の対象に含めて解釈する余地もあろう。

　一方，著作権者が将来新たな利用方法が登場することも想定して包括的な利用許諾を与えた場合には，通常，新たな利用方法も許諾の対象に含まれると解するのが妥当であろう。しかし，利用許諾が一括低額で付与された場合など，著作権者が取得した対価が新たな利用方法から利用権者が取得する利益に比して著しく均衡を失するような場合には，新たな利用方法は許諾の対象に含まれないと解する余地もあろう[16]。

4　利用許諾違反の法的効果

　著作権者が利用許諾に際して利用の方法を制限したり，条件を付した場合には，利用権者はその制限や条件の範囲でのみ著作物を利用する権原を有することになるから（63条2項），利用権者が制限や条件に違反した利用行為を行えば，単なる債務不履行にとどまらず，著作権を侵害することになる。例えば，北海道に地域を限定して上演を許諾された者が沖縄で上演を行った場合には，沖縄での上演行為は上演権の侵害となる。また，1万部の複製を許諾された者が3万部の複製を行った場合には，2万部分に

---

15)　東京地判平成17年3月15日判時1894号110頁〔燃えつきるキャロル・ラスト・ライブ事件：第一審〕は，ビデオへの録画許諾がDVDへの録画の許諾も含むかが争われた事案において，ビデオへの録画許諾がなされた昭和59年当時，著作権者がその20年後に利用権者によってDVDが販売されることをも念頭に置いていたと解することはできないから，DVDへの録画は許諾の範囲外であるとの判断を示している。

16)　以上の具体的な検討については，「文化審議会著作権分科会報告書（平成18年1月）」133頁参照。

258

ついて複製権の侵害となる[17]。

　一方，著作物の利用許諾契約では，利用権の範囲に関する合意の他にも，利用料の支払等のさまざまな事項について合意がなされることが少なくない。しかし，これらの合意は利用許諾の成立に不可欠なものではなく（利用料の支払等について合意がない場合でも，利用許諾は有効に行うことが可能である），あくまで利用許諾に付随して行われる任意の合意にすぎない。したがって，利用権者がこれらの合意に違反して利用行為を行ったとしても，許諾の範囲内で利用行為が行われている限り，当該利用行為は許諾に基づく行為として著作権侵害とならず，別途，債務不履行責任が生じるにとどまる。例えば，有償の複製許諾契約において利用権者が合意した利用料を支払わずに著作物の複製物を作成し販売した場合，利用権者は債務不履行責任を負うが，利用権者による複製物の作成・販売が著作権侵害となることはない[18]。その結果，利用権者が利用料を支払わずに作成・販売した複製物も真正商品として譲渡権が消尽するから（26条の2第2項1号参照），当該複製物の取得者がそれを再譲渡する行為は著作権の侵害とならないことになる。

　このように，著作物の利用許諾契約において合意された事項であっても，利用権の範囲に関する合意（利用許諾に不可欠の合意）か，それとも，利用許諾に付随して行われる任意の合意かによって，合意に違反して行われた利用権者の利用行為が著作権侵害となるか否かの判断に差が生じることとなる。ゆえに，利用許諾契約における当事者の合意がいずれの性格を有するものであるかは慎重に検討することが必要である[19]。

17）　作花440頁，島並良「著作権ライセンシーの法的地位」コピライト569号13頁（2008年）など参照。反対，中山530頁参照。

18）　加戸450頁，田村479頁，松田・前掲注1）170頁参照。もちろん，著作権者が債務不履行を理由に契約を解除した場合，解除後の利用行為は著作権侵害となる。

19）　なお，著作権法は，著作物の送信可能化の利用許諾を得た者がその許諾に係る条件の範囲内で反復してまたは他の自動公衆送信装置を用いて行う著作物の送信可能化について，23条1項（公衆送信権）の規定を適用しないとする（63条5項）。例えば，送信可能化の許諾を得た者が自動公衆送信装置の保守点検のために送信可能化行為を反復して行った結果，著作権者が定めた送信可能化回数の制限を超えたとしても，債務不履行の問題が生じることは別として，著作権侵害とはならない。著作権法が送信可能化を公衆送信権の対象に含めているのは，著作権者に無断で自動公衆送信が行われることを未然に防止するためであるから，送信可能化の許諾に際しては，どの範囲の公衆にどれだけの期間著作物が送信されるようにするかが重要となる一方，そのような著作物の送信を実現するために，送信可能化行為を反

第 7 章　権利の活用

5　利用権の譲渡

　利用権者は，著作権者の承諾がなければ，利用権を第三者に譲渡することができない（63 条 3 項）。著作権者にとって，利用権者が誰かは重大な関心事項であるため，著作権者が著作物の利用先を指定することができるようにしたものである。著作権者が利用権の譲渡を承諾した場合，当初の許諾に係る利用方法および条件がそのまま譲受人に承継されることになる[20]。

6　利用権の対抗

　著作物の利用権は，当該著作物の著作権を取得した者その他の第三者に対抗することができる（63 条の 2）。利用権の対抗は，登録等の特別な手続を要することなく認められるものであるため，当然対抗と呼ばれている。

　利用権の当然対抗は，令和 2 年の改正により新たに導入された制度である。従前は，著作物の利用権が債権的な権利であることから，著作権が譲渡等された場合，利用権者は，譲受人等の第三者に対し利用権を対抗することができないと解されていた[21]。しかし，利用権者が，著作権の譲渡等の自己の関知しない事情により著作物の利用を中止せざるを得ないとすれば，利用権者は極めて不安定な地位に置かれることになり，著作物の利用が進まず，かえって著作権者自身の利益を害する結果となる。他方で，利用権の対抗を認めても，譲受人等は自ら著作物を利用し，他者に利用を許諾することができなくなるわけではないから，譲受人等に過大な負担を課すことにもならない。既に，特許権の通常実施権については，平成 23 年の特許法改正により当然対抗制度が導入されていた（特許 99 条）。そこで，著作権法においても，著作物の円滑な利用を確保するとの観点から，特許法に倣って当然対抗制度が導入されることとなった[22]。

　復して何回行うかやどのような装置を用いて送信可能化を行うかは重要なことではない。ゆえに，利用権者が送信可能化の回数や送信可能化のための装置に係る条件に違反しても，著作権侵害とはしないこととされたのである（加戸 452〜453 頁）。

20)　加戸 451 頁参照。

21)　知財高判平成 26 年 3 月 27 日（平 25(ネ)第 10094 号）〔子連れ狼事件〕など参照。

22)　詳細は，松田俊治「著作権法改正による利用許諾に係る対抗制度の導入とその関連問題

第 1 節　利用許諾　Ⅰ　債権的利用許諾

　本条の対象となる利用権には，著作権者自身が第三者に付与する利用権の他に，著作権者から許諾の権原を付与された利用権者が第三者に付与する利用権（サブライセンス）が含まれる。サブライセンスについても，上述したことが同様に妥当するからである。

　著作権者は，利用権の内容について時間的，場所的，内容的制限を付すことができるが（63条2項），その場合，利用権者は，許諾の範囲内においてのみ，利用権を対抗することができる。

　当然対抗制度は，利用権の第三者効を認めるものにすぎず，著作物の利用契約上の地位の承継を認めるものではない。著作物の利用契約上の債権債務については，原則として，譲渡人・譲受人間の合意に基づき，利用権者の承諾を得て承継の有無・範囲が決定されることになる（民539条の2）。ただし，著作物の利用料については，譲渡当事者間で利用料債権を譲渡し（民466条1項），譲渡人が利用権者に通知を行えば（民467条），譲受人が利用料を取得することが可能である。

> ### ステップアップ　許諾者たる地位の移転
>
> 　当然対抗制度は，利用権の第三者効を認めるものにすぎず，著作物の利用契約上の地位の移転を認めるものではない。そこで，著作権者が著作物の利用許諾を与えた後に著作権を譲渡した場合に，解釈上，利用権者の承諾なしに許諾者たる地位を譲受人に移転することができるかということが問題となる。裁判例では，利用許諾契約上の許諾者の義務が許諾者からの権利不行使を主とするものである場合には，著作権者が誰であるかによって履行方法が特に変わることはないから，著作権の移転とともに，利用権者の承諾なく許諾者の地位も移転すると判断したものがある[23]。もっとも，利用許諾契約にはさまざまなものが存在しており，著作物の内容のアップデートなど，特定の著作権者にしか履行できない義務が課され，それを前提に許諾料が決められている場合もあるから，利用権者の承諾なしに当然に許諾

について」コピライト700号（2019年）2頁参照。

[23]　大阪地判平成27年9月24日判時2348号62頁〔ピクトグラム事件〕。判決は，賃貸不動産の所有権の移転に伴う賃貸人たる地位の移転について賃借人の承諾を不要と判断した最高裁判決（最判昭和46年4月23日民集25巻3号388頁）を引用している。同最高裁判決は，賃借人の承諾を不要とする理由の一つとして，賃貸人が誰かによって賃貸人の義務の履行方法が異なるわけではないことを挙げている。なお，判決は，賃貸人たる地位の移転の場合に権利保護要件として登記を要するとした最高裁判決（最判昭和49年3月19日民集28巻2号325頁）を踏まえ，著作物の使用許諾契約の許諾者たる地位の譲受人が使用料の請求等，契約に基づく権利を積極的に行使する場合には著作権の登録を備えることが必要であると判示している。

261

第 7 章　権利の活用

者の地位が移転すると解するならば，利用権者の利益が害されるおそれがある[24]。また，利用権者の利益を害しない場合に限って許諾者の地位が移転すると解するとしても，どのような場合に移転が認められるかを判断することは容易ではなく，権利関係が不安定なものとなるおそれがある。このことからすると，許諾者の地位の移転は利用権者の承諾の下に行われるのを原則とすべきであり（民539条の2参照），利用権者の承諾なしに地位の移転が認められることがあるとしても，それは，上記裁判例が前提としたような場合に限られるべきであろう。

Ⅱ　出　版　権

1　法的性質

　複製権または公衆送信権を有する者（以下，「複製権等保有者」という）はその著作物の出版または公衆送信を引き受ける者に対して出版権を設定することができる（79条1項）。出版権とは，著作物の出版または公衆送信に関する排他的権利である[25]。出版権の設定を受けた者を出版権者という。出版権者は，設定行為の範囲内において，自ら著作物の出版ないし公衆送信をなすことができるとともに，同一の著作物を自己の許諾なく出版または公衆送信する者に対して，出版権の侵害を理由に，差止請求や損害賠償請求をなすことができる（112条，114条，民709条）。

　このように著作権法は出版についてのみ排他的な利用権制度を設けている。出版は著作物の重要な伝達手段の1つであり，相応の投資とリスクを要するものであることから，著作物の出版を引き受ける者の法的地位を強化するために，通常の債権的な利用権に加えて，特別に物権的な利用権の設定を認めることにしたのである。

　もっとも，従前は，出版は専ら紙媒体により行われてきたため，出版権

---

24)　このことを踏まえ，「文化審議会著作権分科会法制・基本問題小委員会報告書（2019年2月）」149頁は，利用許諾契約上許諾者が負う義務にはさまざまな性質のものがあることを踏まえ，「契約が承継されるか否かについては個々の事案に応じて判断がなされるのが望ましい」とする。

25)　出版権は，特許権における専用実施権（特許77条1項・2項）に相当するものであり，複製権等保有者が出版を引き受ける者に設定する制限物権的な権利である。著作隣接権のように著作権とは別個独立の権利でないことには注意を要する。

は紙媒体の出版のみを対象とする権利として構成されていたが，近時，電子出版が発達・普及してきたことから，平成26年改正により電子出版も出版権の対象に含まれることとなった。

このように出版や電子出版については出版権の設定が認められているため，出版契約や電子出版契約には，通常の利用許諾を目的とするものと，出版権の設定を目的とするものの2種類が存在することになる。出版契約や電子出版契約がいずれの趣旨か不分明な場合は，契約内容の合理的解釈によって，いずれかを判断することになる。裁判例では，出版契約において「出版権を設定する」との明示の文言その他出版権設定をうかがわせるに足る文言が交わされていなかったことを理由として，出版契約を単純な出版許諾契約と解釈したものがある[26]。

2　主　体

出版権の主体は，著作物の出版または公衆送信を引き受ける者である。「出版または公衆送信を引き受ける」とは，自己の計算において著作物の出版または公衆送信を行うことをいう。

出版社が著作物を出版または公衆送信する際には企画・編集等の作業を行うことが多いが，企画・編集等の作業は出版権設定の要件となっていないため，著作権者から渡された原稿をそのまま出版または公衆送信する者であっても，出版権の設定を受けることは可能である[27]。

3　権利の内容

(1)　2種類の権利

出版権は，頒布の目的をもって，原作のまま印刷等により文書または図画として複製する権利（80条1項1号）と，原作のまま著作物の複製物を用いて公衆送信する権利（80条1項2号）から構成されている。一般に，前者は第1号出版権，後者は第2号出版権と呼ばれている。平成26年改

---

26)　東京地判昭和59年3月23日無体裁集16巻1号177頁〔太陽風交点事件：第一審〕，東京高判昭和61年2月26日無体裁集18巻1号40頁〔同・控訴審〕。

27)　池村聡「著作権法改正のポイント」Business Law Journal 2014年6月号63頁（2014年），諏訪公一「2014年改正著作権法と電子出版ビジネスの動向」パテント67巻12号22頁（2014年），中山542頁注36参照。

263

第7章　権利の活用

正法は，出版権の対象を電子出版に拡張したが，電子出版のうち，CD-ROM 等による出版は，著作物を有体物に複製し，その複製物を頒布するという点で紙媒体の出版の場合と著作物の利用形態に差がないため，CD-ROM 等による出版に係る権利は，紙媒体の出版に係る権利と一緒に第1号出版権として規定された。一方，インターネット送信による電子出版は，紙媒体の出版の場合と著作物の利用形態が異なるため，インターネット送信による電子出版に係る権利は，紙媒体の出版に係る権利とは別個に第2号出版権として規定されることとなった[28]。

　著作権法は，出版権者が設定行為の定めにより，出版権の「全部又は一部」を専有すると規定している（80条1項）。ゆえに，出版権設定契約において，当事者は，第1号出版権または第2号出版権のいずれか，あるいは，その双方を含む包括的な出版権の設定を選択することができる。出版権者が当面，紙媒体の出版のみを計画している場合には，第1号出版権の設定のみを受けることも考えられるが，その場合，出版権者は，頒布目的で著作物を複製する権利のみを専有することになるため，インターネット送信による出版を行うことはできず，また，第三者がインターネット上で海賊版の配信を行っている場合にも，出版権を行使することができない。現在のインターネット上の海賊版は，紙媒体の出版物の版面をデッドコピーしてインターネット上にアップロードしたものが多いため，当面，紙媒体での出版のみを計画している出版者であっても，インターネット上の海賊版に自ら対処するために，第2号出版権の設定を受けておくことが望ましいといえよう。

　出版権は頒布目的での複製または公衆送信を行う権利であるため，自己使用目的の複製は出版権の対象とならない。また，出版権者は自己使用目的で複製する者に対して出版権を行使することもできない。

　出版権は「原作のまま」複製または公衆送信する権利であるため，著作

---

28)　平成26年改正時の議論では，紙媒体の出版と電子出版に係る権利を一体化すべきか否かをめぐって激しい議論が行われたが（詳しくは，「文化審議会著作権分科会出版関連小委員会報告書（平成25年12月）」〔以下，「出版小委報告書」〕20～24頁，金子敏哉「出版権のこれまでとこれから——研究者の立場から」ジュリ1463号53頁〔2014年〕参照），現行法は，紙媒体の出版と電子出版に係る権利を別個に規定しつつも，両者を包括した権利として出版権を位置づけている（80条1項参照）。

264

第1節　利用許諾　Ⅱ　出版権

物を二次的に利用する権利について出版権を設定することはできない[29]。例えば，英語の小説の日本語訳が存在する場合に，日本語訳について出版権を設定できるのは翻訳家であって小説家ではない。

　出版権は複製権または公衆送信権に設定される権利であるから，出版や電子出版に関するものである限り，複製権または公衆送信権の制限規定（30条1項，32条等）が準用されている（86条1項）。出版権の制限規定の適用を受けて作成された複製物を，その目的外の目的のために頒布し，公衆に提示した者は出版権の内容である複製を行ったものとみなされる（86条2項）。

　出版や電子出版を行うためには，複製や公衆送信に加えて，複製物の譲渡や公衆送信のための複製を行うことも必要となる。しかし，出版権は複製権および公衆送信権に設定される権利であり，複製物の譲渡や公衆送信のための複製は出版権の内容に含まれていないため，出版権者は，形式的には，著作権者から別途複製物の譲渡や公衆送信のための複製について許諾を得なければならないことになる[30]。もっとも，明示の許諾がない場合でも，出版権が設定されたことをもって通常はその目的を達成するために必要な範囲で複製物の譲渡や公衆送信のための複製についても黙示的に許諾が与えられたものと解することができるであろう[31]。

ステップアップ　出版権の細分化

　上記で述べたように，出版権は第1号出版権と第2号出版権とに分けて設定することが可能であるが，それに加えて，各号出版権の内容をさらに細分化した形で出版権を設定することができるか，ということが議論されている。例えば，第1号出版権を紙媒体による出版権とCD-ROM等による出版権とに分けて設定したり，紙媒体の出版権をさらに単行本の出版権と文庫本の出版権とに分けて設定することが認められるか，ということである。

　著作権法は出版権者が第1号出版権および第2号出版権の「全部又は一部を専有

---

29)　加戸520頁参照。

30)　立法論としては，複製物の譲渡や公衆送信のための複製についても出版権の設定が認められるべきである（松田政行「平成26年著作権法改正による出版権の整備への実務的対応」上野達弘＝西口元編著『出版をめぐる法的課題——その理論と実務』〔日本評論社，2015年〕54～56頁，作花469頁注1参照）。

31)　中山545～546頁参照。ただし，複製権と譲渡権ないしは公衆送信権と複製権が別人に帰属している場合には，譲渡権保有者や複製権保有者から許諾を得ることが必要となる。

第7章　権利の活用

する」と規定するのみで，出版権の細分化を禁止しているわけではない。また，出版の形態は多様であり，当事者のニーズもさまざまであるから，当事者が出版権の細分化を望むのであれば，それを否定する積極的な理由はないと思われる[32]。

　もっとも，出版権は排他的な利用権であるから，出版権の細分化を認めるとしても，相互に重複する内容の権利を重畳的に設定することは認められない。出版権の細分化は，あくまで権利の対象となる出版行為とその他の出版行為との区別が客観的に明確となる場合にのみ認められると解すべきである[33]。また，出版権の細分化がその性質上可能な場合でも，出版権の実効性を確保するという観点からすれば，出版権者はできる限り包括的な出版権の設定を受けることが望ましいといえる。出版権者は，他人が自己の出版事業と競合する出版や公衆送信を行った場合でも，設定行為の範囲外でなされたものについては出版権を行使することができない（例えば，単行本についての出版権の設定を受けた出版権者は，第三者が文庫本の出版を行ったり，電子出版を行ったりすることに対して権利行使をすることができない）。そのため，出版権者が特定の態様での出版に限定して出版権の設定を受けた場合には，将来の事業展開や海賊版対策に支障を来すおそれがある[34]。もっとも特定の態様での出版のみを計画している出版者に対して包括的な出版権の設定を認めると，当該態様以外の出版が行われないことになり，複製権等保有者に不利益が生じるとの懸念もありうる。しかし，後述のように，著作権法は出版権者に再許諾（サブライセンス）の権原を認めているため，出版権設定契約の段階で，複製権等保有者が出版権者以外の第三者による異なる態様での出版を希望した場合には，協議の上出版権者が第三者に出版の再許諾を与えるという合意をしておけば，複製権等保有者の利益を保護することも可能となるであろう。

(2)　再許諾（サブライセンス）

　出版権者は，複製権等保有者の承諾を得た場合には，第三者への再許諾（サブライセンス）を行うことができる（80条3項）。かつては，出版権は自ら出版を行う者に設定される権利であるということから，出版権者に再許諾の権原が認められていなかった[35]（旧80条3項）。しかし，複製権等保

---

32)　諏訪・前掲注27）23頁，中山543～544頁参照。

33)　加戸522頁は，「著作物の単独複製と編集物への収録複製のように，利用態様として両者間の区別が截然とし，権利分割による実務的・理論的な混乱を生じる余地のない場合」に限り，出版権の細分化が認められるとする。

34)　池村・前掲注27）63頁は，「細分化した出版権設定を行うことは実務上の混乱を招くものであり，望ましくない」とし，「出版社の手による海賊版対策という趣旨からは，基本的には出版社に対して出版権の全部を設定することが想定されているものと考えられる」と述べている。

35)　加戸525頁参照。

266

有者が第三者の出版を承諾しているのであれば，出版権者が第三者に出版の再許諾を与えることを否定する理由はないと思われる[36]。また，電子出版の場合には，出版権者が電子配信事業者（プラットフォーマー）に配信を委託することが多いため，出版権者に再許諾の権原がないと，適切に電子出版を行うことが困難となる[37]。そこで，平成26年改正において，出版権の対象を電子出版に拡張するにあたって，出版権者に再許諾の権原を認めることとした。

　もっとも，出版権者が第三者に再許諾を与えるためには，複製権等保有者の承諾が必要となる。出版または電子出版を行う者が誰かは複製権等保有者にとって重要な関心事項であるため，出版権者の判断のみで複製権等保有者の意に反して第三者が出版または電子出版を行うことがないようにするためである[38]。

(3)　出版権の譲渡・質権の設定

　出版権の譲渡や質権の設定は，複製権等保有者の承諾を得た場合に限り，行うことができる（87条）。複製権等保有者は出版権者が誰かということに強い利害関係を有しているため，複製権等保有者の意図しない者が出版権者になることを排除するために設けられた規定である。

　出版権の設定や譲渡，出版権を目的とした質権の設定は，当事者間の合意によって効力が生じるが，第三者に対抗するためには，出版権登録原簿への登録を得る必要がある（88条）。

4　出版権設定後の複製権等保有者の権利

(1)　複製権等保有者による利用・利用許諾

　出版権は出版権者に出版または公衆送信を排他的に行わせるための権利であるから（80条1項参照），複製権等保有者は，出版権を設定した後は，原則として，設定行為の範囲内で，第三者に出版等の許諾を与えることも，自身が出版等を行うこともできなくなる（ただし，契約で別段の定めを置く

---

36)　ゆえに，平成26年改正前においても，著作権者の承諾があれば，出版権者の再許諾を認めるという解釈が有力に主張されていた（田村497～498頁など参照）。

37)　文化庁長官官房著作権課「解説　著作権法の一部を改正する法律（平成26年改正）について」コピライト642号26頁（2014年）参照。

38)　前掲注28）出版小委報告書33頁参照。

第7章 権利の活用

ことは可能である）。これらの行為が行われた場合には，いずれも出版権の侵害となる。

ただし，出版権の存続期間中に著作者が死亡したとき，または，契約に別段の定めがない場合で，最初の出版行為または公衆送信行為があった日から3年を経過したときは，複製権等保有者は，著作物をその著作者のもののみを編集した全集その他の編集物に収録して複製または公衆送信することができる（80条2項）。著作者の死亡に伴う遺族による記念出版や，一定期間経過後の著作者の作品の集大成出版など，同一著作者の著作を収録した編集物の刊行に対する社会的ニーズに配慮した規定である。

(2) 複製権等保有者による侵害者に対する差止・損害賠償請求

出版権の設定後に，設定行為の範囲内において，無権原の第三者が出版等の行為を行った場合，出版権者は出版権の侵害を理由として差止めおよび損害賠償を請求することができる。この場合，第三者の利用行為は複製権または公衆送信権の侵害ともなるから，複製権等保有者も，出版権者と並んで，差止めおよび損害賠償を請求することができるかということが問題となる。

差止請求は著作権者による著作物の独占的な利用の維持・回復を目的とするものであるのに対して，出版権設定後の複製権等保有者は著作物を自ら利用する権原を有しないことから，差止請求権の行使は認められないという解釈もありうるところである。しかし，著作権法は，条文上，出版権設定後の複製権等保有者による差止請求権の行使を制限していない。また，著作権法が出版権者による再許諾の要件として複製権等保有者の承諾を要するとしていることから明らかなように，複製権等保有者は出版権設定後も，誰に出版や公衆送信をさせるかということについて強い利害関係を有している。その一方で，出版権者はもともと複製権等保有者の承諾がなければ第三者の利用行為を許諾することができないのであるから，出版権者の個別の意向に関係なく複製権等保有者の差止請求を認めても，出版権者の利益が害されることはない。ゆえに，無権原の第三者の出版等に対しては，複製権等保有者の差止請求を認めることが妥当である[39]。

---

39) 中山544～545頁参照。特許法の分野では，特許権者が専用実施権を設定した場合も，特許権者は特許権侵害者に対して差止請求権を行使しうるとされている（最判平成17年6月

第 1 節　利用許諾　Ⅱ　出版権

　一方，損害賠償請求に関しては，出版権設定後の複製権等保有者は自ら
出版等を行うことも，また第三者に出版等を許諾することもできないため，
無権原の第三者が出版等を行ったとしても，複製権等保有者には複製権等
の侵害に基づく直接的な損害（114 条が想定する損害）は生じないことにな
る。ただし，無権原の第三者の出版行為等により出版権者の売上げが減少
し，それに伴い，複製権等保有者の許諾料収入が減少するという事情があ
る場合には，複製権等保有者は，民法 709 条に基づき，減少した許諾料相
当額の損害賠償を請求しうるものと解すべきである。

5　出版権者の義務

　出版権は，複製権等保有者が出版権者を介して著作物の出版または公衆
送信を行うために設定される権利であるから，出版権が設定されたにもか
かわらず，出版権者が適切に出版行為等を行わなければ，出版権を設定し
た目的を達することができず，複製権等保有者が不当な不利益を被ること
になる。そこで，著作権法は，出版権者に対して，①複製権等保有者から
原稿等を受領してから 6 か月以内に出版行為または公衆送信行為を行う義
務（81 条 1 号イ・2 号イ），および，②慣行に従い継続して出版行為または
公衆送信行為を行う義務（81 条 1 号ロ・2 号ロ）（以下，「出版等義務」という）
を課している。出版権者がこれら出版等義務に違反した場合，複製権等保
有者は，出版権を消滅させることができる（84 条 1 項・2 項）。

　著作権法は，出版権を第 1 号出版権と第 2 号出版権とに区別し，それぞ
れについて出版権者の義務を規定し（81 条 1 号・2 号参照），かつ出版権の
消滅請求についても，第 1 号出版権と第 2 号出版権とを区別し，義務違反
に対応する態様に係る出版権のみを消滅請求の対象としている（84 条 1
項・2 項参照）。ゆえに，例えば，第 1 号・第 2 号出版権を含む包括的な出
版権が設定された場合，出版権者には出版および公衆送信の双方を行う義
務が生じ，出版権者が紙媒体の出版のみを行い，インターネット送信によ
る電子出版を行わない場合には，公衆送信権等保有者のみが第 2 号出版権
に基づいて消滅請求をなしうることになる[40]。

---

　17 日民集 59 巻 5 号 1074 頁〔生体高分子リガンド探索方法事件：上告審〕)。

40)　各号出版権をさらに細分化した権利が設定されている場合には，その細分化された権利

第7章　権利の活用

このように，著作権法は出版権者に出版等の義務を課しているが，その一方で，「設定行為に別段の定めがある場合は，この限りでない」と規定しているから（81条柱書但書），出版権設定契約において，当事者の合意により，出版権者の義務内容を変更したり，出版権者の義務を免除したりすることも可能である[41]。例えば，紙媒体での出版を目的として出版権を設定する場合に，出版権者がインターネット上の海賊版にも対処できるように，第2号出版権を含めた包括的な出版権を設定した上で，出版権者の公衆送信義務を免除するということが考えられる[42]。もっとも，その場合も，将来，複製権等保有者が電子出版を希望した場合に備えて，あらかじめ電子出版について基本的な合意をしておくことが望ましいといえよう。

6　出版権設定後の著作者の権利

(1)　著作者の修正増減請求

著作者は，その著作物を第1号出版権者があらためて複製する場合，または第2号出版権者がその著作物について公衆送信を行う場合には，正当な範囲内においてその著作物に修正・増減を加えることができる（82条1項）。著作物の出版または公衆送信が行われてから期間が経過すると，著作物の内容が古くなったり，著作者の意に沿わないものとなったりすることがある。そのような状態で出版や公衆送信が継続されると，著作者の人格的利益が害されることがある。それゆえ，出版権者があらためて複製をし，または公衆送信する際に必要かつ合理的な範囲で，修正・増減を行う権原を著作者に認めたものである。紙媒体等の複製物の出版の場合には，増刷・改訂時にしか修正・増減をなすことができないため，修正増減請求は第1号出版権者が「改めて複製する場合」に限定されるが（82条1項1号），公衆送信による出版の場合は，修正・増減は容易になしうるので，修正増減請求はいつでも可能である（82条1項2号）。第1号出版権者が

ごとに出版権者に出版義務等が生じ，複製権等保有者は当該権利を単位として出版権の消滅請求を行うことになる。

41)　加戸526頁は，出版義務を完全に免除することは出版権の本旨に照らして公序良俗に反し無効であると述べているが，常に無効になると解することは妥当でなく，契約の一般原則に照らして判断すべきであろう（金子・前掲注28）53頁参照）。

42)　諏訪・前掲注27）23頁参照。

270

第1節　利用許諾　Ⅱ　出版権

「改めて複製する場合」には，著作権者の修正増減請求を実効あらしめるために，その都度，あらかじめ著作者に複製する旨を通知しなければならない（82条2項）。

(2)　複製権等保有者である著作者による出版権の消滅の請求

「複製権等保有者である著作者」は，その著作物の内容が自己の確信に適合しなくなったときは，その著作物の出版行為等を廃絶するために，出版権者に通知してその出版権を消滅させることができる（84条3項）。過去に作成した著作物の内容と現在の著作者の思想・信条との間に相違が生じた場合に，そのまま過去の著作物を世に流通させることは著作者の人格的利益を大きく損なうことになるおそれがあることから，著作者の人格的利益に配慮し，著作者の意思で出版権を消滅させることを認めたものである。

ただし，請求権者は複製権等保有者である著作者に限られている。著作者以外に複製権等保有者がいる場合に，著作者による一方的な出版等の廃絶を認めると，複製権等保有者の利益を大きく害する結果となるからである。また，著作者が出版権者に出版権の消滅を請求する場合には，出版権者に対して，当該廃絶により出版権者に通常生ずべき損害をあらかじめ賠償しなければならない（84条3項但書）。出版の廃絶により出版権者が被る経済的不利益を補てんするための措置である。この損害賠償は出版権消滅請求権行使の条件となっており，損害賠償を行わないで出版権消滅の通知を出しても，消滅の効果は発生しない。

7　出版権の存続期間

出版権の存続期間は，設定行為で定めるところによる（83条1項）。出版権の存続期間について設定行為に定めがない場合は，出版権は最初の出版後3年を経過した時に消滅する（83条2項）。出版権の存続期間が契約に明確に定められていない場合には，複製権等保有者としてもいつから出版権者以外の者に出版を許諾できるのかが判然とせず，著作物の利用が過度に制約されるおそれがある。一方，最初の出版から3年の間，出版権の保護が認められれば，通常，出版権設定の目的は達成されるものと解されることから，存続期間は3年と設定されたのである。

271

第7章　権利の活用

第2節　譲　　渡

I　総　　説

　著作権法が定める著作者の権利には，著作者人格権と著作権がある（17条1項）。このうち，著作者人格権は著作者に一身専属的であって，譲渡することができないが（59条），著作権は財産権であるから，譲渡可能である（61条）。

　著作権の譲渡は，一般の物権の譲渡と同様に，売買，贈与等の当事者の意思表示のみによってその効果が生じる。譲渡の効力を第三者に対抗するためには登録を経る必要があるものの（77条1号），登録はあくまで対抗要件であって，著作権譲渡の効力発生要件ではない。将来，発生すべき著作権を譲渡する旨の譲渡契約を結ぶことも可能である[43]。

　著作権の譲渡は非要式行為であるから，文書によらずとも，口頭でも成立する。著作権者の明示の意思表示がなくても，周辺事情から黙示の譲渡の同意が認定される場合もある。実務では，著作権に関する契約が，その文言上，著作権の譲渡を意味するのか，単なる利用許諾にすぎないのかをめぐって争いが生じることが多い。契約の文言から，当事者の意思を推測できる場合にはそれに従い，当事者の意思が不明瞭な場合には，契約の目的，契約締結の経緯や事情，当事者の地位や関係，業界の慣行など諸般の事情を考慮して契約内容を合理的に解釈し，譲渡の有無を認定すべきである。なお，著作権の包括的譲渡は著作者に重大な影響をもたらすものであるから，黙示の譲渡の認定は慎重に行われる必要があろう[44]。

---

43)　足立・前掲注7) 266 頁参照。

44)　大阪地判平成 19 年 7 月 26 日判例集未登載（平 16(ワ)第 11546 号）〔グラブ淏淾施行管理プログラム事件〕は，プログラムの著作権の包括的譲渡が争われた事案において，「著作物の複製物が販売されている場合は，その販売価格の多寡が参考となる」と述べた上で，当該事案において，プログラムの著作権の譲渡の対価と評価しうる程度の額の金銭の授受がなされていないことなど，具体的な事実関係に即した詳細な検討を行った上で，黙示の譲渡を否定している。

272

第2節 譲 渡 II 一部譲渡

> **ステップアップ** 原稿の買取り

　出版実務では，よく「原稿の買取り」契約が行われる。「原稿の買取り」という
と，原稿に係る著作権の一括譲渡を連想しがちであるが，原稿料が印税方式（発行
ないしは売上部数に応じて対価を支払う形態）ではなく，一括払方式（発行や売上部
数にかかわらず，一定金額を一括して支払い，追加の対価を支払わない方式）で支払わ
れるということを意味しているにすぎない場合もある[45]。ゆえに，契約文言上，
当事者の意図が明らかでない場合は，「原稿の買取り」契約の趣旨を合理的に解釈
していく必要がある。裁判例では，多数の執筆者からなる戦史物の記事について，
出版者が執筆者から原稿を買い取るという契約をしたものの，その買取りの趣旨に
ついて特に意思表示はされず，印税，発行部数および再販の場合の取扱いなどにつ
いて取決めもなされず，契約書も作成されなかったという事案において，著作物の
掲載の対価としての原稿料の支払が通常の印税相当額を大幅に上回っていることや，
増刷や再販にもかかわらず，追加の印税支払の請求がないことなどから，原稿の買
取りが出版についての複製権の譲渡を意味すると認定したものがある[46]。

II　一 部 譲 渡

　著作権法は，著作権の一部譲渡を認めている（61条1項）。一部譲渡と
は，著作権の権能の一部のみを譲渡することをいう。著作物には多様な利
用形態が存在するため，著作権の全部の譲渡しか認めないとするよりも，
利用形態別の譲渡を認めた方が著作権者および利用者の双方にとって便宜
であり，その結果，著作権の流通・利用が促進されるとの考慮に基づくも
のである。

　著作権法は，著作権を複製権等，支分権の束として構成しているから，
支分権ごとに譲渡することが可能であるということには異論はない。問題
は，支分権以上に細分化した単位での譲渡が認められるかという点にある。
支分権よりも細分化された単位の譲渡としては，利用形態別の譲渡（複製
権に関し，印刷権，録音権，録画権をそれぞれ別人に譲渡するなど），期間限定
付譲渡（2020年までの著作権の譲渡など），地域限定付譲渡（北海道における上
演に関する権利の譲渡など）などが考えられる。裁判例，学説では，支分権

---

45)　上野幹夫〔判批〕百選（第3版）183頁参照。
46)　東京地判昭和50年2月24日判タ324号317頁〔秘録大東亜戦史事件〕参照。

第7章　権利の活用

以上に細分化した単位での譲渡も認めるとする見解が有力である（ただし，細分化の程度をめぐっては見解が分かれる）[47]。

　権利の一部譲渡といえども，その一部については，著作権の排他的権能が譲受人に移転することになるのであるから，一部譲渡を認めるためには，分割された権利の内容が相互に明確に区別しうるものでなければならない。さもなければ，第三者の著作物の利用に対し誰が権利行使をなすべきなのかが不分明となり，権利関係が錯綜することになるからである[48]。しかし，逆にいえば，こうした区別が明確になしうる限りは，支分権以上の細分化した単位での分割を認めることに別段支障はないといえよう。もともと著作権法が一部譲渡を認めた趣旨は，譲渡当事者のニーズに応じた範囲での権利の譲渡を認めることで，権利の流通・利用の促進を図るということにあるから，支分権よりもさらに細かい単位で権利を譲渡することを当事者が希望するのであれば，あえて分割譲渡を否定する理由はないというべきである[49]。

　もっとも，権利を細分化しすぎると，譲受人が他人の競合する著作物の利用行為に対して有効な権利行使をなすことができなくなるため，権利行使の実効性を確保するという観点からは，なるべく広い範囲で著作権の譲

---

47)　利用形態別の譲渡を認めた例として，東京地判昭和54年8月31日無体裁集11巻2号439頁〔ビートル・フィーバー事件〕，東京地判平成14年10月24日判例集未登載（平12（ワ）第22624号）〔風雲ライオン丸事件〕，期間限定付の譲渡を認めた例として，東京地判平成9年9月5日判時1621号130頁〔ガウディとダリの世界展事件〕，東京高判平成15年5月28日判例集未登載（平12（ネ）第4759号等）〔ダリ山梨事件〕参照。学説として，加戸436頁，田村502頁，中山517頁など参照。これに対し，支分権以上の細分化した単位での分割譲渡に反対する見解として，成田博「物権との対比による著作権法への疑問」半田正夫先生古稀記念『著作権法と民法の現代的課題』（法学書院，2003年）502頁，松村信夫「著作権の移転をめぐる問題点」牧野利秋ほか編『知的財産法の理論と実務4』（新日本法規，2007年）147頁など参照。

48)　東京地判平成6年10月17日判時1520号130頁〔ポパイ・ネクタイ事件〕は，一部譲渡の可否について，問題となる一部譲渡を認めるべき社会的必要性に加えて，そのような一部の譲渡を認めた場合の権利関係の不明確化，複雑化等の社会的不利益を総合的に考慮して判断すべきとする。

49)　我が国の著作権法は，出版権以外の排他的な利用権を認めていないため，第三者が排他的な利用権原を取得するには，著作権の譲渡によるほかない。実務上，著作権の分割譲渡が活発に行われている理由もここにあるのであり，現行法を前提とする限り，分割譲渡を広く認める必要性は否定できない。もっとも，立法論としては，特許法の専用実施権に相当する排他的な利用権の設定を認めつつ，その代わりに分割譲渡を制限する（支分権をさらに細分化した分割譲渡を認めない）という制度を採用することも考えられる（中山519頁）。

274

第 2 節　譲　渡　Ⅲ　譲渡の範囲

渡を受けることが望ましいといえよう（この点は，出版権の細分化の場合と同様である。本章第 1 節 Ⅱ 3(1) (ステップアップ) 参照)。

Ⅲ　譲渡の範囲

1　契約解釈

著作権法は著作権の一部譲渡を認めているため，著作権の譲渡が有効に成立している場合も，譲渡の対象となった権利の範囲を特定する必要がある。契約の文言上，譲渡の範囲が不明瞭である場合は，契約の目的，当事者の地位，支払われた対価の多寡・支払方法，業界の慣行等の諸事情を考慮しつつ，契約内容を合理的に解釈し，譲渡の対象となる権利の範囲を画定する必要が生じる。

2　翻案権等の留保の推定

著作権の譲渡契約において，翻案権等（27 条）と二次的著作物の利用権（28 条）が譲渡の目的として特掲されていないときは，譲渡人に留保されたものと推定される（61 条 2 項）。したがって，例えば，雑誌の懸賞論文の募集要項に「応募した作品の著作権は当社に帰属する」と書かれているだけでは，翻案権等は著作者に留保されていると推定されることになる[50]。これは，一般に著作権を譲渡するという場合，当事者は著作物を原作のまま利用する権利についての譲渡を意図しており，翻案権等の譲渡まで予定していないことが多いということを考慮したものである[51]。したがって，翻案権等の譲渡の特掲がなくても，著作者が翻案権等を譲渡したことが契約内容から明らかである場合は，本項の推定が覆され，翻案権等の譲渡が認められることになる[52]。例えば，開発委託を受けて作成されたプログラ

---

[50]　東京地判平成 15 年 12 月 19 日判時 1847 号 95 頁〔記念樹・音楽出版社事件〕は，「将来取得することあるべき総ての著作権」の信託譲渡を受けるという文言があるのみでは，61 条 2 項にいう翻案権等の権利が譲渡の目的として特掲されているものと解することはできないとする。

[51]　加戸 440 頁参照。

[52]　加戸 440 頁，田村 507 頁参照。

275

第7章　権利の活用

ムの著作権の譲渡契約に関し，翻案権の特掲はなかったものの，両当事者間において，将来，プログラムの改良がありうること，改良について主体として責任を持って行うのは委託者（譲受人）であることが当然の前提になっていたということを考慮し，翻案権の譲渡を認めた裁判例がある[53]。

> **裁判例**　**ひこにゃん事件**[54]
>
> 　Xは普通地方公共団体（彦根市）であり，Y₁はキャラクターデザイン，グッズ製作等の業務を営む株式会社であり，Y₂は，Y₁の取締役である。Xは，「国宝・彦根城築城400年祭」の開催を企画し，その主催団体として「国宝・彦根城築城400年祭実行委員会」（以下，「本件委員会」）を設立し，本件委員会は，400年祭のキャラクターを募集した。Y₁は，訴外Zを通して，Y₂の作成に係るイラスト（以下，「本件イラスト」）を本件委員会に提出した。本件委員会は，本件イラストをキャラクター（以下，「本件キャラクター」）として採用することを決定し，Zとの間で，本件キャラクターに関する契約（以下，「本件契約」）を締結した。本件契約では，Zが所定の契約金額をもって400年祭のキャラクター等を作成し，納入すること，Zが本件委員会会長に納入した本件キャラクター等の所有に関する著作権等一切の権利は本件委員会会長に帰属することが規定された。また，本件契約書に添付された「仕様書」（以下，「本件仕様書」）には，「キャラクターは，着ぐるみ等を作成する場合もあるので，立体的な使用も考慮すること」，「採用されたシンボルマーク，ロゴおよびキャラクターは，本件委員会および同委員会が許可した団体等のインターネットホームページや出版物，PR用ツール等に対して自由に使用する」ことが定められていた。本件では，本件契約に基づき，本件イラストに係る翻案権等が本件委員会に譲渡されたといえるか否かが争われた。判決は，契約書に，単に「著作権等一切の権利を譲渡する」と包括的に記載されただけでは，翻案権が譲渡の目的として特掲されたとはいえないから，61条2項により，翻案権は譲渡人に留保されたものと推定されるとしつつ，本件契約書および仕様書では，本件委員会が立体使用を予定している「キャラクター」を「自由に使用する」旨が定められていることに加え，本件イラストが彦根城築城400年祭のイメージキャラクターとして，同祭で実施される各種行事や広報活動等に広く利用されることを予定して本件委員会に採用されたものであることなどを総合的に勘案すると，本件契約書においては，本件委員会が立体物について自由に作成・使用することができることが示されているといえるから，本件イラストに基づいて立体物を作成することは，これが原著作物の変形による二次的著作物の創作と評価されるものであったとしても，こ

---

53)　知財高判平成18年8月31日判時2022号144頁〔振動制御器プログラム事件：控訴審〕，東京地判平成17年3月23日判時1894号134頁〔同・第一審〕参照。

54)　大阪高決平成23年3月31日判時2167号81頁。

のようなことをなし得る権利（翻案権）は，本件契約により本件委員会に譲渡され
たものと認めるべきであるとし，その限度で，61条2項の推定を覆す事情がある
と判断した。

3　未知の利用に係る権利の譲渡

譲渡契約締結時に想定されなかった未知の利用方法が出現した場合に，
当該利用方法に関する権利が譲渡の範囲に含まれるかということが問題と
なることがある。この点は，通常の譲渡の範囲の解釈と同様に，契約の目
的や対価の多寡等を考慮しつつ，当事者が未知の利用方法に関する権利を
譲受人に譲渡することを意図していたものと合理的に解釈することができ
るかどうかにより判断されることになる。

包括的な譲渡の場合は，通常は，譲受人に一切の権利を取得させること
が意図されていると考えられるため，特段の事情がない限りは，未知の利
用方法に関する権利も一括譲渡されたと解するべきであろうが[55]，一部譲
渡の場合は，わざわざ権利を細分化して譲渡した趣旨に照らし，譲渡の範
囲を限定的に解釈すべき場合が少なくないだろう[56]。

Ⅳ　対抗要件としての登録

著作権も財産権として市場に流通するものである以上，取引の安全を図
る必要がある。そこで，著作権法は，著作権の移転または処分の制限に関
して，不動産の物権登記と同様，対抗要件としての登録制度を設けている

---

55)　裁判例では，権利（著作隣接権）の包括的譲渡が行われた後に，法改正によって新たに
支分権（送信可能化権）が創設された場合において，当該支分権も譲渡契約の対象に含まれ
るかが争われた事例がある（東京地判平成19年1月19日判時2003号111頁〔THE BOOM
事件〕，東京地判平成19年4月27日判例集未登載（平18(ワ)第8752号）〔HEAT WAVE事
件〕参照）。両判決は，いずれも，契約の文言，契約締結当時の当事者の関係・状況，業界
の慣行，対価の相当性等の事情を考慮して，将来的な立法に係る部分についても，譲渡契約
の対象になっていたと解すべきであるとしている。

56)　裁判例では，「放送権」の譲渡契約の対象に，「有線放送」や「衛星放送」が含まれるか
が争われた事案において，同契約における「放送権」の範囲が不分明な場合には限定的に解
釈するのが相当であるとし，「有線放送」や「衛星放送」が譲渡の対象に含まれないと判断
したものがある（東京高判平成15年8月7日判例集未登載（平14(ネ)第5907号）〔快傑ライ
オン丸事件：控訴審〕参照）。

第 7 章　権利の活用

(77 条 1 号。登録手続の詳細は 78 条参照)。

　著作権者から著作権を適法に譲り受けた場合でも，登録を経なければ，「第三者」に対抗することができない (77 条 1 号)。ここにいう「第三者」とは，登録の欠缺を主張するについて正当な利益を有する者をいう[57]。具体的には，他の譲受人や，出版権者，利用権者，質権者等，問題となる著作権に関して取引により何らかの正当な権原を取得した者をいう[58]。譲渡当事者およびその権利義務の包括承継人が「第三者」にあたらないことは当然であるが，それ以外に，著作権を侵害した者も，77 条にいう「第三者」に含まれない[59]。著作権侵害者は，著作権に関し何ら正当な権原を取得していないから，譲受人に対して登録の欠缺を主張しうる正当な利益を有するとはいえないからである[60]。なお，77 条は，一般に第三者の善意・悪意を問わないとされているが[61]，いわゆる背信的悪意者も登録の欠缺を主張する正当な利益を有する者とはいえないため，77 条にいう「第三者」に含まれないことになる[62]。

V　相続人不存在の場合等における著作権の消滅

　著作権および著作隣接権も，一般の財産権と同様，相続等一般承継の対象となる。一般の財産権については，相続人不存在の場合や法人が解散した場合，残余財産は国庫に帰属するものとされるが (民 959 条，一般法人

---

57)　加戸 503 頁。裁判例として，大判明治 37 年 4 月 7 日刑録 10 輯 766 頁〔国家学会雑誌事件：上告審〕，大判昭和 7 年 5 月 27 日民集 11 巻 11 号 1069 頁〔あゝ玉杯に花うけて事件：上告審〕など参照。

58)　東京地判昭和 7 年 12 月 21 日評論全集 21 巻諸法 920 頁参照。

59)　前掲注 57)〔国家学会雑誌事件：上告審〕，同〔あゝ玉杯に花うけて事件：上告審〕，東京高判昭和 55 年 9 月 29 日判時 981 号 75 頁〔民青の告白事件：控訴審〕など参照。

60)　これは，民法 177 条の「第三者」の解釈と同様である。

61)　前掲注 58) 東京地判昭和 7 年 12 月 21 日参照。もっとも，近時，民法学では，不動産の二重譲渡について，第一譲受人がいることを知りながら重ねて契約するのは公正な競争行為といえないとし，悪意または有過失の第二譲受人は「第三者」に含まれないとする異論が有力に唱えられており（内田貴『民法 I』〔東京大学出版会，第 4 版，2008 年〕459 頁），著作権法 77 条の「第三者」の解釈においても，悪意者は含まれないとする見解が主張されている（田村 510 頁）。

62)　加戸 504 頁，知財高判平成 20 年 3 月 27 日判例集未登載（平 19㈹第 10095 号）〔Von Dutch 事件〕参照。これは，所有権の二重譲渡の場合に背信的悪意者に登記なくして対抗できるとする民法 177 条の伝統的な見解に依拠したものである。

278

239 条 3 項），著作権については，国庫帰属とするよりも，むしろ万人に自由に著作物を利用させたほうが文化の発展に寄与するものと考えられることから，上記の場合には，著作権および著作隣接権は消滅するとされている（62 条，103 条）。

第 3 節 担保権の設定

I 総 説

著作権は財産権として経済的価値を有するため，その経済的価値に基づき，著作権を担保化して資金調達を行うことも可能である。著作権等の知的財産は価値評価が困難であるために，従来，担保として利用されてこなかったが，最近では，著作権等の知的財産以外の資産を持たないベンチャー企業などが増えてきたことから，著作権等の知的財産を担保として融資を行うシステムを確立することが産業政策上重要な課題として認識されるようになってきている（知財基 19 条）。著作権の担保化の手段として代表的なものは質権であり（民 362 条参照），以下にみるように著作権法は著作権者が質権を設定した場合の特則を設けているが，これ以外に実務では，譲渡担保も用いられている[63]。

II 質 権

1 著作権の行使者

著作権者は著作権を目的とした質権を設定できる。著作権を目的とした質権は，権利質（民 362 条）の一種である。質権の設定は，譲渡と同様，

---

63) なお，プログラムの著作物については，その性質に鑑み，工場抵当法における工場財団抵当に組み込むべきであるという考え方が示されている（田代泰久『知的財産権担保融資の理論と実務』〔清文社，1996 年〕63 頁，高石義一『知的所有権担保』〔銀行研修社，1997 年〕194 頁，中山 525 頁）。

第7章　権利の活用

当事者の意思表示のみで効力を生じる。登録は対抗要件であって（77条2号），効力発生要件ではない。

　著作権者が質権を設定した場合も，設定行為に別段の定めがない限り，著作権者が著作権を行使することとなる（66条1項）。著作権者の方が質権者よりも著作物の利用に精通している場合が多く，著作権者に権利行使をさせた方が著作権の有効活用が可能となり，著作権者・質権者双方にとって望ましい結果が得られると考えられるからである[64]。したがって，著作権者は，設定行為に別段の定めがない限り，質権者の承諾を得ることなく，自ら著作物を利用しまたは他人に利用許諾を与えることができる。ただし，出版権の設定に関しては，著作権の担保価値が大きく減殺されるおそれがあるため，複製権等保有者が出版権を設定する場合には質権者の承諾が必要となる（79条2項）。

　著作権者は質権設定後も侵害者に対して単独で差止・損害賠償請求をなしうる[65]。著作権に基づく差止め・損害賠償請求は著作権者に固有の権利だからである。

2　物上代位

　質権者は，著作権者が著作権を譲渡や利用許諾した場合に，そこから得られる金銭その他の物に対して質権を行使することができる（66条2項）。著作権者による著作権の行使の結果としての収益等に対しても質権の効力が及ぶとすることで，債務の履行を確保し，質権の実効性を高めることを意図したものである（物上代位）。ただし，上述した金銭等が著作権者の一般財産に組み込まれた後に質権の行使を認めると，著作権者に対する他の一般債権者の利益を害するおそれがあるため，これらの金銭等の支払いまたは引渡しの前に，これらを受ける権利を差し押さえておくことが必要とされている（同項但書）。

3　対抗要件としての登録

　質権の設定，移転，変更，消滅または処分の制限は登録しなければ第三

---

64)　加戸463頁参照。
65)　中山525頁。

者に対抗できない（77条2号）。

第4節　著作権の管理

Ⅰ　集中管理

1　趣　旨

　著作物は無形の情報であるから，多数の人間が同じ著作物を同時に異な
る場所で利用することが可能である。ゆえに，著作者がいったん著作物を
社会に公表すると，その著作物の利用態様を管理・監視することは極めて
困難である。特に，音楽のように，楽譜やレコードの出版，生演奏，カラ
オケ，放送など広範かつ多様に利用されるものについては，権利者個人が
利用の実態を把握し，適切な権利行使を行っていくということは事実上不
可能といってよい。他方，著作物の利用者としても，著作物の利用の都度，
逐一，個別に権利者に連絡を取り，承諾を得なければならないとするのは
煩雑である。例えば，放送局は，1日に多数の音楽を利用しているが，個
々の利用に関して個別に権利処理をしなければならないとすると，円滑に
放送を行うことが困難となるだろう。こうしたことから，著作権法の世界
では，特に音楽を中心として，権利の集中管理のシステムが採られている。
　集中管理とは，著作権の管理を専門業務とする特定の団体（集中管理団
体などと呼ばれる）が多数の権利者から権利を管理することの委託（信託・
委任）を受け，その団体が著作権者に代わって著作物の利用者から使用料
を徴収し，著作権者に分配するとともに，違法に著作物を利用する者に対
して権利行使を行うというものである。これにより，著作物の利用許諾が
円滑に行われるようになるとともに，違法な利用行為に対しても実効性の
ある権利行使が可能となり，著作権者の利益がより適切に保護されること
となる。他方，利用者も，団体の定める利用条件に従って使用料を支払え
ば著作物の利用が可能となるため，利用の都度，権利者各人と個別に交渉
するという煩わしさから解放され，利便性が格段に向上することとなる。

第7章　権利の活用

2　著作権等管理事業法

　著作権等の集中管理業務に関する法律として，著作権等管理事業法が制定されている。同法は，著作権等管理事業の適正な運営を確保することにより，著作権等の管理を委託した者を保護し，著作物等の利用の円滑化を図ることを目的としたものである（著作管理1条）。同法にいう著作権等管理事業とは，著作権等の管理委託契約（著作管理2条1項[66]）に基づき著作物等の利用許諾その他の著作権等の管理を業として行うことをいう（著作管理2条2項）。同法は，著作権等管理事業者の登録制度（著作管理3条～10条）を定め，組織的・財政的基盤のぜい弱な不適格者が事業に参入することを防止するとともに，管理委託契約約款の届出・公示義務（著作管理11条1項，15条）を定めて委託者が事前に管理事業の内容を知ることを可能にし，また，使用料規程の届出・公示義務（著作管理13条1項，15条）を定めて利用者が事前に著作物の使用料を把握することができるようにしている。加えて，同法は，管理事業者が使用料規程を定める際に，利用者またはその団体から意見を聴取する努力を行うよう義務づけており（著作管理13条2項），使用料が客観的に妥当なものとなるように配慮している。
同法に基づき登録された主要な管理団体としては，日本音楽著作権協会（JASRAC），日本文藝家協会，日本脚本家連盟，日本芸能実演家団体協議会（芸団協），日本複製権センター（JRRC）などがある[67]。

---

66)　同条項にいう「管理委託契約」には，「信託契約」と「委任契約」の2種類の契約が含まれる。「信託契約」とは，委託者が受託者に著作権等を移転し，著作物等の利用の許諾その他の当該著作権等の管理を行わせることを目的とする契約をいう（1号）。一方，「委任契約」とは，委託者が受託者に著作権等の利用の許諾の取次ぎまたは代理をさせ，かつ，取次または代理に伴う著作権等の管理を行わせることを目的とする契約をいう（2号）。ただし，信託契約であれ，委任契約であれ，委託者が利用許諾の際の使用料を決定することとされている場合は「管理委託契約」に含まれず，同法の規律を受けないことになる。この場合には，委託者自身が自ら著作物の利用による経済的利益を確定しており，受託者の裁量により委託者の経済的利益が左右されることはないため，あえて同法により委託者の保護を図る必要がないからである（著作権法令研究会『逐条解説著作権等管理事業法』〔有斐閣，2001年〕48頁参照）。

67)　なお，管理団体による著作物使用料の徴収方法が問題となった例として，最判平成27年4月28日民集69巻3号518頁〔JASRAC事件〕がある。同判決は，従前，JASRACが放送事業者向けの利用許諾において一般に採用していた「包括徴収方式」（管理楽曲のすべてを包括的に許諾し，使用料の算定において，管理楽曲の放送利用割合を考慮せずに，所定の金額による使用料を徴収する方法）について，放送事業者が他の管理事業者の管理楽曲を利

第 4 節　著作権の管理　Ⅰ　集中管理

ステップアップ　**仲介業務法から著作権等管理事業法へ**

　我が国最初の著作権等の管理業務に関する法律は，1939 年に制定された「著作権ニ関スル仲介業務ニ関スル法律」（仲介業務法）である。我が国最初の著作権法は 1899 年に制定されたが，当時は著作権等管理団体もなく，著作権に対する人々の意識や関心も希薄であり，著作物の無許諾利用が横行していた。こうした状況下にあって，1930 年代に，ドイツ人ヴィルヘルム・プラーゲがヨーロッパの著作権管理団体の代理人として突如無許諾利用者を相手に過酷な権利行使を行ったため，社会的な混乱（いわゆる「プラーゲ旋風」）が生じることとなった。こうした混乱を解消するために制定されたのが仲介業務法であった。仲介業務法は，外国の著作権管理団体の活動を制限するとともに（プラーゲには仲介業務の許可が下りず，プラーゲ旋風は終息した），政府の監督の下で我が国の著作権管理団体を育成し，発展させることを意図したものであった[68]。

　仲介業務法は，このような制定の背景事情を反映して，管理業務を基本的に国家の統制の下に置き，新規参入を厳しく規制していた。具体的には，管理業務の対象を小説，脚本，楽曲の著作権に限定し（同法 1 条 3 項，昭和 14 年 12 月 13 日勅令第 835 号），管理業務の実施について許可制を採用し（同法 2 条），使用料も認可制としていた（同法 3 条）。また，仲介業務法は，条文上，仲介業務者の数を定めてはいなかったが，実際にはごく限られた数の団体にしか許可が与えられていなかった。

　仲介業務法は，制定以来 60 有余年の間，実質的な改正が行われることなく存続した。しかし，近時，デジタル・ネットワーク技術の発達に伴い，著作物の流通・利用形態の多様化が進み，著作権等の管理に対する著作者のニーズも多様化してきたことから，管理業務の自由化の必要性が強く主張されるようになった。これを受けて，2000 年に「著作権等管理事業法」が制定され，仲介業務法は廃止されることとなった[69]。著作権等管理事業法は，管理業務の対象をすべての著作権および著作隣接権の客体に拡大し，許可制を登録制に切り替えるなど，規制緩和を進めて新規事業者の参入を容易にし，著作者の多様なニーズに合致した管理業務が提供されるように配慮している。

用することを抑制し，他の管理事業者の市場への参入を著しく困難にする効果を有することから，独占禁止法 2 条 5 項の排除型私的独占に該当すると判断した。現在では，JASRAC 等の管理事業者と放送事業者との間で，各管理事業者の管理楽曲の利用割合に応じた使用料を徴収することについて合意がなされている。

68)　著作権法令研究会・前掲注 66) 3 頁参照。
69)　著作権法令研究会・前掲注 66) 25 頁以下参照。

283

第7章　権利の活用

Ⅱ　信　託

　信託とは，委託者が第三者（受託者）に財産を譲渡し，受託者が一定の目的に従って受益者のために当該財産を管理・処分等する制度である。かつての信託業法では，信託会社が引受けを行うことができる財産から著作権等の知的財産権が除外されていたため，著作権等管理事業法による信託等の限られた場合を除き，知的財産権の信託を行うことができなかったが（旧信託業4条），平成16年の信託業法の改正により，このような受託可能財産の制限が撤廃され，著作権等の知的財産権の信託が一般に広く認められることとなった。

　信託業法により著作権等の信託を業として引き受ける者は，内閣総理大臣の免許を受けることが必要である（信託業3条参照）。しかし，著作権等管理事業法上の信託契約に基づき著作権等の管理を業として行う者は，信託業法の適用が排除されるため，免許は不要となる（著作管理26条）。信託業法が免許制を採用したのは，信託業務の適正な遂行や財務の健全性を確保するためであるが，著作権等管理事業法においては，登録制度が採用され，登録に際して申請者の適格性が審査されるため，免許を要求せずとも管理業務等の適正な運営を確保することが可能となっているからである[70]。もっとも，著作権等管理事業法上の信託契約は，著作権等の管理を行わせることを目的としたものに限定され，処分を行わせることを目的とするものを含まないため，著作権等の処分を行わせることを目的とした信託を業とする者については，信託業法が適用され，信託業法上の免許を受けることが必要となる[71]。

---

[70]　半田＝松田994頁［中島麻里］参照。
[71]　半田＝松田872頁［山口三惠子］参照。

284

第5節　裁定による利用権の設定

I　総　　説

　著作権法には，裁定により利用権を設定する制度がある。別名，強制許諾（compulsory licence）と呼ばれるもので，著作権者から許諾を得られない場合であっても，一定の要件を満たした場合には，文化庁長官の裁定を受け，通常の使用料に相当する額の補償金を支払うことによって，著作物を利用することができるという制度である。具体的には，① 著作権者等が不明の場合の裁定（67条），② 裁定申請中の著作物の利用（67条の2），③ 放送についての裁定（68条），④ 商業用レコードへの録音の裁定（69条）が認められており，その手続（70条）や補償金（71条〜74条）に関する規定が設けられている。

　現在までのところ，裁定制度は，手数料や手続に要する時間等のために積極的に活用されているとは言い難い状況にある。しかし，今後の情報化社会においては，コンテンツの需要が増大するため，裁定制度に対するニーズも高まってくると考えられる。これを受けて，平成21年度の法改正では，裁定制度の一部拡充が図られた。

II　著作権者不明等の場合における著作物の利用（67条）

　公表され，または公衆に提供・提示されている著作物は，著作権者不明等の理由により，相当な努力を払ってもその著作権者と連絡できない場合として政令で定める場合は，文化庁長官の裁定を受け，通常の使用料の額として文化庁長官が定める補償金を，著作権者のために供託し，その裁定に係る利用方法により利用できる（67条1項）。この規定は，著作権者が不明である等の理由により著作権者から利用許諾を受けられない場合にも，適法に著作物を利用する途を確保し，著作物の社会的利用を促進しつつ，利用者に補償金を供託させることにより，著作権者の利益の保護をも図っ

第7章　権利の活用

たものである[72]。

　本条の適用を受ける対象は，公表された著作物または相当期間にわたり公衆に提供され，もしくは提示されている事実が明らかな著作物に限られている（67条1項）。これは，著作者が公表権を有していることから，裁定による利用を認めることにより著作者の公表に係る人格的利益が害されることのないように配慮したものである。

　本条は著作物の利用者が「相当な努力」を払っても著作権者と連絡を取ることができないことを前提としている。裁定は国家が著作権者の意思とは無関係に許諾を与えるものであるため，安易に裁定制度の利用を認めると著作権者の利益が不当に害されるおそれがあるからである。かつては，著作権者の探索にどの程度の努力を払うことが必要かが条文上明確でなかったが，利用者の予測可能性を確保するとの観点から，平成21年改正により，「相当な努力」を払っても著作権者と連絡を取ることができない場合として裁定の利用が可能な場合が政令で指定されることとなり，利用者に求められる調査の方法が具体的に明確化されることとなった[73]。

72）　加戸466頁参照。現行法制定時から現在（昭和46年1月〜平成29年3月31日）までの裁定制度の利用実績はわずか329件である。もっとも，平成21年改正において裁定制度の拡充が図られたことにより，ここ数年で申請件数が大きく増加している。裁定制度は，主に，国立国会図書館の「国立国会図書館デジタルコレクション」事業でのインターネット配信や，過去に放送されたドラマのインターネット配信・DVDの複製・販売，大学入試問題に掲載された論文の問題集への掲載などに利用されている（文化庁裁定実績データベース参照）。

73）　具体的には，利用者は，権利者情報を取得するために，以下の①〜③の措置をすべて行い，かつ，当該措置により取得した権利者情報その他その保有するすべての権利者情報に基づき著作権者と連絡をとるための措置を行うことが必要となる。権利者情報を取得するための措置とは，①広く権利者情報を掲載していると認められる刊行物その他の資料を閲覧すること（権利者の名前や住所等が掲載されている名簿・名鑑類の閲覧，またはネット検索サービスによる情報の検索），②広く権利者情報を保有していると認められる者への照会（著作権等管理事業者等への照会，および，利用しようとする著作物等の分野に係る著作者団体等への照会），③公衆に対し広く権利者情報の提供を求めること（日刊新聞紙への掲載，または公益社団法人著作権情報センター〔CRIC〕のウェブサイトへの7日以上の掲載）である（施行令7条の5第1項，平成21年文化庁告示26号〔令和元年文化庁告示第1号により最終改正〕参照）。なお，かつては，過去に裁定を受けた著作物等を再利用する場合も，はじめて裁定を受ける際に必要な権利者探索の措置と同様の措置を再度講じる必要があったが，一度裁定を受けた著作物等の利用をしやすくするために，これらの著作物等について権利者探索の要件が緩和された。具体的には，過去に裁定を受けた著作物等については，上記①に関し文化庁の裁定データベースを検索し，②に関し裁定データベースを保有する文化庁に照会すれば，③の公衆に対する権利者情報の呼びかけを行うだけでよいこととされた（平成28年文化庁告示第17号）。

第5節　裁定による利用権の設定　Ⅱ　著作権者不明等の場合における著作物の利用（67条）

　裁定に基づき著作物を利用するためには，文化庁長官の定める額の補償金を事前に供託することが必要である（67条1項）。権利者が現れた場合に補償金の支払いが確実に行われるようにするためである。事前の供託は，著作物利用の前提条件であるから，裁定を受けても，補償金を供託しないで著作物を利用すれば，著作権侵害となる[74]。ただし，国や地方公共団体等が裁定により著作物を利用する場合には，補償金の確実な支払いが見込まれるため，事前の供託は不要とされ，権利者と連絡をとることが可能となったときに補償金を支払えばよいことになっている（67条2項）。

　本条の裁定制度は，著作隣接権にも準用される（103条）。

ステップアップ　孤児著作物の取扱い

　著作権の存続期間は著作物の商業的な寿命に比して極めて長期に及ぶため，古い著作物は権利者不明の状態が発生しやすい。このような著作物を「孤児著作物（Orphan Works）」という。孤児著作物の中には，芸術的・文化的な価値の高い作品も数多く存在するため，孤児著作物の死蔵を防ぎ，その利用促進を図る手段として，裁定制度は極めて重要な意味を持っている。しかし，著作権法は，裁定請求の要件として，利用者が政令で定める措置を採ることにより「相当な努力」を払って権利者を探索すべきことを要求しているが，政令で定める措置の内容が厳格であり，権利者探索に相当の時間と費用が必要となるため，裁定制度の利用が十分に進んでいるとはいえず，このことが孤児著作物の保存や活用に大きな支障を来しているといわれている。著作権者は一般に自己の著作物が死蔵されるよりも，利用されることを望むであろうし，裁定による利用がなされた場合には利用者から補償金を取得することもできるのであるから，裁定による利用を緩やかに認めたとしても，著作権者の利益が不当に害されることにはならないであろう[75]。このようなことから，現在，裁定手続の簡素化を図るなどの現行裁定制度の見直し，および，孤児著作物の利用促進を図るための新たな制度の導入について検討が行われている[76]。このような裁定制度の見直しの一環として，過去に裁定を受けた著作物等の利用をしやすくするため，平成28年の告示改正により，これらの著作物等について権利者探索の要件が緩和された（改正の具体的内容については，注73）参照）。

---

74)　加戸468頁参照。
75)　中山537頁参照。
76)　議論の詳細は，文化審議会著作権分科会法制・基本問題小委員会議事録（文化庁ウェブサイト〔http://www.bunka.go.jp/seisaku/bunkashingikai/chosakuken/hoki/〕にて閲覧可能）参照。

第7章　権利の活用

Ⅲ　裁定申請中の著作物の利用（67条の2）

　権利者等不明の場合の裁定の申請をした者は，当該申請に係る著作物の利用方法を勘案して文化庁長官が定める額の担保金を供託した場合には，裁定または裁定をしない処分を受けるまでの間，当該申請に係る方法と同一の方法により，当該申請に係る著作物を利用することができる（67条の2第1項）。本条は，裁定申請中の著作物の利用を確保するための規定であり，平成21年改正により導入された。国等が本条の利用をする場合には担保金の供託は不要である（67条の2第2項）。

　本条の裁定制度は，著作隣接権にも準用される（103条）。

Ⅳ　著作物の放送（68条）

　公表された著作物を放送しようとする放送事業者は，その著作権者に対し放送の許諾につき協議を求めたが，その協議が成立しないとき，またはその協議をすることができないときは，文化庁長官の裁定を受け，かつ，通常の使用料の額に相当するものとして文化庁長官が定める額の補償金を著作権者に支払って，著作物を放送することができる（68条）。この規定は，放送の公共性に鑑み，著作権者の許諾拒否に正当な理由がない場合に，放送事業者の著作物の放送利用を認めるために設けられたものである[77]。

Ⅴ　商業用レコードへの録音等（69条）

　商業用レコードが最初に国内において販売され，かつ，その最初の販売の日から3年を経過した場合において，そこに録音されている音楽の著作物を録音して他の商業用レコードを製作することについて，その著作権者に許諾を求めたが，その協議が成立しないとき，またはその協議ができないときは，文化庁長官の裁定を受け，かつ，通常の使用料の額に相当するものとして文化庁長官が定める額の補償金を著作権者に支払って，録音お

---

77)　加戸476頁参照。現在までのところ，運用された実績はないとのことである。

よび譲渡による公衆への提供をすることができる（69条）。この規定は，特定のレコード会社が音楽の著作物の独占的録音権を取得すること（いわゆる作家専属制）で，レコード業界において特定のレコード会社が独占的な地位を形成し，それによって音楽の著作物の利用が大幅に制限されることを防止することを目的としたものである[78]。

第6節　権利者が複数の場合

I　総　　論

　共同著作物においては，複数の著作者が当該著作物に対する1個の著作権を原始的に共有することになり，また，著作者各人の著作者人格権が当該著作物において競合する状態となる。単独著作物であっても，著作者が第三者に著作権の持分の一部を譲渡したり，著作者の死亡後，著作権が複数の遺族によって相続された場合には，事後的に著作権が複数人によって共有されることになる。本節では，このように同一の著作物に対して複数人が権利を有する場合の著作権法上の取扱いについて学ぶことにする。

II　共有著作権

1　民法の共有に関する規定との関係

　著作権は所有権以外の財産権であるから，その共有は，民法上の準共有となり（民264条），法令に別段の定めがない限り，民法の所有権の共有に係る規定（民249条～263条）が適用される。著作権法は，著作権の特殊性を考慮して65条に特則を設けているが，65条で規定しない事項については民法の規定が準用されることになる。例えば，各著作者は，共同著作物について成立した1個の著作権について持分権を有し，各人の持分の割合

---

78)　加戸478頁参照。現在までのところ，運用された実績はないとのことである。

第7章　権利の活用

は特段の事由のない限り相等しいものと推定され[79]（民250条），共有者の1人が持分を放棄し，あるいは相続人なくして死亡したときは，その持分は他の共有者に帰属することになる（民255条）。著作権法が特則を置いているのは，共有著作権の持分の処分および著作権の行使に関する事項である。以下，この点を具体的に説明する。

2　著作権の行使

(1)　一体的行使の原則

　共有著作権は，共有者全員の合意によらなければ行使することができない（65条2項）。ここでいう「行使」とは，著作権の内容を実現する積極的な行為を意味するとされる[80]。具体的には，著作物の利用許諾や出版権の設定の他，自ら著作物の複製，出版その他の行為を行うことも含まれる[81]。共有者全員の合意は共有著作権行使の要件であるため，共有者の一部が他の共有者の合意を得ずに自ら著作物の利用等を行えば，他の共有者の著作権を侵害することになる。

　ではなぜ共有著作権の行使には他の共有者の合意が必要とされるのであろうか。著作物は無体物であり，複数人が同時に利用可能なものであるため，各共有者が単独で著作物を利用しても，それによって他の共有者が同一の著作物を物理的に利用できなくなるわけではない。しかし，著作物の利用行為には多種多様なものが存在するため，各共有者が単独で自由に著作物を利用できるとすると，共有者の一部の利用行為によって他の共有者が不測の不利益を被るおそれがある[82]。例えば，AとBが著作権を共有する映画の著作物について，Aが映画の上映を企画していたところ，A

---

79)　ただし，民法250条は推定規定であるから，反対事実の存在が証明されればこれと異なる持分割合を認定することが可能である。裁判例では，共同著作物に対する各人の創作的寄与の割合が異なる場合には各共同著作者の寄与度の割合に応じて持分を認定し，創作的寄与の割合が不分明な場合に民法250条により持分割合を均等と推定するという取扱いがなされている（東京地判昭和55年9月17日無体裁集12巻2号456頁〔地のさざめごと事件〕，東京地判平成9年3月31日判時1606号118頁〔だれでもできる在宅介護事件：第一審〕，東京高判平成10年11月26日判時1678号133頁〔同・控訴審〕）。

80)　加戸460頁参照。

81)　古城春実「共同著作」斉藤博＝牧野利秋編『裁判実務大系27 知的財産関係訴訟法』（青林書院，1997年）247頁参照。

82)　田村368頁，中山276〜277頁。

290

の上映前にＢが映画の DVD 販売やインターネット配信を開始したとすれ
ば，Ａの上映による収益は大きく低下することになるだろう。そこで，
著作権法は，共有者間の利益の均衡を図るために，共有著作権は共有者間
で一体的に行使すべきことを原則としたのである。

　もっとも，著作権法 65 条 2 項は任意規定であるため[83]，著作権の一体
的行使が煩わしく感じられる場合には，あらかじめ契約により著作物の利
用方法を別異に定めることが可能である。著作権に対する共有者各自の利
益や関心はさまざまであり，著作物の利用方法をめぐって共有者間で意見
の対立が生じることも少なくないことに鑑みれば，著作物の利用方法はで
きる限り事前に契約で規定しておくことが望ましいといえよう。逆に言え
ば，そのような契約がない場合のデフォルトルールとしては，共有者間の
利益の均衡を図るために，著作権の一体的行使を義務づけることに合理性
があることになる。

　共有著作権の行使については，各共有者の権利を代表して行使する者を
定めることができる（65 条 4 項による 64 条 3 項の準用）。共有著作権の円滑
な行使を可能とするための措置である。代表者の定めがある場合，代表者
は，共有者全員の合意があるものとして単独で著作権を行使することが可
能となる[84]。代表者の代表権に制限を設けること（例えば，「代表者が第三
者に利用許諾を与える際には他の共有者の了解を得ること」など）も可能である
が，代表者の代表権に加えられた制限は，善意の第三者に対抗することが
できない（65 条 4 項による 64 条 4 項の準用）。取引の安全を確保するための
措置である。

(2) 合意を妨げる「正当な理由」

　上述のとおり，共有著作権は共有者間で一体的に行使されることが原則
である。しかし，著作権に対する共有者各自の利益や関心はさまざまであ
り，著作権の行使について常に他の共有者の合意が得られるとは限らない
から，共有者全員の合意がない限り，およそ共有著作権の行使が許されな
いとすると，著作権の行使を望む共有者の利益が害され，著作物の有効利
用が妨げられることにもなる。そこで，著作権法は，各共有者が「正当な

---

83)　中山 277 頁参照。
84)　加戸 457 頁参照。

第 7 章　権利の活用

理由」なく共有著作権の行使に係る合意の成立を妨げてはならないとして
いる（65 条 3 項）。

　では，どのような場合に「正当な理由」が認められることになるのであ
ろうか。この点については，大まかに言って，2 つの考え方がある[85]。1
つは，権利行使を望む共有者と望まない共有者の諸事情を対等の関係で比
較衡量し，後者が前者に優越する場合に「正当な理由」があると解するも
のであり[86]，もう 1 つは，著作物の利用促進の観点から，「正当な理由」
が認められる場合を限定的に捉え，できる限り権利行使を認める方向で解
釈するというものである[87]。

　既述のとおり，著作者各自が単独で著作物を利用しても他の共有者の利
用が物理的に妨げられるわけではないから，著作物の利用促進という観点
を重視するならば，本来は，各共有者の自由な利用を原則とするルールを
採用すべきであると思われる[88]。著作権法があえてそのようなルールを採
用せず，共有著作権の一体行使を原則としていることに鑑みれば，著作権
法は著作物の利用促進よりも共有者間の利益の均衡を重視していると考え
られるから，「正当な理由」の存否は，権利行使を望む共有者と望まない
者の利益を対等に比較衡量して判断することが妥当であるといえよう。

　また，共有者が一部の共有者の権利行使に反対する理由はさまざまであ
り，一部の共有者が提案する著作物の利用方法がそれ自体は別段不合理な
ものでなくとも，自己の将来の著作物の利用に重大な影響を及ぼすと考え
て合意を拒絶することもありうる。その場合，一部の共有者の現在の権利

---

85)　半田＝松田 821 頁［長塚真琴］参照。

86)　後掲注 90)〔経済学書籍事件〕，三村量一「共同著作物」新・大系 272 頁以下など参照。

87)　例えば，加戸 461 頁は，合意拒絶に「正当な理由」がある場合とは，利用許諾を与えよ
　うとする者の財政状況が悪いために，利用料の支払が滞る危険性が高い場合など，合意が求
　められている利用方法が不合理である特別な事情が存する場合であるとする。裏を返せば，
　そのような特殊な事情がない限り，原則として，合意拒絶は認められないとする趣旨である
　といえよう。また，金子敏哉「著作権の共有に関する一試論——交渉の先送りとその後の対
　応策」日本知財学会誌 9 巻 2 号 20 頁（2012 年）は，著作物は可能な限り利用されることが
　社会にとって望ましいとの立場を前提とし，ある共有者が他の共有者に持分割合に応じて利
　用料相当額を支払うことを条件に非排他的な利用（の許諾）を望む場合には他の共有者には
　合意を拒む正当な理由はないと述べる。

88)　この点，特許法は，特許権が共有に係るときは，各共有者は，契約で別段の定めをした場
　合を除き，他の共有者の同意を得ないでその特許発明を実施することができるとしている
　（特許 73 条 2 項）。

292

行使を認め，他の共有者の将来の権利行使を断念させるよりも，一部の共有者の現在の権利行使を否定し，他の共有者の将来の権利行使を認めた方が著作物のより有効な利用方法が実現され，共有者全員の利益によりよく合致するということも考えられる。このように，著作物の利用促進という観点からみた場合でも，一部の共有者の権利行使を認めるべきか否かは，一部の共有者の提案に係る著作物の利用方法それ自体の合理性のみならず，一部の共有者の権利行使を認めた場合の他の共有者の利益状況を考慮しなければ適切な判断をなしえないものであるから，共有者の一部の権利行使を広く認めることが必ずしも望ましいとは言えないように思われる[89]。

> **裁判例（正当理由肯定例）**　**経済学書籍事件**[90]
>
> 　研究者ＡとＢが共同で執筆した経済学の書籍につき，ＡがＢに当該書籍の重版および韓国語の翻訳の出版についての合意を求めたところ，Ｂが拒絶したため，ＡがＢに対して，出版の合意を求める訴訟を提起した。判決は，著作権法65条3項の「正当な理由」について，「当該著作物の種類・性質，具体的な内容のほか，当該著作物に対する社会的需要の程度，当該著作物の作成時から現在までの間の社会状況等の変化，共同著作物の各著作者同士の関係，当該著作物を作成するに至った経緯，当該著作物の創作への各著作者の貢献度，権利行使ができないことにより一方の共有者が被る不利益の内容，権利行使により他方の共有者が不利益を被るおそれなど，口頭弁論終結時において存在する諸般の事情を比較衡量した上で，共有者の一方において権利行使ができないという不利益を被ることを考慮してもなお，共有著作権の行使を望まない他方の共有者の利益を保護すべき事情が存在すると認められるような場合に，『正当な理由』があると解する」と判示し，本件について，執筆後から数年が経過したことで書籍の内容が陳腐化していることや，本件書籍の作成についてのＢの貢献はＡの貢献を相当上回っていること，Ｂは研究者として本件書籍の内容の見直しが必要と感じており，過去の業績をそのままの形でもう一度世に出すことについては抵抗を感じていること，一方，本件書籍の増刷をしなければＡの生活が経済的に脅かされるような事情や，本件書籍を増刷，翻訳することがＡの学者としての業績の上で不可欠のものとはいえないこと，などを理由として，Ｂには本件書籍の増刷，韓国語への翻訳を拒む「正当な理由」があると判断した。

---

89)　三村・前掲注86）272頁は，「共有者の合意成立協力義務を広く認め……るときには，各共有者のうち最初に著作物の具体的な利用方法を提案した者が有利な立場に立つことになり，いわば『早い者勝ち』を認めることになるが，そのような考え方は不合理である」とする。

90)　東京地判平成12年9月28日判例集未登載（平11(ワ)第7209号）。

第7章　権利の活用

裁判例（正当理由否定例）　YG 性格検査事件[91]

　　AとBは，「YG 性格検査」を共同で作成し，Aを代表者として出版社 X₁ との間
で出版契約（以下，「本件出版契約」）を締結し，その検査用紙（以下，「本件各検
査用紙」）を出版，販売していた。その後，AおよびBが死亡したため，Aの著作
権の持分が X₂, Y, C, D に相続され，Bの著作権の持分が X₃ に相続された。本
件出版契約の当初の契約期間満了後に，Yが本件出版契約の更新を拒絶したため，
X₁〜X₃ がYに対して本件出版契約の存在の確認を求める訴訟を提起した。判決は，
「YG 性格検査に歪曲反応に弱い面があることについて，かねてから指摘されてい
たことは X₁ も認めているところであ」るが，「本件各検査用紙が，現在も，企業
や官公庁などで採用試験や人事異動の参考資料として，あるいは学校で進路指導や
生徒指導などに幅広く利用されており，その社会的需要が安定していることは明ら
か」であり，「Yらが指摘するような問題点を原因として，YG 性格検査の利用者
数が減少しているといったような事情は認められ」ず，「本件各検査用紙を用いた
心理検査の結果には，確立した信頼性が現在もなお維持し続けられて」いるといえ
るから，「Yらの主張する本件各検査用紙の抱える問題は，いずれも本件出版契約
の更新拒絶についての『正当な理由』を基礎付ける事実としては十分なものではな
いといわなければならない」と述べ，Yらの更新拒絶の有効性を否定し，本件出版
契約は更新により存続していると判断した。

(3)　合意拒絶に「正当な理由」がない場合の処理

　著作権の行使を望む共有者は，他の共有者が「正当な理由」なく合意を
妨げている場合，他の共有者に対して合意の意思表示を命ずる判決（民執
174 条）を求め，その判決の確定後に著作権を行使することになる[92]。

　一方，共有者の一部が合意の成立前に（意思表示を命じる判決を得ること
なく）単独で著作権を行使し，これに対して他の共有者が著作権侵害訴訟
を提起したという場合に，裁判所は，侵害訴訟の中で，他の共有者の合意
拒絶に正当な理由があるか否かを判断し，正当な理由がない場合には，他
の共有者の請求を棄却するということが認められるであろうか。この点に
ついても，大まかに言って，2つの考え方がある。1つは，著作権法が合
意の成立を権利行使の要件としていることに鑑み，共有者の一部が意思表
示を命じる判決を経ずに権利を行使した場合には，合意拒絶に正当な理由

---

91)　大阪高判平成 25 年 8 月 29 日判例集未登載（平 24 ㈱第 12 号）。

92)　加戸 461 頁参照。

294

第6節　権利者が複数の場合　Ⅱ　共有著作権

があるか否かにかかわらず，著作権侵害の成立を肯定し，他の共有者の請求を認めるべきであるとするものである[93]。もう1つは，正当な理由なく合意を拒絶している他の共有者は法的保護に値しないから，著作権侵害の成立を否定し，他の共有者の請求を棄却すべきであるとするものである[94]。

　この問題は，合意の成立を権利行使の要件と定める65条2項の趣旨を踏まえて検討されるべきである。すなわち，65条2項が合意の成立を権利行使の要件としているのは，合意の成立に向けた共有者間の協議を通じて共有者相互の譲歩や妥協を促し，共有者間の利害調整が自律的に図られることが期待されたからであると考えられる。このことからすれば，例えば，共有者の一部が他の共有者に何の断りもなく勝手に著作物を利用したような場合に，裁判所がいずれにせよ他の共有者の合意拒絶に正当な理由がないと考えて共有者の一部の権利行使を容認することは，65条2項の趣旨の潜脱を許すものであり，妥当でないということになろう[95]。したがって，先の例のように共有者間に実質的な協議の機会が存在しなかった場合には，裁判所は，正当な理由の存否の判断に立ち入らずに，他の共有者の請求を認めて共有者の一部の権利行使を否定すべきである[96]。これにより，一部の共有者による抜け駆け的な著作権の行使を防止し，共有者間の協議が促進されることが期待できることになる。

　これに対し，権利行使を望む共有者が合意の成立のために他の共有者と誠実に交渉し努力したが，折り合いがつかず，決裂して訴訟に至ったというような場合には，すでに共有者間で実質的な協議の機会が存在していたのであるから，65条2項の趣旨は手続的に充足されており，それ以上に共有者間で協議を行わせる意味はないといえる。したがって，この場合は，

93）　加戸456頁，461頁，金子・前掲注87) 20頁など参照。

94）　古城・前掲注81) 248～249頁，田村374頁注1参照。

95）　金子・前掲注87) 20頁参照。

96）　この点，大阪地判平成4年8月27日知的裁集24巻2号495頁〔静かな焔事件〕は，共有者の1人である被告が合意成立のための協議を求めることすらせず，勝手に単独で出版社に許諾を与えた上，他の共有者である原告が当該出版社に出版停止を求めた際にも，何ら合意成立のための努力をしなかったという事案において，原告の合意拒絶に「正当な理由」があるとし，被告の著作権侵害を認めている。しかし，当該事案においては，共有者間でまったく協議の機会が存在しなかったのであるから，裁判所は「正当な理由」の判断に立ち入るまでもなく，原告の請求を認容すべきである。

第7章 権利の活用

裁判所が他の共有者の合意拒絶に正当な理由があるか否かを審理し，共有者の一部の権利行使を認めるべきか否かを実体的に判断して共有者間の紛争に最終的な決着をつけるべきである。合意の成立は権利行使の要件であるから，他の共有者の合意拒絶に正当な理由がなかったとしても，共有者の一部の権利行使は他の共有者の著作権を侵害することになるが[97]，正当な理由なく合意を拒絶する他の共有者の請求は権利の濫用として棄却されるべきである[98]。

3 著作権の譲渡および質権の設定

(1) 同 意

2で述べたように，共有著作権については共有者全員の一体的行使が原則となっているため，共有者各人にとって誰が著作権者かということは重要な関心事項となる。そこで，著作権法は，共有者の地位の変動につながる著作権の持分の譲渡や質権設定を行う場合には，他の共有者の同意が必要としている（65条1項）。

(2) 正当な理由

しかし共有著作権者にとって，譲渡や質権設定は資金調達の重要な手段であるため，およそ他の共有者の同意がなければ持分の譲渡等をなしえないということになると，持分の譲渡を欲する共有者の利益が一方的に害される結果となる。そこで，著作権法は，著作権の行使の場合と同様に，持分の譲渡や質権設定についても，各共有者は「正当な理由」のない限り，同意を拒絶してはならないとしている（65条3項）。

ではどのような場合に「正当な理由」が認められることになるのであろうか。この点についても，65条2項の場合と同様に，持分の譲渡等に他の共有者の同意を必要とした65条1項の趣旨を考慮して解釈すべきである。すなわち，65条1項が他の共有者の同意を持分の譲渡等の要件としたのは，共有者の変動により将来の共有著作権の一体的行使に支障を来さ

---

97) 中島基至「著作権の共有者の権利行使について」牧野利秋ほか編『知的財産法の理論と実務4』（新日本法規，2007年）260頁参照。

98) 正当な理由なく合意を拒む他の共有者の請求を権利の濫用と捉えるものとして，三村・前掲注86）279頁，中島・前掲注97）260頁参照。

296

ないようにするためである。そうとすれば，他の共有者の同意拒絶に「正当な理由」があるか否かは，共有者の変動が将来の共有著作権の一体的行使にどのような影響を及ぼすことになるかを実質的に考慮しつつ，持分の譲渡等を望む共有者の利益と望まない共有者の利益を比較衡量して決すべきである[99]。

> **裁判例** イメージボックス事件：控訴審[100]
>
> 　事案は，Aの破産管財人であるXが，AがYと共有していた本件著作物の著作権の共有持分をBに譲渡しようとしたところ，Yが譲渡の同意を拒んだため，XがYからの同意を得るために訴えを提起したというものである。判決は，①Xが持分の譲渡の相手方を決定するにあたっては，Yを含む関係者に対しその持分の買受けを募集し，さらに，Yに対して，持分譲渡についての同意を求めた際に，YがBの譲渡代金と同額で買い受けるのであれば，Yに売却する用意がある旨をあわせて通知して，Yに持分取得の機会を与えていたにもかかわらず，YはAの破産により自身が単独著作者となったなどと主張してXの申出に応じなかったこと，②Yは，本件著作物の無断販売の防止や本件著作物の販売価格の統一をBと共に行うことができなくなると主張しているが，そのような事情は認められないこと，などから，Yの同意拒絶に「正当な理由」がないと判断した。XはAの破産管財人としてAの持分を可及的早期に換価する必要がある一方で，Bが新たに共有者となった場合でも共有著作権の円滑な行使が妨げられるとは考えられないことからすれば，Yの同意拒絶に「正当な理由」がないとする判断は妥当なものということができよう。

(3)　同意が拒絶された場合の処理

　持分の譲渡等を望む共有者は，他の共有者が「正当な理由」なく同意を拒絶している場合，他の共有者に対して同意の意思表示を命じる判決（民執174条）を求め，その判決の確定後に持分の譲渡等を行うことになる[101]。

　一方，他の共有者が同意を拒絶することに「正当な理由」がある場合に

---

99)　中島・前掲注97）255頁参照。なお，加戸461頁は，「正当な理由」が認められる例として，持分の譲受人が信用のおけない人物であることを挙げている。信用のおけない人物が共有者となった場合には，将来の共有著作権の一体的行使に支障を来す可能性が大きいことから，「正当な理由」があると解するものということができよう。

100)　東京高判平成12年4月19日判例集未登載（平11㈡第6004号）〔第一審（東京地判平成11年10月29日判時1707号168頁）を引用〕。

101)　加戸461頁参照。

第 7 章　権利の活用

は，共有者は持分の譲渡等を行うことができない。しかし，共有者が持分の譲渡等を望むということは，資金調達の必要があるということであり，持分権も財産権である以上，持分の処分により金銭を取得するという共有者の利益は法的に尊重されるべきものである。そこで，学説では，著作権の共有についても民法の共有物の分割に関する規定（民258条）が準用されることを前提として，共有者は，持分の譲渡等につき他の共有者の同意を得られない場合には，他の共有者に対し共有物の分割を請求することができるとする見解が主張されている[102]。分割を認めるとした場合，その方法はいくつかありうるが，共有著作権の価値を損なわず，かつ，将来の権利行使の一体性を確保するという観点からすると，持分の価格賠償による分割を認めることが望ましいといえよう[103]。

(4)　侵害者に対する差止請求等

　共有著作権の行使については，他の共有者の合意を得ることが必要であるが，著作権侵害に対する差止請求や，著作権の侵害に係る自己の持分に対する損害賠償の請求，および自己の持分に応じた不当利得の返還請求は，他の共有者の合意を得ずに単独で行うことができる（117条）。侵害者に対する差止請求等については，各共有者がこれを単独で行ったとしても，通常は，他の共有者の利益になりこそすれ，不利益を生じるものではないし，共有者の一部が単独で著作権を行使して他の共有者の著作権を侵害した場合に，他の共有者が単独で訴えを提起することができないとすることは不合理だからである[104]。

Ⅲ　著作者人格権

1　一体的行使の原則

　著作者人格権は著作者の一身に属する権利であるから（59条），共同著作物の場合にも，各共同著作者がそれぞれ固有の著作者人格権を取得する

---

102)　中島・前掲注97）256頁参照。
103)　中島・前掲注97）256〜258頁，中山275頁など参照。
104)　田村368〜369頁参照。

ことになる。しかし，共同著作物の著作者人格権は，著作者全員の合意によらなければ，行使することができない（64条1項）。ここでいう「行使」とは，著作者人格権の内容を積極的に実現することをいう[105]。具体的には，未公表作品を公表するかどうかや，著作者名を表示するかどうか，著作物の内容を変更するかどうかといったことを決定することである。

　共同著作物は著作者各人の創作的寄与が分離不可能な状態で1個の著作物として集約されたものであって，著作者各人の人格的利益が当該著作物に混然融合した状態にあるため，著作者各人がそれぞれ別々に著作者人格権を行使するということになると，一方の著作者人格権の行使が他方の著作者人格権と抵触することになりかねない[106]。例えば，一部の著作者が勝手に未公表の著作物を公表したり，著作物を改変したりすれば，他の著作者の人格的利益が毀損されるおそれがある。そこで，共同著作物については，各著作者の著作者人格権は一体的に行使しなければならないとされているのである。

　共同著作物の著作者は，各著作者を代表して著作者人格権を行使する者を定めることができる（64条3項）。代表者の代表権に制限を設けることも可能であるが，代表者の代表権に加えられた制限は，善意の第三者に対抗することができない（64条4項）。

2　合意の拒絶が信義に反する場合

(1)　信義に反しないこと

　このように共同著作物について各著作者が著作者人格権を行使するためには原則として他の著作者の合意を得る必要があるが，その場合，他の著作者は，著作者人格権の行使につき，信義に反して合意の成立を妨げることはできないとされている（64条2項）。「信義に反する」とは，嫌がらせや悪意から反対している場合や，各人の間の約束事や了解事項に反するといった特別な事情をいう[107]。著作者の一部が恣意的な判断によって合意を拒絶している場合にまで，他の著作者が著作者人格権を行使しえなくな

---

105)　加戸455頁参照。
106)　加戸454頁参照。
107)　加戸456頁，作花169頁参照。

第7章　権利の活用

るのは不都合だからである。

　著作権法は，著作権については合意の拒絶に「正当な理由」を要求していたが，著作者人格権については合意の拒絶が「信義に反して」いなければよいとし，著作者人格権について合意を拒絶できる場合をより広く捉えている。著作者人格権は著作権とは異なり，その権利の行使について著作者各人の主観的な判断を尊重すべきものであるから，一部の著作者に対して合意を強制するような結果はできるだけ避けるべきであると考えられたのである。

(2)　合意拒絶が信義に反する場合の処理

　著作者人格権の行使を望む著作者は，他の著作者が「信義に反して」合意を拒絶している場合，他の著作者に対して合意の意思表示を求める判決を求め，その判決の確定後に著作者人格権を行使することになる[108]。合意の成立は著作者人格権行使の要件であるから，共有者の一部が合意の成立前に（意思表示を命じる判決を得ることなく）単独で著作者人格権を行使した場合には，たとえ他の共有者の合意拒絶が信義に反するものであったとしても，他の共有者の著作者人格権を侵害したことになる。しかし，著作権の場合と同様，著作者人格権の行使についても，共有者が合意成立のために他の共有者と誠実に交渉し努力したものと解される場合には，信義に反して合意を拒絶した他の共有者の請求は権利の濫用として棄却されるべきである[109]。

(3)　侵害者に対する差止請求等

　共同著作物の場合，各著作者が著作者人格権を行使するためには他の共有者との合意が必要であるが，侵害者に対する差止請求は，他の共有者の同意なく単独で行うことができる（117条1項）。侵害者に対する差止請求については，各著作者がこれを単独で行ったとしても，他の著作者の利益になりこそすれ，不利益を生じるものではないし，共有者の一部が単独で著作者人格権を行使して他の共有者の著作者人格権を侵害した場合に，他の共有者が単独で訴えを提起することができないとすることは不合理だか

---

108)　加戸456頁参照。
109)　侵害訴訟の中で合意拒絶が信義に反するか否かを判断することを認める見解として，三村・前掲注86) 280頁，半田＝松田803頁［長塚］など参照。

300

らである。

　もっとも，著作者人格権については，著作権の場合と異なり，条文上，侵害者に対する差止請求についてしか規定されていないため，損害賠償請求や名誉回復措置請求を各著作者が単独で請求することができるかということが問題となる。学説には，損害賠償請求等は，原則として共同著作者全員で行うことが必要と解するものもあるが[110]，損害賠償請求等についても，各著作者が自己の損害の回復に必要な限度で請求を行う限り，他の著作者の利益を害することにはならないから，各著作者の単独請求を認めるべきであろう[111]。

---

110)　加戸803頁参照。
111)　古城・前掲注81) 253頁，田村369〜370頁，三村・前掲注86) 282頁，半田＝松田807頁［長塚］など参照。

第**8**章

権 利 侵 害

　他人のマンガをコピーして出版すると著作権（複製権）の侵害になる。それは，他人の著作物に依拠し（依拠性），これと類似する著作物を（類似性），無断で複製した（利用行為）からである。このような権利の侵害者に対して，権利者は差止めおよび損害賠償の請求を行うことができる。また，権利侵害者には刑事罰も科される。

　本章では，まず権利侵害となる要件についてみた上で（第1節），その効果として与えられる民事救済（第2節），そして刑事罰について概観することにしよう（第3節）。

第1節　権利侵害の要件
　Ⅰ　依　拠　性
　Ⅱ　類　似　性
　Ⅲ　利　用　行　為
第2節　民　事　救　済
　Ⅰ　差止請求（112条）
　Ⅱ　損害賠償請求
　Ⅲ　そ　の　他
第3節　刑　事　罰
　Ⅰ　総　　論
　Ⅱ　各　　論

第8章　権利侵害

第1節　権利侵害の要件

どのような場合に著作権法上の権利侵害となるのか。著作権法には，これについて明示する条文はない。

では，例えば著作権者が著作権侵害を理由とする差止請求を行う場合，原告としてどのようなことを主張立証しなければならないのであろうか。それは，① 原告が当該著作物の権利者であること（権利帰属），かつ，② 被告が原告の権利を侵害している（またはそのおそれがある）こと（権利侵害）である。

1　権利帰属

第一に，原告が原告著作物の権利者であることである。原告は，当該著作物が著作物性を有することに加えて，原告がその権利を有していることを主張立証しなければならない。権利取得原因事実には，原告が，① 事実行為としての創作行為を行った著作者であること，② 著作権者から著作権を承継取得したこと，③ 職務著作により著作者の権利を取得したこと，または，④ 著作権法29条により映画製作者として著作権を取得したこと，がある。

2　権利侵害

第二に，被告が原告の権利を侵害する行為を行っていること（あるいは行うおそれがあること）である。原告は，被告が，原告著作物に依拠して作成され当該著作物に類似する著作物を，無断で利用していることを主張立証しなければならない。このように，権利侵害にあたるためには，① 依拠性，② 類似性，③ 利用行為の3つが必要となる。

> ### ステップアップ　依拠性と類似性の位置付け
>
> 従来，依拠性や類似性は，複製権（あるいは翻案権）に関する侵害要件だと捉えられてきたように思われる。しかし，依拠性や類似性は著作者の権利一般に共通する侵害要件というべきであろう。例えば，演奏権や口述権，あるいは氏名表示権の侵害が問題になる場合でも，依拠性および類似性が必要となるのである。このこと

304

第1節　権利侵害の要件　Ⅰ　依拠性

は，著作者の権利がいずれも，「その著作物」（つまり当該著作者の著作物）を対象として規定されていることから正当化されるものと解される。例えば，著作権の多くは「著作者は，その著作物を……する権利を専有する」（傍点筆者）と規定されている。依拠性や類似性がなければ，「その著作物」を利用したとはいえないために，著作者の権利の侵害とはならないのである。その意味では，依拠性，類似性，利用行為の3つは，権利の内容を定めた規定の文言から導かれる侵害要件だといえよう[1]。

Ⅰ　依　拠　性

1　依拠性の意味

　著作権侵害にあたるためには，被告著作物が原告著作物（またはこれを原著作物とする二次的著作物）に依拠して作成されたものであることが必要である。依拠とは，（たとえ無意識であれ）既存の著作物をもとにすることを意味する。

　したがって，依拠がなければ，仮に既存の楽曲とまったく同一の楽曲が作成されたとしても，著作権侵害にはならない。つまり，独自に創作したというのであれば，たとえ偶然に暗合した場合でも著作権侵害にはならないのである。

　依拠性は，ワン・レイニー・ナイト・イン・トーキョー事件の最高裁判決によってはじめて明言されたものである。

> **裁判例**　ワン・レイニー・ナイト・イン・トーキョー事件：上告審[2]
>
> 　ハリー・ウォレン作曲のA曲「The Boulevard of Broken Dreams」（夢破れし並木路）の著作権者である音楽出版社Xが，Yの作曲したB曲「ワン・レイニー・ナイト・イン・トーキョー」がA曲に似ていると主張して，著作権侵害に基づく損害賠償等を請求した事案。
>
> 　判決は，「著作者は，その著作物を複製する権利を専有〔する〕……とされているが，ここにいう著作物の複製とは，既存の著作物に依拠し，その内容及び形式を

---

1)　その他，侵害要件の一般論について詳しくは，上野達弘「著作権法における侵害要件の再構成（1）（2・完）──『複製又は翻案』の問題性」知的財産法政策学研究41号33頁・42号39頁（2013年）参照。

2)　最判昭和53年9月7日民集32巻6号1145頁。

第 8 章　権利侵害

覚知させるに足りるものを再製することをいうと解すべきであるから，既存の著作物と同一性のある作品が作成されても，それが既存の著作物に依拠して再製されたものでないときは，その複製をしたことにはあたらず，著作権侵害の問題を生ずる余地はないところ，既存の著作物に接する機会がなく，従つて，その存在，内容を知らなかつた者は，これを知らなかつたことにつき過失があると否とにかかわらず，既存の著作物に依拠した作品を再製するに由ないものであるから，既存の著作物と同一性のある作品を作成しても，これにより著作権侵害の責に任じなければならないものではない」として，請求を棄却した。

2　依拠性の認定

ただ，他人の著作物にアクセスし，これをもとにしたかどうか，というのは，その者の内心に関わることである。そのため，訴訟を提起する原告にとって，相手が自分の著作物に依拠したことを立証するのは難しい。裁判所にとっても，依拠性の認定はしばしば容易でない。

そこで，一般論としては，類似性の程度[3]，無意味な部分の共通性[4]，創作性の高低，あるいは被疑侵害者の社会的立場や関連状況[5]などを総合的に考慮して判断されることになる。

例えば，コンピュータプログラムの場合，現実に依拠していなければ存在するはずのない無意味なバグやダミーデータが被疑侵害著作物にも存在すれば依拠性は認められやすいであろう。逆に，当該著作物に依拠していなくても容易に思いつくほど創作性の低い表現が類似するにすぎないような場合は依拠性が認められにくいであろう。

3　依拠性の立証責任

このように依拠性を認定するとしても，侵害訴訟において，どちらの当事者がどこまで立証責任を負うかは問題となる[6]。つまり，原告は，被告

---

3)　東京地判昭和 58 年 6 月 20 日判時 1083 号 143 頁〔「同期の桜」事件〕，東京高判平成 13 年
　6 月 21 日判時 1765 号 96 頁〔すいか写真事件：控訴審〕等参照。
4)　東京高判平成 7 年 5 月 16 日知的裁集 27 巻 2 号 285 頁〔「でる順宅建」事件：控訴審〕等
　参照。
5)　東京高判平成 14 年 9 月 6 日判時 1794 号 3 頁〔記念樹事件：控訴審〕等参照。
6)　詳しくは，上野達弘「著作権侵害訴訟における依拠性に係る要件事実」伊藤滋夫編『知的
　財産法の要件事実』（日本評論社，2016 年）131 頁参照。

が現実に依拠したことまで立証する責任を負うのか（被告による独自創作の主張は否認となる），それとも，被告側が当該著作物に接する機会（アクセス機会）があったことを立証する責任を負うにとどまるのか（被告による独自創作の主張は抗弁となる），という問題である。

ただ，結論としては，いずれの見解も依拠性の直接立証は困難であることを認めた上で，原告は，被告側が原告著作物に接する機会があったことを主張立証すれば，ひとまず主張立証責任を果たしたものとする点では共通しているといえよう。

Ⅱ　類　似　性

1　類似性の意味

類似性とは，著作物という創作的表現が同一または類似であることを意味する[7]。すなわち，著作権侵害にあたるためには，被告著作物が原告著作物に類似している必要がある。類似性がない場合，それは別個の著作物を利用する行為にすぎないのであるから，著作権法上，常に自由である。

2　類似性の判断基準

両者がまったく同一であれば類似性は容易に肯定できる。しかし，実際には微妙な場合が多い。この場合，類似性の有無を判断することはなかなか困難である。では，類似性はどのように判断すればよいのであろうか。

(1)　表現上の本質的特徴の直接感得

この点，従来の判例にはある種の基準のようなものがみられる。それは，「**表現上の本質的特徴の直接感得**」というものである。

パロディ＝モンタージュ事件の最高裁は，「自己の著作物を創作するにあたり，他人の著作物を素材として利用することは勿論許されないことではないが，右他人の許諾なくして利用をすることが許されるのは，他人の

---

7)　なお，法令用語としては「同一」と「類似」が区別されることもあるが，本書ではこれらを包括して「類似性」の用語を用いるものとする。類似性について詳しくは，上野達弘・前田哲男『〈ケース研究〉著作物の類似性判断──ビジュアルアート編』（勁草書房，2021年・近刊）参照。

著作物における表現形式上の本質的な特徴をそれ自体として直接感得させないような態様においてこれを利用する場合に限られる」と判示している。

> **裁判例**　パロディ＝モンタージュ事件：第一次上告審[8]
>
> 　写真家Xは，遠方に冠雪の山々が連なり，その手前の雪の斜面を6名のスキーヤーがシュプールを描いて滑降している様子を撮影したX写真を創作し，『SKI '67第4集』に発表して公表した。他方，パロディストのYは「週刊現代」（昭和45年6月4日号）に「グラフ特集マッド天野の奇妙な世界」なる題名の下に発表した作品の中に，Y写真を「軌跡」という題名で公表した。XはYに対して，著作権および著作者人格権侵害に基づく損害賠償等を請求した。
>
> 　判決は，以下のように述べて原告の請求を認容した。
>
> 　「自己の著作物を創作するにあたり，他人の著作物を素材として利用することは勿論許されないことではないが，右他人の許諾なくして利用をすることが許されるのは，<u>他人の著作物における表現形式上の本質的な特徴をそれ自体として直接感得させないような態様においてこれを利用する場合に限られる</u>」（下線筆者）。
>
> 　「本件写真は，右のように本件モンタージュ写真に取り込み利用されているのであるが，利用されている本件写真の部分……は，右改変の結果としてその外面的な表現形式の点において本件写真自体と同一ではなくなつたものの，本件写真の本質的な特徴を形成する雪の斜面を前記のようなシユプールを描いて滑降して来た6名のスキーヤーの部分及び山岳風景部分中，前者についてはその全部及び後者についてはなおその特徴をとどめるに足りる部分からなるものであるから，本件写真における表現形式上の本質的な特徴は，本件写真部分自体によつてもこれを感得することができるものである。」

X写真　　　　　　Y写真

---

8)　最判昭和55年3月28日民集34巻3号244頁。

第1節　権利侵害の要件　Ⅱ　類似性

　また，江差追分事件の最高裁判決も，「既存の著作物の表現上の本質的な特徴を直接感得すること」ができるかどうかを問題にしている。

裁判例　**江差追分事件：上告審**[9]

　「言語の著作物の翻案（著作権法 27 条）とは，既存の著作物に依拠し，かつ，その表現上の本質的な特徴の同一性を維持しつつ，具体的表現に修正，増減，変更等を加えて，新たに思想又は感情を創作的に表現することにより，これに接する者が既存の著作物の表現上の本質的な特徴を直接感得することのできる別の著作物を創作する行為をいう。そして，著作権法は，思想又は感情の創作的な表現を保護するものであるから（同法 2 条 1 項 1 号参照），既存の著作物に依拠して創作された著作物が，思想，感情若しくはアイデア，事実若しくは事件など表現それ自体でない部分又は表現上の創作性がない部分において，既存の著作物と同一性を有するにすぎない場合には，翻案には当たらないと解するのが相当である。」

　「本件ナレーションが本件プロローグと同一性を有する部分のうち，江差町がかつてニシン漁で栄え，そのにぎわいが『江戸にもない』といわれた豊かな町であったこと，現在ではニシンが去ってその面影はないことは，一般的知見に属し，江差町の紹介としてありふれた事実であって，表現それ自体ではない部分において同一性が認められるにすぎない。」（下線筆者）

X（本件プロローグ）	Y（本件ナレーション）
むかし鰊漁で栄えたころの江差は，その漁期にあたる 4 月から 5 月にかけてが一年の華であった。鰊の到来とともに冬が明け，鰊を軸に春は深まっていった。 　彼岸が近づくころから南西の風が吹いてくると，その風に乗った日本海経由の北前船，つまり一枚帆の和船がくる日もくる日も港に入った。追分の前歌に， 　　松前江差の　津花の浜で 　　すいた同士の　泣き別れ とうたわれる津花の浜あたりは，人，人，人であふれた。町には出稼ぎのヤン衆たちのお国なまりが飛びかい，海べりの下町にも，山手の新地にも，荒くれ男を相手にする女たちの脂粉の香りが漂った。人々の群れのなかには，ヤン衆たちを追って北上してきた様々な旅芸人の姿もあった。 　漁がはじまる前には，鰊場の親方とヤン衆たちの網子合わせと呼ぶ顔合わせの宴が夜な夜な張られた。漁が終われば網子わかれだった。絃歌のさざめきに江差の春はいっそうなまめいた。「出船三千，入船三千，江差の 5 月は江戸にもない」の有名な言葉が今に残っている。	日本海に面した北海道の小さな港町，江差町。古くはニシン漁で栄え， 　「江戸にもない」という賑いをみせた豊かな海の町でした。

9)　最判平成 13 年 6 月 28 日民集 55 巻 4 号 837 頁。島並良「言語著作物に関する翻案の意義」コピライト 488 号 18 頁（2001 年）も参照。

第8章　権利侵害

鰊がこの町にもたらした莫大な富については，数々の記録が物語っている。 　たとえば，明治初期の江差の小学校の運営資金は，鰊漁場に建ち並ぶ遊郭の収益でまかなわれたほどであった。 　だが，そのにぎわいも明治の中ごろを境に次第にしぼんだ。不漁になったのである。 　鰊の去った江差に，昔日の面影はない。とうにさかりをすぎた町がどこでもそうであるように，この町もふだんはすべてを焼き尽くした冬の太陽に似た，無気力な顔をしている。	しかし，ニシンは既に去り，今はその面影を見ることはできません。
5月の栄華はあとかたもないのだ。桜がほころび，海上はるかな水平線にうす紫の霞がかかる美しい風景は相変わらずだが，人の叫ぶ声も船のラッシュもなく，ただ鴎と大柄なカラスが騒ぐばかり。通りがかりの旅人も，ここが追分の本場だと知らなければ，けだるく陰鬱な北国のただの漁港，とふり返ることがないかもしれない。	
強いて栄華の歴史を風景の奥深くたどるとするならば，人々はかつて鰊場だった浜の片隅に，なかば土に埋もれて腐蝕した巨大な鉄鍋を見つけることができるだろう。魚かすや油をとるために鰊を煮た鍋の残骸である。	9月，その江差が，年に一度，かっての賑いを取り戻します。民謡，江差追分の全国大会が開かれるのです。大会の3日間，町は一気に活気づきます。
その江差が，9月の2日間だけ，とつぜん幻のようにはなやかな1年の絶頂を迎える。日本じゅうの追分自慢を一堂に集めて，江差追分全国大会が開かれるのだ。	
町は生気をとりもどし，かつての栄華が甦ったような一陣の熱風が吹き抜けていく。	

(2)　創作的表現の共通性

　これらの判例が示した「表現（形式）上の本質的特徴の直接感得」という基準は，その後の裁判例でも踏襲されていくことになる。すなわち，表現上の本質的特徴を直接感得できるときは類似性あり，そうでないときは類似性なし，というわけである。

　このような基準の意味は必ずしも明らかではなく，さまざまな議論があるが，次のように理解できよう10)。すなわち，著作物の類似性は，あくまで著作物性が認められる部分（**創作的表現**）が共通することを意味する，

---

10)　詳しくは，上野達弘「ドイツ法における翻案——『本質的特徴の直接感得』論の再構成」著作権研究34号42頁以下（2008年），同・前掲注1）「著作権法における侵害要件の再構成（2・完）」52頁以下参照（創作的表現共通性一元論と呼ばれる）。本文のような理解に対して，たとえ創作的表現の共通性があるとしても，作品の「全体」においてそれが埋没して色あせている場合は，「表現上の本質的特徴を直接感得」できないとして類似性を否定する考え方（全体比較論と呼ばれる）もある（髙部267頁以下等参照）。詳しくは，上野達弘「著作権法の柔軟性と明確性」野村豊弘先生古稀記念『知的財産・コンピュータと法』（商事法務，2016年）34頁以下参照。

というものである[11]。なぜなら，著作権法によって保護が与えられるのは，まさに著作物性（→第2章第1節）のある部分に限られるのであり，著作物性のない部分はそもそも著作権法によっては保護されないからである。

そうすると，著作物の定義（2条1項1号）に照らして，類似性が肯定されるためには以下のように**創作性**ある**表現**における共通性が必要だということになる。

① 表現部分の共通性

第一に，**表現**部分の共通性が必要となる。著作権法においては，アイデアは保護されず，表現にあたる部分だけが保護される（表現・アイデア二分論→第2章第1節Ⅱ3）。したがって，原告著作物と被告著作物において，アイデアの部分が共通するとしても，それだけでは著作物が類似するということにはならず，具体的な表現の部分が共通してはじめて類似性が肯定されることになる。そこで，類似性を判断する際には，共通する部分がアイデアにとどまるのか，それとも表現に及ぶのかを判断することになる。

裁判例（否定例）　タウンページ・キャラクター事件：控訴審[12]

「Yイラストのキャラクターが，X漫画のキャラクターを複製又は翻案したものであるとは認められない。なお，X漫画のキャラクターとYイラストのキャラクターは，<u>本を擬人化したという点は共通しているが，それ自体はアイデアであって，著作権法で保護されるものではない</u>。」（下線筆者）

X漫画　　　　　　　　　　　Yイラスト

---

11) 田村58頁以下も，「元の著作物の創作的表現の再生といえるか否か」を基準としており同旨といえよう。
12) 東京高判平成12年5月30日判例集未登載（平12㈹第464号）（第一審判決〔東京地判平成11年12月21日判例集未登載（平11㈣第20965号）〕引用部分）。

311

第8章　権利侵害

裁判例（肯定例）　民家の暖簾事件[13]

「X著作物（一）中に描かれているもののほとんど全て，即ち合掌造りの民家と寺，畑，右建物の左右及び背後の木立等が，同じ構図，同じ位置関係，同じ大きさのバランスで，Y絵画（一）中にも描かれており，しかも，細部の描写についても共通しているのであって，Y絵画（一）は，その表現形式，表現内容がX著作物（一）と極めて類似していると認められる。」

X著作物　　　　　　　　　　Y絵画

このように，類似性が肯定されるためにはアイデアのみならず表現が共通する必要があり（後者の裁判例），アイデアが共通するにすぎない場合は類似性が否定される（前者の裁判例）。つまり，前者では，"本を擬人化する"という抽象的なアイデアにおいてのみ共通性があるにすぎないとして類似性が否定されたのに対し，後者では，単に"民家と寺を描く"という抽象的なアイデアのみならず，構図，位置関係，大きさのバランスなど具体的な表現においても共通性があるとして類似性が肯定されたのである。ただ，アイデアと表現は明確に区別できるものではない。実際，こうした判決をめぐってはいろいろと議論がある。著作権というのは著作物という無体物を客体としているため，どうしても曖昧さが残ってしまうのである。

② 　創作性ある表現部分の共通性

第二に，**創作性**ある表現部分の共通性が必要となる。著作権法では，いくら表現でも，創作性のない表現は保護されない。したがって，原告著作物と被告著作物において，創作性のない部分が共通するだけでは，類似性が肯定されない。他方，創作性ある表現部分が共通する場合は類似性が肯定される。そこで，類似性を判断する際には，原告著作物の創作性ある表現が被告著作物に存在するかどうかを判断することになるのである。

---

13) 東京地判平成4年11月25日知的裁集24巻3号854頁。

第 1 節　権利侵害の要件　Ⅱ　類似性

> **裁判例（否定例）　風呂バンス事件：控訴審**[14]
>
> 「YイラストとXイラストは，それぞれが共通する部分は，結局，X商品とY商品の部品や商品部分の説明としてありふれた表現方法を使用して表現したものにすぎないし，また，ありふれた表現以外の部分において相違点が認められ，Yイラストが，Xイラストの創作性ある部分と実質的に同一であるとか，Xイラストの表現上の本質的な特徴を直接感得させるとかいうことはできないから，YイラストがXイラストを複製したものであるとはいえない。」（下線筆者）

Xイラスト　　　　　　　　　　Yイラスト

> **裁判例（肯定例）　LEC出る順シリーズ事件**[15]
>
> 「人形を肌色一色で表現した上，人形の体型をA型にして手足を大きくすることで全体的なバランスを保ち，手のひらの上に載せた物が見る人の目をひくように強調するため，左手の手のひらを肩の高さまで持ち上げた上，手のひらの上に載せられた物を人形の半身程度の大きさに表現するという表現方法は，Xの思想又は感情の創作的表現というべきであり，Xイラスト1の特徴的な部分であるということができる。そして，Yイラスト1は，このようなXイラスト1の創作的な特徴部分を感得することができるものであるから，Xイラスト1に類似するものというべきである。」（下線筆者）

Xイラスト　　　　Yイラスト

14)　大阪高判平成17年12月15日判例集未登載（平17(ネ)第742号）。
15)　東京地判平成16年6月25日判例集未登載（平15(ワ)第4779号）。

第 8 章　権利侵害

　このように，創作性のない表現が共通するにすぎない場合は類似性が否定され（前者の裁判例），創作性のある表現が共通するに至っている場合は類似性が肯定される（後者の裁判例）。つまり，前者では，「保温中はかならずお風呂のフタをしめる」とか「フタをしない状態では適切な保温ができません」などといった創作性のないありふれた表現において共通するにすぎないとして類似性が否定されたのに対して，後者では，人形の手足を球状にしたり，人形に物を持たせたりといった創作性のないありふれた表現において共通するのみならず，人形の体型を A 型にして手足を大きくしたり，肩の高さまで持ち上げた手のひらに人形の半身程度の大きさの物を載せたりといった，創作性のある表現においても共通するとして類似性が肯定されたのである。

　以上①②をまとめると，著作物の類似性は，創作性のある表現が共通するかどうか（＝創作的表現の共通性）によって判断されることになる。創作性のある表現というものを，最高裁判決における「表現（形式）上の本質的な特徴」だと理解すれば，創作的表現の共通性を問題とする基準は，従来の裁判例にみられる「表現上の本質的特徴の直接感得」という基準と同じことを意味しているものと理解できよう。

> ### ステップアップ　創作性の高低と類似性判断
>
> 　最近では，類似性判断において創作性の「高低」が考慮される傾向がある。創作性が高い場合は類似性が肯定されやすく，結果として，その著作物の保護範囲は広いものになる。他方，創作性が低い場合は類似性が肯定されにくく，ほぼデッドコピー（同一）の場合に限って類似性が肯定されるにとどまり，結果として，その著作物の保護範囲は狭いものになるというわけである（〔交通標語事件：控訴審〕16)，〔サイボウズ事件〕17)，〔ホテル・ジャンキーズ事件：控訴審〕18)等参照）。
>
> 　このような解釈論をめぐっては議論もあるが，著作者と利用者の調整という観点からして，結論として妥当なもののように思われる19)。

---

16)　東京高判平成 13 年 10 月 30 日判時 1773 号 127 頁。
17)　東京地判平成 14 年 9 月 5 日判時 1811 号 127 頁。
18)　東京高判平成 14 年 10 月 29 日判例集未登載（平 14(ネ)第 2887 号等）。
19)　上野達弘「創作性」高林龍ほか編『現代知的財産法講座Ⅰ知的財産法の理論的探究』（日本評論社，2012 年）205 頁以下，同「著作物性(1)総論」法教 319 号 167 頁以下（2007 年）参照。

314

Ⅲ 利用行為

1 権利の内容

　著作権法上の権利侵害というためには，当該著作物が無断で利用されることが必要になる。利用行為といっても，著作物を何らかの手段により無断で「使った」ならば，それだけで常に著作権侵害になるわけではない。例えば，本を読んだり，プログラム著作物であるワープロソフトを使用したりする行為は，それがたとえ商業的に行われるものであっても，著作権の侵害とはならない。

　著作権法上の権利の対象となるのは，権利として規定された利用行為に限られるのである。すなわち，著作権に関していえば，複製，公衆送信，公の演奏・上演・上映といった行為のように，著作権の支分権（21条〜28条）に規定された行為である（その具体的な内容は，第4章および第5章に譲る）。

2 みなし侵害（113条）

　もっとも，著作権法上の侵害となるのは，著作権法に定められた権利の直接の範囲内だけではない。支分権の対象となる行為（例：複製，譲渡）ではないためにストレートには侵害行為にならなくても，例えば，侵害物品を頒布目的で輸入する行為や，情を知って頒布する行為のように，権利者の利益を害する一定の行為については，侵害行為とみなすものと規定している（113条）。

　このように侵害とみなされた行為は，侵害行為と同様に取り扱われ，これに対して権利者は差止めおよび損害賠償を請求でき，また行為者には刑事罰が科される。したがって，実質的にみれば，113条は著作者の権利を拡大するものといえよう。具体的な内容は以下のとおりである。

(1) 侵害物の輸入・知情頒布等（113条1項）

　まず，国内で作成したとしたならば著作権法上の権利（著作者人格権，著作権，出版権，実演家人格権，著作隣接権）の侵害となるべき行為によって作成された物を国内において頒布する目的で輸入する行為（113条1項1号）

第8章　権利侵害

である。

「輸入」行為というのはそもそも著作権の支分権の対象に含まれず，また，国外における行為は日本の著作権法上の権利侵害にはあたらないが，実質的に違法な物が国内に流通することを防ぐために，国内頒布目的の輸入を侵害とみなしているのである。

したがって，例えば，海外で作成された海賊版DVDを国内で販売する目的で輸入すれば，権利侵害とみなされる。

また，著作権法上の権利侵害行為によって作成された物を，情を知って，頒布し，頒布の目的をもって所持し，または頒布する旨の申出をする行為，あるいは業として輸出し，または業としての輸出の目的をもって所持する行為（113条1項2号）も侵害とみなされる。

同号にいう「情を知つて」（知情）というのは，権利侵害行為によって作成された物であるとの事情を知っているということを意味する。例えば，海賊版であることを知りながら販売している場合が典型である。もちろん権利侵害にあたるかどうか明確でない場合もあるが，その物が著作権侵害行為によって作成された物である旨の確定判決を知っていることまでは必要なく，仮処分決定や未確定の第一審判決等の中間的判断を知っているだけでも足りると解されている[20]。ただ，そこでは仮処分や判決等の公権的判断が示されたことを認識していることが必要であり，単に警告を受けているとか，侵害訴訟が提起されたとの事情を知るだけでは足りないとされる[21]。

(2)　リーチサイト（113条2項・3項）

リーチサイトとは，インターネットにおける侵害コンテンツへのリンクを多数提供するウェブサイトである。リーチサイトは，侵害コンテンツへのユーザの到達を容易にすることによって著作権侵害を助長しているといえるものの，インターネット上の著作物にリンクをはる行為自体は，著作物の所在（URL）を送信しているにすぎず，著作物の公衆送信には該当しないと解されている[22]。そこで，113条2項・3項は，リーチサイト等の

---

20)　東京地判平成7年10月30日判時1560号24頁〔システムサイエンス事件〕参照。
21)　知財高判平成22年8月4日判時2096号133頁〔北朝鮮の極秘文書事件：控訴審〕参照。
22)　知財高判平成30年4月25日判時2382号24頁〔リツイート事件：控訴審〕参照。

第1節 権利侵害の要件 Ⅲ 利用行為

提供およびリーチサイト等におけるリンク情報の提供を一定の条件の下で著作権侵害とみなしているのである（令和2年改正［同年法律第48号］〔2020年10月1日施行〕）。

① 侵害コンテンツへのリンク情報の提供

第一に，リーチサイトにおいて，またはリーチアプリを用いて侵害コンテンツのリンク情報を提供する行為は，一定の条件の下で権利侵害とみなされる（113条2項）。

対象となるリーチサイトおよびリーチアプリは，「公衆を侵害著作物等に殊更に誘導するもの」または「主として公衆による侵害著作物等の利用のために用いられる」ものに限られる（同項1号・2号）。したがって，これにあたらない通常のウェブサイトやSNSにおいて侵害コンテンツへのリンク情報を書き込んだとしても，権利侵害とはみなされない。

また，同項の適用を受けるのは，リンク先コンテンツの権利侵害について故意または過失がある場合に限られる。そのため，リンク先コンテンツの権利侵害を過失なく知らなかった場合は，リンク情報を提供しても権利侵害とはみなされない。

② リーチサイト等運営者

第二に，侵害コンテンツへのリンク情報の提供が行われているリーチサイトまたはリーチアプリを公衆に提供提示する者が，そうしたリンク情報の提供を防止するための措置を講じない行為は，リンク先コンテンツの権利侵害について故意または過失がある場合に限って，権利侵害とみなされる（113条3項）。

上記①のように，リーチサイト等における侵害コンテンツへのリンク情報の提供が権利侵害とみなされる以上，そのようなリンク情報の存在を知りながら放置しているリーチサイト等の運営者は，その積極的な放置を理由として自ら侵害主体にあたると評価されうるが[23]，同項はその責任を明確化したものである。

(3) 違法作成プログラムの知情による業務上使用行為（113条5項）

次に，プログラムの著作物の著作権を侵害する行為によって作成された

---

23) 東京高判平成17年3月3日判時1893号126頁〔「罪に濡れたふたり」事件：控訴審〕も参照。

第 8 章　権利侵害

複製物を業務上電子計算機において使用する行為も，著作権侵害とみなされる（113 条 5 項）。ただし，これは複製物の使用権原を取得した時に情を知っていた場合に限られる。

　プログラムの「使用」行為というのはそもそも著作権の支分権の対象に含まれないのであるが，プログラムというものの経済的価値に鑑みて，違法作成プログラムであることを知りながら業務上使用する行為を著作権侵害行為とみなしているのである。

　したがって，例えば違法複製物と知りながら取得したソフトウェアを業務上使用することは，たとえ複製等の利用行為がなくても侵害とみなされる。

　もっとも，「業務上」とされていることから，営利・非営利は問わないとしても，社会上の地位に基づいて継続して行われる事務・事業であることが必要となる。したがって，違法に複製された海賊版ワープロソフトを使用する場合であっても，個人が日記など私的な文書を作成するためにこれを使用する場合は，たとえ当該ソフトが海賊版であることを知っていたとしても，本項の適用を受けない。

(4)　技術的利用制限手段の回避（113 条 6 項）

　わが国著作権法は，技術的保護手段（2 条 1 項 20 号）については，その回避装置等の譲渡等に刑事罰を科しているが（120 条の 2 第 1 号・2 号）（→本章第 3 節 II 3），ここにいう「技術的保護手段」には，著作権等の効力が及ばない行為（例：著作物の視聴）を技術的に制限する手段（いわゆるアクセスコントロール）一般が含まれないばかりか，その回避行為自体は規制の対象外であった。

　わが国は，TPP 協定（2016 年署名）を担保するため，平成 28 年改正によって，新たに「技術的利用制限手段」という概念を導入し（2 条 1 項 21 号），その回避行為を著作権や著作隣接権の侵害とみなすとする規定（113 条 6 項）を導入する改正を行った[24]。ところが，TPP 協定は発効に至らず，同担保法は施行されないままとなり，また，その後の TPP 11 協定（2018

---

24)　環太平洋パートナーシップ協定の締結に伴う関係法律の整備に関する法律（平成 28 年法律第 108 号）。なお，TPP 協定と著作権法については，上野達弘「TPP 協定と著作権法」ジュリ 1488 号 58 頁（2016 年）も参照。

第1節　権利侵害の要件　Ⅲ　利用行為

年署名）においても本項目は凍結されていたのであるが，わが国は同担保
法の施行期日を変更し[25]，その結果，TPP 11 協定発効日（2018 年 12 月 30
日）に同改正が施行されたものである[26]。

　これにより，例えば，いわゆるマジコンを用いてゲームソフトを実行す
る行為が，技術的利用制限手段の回避に当たり，著作権等の侵害とみなさ
れるのである。

　もっとも，このような規定は，そもそも著作権等の対象ではない行為を
規制するものである。そこで，113 条 6 項の規定は，過度の規制を避ける
ために，「技術的利用制限手段に係る研究又は技術の開発の目的上正当な
範囲内で行われる場合その他著作権者等の利益を不当に害しない場合を除
き」と定めている。

(5)　技術的保護手段／技術的利用制限手段を回避する指令符号の譲渡等
（113 条 7 項）

　技術的保護手段（2 条 1 項 20 号）または技術的利用制限手段（同項 21 号）
の回避を行う機能を有する指令符号の譲渡等は，当該技術的手段に係る著
作権等の侵害とみなされる（113 条 7 項）。

　例えば，ビジネスソフトやゲームソフトなどで，ユーザがプログラムを
ダウンロードした後に購入したシリアルコードを入力することによってラ
イセンス認証を行う態様（アクティベーション方式）でコンテンツが提供さ
れている場合において，不正なシリアルコードを無断で販売する行為がこ
れにあたる。

(6)　権利管理情報の故意改変等（113 条 8 項）

　また，権利管理情報の故意改変等も権利侵害とみなされる（113 条 8 項）。
最近では，電子透かしなど，デジタルコンテンツに著作権等に関する情報
を埋め込んでおくことによって権利の管理を実現するシステムがある。こ
うした権利管理情報により，権利者側は違法利用を事後的に把握すること
ができるのみならず，適正な利用を促進することが可能になる。また，こ

---

25)　環太平洋パートナーシップ協定の締結に伴う関係法律の整備に関する法律の一部を改正
　　する法律（平成 30 年法律第 70 号）。
26)　上野達弘「平成 30 年著作権法改正について」高林龍＝三村量一＝上野達弘編『年報知的
　　財産法 2018-2019』（日本評論社，2018 年）23 頁以下も参照。

第8章　権利侵害

れは利用者にとっても，簡易迅速に権利者・利用条件を知ることができるというメリットがある。

ところが，権利管理情報が除去・改変等されてしまうとそうしたスキームが崩壊してしまう。たしかに，権利管理情報の除去・改変等といった行為は，著作物の利用行為にあたらないのであるが，著作権等の保護の実効性を確保するという観点から，そうした行為を著作権等の侵害とみなしているのである。

具体的には，権利管理情報として虚偽の情報を故意に付加する行為（113条8項1号），権利管理情報を故意に除去し，または改変する行為（同項2号），前2号の行為が行われた複製物を，情を知って頒布する行為，頒布目的で輸入・所持する行為，情を知って公衆送信・送信可能化する行為（同項3号）である。

(7)　国外頒布目的商業用レコードの輸入（113条10項）

さらに，平成16年改正によって，国外頒布目的商業用レコードの一定の知情頒布目的輸入等が著作権および著作隣接権の侵害とみなされることになった（113条10項）。

これは，アジア諸国で販売されている日本のレコードが少なからず日本に還流しているという事情に基づく。そこで，そうした物価水準の異なる国において許諾を受けて生産された商業用レコードがわが国に還流してくることを防止する措置を講ずるために，一定の場合にはそれを著作権等の侵害とみなすことにしたのである。もっとも，再販価格維持制度に加えてこのような還流防止措置を設けることは市場における自由かつ公正な競争を阻害するものであるとして，立法段階から懸念が示されていたことには今後も注意を要するといえよう[27]。

この規定は，次のような2つの点から限定されている。

第一に，「当該著作権者又は著作隣接権者の得ることが見込まれる利益が不当に害されることとなる場合に限り」との限定である。したがって，安価な商業用レコードの還流により権利者の利益が不当に害されているといえない場合は，本項の適用を受けない。

---

27)　「文化審議会著作権分科会報告書（平成16年1月）」15頁参照。

第2節　民事救済　Ⅰ　差止請求（112条）

　第二に，知情の要件は「専ら国外において頒布することを目的とするもの」であることを内容とするため，当該レコードが「日本での発売が禁止されている商業用レコードであるということを輸入の段階で知っている」ことが要件となると解されている。

　また，113条10項ただし書により，最初に国内発行された日から4年を経過した国内頒布目的商業用レコードと同一の国外頒布目的商業用レコードについては，適用が除外される（施行令66条）。

(8)　著作者の名誉声望を害する利用（113条11項）

　また，著作者人格権の侵害に至らないような行為であっても，「著作者の名誉又は声望を害する方法によりその著作物を利用する行為は，その著作者人格権を侵害する行為とみな」される（113条11項）（詳しくは，第4章第3節参照）。

第2節　民事救済

　著作権法上の権利が侵害されたとき，権利者はどのような救済を求めることができるか。著作権法上の排他的権利すべてに共通する救済方法として差止請求と損害賠償請求がある。以下では，この2つを中心に民事救済について概観しよう。

Ⅰ　差止請求（112条）

1　差止請求

(1)　はじめに

　著作権法上の排他的権利が侵害されているとき，またはそのおそれがあるとき，権利者はこれに対して差止請求をすることができる。すなわち，「著作者，著作権者，出版権者，実演家又は著作隣接権者は，その著作者人格権，著作権，出版権，実演家人格権又は著作隣接権を侵害する者又は侵害するおそれがある者に対し，その侵害の停止又は予防を請求すること

321

第8章　権利侵害

ができる」と規定されているのである（112条1項）。

　ここで，「停止又は予防」とは，「侵害する者」に対する侵害の**停止**請求と，「侵害するおそれがある者」に対する侵害の**予防**請求を意味する。すなわち，継続的な侵害行為の停止（例：インターネット送信の停止）と，将来において行われる蓋然性の高い侵害行為の予防（例：違法複製CDについて譲渡の予防）である。

　これに対して，すでに侵害行為が終了してしまっている場合には差止請求できないことになる。例えば，他人が著作権を有する書籍を無断で大量に出版したという場合，これはたしかに複製権侵害であるが，その印刷行為がすでに完了していて，大量の違法複製物が倉庫に収納されているという状態であれば，すでに複製という侵害行為は終了しているのであるから，複製権に基づく差止請求（複製停止）はできない。

　ただ，この違法複製物を公に譲渡するおそれがある場合は，譲渡権に基づいて，譲渡をしないように予防請求できる。また，違法複製物を情を知って頒布したり，頒布の目的で所持したりする行為は著作権侵害とみなされるので（113条1項2号），これにあたる場合は，こうした規定によって侵害とみなされる行為に対して差止請求をすることもできる。

　この差止請求は，権利の排他性を根拠に認められるものである。そのため，不法行為に基づく損害賠償請求が侵害者の故意または過失を要するのとは異なり，差止請求には，侵害者の主観的事情（故意・過失）は必要でない。

(2)　**侵害主体に対する差止め**[28]

　112条1項によれば，著作権等を「侵害する者」に対して差止請求を行うことができる。もっとも，同項にいう「侵害する者」を定義する規定はない。そのため，どのような者が「侵害する者」に該当するかは必ずしも明らかでないのである。

　ただ，著作権法上の権利のうち著作権に関していうならば，著作権に含

---

28)　差止請求の相手方については，上野達弘「著作権法における『間接侵害』」ジュリ1326号75頁（2007年），同「著作権法における差止請求の相手方」判タ1413号47頁（2015年），同「著作物の利用行為主体をめぐる議論と課題——音楽教室，ライブハウス，投稿サイト」ジュリ1510号72頁（2017年），同「ライブハウスにおける演奏主体」L&T77号23頁（2017年），同「音楽教室と著作権」L&T88号20頁（2020年）参照。

322

まれる権利に関する規定（21条～28条）において「……する権利を専有する」という文言が用いられていることから，著作権者に無断で，著作権の権利範囲に属する利用行為を自ら行う者は，著作権を「侵害する者」に該当し，112条1項に基づきその者に対する差止請求が肯定されることに異論はない（これは「直接侵害者」とも呼ばれる）。そうすると，ここにいう「利用行為を行う者」（利用行為主体）とはどのような者を意味するかが問題となる。従来の議論においては，物理的または規範的な観点から利用行為主体を認定する考え方が見られる。

① 物理的な利用行為主体

第一に，物理的にみて利用行為の主体と評価する考え方がある。例えば，楽曲を自ら楽器で演奏している者，漫画を自らコピー機で複製している者は，物理的な利用行為主体にあたる。

ここにいう物理的な利用行為は，特にインターネット上の自動公衆送信に関して，自らの管理下にあるサーバを用いて行われている他人の侵害行為をことさらに放置したという点に着目して認定されることもある（「罪に濡れたふたり」事件：控訴審）。

裁判例 「罪に濡れたふたり」事件：控訴審[29]

漫画家 X_1 および出版社 X_2 社は，書籍『ファンブック 罪に濡れたふたり～Kasumi～』に収録された対談記事が，Yが運営するインターネット上の電子掲示板「2ちゃんねる」に，無断で転載されて送信可能化および自動公衆送信されたことを理由に，Yに対して，112条1項に基づき送信可能化および自動公衆送信の差止めおよび損害賠償を請求した。

判決は，「自己が提供し発言削除についての最終権限を有する掲示板の運営者は，これに書き込まれた発言が著作権侵害（公衆送信権の侵害）に当たるときには，そのような発言の提供の場を設けた者として，その侵害行為を放置している場合には，その侵害態様，著作権者からの申し入れの態様，さらには発言者の対応いかんによっては，その放置自体が著作権侵害行為と評価すべき場合もあるというべきである」として，差止請求および損害賠償請求を認容した（下線筆者）。

---

② 規範的な利用行為主体

第二に，物理的な利用行為主体とは評価できない場合であっても，規範

---

29) 東京高判平成17年3月3日判時1893号126頁。

第8章　権利侵害

的にみて利用行為の主体と評価する考え方がある。そのような規範的な利用行為主体の認定方法として，以下のようなものがある。

(a)　手足論　　手足論とは，他者による物理的な利用行為を雇用契約等の密接な支配関係によって行わせていることに着目して利用行為の主体と評価する考え方である[30]。例えば，フリーの楽団に演奏させているキャバレー[31]，公演企画者[32]などがこれにあたる。このような場合は，その支配関係の強さゆえに物理的な利用行為主体と評価することも不可能ではないといえよう。もっとも，当該事案において密接な支配関係が存在せず，物理的な利用行為者が自由意思に基づいて任意に利用行為を行っているにすぎないと認められる場合は，手足関係が否定される[33]。

(b)　カラオケ法理　　カラオケ法理とは，物理的な利用行為の主体とは言い難い者を，①管理（支配）性および②営業上の利益という2つの要素に着目して規範的に利用行為の主体と評価する考え方である。これは，〔クラブ・キャッツアイ事件：上告審〕[34]に端を発する。その後，カラオケ法理は，カラオケ社交飲食店のみならずカラオケボックスに関する下級審裁判例においても適用され続けたほか，カラオケと関わりのないさまざまな事案においても，その考慮要素に若干の修正を加えつつ適用する裁判例が登場している[35]。

---

30)　一般論として手足論を認めるものとして，東京地判平成12年5月16日判時1751号149頁〔スターデジオ事件Ⅱ〕，知財高判平成26年10月22日判時2246号92頁〔サンドリーム事件：控訴審〕参照。その課題も含めて，上野達弘「いわゆる手足論の再検討」飯村敏明先生退官記念『現代知的財産法――実務と課題』（発明推進協会，2015年）1113頁参照。

31)　事案として，名古屋高決昭和35年4月27日下民集11巻4号940頁〔中部観光事件：控訴審〕，大阪高判昭和45年4月30日無体裁集2巻1号252頁〔ナニワ観光事件：控訴審〕等参照。

32)　事案として，東京地判昭和54年8月31日無体裁集11巻2号439頁〔ビートル・フィーバー事件〕参照。

33)　前掲注30)〔スターデジオ事件Ⅱ〕参照。

34)　最判昭和63年3月15日民集42巻3号199頁。

35)　東京高判平成17年3月31日判例集未登載（平16㈹第405号）〔ファイルローグ事件：控訴審〕，知財高決平成17年11月15日判例集未登載（平17㈰第10007号）〔録画ネット事件：抗告審〕，東京地判平成19年5月25日判時1979号100頁〔MYUTA事件〕，大阪高判平成19年6月14日判時1991号122頁〔選撮見録事件：控訴審〕，知財高判平成22年9月8日判時2115号102頁〔TVブレイク事件：控訴審〕参照。

第2節　民事救済　Ⅰ　差止請求（112条）

> **ステップアップ**　カラオケ法理の再検討
>
> 　カラオケ法理は，一見すると判例・学説に定着しているようにもみえる。しかし，もともとクラブ・キャッツアイ事件の最高裁判決は担当調査官によっても「あくまで事例判例」であると位置付けられ[36]，射程範囲が限定的であったこと，同判決においては「著作権法上の規律の観点から」という以上の正当化根拠が示されていないこと，判決当時はこうした法理を必要とする特殊な事情が存在したが，それは平成11年改正等によって解消され，むしろ本家本元であるはずの典型的なカラオケ関連事件（カラオケ社交飲食店，カラオケボックス）に関しては，もはやカラオケ法理が不要になっているといった問題がある。以上のことから，カラオケ法理は再検討の時期を迎えているように思われる[37]。

　(c)　**ジュークボックス法理**　　ジュークボックス法理とは，ある者がその管理・支配下において自動的な機器と対象コンテンツを利用者の使用に供する場合は，たとえ当該機器の操作自体は利用者が行うとしても，当該提供者を利用行為主体と評価する考え方である[38]。例えば，あるカフェが，多数のレコードを収納したジュークボックスを店内に設置し，来店した客がそのレパートリーの中から曲を選択して再生操作を行うという場合，物理的な再生行為を行っているのは客であるとしても，当該カフェを再生（演奏）の主体と評価できると考えられる。ユーザーがインターネット経由でテレビ番組を録画できるようにするサービスが問題になったロクラクⅡ事件において，最高裁がサービス提供者を複製主体と認定したのも，この考え方に基づくものと理解できる[39]。

> **裁判例**　**ロクラクⅡ事件：上告審**[40]
>
> 　Ｙは，ハードディスクレコーダー「ロクラクⅡ」2台のうち親機を日本国内に設置し，テレビアンテナを接続するとともに，これに対応する子機を利用者に貸与または譲渡することによって，当該利用者が日本国内で放送されるテレビ番組を録画視聴できるようにするサービスを行っている。Ｘら（テレビ局10社）は，Ｙの行

---

36)　水野武〔判解〕最判解民事篇昭和63年度165頁。

37)　上野達弘「いわゆる『カラオケ法理』の再検討」紋谷暢男先生古稀記念『知的財産権法と競争法の現代的展開』（発明協会，2006年）781頁参照。大渕哲也「著作権間接侵害の基本的枠組（中編）」著作権研究39号320頁以下（2014年）も同旨。

38)　大渕哲也「著作権間接侵害の基本的枠組（後編）」著作権研究40号229頁以下（2015年）も参照。

39)　上野達弘〔判批〕民商149巻1号47頁（2014年）参照。

40)　最判平成23年1月20日民集65巻1号399頁。

第 8 章　権利侵害

為は X らの有する著作権（複製権）および著作隣接権（複製権）を侵害するとして，放送番組等の複製の差止めおよび損害賠償を請求した。

原判決[41]は，「利用者による本件複製をもって，これを Y による複製と同視することはでき」ないなどとして，X らの請求を棄却したが，最高裁は，以下のように判示して原判決を破棄し，知財高裁に差し戻した[42]。

「放送番組等の複製物を取得することを可能にするサービスにおいて，サービスを提供する者（以下「サービス提供者」という。）が，その管理，支配下において，テレビアンテナで受信した放送を複製の機能を有する機器（以下「複製機器」という。）に入力していて，当該複製機器に録画の指示がされると放送番組等の複製が自動的に行われる場合には，その録画の指示を当該サービスの利用者がするものであっても，サービス提供者はその複製の主体であると解するのが相当である。すなわち，複製の主体の判断に当たっては，複製の対象，方法，複製への関与の内容，程度等の諸要素を考慮して，誰が当該著作物の複製をしているといえるかを判断するのが相当であるところ，上記の場合，サービス提供者は，単に複製を容易にするための環境等を整備しているにとどまらず，その管理，支配下において，放送を受信して複製機器に対して放送番組等に係る情報を入力するという，複製機器を用いた放送番組等の複製の実現における枢要な行為をしており，複製時におけるサービス提供者の上記各行為がなければ，当該サービスの利用者が録画の指示をしても，放送番組等の複製をすることはおよそ不可能なのであり，サービス提供者を複製の主体というに十分であるからである。」

(d)　諸事情の総合衡量　　最近の裁判例は，ロクラク II 事件の最高裁判決が掲げた「複製の対象，方法，複製への関与の内容，程度等」という要素に加えて，カラオケ法理にいうような「利益」性を追加した諸要素の総合考慮によって利用行為主体性を判断するものが増えつつある。

具体的には，ライブハウスにおける外部の出演者の演奏について，ライブハウスの経営者等を演奏主体と認めたもの[43]，音楽教室における教師および生徒の演奏について，音楽教室事業者を演奏主体と認めたものが登場している[44]。

---

41)　知財高判平成 21 年 1 月 27 日民集 65 巻 1 号 632 頁。

42)　差戻後控訴審判決（知財高判平成 24 年 1 月 31 日判時 2141 号 117 頁）は，X の請求を一部認容。

43)　知財高判平成 28 年 10 月 19 日判例集未登載（平 28(ネ)第 10041 号）〔ライブバー事件：控訴審〕参照。上野達弘「ライブハウスにおける演奏主体」L&T 77 号 23 頁（2017 年）も参照。

44)　東京地判令和 2 年 2 月 28 日判例集未登載（平 29(ワ)第 20502 号・第 25300 号）〔音楽教室事件〕参照。

第 2 節　民事救済　Ⅰ　差止請求（112 条）

音楽教室に関しては，教師の演奏については，音楽教室事業者との間に雇用関係等の密接な支配関係がある以上，手足論（上記(a)）に基づいて音楽教室事業者の演奏主体性が肯定されることは明らかであるのに対して，生徒の演奏についてまで音楽教室事業者を演奏主体とみて，個人レッスンにおける生徒の演奏にも演奏権（22 条）が及ぶと解することには疑問が残る[45]。

(3)　侵害幇助者に対する差止め

侵害行為を自ら行う者（「侵害主体」ないし「直接侵害者」）といえれば，その者に対する差止請求が肯定されることに異論はない。では，そうした侵害行為を自ら行う者（例：複製を行う者，公衆送信を行う者）に対してのみならず，自ら侵害行為を行う者とはいえないが，他人の侵害行為を幇助するなど一定の関与をする者（これは「間接侵害者」とも呼ばれる）に対しても差止請求できるかということが問題となる[46]。

この点は，著作権法における「間接侵害」の問題として最近議論が盛んになっている[47]。現在のところ，これをめぐっては，以下のように肯定説と否定説とが対立している。そのため，この問題は立法的な課題でもある[48]。

①　肯定説

肯定説によれば，侵害主体でなく，単なる幇助者にすぎない者であっても，一定の場合には，その者に対して，112 条に基づく差止請求が肯定される[49]。従来の裁判例においても，112 条の適用または類推適用によりこ

---

45)　上野達弘「音楽教室と著作権」L&T 88 号 20 頁（2020 年）参照。反対として，横山久芳「音楽教室等における著作物の実演をめぐる法律問題」法学教室 479 号 57 頁（2020 年）参照。

46)　もちろん，このような場合，その者に対する不法行為に基づく損害賠償請求が認容される可能性は十分にある（例えば，知財高判平成 20 年 9 月 30 日判時 2024 号 133 頁〔土地宝典事件：控訴審〕参照）。

47)　なお，著作権法における「間接侵害」という言葉は，論者によって異なる意味で用いられることが多いため，注意が必要である。

48)　これまでの検討として，「文化審議会著作権分科会法制問題小委員会司法救済ワーキングチーム検討結果報告（平成 18 年 7 月）」，同ワーキングチーム「『間接侵害』等に関する考え方の整理（平成 24 年 1 月 12 日）」参照。

49)　肯定説を支持するものとして，作花 598 頁以下，山本隆司〔判批（東京地判平成 16 年 3 月 11 日）〕コピライト 520 号 30 頁以下（2004 年），大渕哲也「著作権間接侵害の基本的枠組（前編）」著作権研究 38 号 2 頁以下（2013 年）参照。

第 8 章　権利侵害

れを肯定したものがある。

> **裁判例**　**ヒットワン事件**[50]
>
> 　通信カラオケリース業者である Y は，業務用通信カラオケ装置をリースまたは販売した上で，カラオケ用楽曲データ（歌詞データを含む）を提供している。これに対して，X（日本音楽著作権協会〔JASRAC〕）は，Y が，X の管理著作物について許諾を得ていない社交飲食店 93 店舗に対し通信カラオケ装置をリースしているとして，112 条 1 項に基づいて，同飲食店に対して同音楽著作物のカラオケ楽曲データの使用禁止措置（通信回線を経由して一定の信号を送信することによってカラオケ用楽曲データの再生をロックする措置）をとることを請求した。
>
> 　判決は，「侵害行為の主体たる者でなく，侵害の幇助行為を現に行う者であっても，①幇助者による幇助行為の内容・性質，②現に行われている著作権侵害行為に対する幇助者の管理・支配の程度，③幇助者の利益と著作権侵害行為との結び付き等を総合して観察したときに，幇助者の行為が当該著作権侵害行為に密接な関わりを有し，当該幇助者が幇助行為を中止する条理上の義務があり，かつ当該幇助行為を中止して著作権侵害の事態を除去できるような場合には，<u>当該幇助行為を行う者は侵害主体に準じるものと評価できるから，同法 112 条 1 項の『著作権を侵害する者又は侵害するおそれがある者』に当たるものと解するのが相当である</u>」（下線筆者）として，Y に対して，カラオケ用楽曲データの使用禁止措置をとることを命じた。

> **裁判例**　**選撮見録事件：第一審**[51]
>
> 　Y が販売する「選撮見録」という名称の Y 商品（集合住宅向けハードディスクビデオレコーダーシステム）について，テレビ放送事業者である X らは，Y 商品は著作隣接権（複製権および送信可能化権）等の侵害に専ら用いられるものであると主張し，Y に対し，その商品の使用等および販売の差止めならびに廃棄を請求した。
>
> 　第一審判決は，「本件においては，① Y 商品の販売は，これが行われることによって，その後，ほぼ必然的に X らの著作隣接権の侵害が生じ，これを回避することが，裁判等によりその侵害行為を直接差し止めることを除けば，社会通念上不可能であり，②裁判等によりその侵害行為を直接差し止めようとしても，侵害が行われようとしている場所や相手方を知ることが非常に困難なため，完全な侵害の排除及び予防は事実上難しく，③他方，Y において Y 商品の販売を止めることは，実現が容易であり，④差止めによる不利益は，Y が Y 商品の販売利益を失うこと

---

50)　大阪地判平成 15 年 2 月 13 日判時 1842 号 120 頁。

51)　大阪地判平成 17 年 10 月 24 日判時 1911 号 65 頁。上野達弘「侵害幇助者に対する差止請求と著作権法 112 条の類推適用」知財管理 56 巻 8 号 1215 頁（2006 年）も参照。

328

に止まるが，Y商品の使用はXらの放送事業者の複製権及び送信可能化権の侵害を伴うものであるから，その販売は保護すべき利益に乏しい。このような場合には，侵害行為の差止め請求との関係では，Y商品の販売行為を直接の侵害行為と同視し，その行為者を『著作隣接権を侵害する者又は侵害するおそれのある者』と同視することができるから，著作権法112条1項を類推して，その者に対し，その行為の差止めを求めることができるものと解するのが相当である」（下線筆者）として，「大阪府内の集合住宅向けに，それぞれ，Y商品を販売してはならない」旨命じた（これに対して，控訴審判決[52]は，カラオケ法理に基づいてYを侵害主体と認めた）。

②　否定説

否定説によれば，112条はあくまで侵害主体に対する差止請求を定めたにすぎず，侵害主体とは言い難い幇助者に対しては適用できないとされる[53]。その結果，不法行為に基づく損害賠償請求は肯定できたとしても，差止請求は肯定できないということになる。従来の裁判例においても，そのような考え方がみられる[54]。

> **裁判例**　北朝鮮の極秘文書事件：控訴審
>
> 「著作権法113条が，直接的に著作権等の侵害行為を構成するものではない幇助行為のうちの一定のものに限って著作権等侵害とみなすとしていることからしても，同条に該当しない著作権等侵害の幇助者にすぎない者の行為について，同法112条に基づく著作権等侵害による差止等請求を認めることは，明文で同法113条が規定されたことと整合せず，法的安定性を害するものであるから，直接的な著作権等の侵害行為や同条に該当する行為を行っておらず，これを行うおそれがあるとは認められない被控訴人らに対する差止等請求を認めることはできない。」

2　必要な措置の請求（112条2項）

112条1項に基づいて差止請求が認められたとしても，侵害行為が継続

---

52)　前掲注35）〔選撮見録事件：控訴審〕。

53)　否定説を支持するものとして，髙部眞規子「カラオケリース業者に使用禁止措置を命じた裁判例をめぐって」A.I.P.P.I. 49巻4号2頁（2004年），中山746頁以下参照。特許法において幇助者に対する差止請求を否定するものとして，東京地判平成16年8月17日判時1873号153頁〔マンホール鉄蓋交換工法（切削オーバーレイ工法）事件：第一審〕，東京高判平成17年2月24日判例集未登載（平16(ネ)第4518号）〔同・控訴審〕も同旨。

54)　前掲注21）〔北朝鮮の極秘文書事件：控訴審〕，東京地判平成16年3月11日判時1893号131頁〔「罪に濡れたふたり」事件：第一審〕等参照。

第8章 権利侵害

されるなど，実際にはそれが遵守されないこともある。そこで，差止請求を実効あらしめるために，「侵害の行為を組成した物，侵害の行為によって作成された物又は専ら侵害の行為に供された機械若しくは器具の廃棄その他の侵害の停止又は予防に必要な措置を請求することができる」ものと規定されている（同条2項）。

(1) 対 象

ここで，「侵害の行為を組成した物」（侵害組成物）とは「その使用等の行為が権利侵害の内容をなす物」であるものとされ[55]，具体的には，侵害行為である無形利用（複製以外）に用いられた物を指す（例：カラオケ装置，違法放送に使用されたビデオ，氏名表示権を侵害する立て看板）。

他方，「侵害行為によって作成された物」とは「権利を侵害することによって作成された複製物」とされ[56]，具体的には，侵害行為である有形利用（複製）によって作成された物を指す（例：違法印刷物）。

また，「専ら侵害の行為に供された機械若しくは器具」とは，それを使用することが常に違法となるわけではないが，過去において使用の目的が主として権利侵害であった機械・器具を指す（例：常習侵害者が使用している印刷機）。

(2) 必要な措置

権利者はこうした物の廃棄など，「必要な措置」を請求することができると規定されている。例えば，担保を提供させたり，機器等を執行吏のもとに封印させたりする措置なども含まれる。

(3) 条 件

もっとも，このような措置を請求できるのは，112条2項の文言に「前項の規定による請求をするに際し」とあるため，同条1項の差止請求ができる状態にあることが前提となる。つまり，侵害行為が行われているか，またはそのおそれがあることが必要になる。

ただ，そのように解すると，例えば違法な複製が完了し，現在は単に違法複製物を所持しているだけであり，将来的な侵害行為のおそれがないという場合は，所持されている違法複製物の廃棄請求ができないことになる。

---

55) 加戸 730 頁参照。

56) 加戸 730 頁参照。

しかし，それは複製権侵害によって作成された違法複製物なのである。そこで，学説の中には，将来において侵害行為が行われるおそれがなくても廃棄請求を認めるべきとする見解もある[57]。

Ⅱ　損害賠償請求[58]

1　はじめに

著作権法には損害賠償請求権を定める規定はなく，一般の不法行為と同様に民法709条が根拠規定となる。すなわち，故意または過失によって他人の権利を侵害した者は，それによって生じた損害を賠償しなければならないと規定されている（民709条）。損害賠償請求においては，差止請求とは異なり，侵害者の故意または過失が必要となる。

2　損害額の算定（114条）

このように民法709条に基づいて損害賠償を行うことができるが，著作権侵害は，典型的な所有権侵害とは若干異なる性質を有する。

例えば，自己の所有するパソコンが破壊されたという場合のように所有権が侵害された場合は，所有者はもはやその所有物を使用収益できなくなり，その分だけ積極的な損害を被る（積極的損害）。これに対して，著作権侵害の場合は，たとえ無断で海賊版のCDが販売されても，これによって無体物である著作物それ自体が毀損するわけではないから，著作権者は自己のCDを販売できなくなることはないのである。損害があるとすれば，海賊版CDが販売されたために，正規版のCDが売れなくなった，という損害である（消極的損害）。このように，著作権侵害における損害とは多くの場合いわゆる消極的損害である。

そうすると，著作権者が損害賠償請求を行うにあたっては，侵害行為がなければ得られるはずであった利益，すなわち逸失利益を立証しなければ

---

57)　田村309頁注2参照。
58)　詳しくは，潮見佳男「著作権侵害を理由とする損害賠償・利得返還と民法法理」法学論叢156巻5=6号216頁（2005年）参照。

第8章　権利侵害

ならない。しかし，逸失利益の立証はしばしば困難をともなう。例えば，海賊版 CD が販売された後に権利者の正規版 CD の売上げが減少したとしても，それは単にその CD のブームが去ったのが原因かもしれない。そうだとすると，正規版 CD の売上げ減少額すべてが侵害行為と因果関係を有するとは限らないのである。このように，他人による侵害行為によって権利者が得られなくなった逸失利益を立証することは容易でない。

　そこで，著作権法は損害額の算定を容易にするためいくつかの規定を設けている。

(1)　譲渡等数量に基づく算定（114条1項）

　114 条 1 項によれば，譲渡等数量を基準として損害額を算定することができる。例えば，侵害者がその侵害行為によって作成された物を譲渡した場合，「譲渡した物の数量」に，権利者が，当該侵害行為がなければ販売することができた物の「単位数量当たりの利益の額」を乗じて得た額をもって，権利者が受けた「損害の額とすることができる」というのである。具体的には，侵害者が海賊版 CD を 1 万枚譲渡した場合において，権利者が正規版 CD 1 枚につき 1000 円の利益を上げていたとすると，1000 円×1 万枚＝1000 万円を損害の額とすることができるわけである。

　もっとも，この額は，権利者の販売等の「能力」および権利者が販売できない「事情」という 2 つの観点から控除される。

①　能　力

　まず，114 条 1 項には「著作権者等の当該物に係る販売その他の行為を行う能力に応じた額を超えない限度において」と規定されているため，権利者側の製造・販売能力が考慮されることになる。したがって，先ほどの例でも，当該権利者の製造能力では 7000 枚しか製造・販売しえなかったという場合には，1000 円×7000 枚＝700 万円が損害額となる。

②　事　情

　次に，114 条 1 項ただし書は「譲渡等数量の全部又は一部に相当する数量を著作権者等が販売することができないとする事情があるときは，当該事情に相当する数量に応じた額を控除するものとする」と規定されている。これは，侵害者の営業努力や市場における代替品の存在等の事情によっては，そもそも侵害者の譲渡等数量のすべてを権利者が販売できない場合が

332

第2節　民事救済　Ⅱ　損害賠償請求

あるからである。そこで，こうした事情があるときはこれに応じた部分を
割合的に控除することになる。したがって，先ほどの例でも，侵害者の営
業努力や市場における代替品のために権利者が5000枚しか販売しえない
事情があった場合には，1000円×5000枚＝500万円が損害額となる。

(2) 得た利益に基づく推定（114条2項）

侵害者が「その侵害の行為により利益を受けているときは，その利益の
額は，当該著作権者，出版権者又は著作隣接権者が受けた損害の額と推
定」される（114条2項）。これにより，例えば海賊版CDを販売した侵害
者が利益を受けている場合，その利益の額が損害額と推定されるのである。

ここで，侵害行為によって得た「利益」とは，必ずしも侵害者が得た利
益の全額ではなく，あくまで権利を侵害する行為によって得た部分を指す。
したがって，例えば海賊版CDの一部に権利者の著作物が利用されている
ような場合は，その著作物の当該CD全体における寄与分（質的・量的）
が，ここでいう「利益」となる。

とはいえ，侵害者の得た「利益」をどのように計算するかも容易でない。
この点をめぐっては，粗利益説（売上高から売上原価を控除した額とする説），
純利益説（粗利益からさらにその他の販売費や一般管理費を控除した額とする説），
限界利益説[59]（粗利益から変動経費を控除した額とする説）などの見解がある。

また，侵害行為によって積極的に得た利益だけでなく，侵害行為によっ
て消極的に得た利益（つまり支出せずにすんだ費用）も含まれると解される。
例えば，ある会社がワープロソフトを1本だけ購入して，社内にある大量
のパソコンすべてにインストールしたという場合，この会社はインストー
ルした数だけ，ソフトを購入または契約することを免れたのであるから，
その分，消極的な利益を得たということができよう。

なお，権利者が自ら著作物等の利用を行っていたことは同項適用のため
の要件ではなく，例えば，権利者がソフト等の製品を製造・販売していな
かったとしても，同項は適用されうると解される[60]。

---

59)　田村325頁以下，中山768頁，前掲注20)〔システムサイエンス事件〕等参照。

60)　知財高大判平成25年2月1日判時2179号36頁〔ごみ貯蔵機器事件：控訴審〕は，特許
法102条2項の解釈として，特許権者が当該特許発明を実施していることは同項適用のため
の要件ではなく，特許権者に侵害行為がなかったならば利益が得られたであろうという事情
が存在する場合には同項の適用が認められるとした。

333

第8章 権利侵害

とはいえ，たとえ侵害者が得た利益であっても，本来，権利者が得られるはずのない利益を損害額と認めることはできない。例えば，権利者が個人の作曲家であり，侵害者が大きなレコード会社であるという場合において，侵害者であるレコード会社が大量にレコードを製造・販売して巨額の利益を得たとしても，個人である作曲家は独力でレコードを大量に製造・販売することはできないから，侵害行為がなければそのレコード会社が獲得した巨額の利益と同額の利益を得ることができたとはいえないはずである。このような場合，侵害者が得た利益を 114 条 2 項に基づき作曲家の「損害」と認めるわけにはいかないのである[61]。このような場合は同項の推定が覆滅され，次にみる使用料相当額の賠償を請求することになる。

(3) 使用料相当額 (114 条 3 項)

上記の推定が覆滅された場合，あるいは侵害者がそもそも利益を得ていない場合は，使用料相当額を請求することになる。つまり，権利者は侵害者に対して，「その著作権，出版権又は著作隣接権の行使につき受けるべき金銭の額に相当する額を自己が受けた損害の額として，その賠償を請求することができる」のである (114 条 3 項)。

著作物使用料というのは，本来であれば支払われるべき金銭であるから，侵害者が利益を得ていようといなかろうと請求することができるのである。その意味で，この規定は「法定規定」であり，「通常の使用料相当額が最低限の損害賠償額として保証される」ため，「請求さえすれば無条件で侵害者は支払う義務を負う」と説明されている (114 条 5 項前段も参照)[62]。

もっとも，たとえ使用料相当額の損害賠償請求が認められても，あらかじめ許諾を得て使用料を払うのと同じ状態になってしまうと，侵害者にとって「侵害し得」になってしまうと批判されてきた。そこで，平成 12 年の改正によって，それまで 114 条 3 項に存在した「通常」の文字が削除された。これにより，既存の使用料規程等に拘束されることなく，当事者間の具体的な事情を参酌した妥当な損害額の認定が可能になったのである。実際のところ，最近の裁判例においては，既存の規程においては 5% 等の使用料率が定められていたという事案で，8% あるいは 10% の使用料率

---

61) 東京地判昭和 53 年 6 月 21 日無体裁集 10 巻 1 号 287 頁〔「日照権」事件〕参照。
62) 加戸 678 頁以下参照。

により損害額を算定したものが現れている[63]。

　また，TPP協定およびTPP11協定に伴う平成28年改正（2018年12月30日施行）によって，著作権等管理事業者（例：JASRAC）の管理する権利について権利者が114条3項による損害賠償請求を行う場合は，当該管理事業者の使用料規程により算出した額（算出方法が複数あるときは「最も高い額」）を同項に規定する金銭の額とすることができる旨の規定が設けられた（114条4項）。これは，わが国における塡補賠償原則を維持しつつも「法定損害賠償」を導入したものとされる。なお，この使用料相当額をこえる損害の賠償の請求は妨げられないが，侵害者が軽過失の場合，裁判所はその事情を参酌することができる（114条5項）。

> ### ステップアップ　ソフトウェアの違法複製に対する損害賠償請求
>
> 　市販のコンピュータプログラムを1個だけ購入して，社内の多数のPCにインストールすることは，複製権の侵害となる。では，ある会社が，そうした違法なインストールを行った後，権利者から警告を受けたため，市場でPCの数だけ正規版を購入した場合，どうなるだろうか。この場合，権利者は正規版の販売により利益を受けているが，だからといって，当該会社が損害賠償義務を免れることにはならないとする裁判例がある（〔東京リーガルマインド事件〕[64]，〔IT講習会事件〕[65]）。正規版の購入は不法行為と別個独立して評価されるべき行動であり，権利者の受けた損害額は，侵害者が本件プログラムを違法にインストールした時点においてすでに確定しているというのがその理由である。
>
> 　また，これらの裁判例においては「小売価格」を基準として損害額が算定されている。たしかに，違法なインストールによって侵害者が得た利益は，本来であれば支払うべきであった小売価格であるとも考えられる。しかし，現実の流通において，著作権者であるソフトメーカーは小売価格の全額を利益として受けることは通常できないはずである。この点も残された課題である。

---

63)　東京高判平成16年6月29日判例集未登載（平15㈡第2515号）〔ピーターのいす事件：控訴審〕，東京高判平成16年6月29日判例集未登載（平15㈡第2467号）〔童話と国語テスト事件：控訴審〕参照。

64)　東京地判平成13年5月16日判時1749号19頁。

65)　大阪地判平成15年10月23日判時1883号104頁。

第 8 章　権利侵害

3　過　失

(1)　過失の認定

　不法行為責任が認められるためには故意または過失が必要となる。著作権法には特許法 103 条のような過失推定の規定がないが，現実には，過失が否定されることは多くない。

　この点について問題になるのは出版社の責任である。出版社は，出版物の内容を自ら作成していない場合であっても，権利関係の調査義務があると考えられているため，現実に過失が否定されることはほとんどないのである。たとえ出版社が，出版する著作物について著者と権利保証条項（当該著作物が他人の権利を侵害しないものであることを著者が保証する条項）を含む契約を締結していても，対外的な責任は変わらない。出版社の持つ影響力からすれば，自費出版や持ち込み原稿のように出版社側から執筆依頼したわけではない場合であっても，ただちに過失がないとはいえないであろう。

　ただ，過去の裁判例においては，出版社が小規模の組織であることや，著者の社会的信頼性が高かったこと等の事情を考慮して過失を否定したものもある[66]。

　なお，著作権の存続期間が満了したと誤信して利用行為を行っていた場合に過失が否定されるかどうかが問題となるが，裁判例においては，仮に誤信していたとしても，必要な調査を行うことによって著作権が存続していたことを認識しえたとして，過失を肯定したものがある[67]。

(2)　注意義務の内容

　過失に関しては，他人による権利侵害行為に関与する者がどのような注意義務を負うかという点も問題になる。具体的には，カラオケ社交飲食店に業務用カラオケ装置をリースしている業者が負う注意義務について判例がある。

　最高裁によれば，カラオケ装置のリース業者は，リース契約の相手方に対し日本音楽著作権協会（JASRAC）と著作物使用許諾契約を締結すべき

---

66)　東京地判平成 7 年 5 月 31 日判時 1533 号 110 頁〔「ぐうたら健康法」事件〕参照。
67)　最判平成 24 年 1 月 17 日判時 2144 号 115 頁〔暁の脱走事件：上告審〕参照。

336

第2節　民事救済　Ⅱ　損害賠償請求

ことを告知するだけでなく，当該契約を締結または申込みをしたことを確認した上でカラオケ装置を引き渡すべき条理上の注意義務を負うと判示している（ビデオメイツ事件：上告審)[68]。

裁判例　ビデオメイツ事件：上告審[69]

　Yはカラオケ装置のリース業者で，Aらの経営する「ナイトパブG7」などにカラオケ装置を設置した。本件リース契約に係る書面には，X（JASRAC）との著作物使用許諾契約については借主の責任で対処するようにという旨の記載があり，Yは本件リース契約締結時にAらに対し口頭でもその旨説明したが，カラオケ装置の引渡しに際し，Aらが著作物使用許諾契約の締結または申込みをしたことを確認することはなかった。AらはXの許諾を受けることなくカラオケ装置を用いた営業を続けたため，Xが，AらおよびYに対し使用料相当額の賠償を請求した。

　控訴審判決[70]は，Aらが仮処分執行を受けたことをYが知った後の時期（第Ⅱ期）についてのみ過失を認めてその限りで損害賠償請求を認容したものの，リース契約締結から仮処分執行をYが知るまでの時期（第Ⅰ期）におけるYの過失は否定した。

　本判決は「カラオケ装置のリース業者は，カラオケ装置のリース契約を締結した場合において，当該装置が専ら音楽著作物を上映し又は演奏して公衆に直接見せ又は聞かせるために使用されるものであるときは，リース契約の相手方に対し，当該音楽著作物の著作権者との間で著作物使用許諾契約を締結すべきことを告知するだけでなく，上記相手方が当該著作権者との間で著作物使用許諾契約を締結し又は申込みをしたことを確認した上でカラオケ装置を引き渡すべき条理上の注意義務を負うものと解するのが相当である」と述べて，第Ⅰ期についてもYの過失を肯定した。

---

68)　これに対して，大阪高判平成9月2月27日知的裁集29巻1号213頁〔魅留来事件：控訴審〕は，①リース契約締結時にJASRACと著作物使用許諾契約を締結する必要がある旨周知徹底させる義務，②契約締結後も随時使用許諾契約締結の有無を調査確認し督促する注意義務，③相手方が応じない場合はリース契約の解消あるいはカラオケ装置の引き揚げに努めるべき注意義務を肯定しており，ビデオメイツ事件とは義務内容が異なる。この違いは，リース契約の内容に由来するものと考えられる（上野達弘〔判批（最判平成13年3月2日）〕コピライト491号36頁〔2002年〕参照）。

69)　最判平成13年3月2日民集55巻2号185頁。

70)　東京高判平成11年11月29日民集55巻2号266頁。

337

第 8 章　権利侵害

Ⅲ　その他

1　著作者人格権・実演家人格権侵害における原状回復請求（115 条）

　著作者人格権または実演家人格権が侵害された場合，著作者または実演家は，損害賠償に代えて，または損害賠償とともに，名誉回復等の措置を請求することができる（115 条）。

　具体的には，「著作者又は実演家であることを確保し，又は訂正その他著作者若しくは実演家の名誉若しくは声望を回復するために適当な措置」を請求できる。ここで，「著作者又は実演家であることを確保」することとは，氏名表示権侵害がある場合において著作者名を表示させる措置等をいう。そして，「訂正その他著作者若しくは実演家の名誉若しくは声望を回復するために適当な措置」とは謝罪広告や訂正広告等を指す。「適当な措置」の具体的内容は事案による。従来の裁判例においては，観音像の仏頭部をすげ替えるという改変を行った事実経緯を説明する広告を行うことや[71]，銅像の所有者に真の著作者を通知することを命じたものがある。

> **裁判例**　ジョン万次郎像事件：控訴審[72]
>
> 　「前記認定の事実によれば，本件各銅像の所有者等は，本件各銅像の著作者は Y であると認識しているはずである。しかし，本件各銅像の著作者は，前記認定のとおり，X である。このことと前記に認定した本件の経緯を考慮すれば，X は，著作権法 115 条の『著作者……であることを確保……するために適当な措置』として，本件各銅像にその制作者であると表示されている Y に対し，本件各銅像の所有者等宛に，本件各銅像の著作者が X であることを通知させることを請求することができるというべきである。すなわち，このような通知は，本件においては，X が本件各銅像の著作者であることを確保し，X と本件各銅像の所有者との紛争を未然に防止することにもつながることであり，同条にいう『適当な措置』に当たると認められる。
>
> 　ただし，本件通知請求のうち，……『私は，本書をもって，御市に対し，中浜万

---

71)　知財高判平成 22 年 3 月 25 日判時 2086 号 114 頁〔駒込大観音事件：控訴審〕参照。これに対して，同・第一審判決（東京地判平成 21 年 5 月 28 日判例集未登載〔平 19(ワ)第 23883号〕）は，すげ替えられた仏頭部を元に戻すことを命じていた。

72)　知財高判平成 18 年 2 月 27 日判例集未登載（平 17(ネ)第 10100 号等）（第一審判決〔東京地判平成 17 年 6 月 23 日判例集未登載（平 15(ワ)第 13385 号）〕引用部分）。

338

第2節　民事救済　Ⅲ　その他

次郎銅像の台座にある「B」との表示を抹消し，「A」の表示に改めていただくよう申し入れいたします。』との部分……は，単なる事実の通知にとどまらず，申し入れた相手方に一定の行為を求める内容を含むものであり，Yが，本件各銅像の所有者等に対し，このような作為を求める請求権を有するわけではないことからすれば，Yに対し，このような作為を相手方に求める申入れをすることまで命じることは相当ではない。」

　なお，判例によれば，115条における「名誉若しくは声望」は社会的名誉のことをいい，同条に基づく請求が認められるためには，単に主観的な名誉感情が害されたというだけでは足りず，その者の社会的名誉が害されたことが必要とされる[73][74]。

2　不当利得返還請求

　著作物等が無断で利用されている場合，不当利得返還請求も可能である[75]。著作権法には不当利得返還請求に関する明文の規定がないため，その根拠は民法703条以下に求められる。

　これにより，法律上の原因なく他人の著作権等によって利益を受け，そのために権利者に損失を及ぼした場合，権利者は不当利得返還請求ができることになる。その際，受益者が善意の場合であれば，現存利益の返還を請求できるにとどまるが（民703条），他方，受益者が悪意の場合には，その受けた利益および利息について返還請求できるとともに，損害があれば損害賠償も請求できる（民704条）。例えば，不法行為に基づく損害賠償請求権が消滅時効にかかった場合に，それ以前の無断利用行為について不当利得返還請求できることになる[76]。

---

73)　旧著作権法36条の2（現行法115条に相当）における「声望名誉」について，最判昭和61年5月30日民集40巻4号725頁〔パロディ＝モンタージュ事件：第二次上告審〕が，最判昭和45年12月18日民集24巻13号2151頁を引用して，「著作者がその品性，徳行，名声，信用等の人格的価値について社会から受ける客観的な評価，すなわち社会的声望名誉を指すもの」と判示している。

74)　これに対して，田村472頁以下は，訂正請求については，社会的評価の低下がない場合にも認めるべきとする。

75)　117条および118条は「不当利得」について言及しており，不当利得返還請求ができることが前提になっているものと解される。

76)　例えば，名古屋高判平成16年3月4日判時1870号123頁〔社交ダンス教室事件：控訴審〕は，「本訴提起から3年前以前のXのYらに対する不法行為に基づく損害賠償請求権は，

339

第8章　権利侵害

第3節　刑　事　罰

I　総　　論

　著作権法は，第8章（119条〜124条）として罰則規定を有している。つまり，著作権等を侵害した者は民事責任のみならず刑事責任が問われることになるのである。もっとも，著作権法は故意犯のみを扱い，過失による行為は対象外としている。また，告訴を必要とする親告罪も多い（123条）。

　また，日本の著作権の侵害行為については，海外で行われた場合であっても，日本人が行った場合に限っては処罰の対象となる（刑施27条1号，刑3条）。したがって，たとえ民事上は違法でない行為（例えば著作権法の存在しない国〔コピーライト・ヘブンと呼ばれる〕における複製行為）であっても，日本人によって行われた場合は刑事罰の対象となる。これは，文化国家の基盤としての著作権等を尊重すべきだという点から説明されているが[77]，このような制度に反対する見解もある[78]。

　さて，以下では，著作権法における刑事罰のうち代表的なものを概観しておきたい。

II　各　　論

1　著作権等侵害罪（119条）

(1)　権利侵害罪

　著作権，出版権または著作隣接権を侵害した者は，10年以下の懲役もしくは1000万円以下の罰金またはこれらの併科に処される（119条1項）。例えば，海賊版CDを製造・販売した者はこの刑事罰の対象となる。

　3年の消滅時効（民法724条）にかかっている」とした上で，当該時効消滅以前の7年分について不当利得返還請求を認容した。

77)　加戸813頁。

78)　道垣内正人「インターネットを通じた不法行為・著作権侵害の準拠法」日本国際経済法学会年報8号173頁（1999年）参照。

340

第3節　刑事罰　Ⅱ　各　論

　他方，著作者人格権または実演家人格権を侵害した者（119条2項1号），侵害物の輸入や知情頒布等（113条1項）または違法作成プログラムの知情による業務上使用行為（同条5項）によって侵害とみなされる行為を行った者は，5年以下の懲役もしくは500万円以下の罰金またはこれらの併科に処される（119条2項3号・6号）。

(2)　公衆用自動複製機器

　公衆の使用に供されているビデオダビング機器など，一定の自動複製機器を用いる私的複製は民事上の複製権侵害となるが，30条1項に定める私的使用目的を有している限り，刑事罰は免除される（119条1項括弧書）。これは，個々人が行う私的複製行為は，基本的には刑事罰を科すほどの悪質性を有しないという判断に基づく[79]。

　他方，公衆の使用に供されているビデオダビング機器など，一定の自動複製機器を，営利を目的として，権利侵害となる複製に使用させた者は，5年以下の懲役もしくは500万円以下の罰金またはこれらの併科に処される（119条2項2号）。このような者は，自ら侵害行為を行う者とは言い難いが，違法な大量複製に歯止めをかけようとしたものとされる[80]。

(3)　リーチサイト等提供罪

　リーチサイトまたはリーチアプリを公衆に提示提供した者は，5年以下の懲役もしくは500万円以下の罰金またはこれらの併科に処される（119条2項4号・5号）。

　対象となるリーチサイトまたはリーチアプリは，「公衆を侵害著作物等に殊更に誘導するもの」または「主として公衆による侵害著作物等の利用のために用いられる」ものであり（113条2項1号・2号），インターネット上の侵害コンテンツの拡散を助長するものであるため，刑事罰の対象とされているのである。

(4)　違法ダウンロード罪

　いわゆる違法ダウンロードについては，平成24年改正によって，一定の条件の下，刑事罰が科されることになった。すなわち，著作権等を侵害する自動公衆送信を受信して行うデジタル録音・録画は，たとえ私的使用

---

79)　加戸816頁。
80)　加戸820頁。

目的であっても，その事実を知りながら行う場合に限って，30条1項の適用を受けず（同項3号），複製権侵害となりうる。この行為は著作権侵害罪にはならないものの（119条1項括弧書），それが録音録画有償著作物等（例：DVD販売されている映画）である場合に限って，2年以下の懲役もしくは200万円以下の罰金またはこれらの併科に処されるのである（119条3項1号）。

また，令和2年改正［同年法律第48号］により，録音・録画以外のダウンロードについても一定の場合には著作権侵害とみなされるとともに（30条1項4号），刑事罰の対象にされた（119条3項2号〔2021年1月1日施行〕）。ただし，録音・録画以外の違法ダウンロードについては，これを「継続的に又は反復して」行った場合に限って刑事罰の対象となる。

(5) みなし侵害罪

リーチサイト等におけるリンク情報の提供（113条2項），技術的保護手段等を回避する指令符号の譲渡等（同条7項），権利管理情報の故意改変等（同条8項）および国外頒布目的商業用レコードの輸入等（同条10項）は権利侵害行為とみなされるが，これについては，著作権等侵害罪よりも軽い刑（3年以下の懲役もしくは300万円以下の罰金またはこれらの併科）に処される（120条の2第3号・4号・5号・6号）。

(6) 親告罪

上記の刑事罰は基本的に親告罪とされている（123条1項）。これは，その保護法益が第一義的には私権であり，事後的な許諾等により適法になるという点が考慮されたものといわれている[81]。ただ，TPP協定を受けた平成28年改正によって，一部の行為を非親告罪化する規定が設けられ（123条2項・3項），TPP11協定の発効とともに施行された（2018年12月30日）。

もっとも，特にわが国においては，いわゆる二次創作活動（例：コミケにおける同人誌販売）が権利者の黙認によって成立している側面があると考えられるため，非親告罪化による萎縮効果に対しては，強い懸念が見られた。

---

81) 加戸851頁。

そこで，同改正は，非親告罪化の対象を一定の悪質な著作権等侵害行為に限定するため，「有償著作物等」（123条3項）を「原作のまま」複製等する行為であり，かつ「著作権者等の得ることが見込まれる利益が不当に害されることとなる場合」に限定している（同条2項）。これによって，いわゆる二次創作活動は基本的に非親告罪化の対象外になったと考えられる。

(7) 幇助犯

著作権法上の刑事罰に関しても刑法総則の規定が適用されるため，正犯を幇助した者は従犯として刑が科される（刑62条）。

> **裁判例**　**Winny 事件：上告審**[82)]
>
> 　被告人は，ファイル共有ソフト「Winny」を制作・改良し，自己のホームページで公開したことが著作権侵害幇助罪にあたるとして起訴された。
>
> 　第一審の京都地裁は，「被告人は……Winny の現実の利用状況等を認識し，新しいビジネスモデルが生まれることも期待して，Winny が上記のような態様で利用されることを認容しながら，Winny……を自己の開設したホームページ上に公開し，不特定多数の者が入手できるようにしたことが認められ，……被告人がそれらのソフトを公開して不特定多数の者が入手できるように提供した行為は，幇助犯を構成すると評価することができる」として，罰金150万円の有罪判決を言い渡したが[83)]，控訴審の大阪高裁は無罪を言い渡した[84)]。
>
> 　最高裁は，「Winny は，1，2審判決が価値中立ソフトと称するように，適法な用途にも，著作権侵害という違法な用途にも利用できるソフトであり，これを著作権侵害に利用するか，その他の用途に利用するかは，あくまで個々の利用者の判断に委ねられている。……かかるソフトの提供行為について，幇助犯が成立するためには，一般的可能性を超える具体的な侵害利用状況が必要であり，また，そのことを提供者においても認識，認容していることを要するというべきである。……被告人による本件 Winny の公開，提供行為は，客観的に見て，例外的とはいえない範囲の者がそれを著作権侵害に利用する蓋然性が高い状況の下での公開，提供行為であったことは否定できない。他方，この点に関する被告人の主観面をみると，被告人は，本件 Winny を公開，提供するに際し，本件 Winny を著作権侵害のために利用するであろう者がいることや，そのような者の人数が増えてきたことについては認識していたと認められるものの，いまだ，被告人において，Winny を著作権侵害のために利用する者が例外的とはいえない範囲の者にまで広がっており，本件

---

82)　最決平成23年12月19日刑集65巻9号1380頁。
83)　京都地判平成18年12月13日判タ1229号105頁。
84)　大阪高判平成21年10月8日刑集65巻9号1635頁。

343

第 8 章　権利侵害

Winny を公開，提供した場合に，例外的とはいえない範囲の者がそれを著作権侵害に利用する蓋然性が高いことを認識，認容していたとまで認めるに足りる証拠はない」と判示して，無罪を言い渡した。

2　著作者・実演家が存しなくなった後における著作者・実演家の人格的利益の侵害罪（120条）

すでにみたように（→第4章第4節），著作者が存しなくなった後（自然人の死後のみならず法人の解散後を含む）においても，著作物を公衆に提供・提示する者は，著作者が存しているとしたならばその著作者人格権の侵害となるべき行為をしてはならないものと規定されている（60条）。同様のことは実演家人格権にも規定されている（101条の3）。その違反が行われた場合，民事上は，死亡した著作者または実演家の遺族のうち一定の者（配偶者，子，父母，孫，祖父母または兄弟姉妹）が，そうした行為をする者またはするおそれのある者に対して差止め，および（故意または過失がある場合は）名誉回復等の措置を請求できることになっている（116条1項）。

これに加えて刑事上も，その違反をした者は 500 万円以下の罰金に処せられることになっている（120条）。この刑事罰は，民事責任とは別個のものであるため，著作者または実演家の遺族（116条1項参照）が存しなくなった後においても科せられる。したがって，その限りで，著作者または実演家の人格的利益はいわば永遠に保護されうるものといえよう。

その立法趣旨は，刑法上の名誉毀損罪が一定の場合は死者の名誉を毀損する行為も対象としている（刑230条2項）のと同様の考え方に準拠したということと，文化的遺産を国家的見地から保護するという意味合いもあると説明されている[85]。

そのため，本条の罪は親告罪ではない（123条1項参照）。遺族の意向に従うよりも，検察官の自主的判断によって起訴する方が適当と考えられたものである[86]。

---

85)　加戸 826 頁。
86)　加戸 827 頁。

344

3 技術的保護手段／技術的利用制限手段の回避装置等の譲渡等（120条の2）

　技術的保護手段および技術的利用制限手段の回避装置等の譲渡等にも刑事罰が科されている（120条の2）。

　技術的保護手段はいわゆるプロテクトである。例えば，デジタル録音メディアのコピーを一定の範囲で防止するSCMS（Serial Copy Management System），デジタル録画メディアのコピーを一定の範囲で防止するCGMS（Copy Generation Management System），録画メディアのコピーを一定の範囲で防止する疑似シンクパルス方式（マクロビジョン方式）などがある。

　このように，人の知覚によって認識できない電磁的方法によって著作権等を侵害する行為の防止または抑止をする手段が技術的保護手段である（2条1項20号）。

　ところが，現実には，こうした技術的保護手段に用いられている信号を除去または改変することによって，技術的保護手段を回避できる装置やプログラムが出回っている。こうした技術的保護手段の回避装置等を公衆に譲渡等する行為は，それ自体侵害行為であるとは言い難いが，このようなものが社会に出回ることによって，著作物等の違法な利用が行われるおそれが高まることになる。

　そこで，こうした事態を事前に防止すべく，技術的保護手段の回避を行うことを専らその機能とする装置またはプログラムの複製物を公衆に譲渡したり，公衆への譲渡の目的で製造または輸入したりした者等（120条の2第1号），および業として公衆からの求めに応じて技術的保護手段の回避を行った者（同条2号）は，3年以下の懲役もしくは300万円以下の罰金またはこれらの併科に処するものと規定されているのである（同条柱書）。

　また，平成28年改正（2018年12月30日施行）により，技術的利用制限手段（アクセスコントロール。2条1項21号）の回避装置等の譲渡等についても同様とされた。

　もっとも，これらの行為は差止請求の対象として定められていない。これは，現行著作権法上，著作権者等に差止請求権が認められているのは，特定の著作物等に対する権利侵害のおそれが明白であるという理由に基づ

第 8 章　権利侵害

くものと解されるところ，回避専用装置等の公衆への譲渡等は，その譲渡
等の時点で，当該装置等がどの著作物等の権利侵害に用いられるか明白で
ないからだと説明されている[87]。

　なお，これらの行為は不特定の著作権等について侵害のおそれを広く生
じさせる行為であり，著作権等が侵害されるおそれを広く一般に生じさせ
る行為であるため，非親告罪とされている（123条1項参照）。

---

87)　著作権法令研究会＝通商産業省知的財産政策室編『著作権法・不正競争防止法改正解説』
　　（有斐閣，1999年）99頁参照。

事 項 索 引

あ 行

挨拶文 ……………………………………31
アイデア ………………25, 34, 84, 311
IP マルチキャスト放送……………228
粗利益説 ………………………………333
ありふれた表現 ………………30, 33
依 拠 ……………………………………30
依拠性 ………………………………305
意匠権 ……………………………43, 50
意匠法 ……………………………………43
遺 族 ……………………………141, 344
一時的蓄積 …………………………153
一部譲渡 ……………………………273
遺著補訂型 …………………………89
意に反して …………………………132
違法配信ファイルのダウンロード…183, 341
印刷用書体 …………………………47
インセンティブ ………………26, 33
インターネット検索サービス ……207
引 用 ……………………………………191
Winny ………………………………343
ウェブキャスティングの位置づけ …235
写り込み ……………………………186
AI 生成物 ……………………………19
映画製作者 …………………………112
映画の著作物 ………………55, 117
　　──の著作権帰属 ………83, 112
　　──の著作者 …………………93
映画の盗撮 …………………………184
映像著作物 …………………………117
影像を拡大する特別の装置 ………247
営利を目的としない上演等 ………201
得た利益に基づく推定 ……………333
遠隔合同時授業 ……………………198
演 奏 ……………………………………156
演奏権 ………………………………156
応用美術 ……………………………41
オークション ………………………205

か 行

公 に ……………………………………148
屋外恒常設置 ………………………205
オブジェクトプログラム ……………59
音楽教室 ……………………………326
音楽の著作物 …………………………39

改 変 ……………………………………132
解 法 ……………………………………60
学問的知見 ……………………24, 25
歌 詞 ……………………………39, 91
過 失 ……………………………………336
歌 唱 ……………………………………157
学校教育番組の放送 ………………197
学校等における複製等 ……………198
家庭用受信装置 ………………161, 202
画 法 ……………………………………24
カラオケ法理 ………………………324
カラオケボックス …………………324
カラオケリース ………………328, 336
間接侵害 ……………………………327
間接侵害者 …………………………327
監 督 ……………………………95, 112
企画案 …………………………………88
期間経過商業用レコード …………238
企業内複製 …………………………181
技術的保護手段 ……………………345
　　──回避による複製 …………182
技術的利用制限手段 …………318, 345
技術の開発又は実用化のための試験の用に供
　するための利用 …………………188
規 約 ……………………………………60
脚 本 …………………………………94
キャッシュ …………………………206
キャラクター …………………………41
教育機関 ……………………………198
教育・試験のための利用 …………196
教科用拡大図書 ……………………197
教科用図書 …………………………186

347

教科用図書代替教材	196	公衆送信権	158
行政機関情報公開法	127	口　述	161
強制許諾	285	口述権	162
共同実演	223	交通標語	36
共同著作	87	公的アーカイブのための利用	203
共同著作物	87,211,289	構内放送	160
業務上	318	公　表	106,124
業務に従事する者（業務従事者）	102	公表権	123,124
許諾者たる地位の移転	261	公表名義	106
記録媒体内蔵複製機器	205	小売価格	335
勤務規則	109	国外頒布目的商業用レコードの輸入	320
クラシカルオーサー	213	告　訴	340
クリックオン契約	178	孤児著作権	287
刑事罰	340	ゴーストライター	87
継続的刊行物	214	個　性	32, 61, 69
ゲオルク・ヘーゲル	4	固　定	23, 56
劇場用映画	55	雇用関係	103
結合著作物	63,91	コンピュータ自動生成物	19
ゲームソフト	56,136	コンピュータプログラム	134,335

さ　行

限界利益説	333	再許諾（サブライセンス）	261, 266
原稿の買取り	273	裁　定	285
言語の著作物	38	再放送	244
原作小説	94	再放送権	245
原作品	126	再有線放送権	245,249
原状回復請求	338	差止請求	321
建　築	155	――権の代位行使	254
建築の著作物	50,169	座談会	91
――の複製	154	参加約束	114
建築物	50,134,155	産業財産権法	38
原著作物	62	指揮監督	104
限定提供データ	73	試験問題としての複製	199
検討の過程における利用	186	時　効	339
憲　法	74	事　実	19, 21, 39
権利管理情報	319,342	自然物	18, 19
権利消尽	165,168	思想又は感情	18
権利侵害	304	質　権	279
権利制限	175	実　演	222
――規定の強行法規性	178	実演家	223
――の一般条項	178	実演家人格権	224
――の補完制度	208	実　名	97,128
権利の一体行使の原則	290,298	指定管理団体	184
権利の目的とならない著作物	74	私的複製	341
公　衆	125,148		
公衆送信	158		

事項索引

私的録音補償金管理協会（sarah, サーラ） ………… 185
私的録音録画補償金 ……………… 184
私的録画補償金管理協会（SARVH, サーブ） ………… 185
自動公衆送信 ……………… 159
自動車のデザイン ……………… 37
自動複製機器 ……………… 341
——による複製 ……………… 181
支分権 ……………… 146
氏名表示権 ……………… 128,225
謝罪広告 ……………… 338
写真の著作物 ……………… 56
JASRAC ……………… 335
社　説 ……………… 107
修正増減請求 ……………… 270
集中管理 ……………… 281
授業目的公衆送信補償金等 ……………… 199
授業目的公衆送信補償金等管理協会
　（SATRAS） ……………… 199
ジュークボックス法理 ……………… 325
主従関係性（附従性） ……………… 193
主題歌 ……………… 95
出所の明示 ……………… 209
出版契約 ……………… 263
出版権 ……………… 262
——の細分化 ……………… 265
——の消滅の請求 ……………… 271
——の存続期間 ……………… 271
　第1号—— ……………… 263
　第2号—— ……………… 263
出版権者 ……………… 262
出版社の責任 ……………… 336
シュリンクラップ契約 ……………… 179
純粋美術 ……………… 41
純利益説 ……………… 333
書 ……………… 47
使　用 ……………… 318
上　映 ……………… 157
上映権 ……………… 157
上　演 ……………… 156
上演権 ……………… 156
障害者のための利用 ……………… 201
商業用レコード …233,237,238,241,242,320

消極的効力 ……………… 145
所在検索サービス ……………… 207
書籍検索サービス ……………… 207
譲　渡 ……………… 168,272
譲渡権 ……………… 168,237,242
譲渡等数量に基づく算定 ……………… 332
商標権 ……………… 7
情報解析 ……………… 188,207
情報公開法 ……………… 126,131
使用料相当額 ……………… 334
情を知つて ……………… 316
職業別電話帳 ……………… 65, 68
職務上 ……………… 105
職務著作 ……………… 82, 98
所　持 ……………… 316
書　式 ……………… 22
書籍の自炊代行 ……………… 180
所有権 ……………… 5,204
ジョン・ロック ……………… 4
指　令 ……………… 59
指令符号 ……………… 319
侵害行為によって作成された物 ……………… 330
侵害主体 ……………… 322
侵害の行為を組成した物 ……………… 330
侵害幇助者 ……………… 327
人格的利益 ……………… 122,140,344
新規性 ……………… 69
人工知能 ……………… 188
親告罪 ……………… 340,342,344
信　託 ……………… 284
スクリーンショット ……………… 186
図形の著作物 ……………… 53
ストーリー ……………… 136
図　面 ……………… 155
積極的効力 ……………… 145
設計図 ……………… 53, 155
絶対的効力 ……………… 145
1953年問題 ……………… 213
選択の幅 ……………… 33, 36, 47, 51
創作者（主義） ……………… 82,110
創作性 ……………… 27, 32, 63, 67, 85,312
——と著作権の保護範囲 ……………… 35
——の高低 ……………… 35,314
——の判断基準 ……………… 68

349

——の判断対象 …………………34
創作的関与 ……………………88
創作的表現 …………………84, 88
——の共通性 …………………310
創作法 …………………………7
送信可能化 ……………………160
送信可能化権 ……235, 241, 246, 250
相続人不存在 …………………278
相対的効力 ……………………145
ソースプログラム ……………59
素　材 ………………………65, 70
即興演奏 ………………………23
損害額の算定 …………………331
損害賠償請求 …………………331
存続期間 ………………………210

た　行

第1号出版権 …………………263
題　号 …………………………133
第2号出版権 …………………263
タイプフェイス ………………47
貸　与 …………………………169
貸与権 …………………169, 237, 242
ダウンロード …………………183
単純利用許諾 …………………252
団体名義の著作物 ……………212
担保権 …………………………279
逐次公表著作物 ………………214
地　図 …………………………53
注意義務 ………………………336
仲介業務法 ……………………283
直接侵害者 ……………………327
著作権
　——の正当化根拠 ……………4
　——の保護範囲 ……………32
著作権者不明 …………………285
著作権等管理事業法 …………282
著作権法 ………………………2
　法規としての—— …………11
　法分野としての—— …………9
著作者 …………………………82, 83
　——が存しなくなった後における人格的
　　利益保護 …………………140
　——の推定 …………………97

——の認定 ……………………83
——の名誉声望を害する利用 ………321
著作者人格権 …………………122
——の不行使特約 ……………123
著作の名義 ……………………107
著作物
——性 …………………………16
——の例示 ……………………17
著作隣接権
——制度の意義 ………………218
——の対象 ……………………218
——の保護要件 ………………219
通知義務 ………………………271
手足論 …………………………324, 327
庭　園 …………………………134
定　義 …………………………30
提　供 …………………………147, 163
提　示 …………………………147
停止又は予防 …………………322
訂正広告 ………………………338
TPP協定 ………………………342
TPP11協定 …………211, 318, 335, 342
ディレクター …………………95
データベース …………………70
——の著作物 …………………70
デッドコピー ………22, 32, 36, 50, 73
テレビドラマ …………………117
テレビ放送用固定物 …………116
展　示 …………………………162
電子計算機における著作物利用に付随する
　利用 …………………………206
電子計算機による情報処理の結果提供に伴
　う軽微利用 …………………206
展示権 …………………………162
電子出版 ………………………263
伝　達 …………………………161
伝達権 …………………161, 247, 250
　テレビジョン放送の—— ……247
　有線テレビジョン放送の—— ………250
同一性保持権 …………………132, 226
同意の推定 ……………………126
投　資 …………………………72
当然対抗 ………………………260
当然対抗制度 …………………260

事項索引

登　録 …………………………277
特別な事情 …………………183
独占的利用許諾 ……………252
独創性 ……………28, 49, 69
図書館 ………………………123
特許権 …………………7, 61
特許法 ………………………61
TRIPS 協定 …………………73

な　行

内在的制限と外在的制限 …177
内部分担表示 ………………107
二元論 ………………………122
二次使用料請求権 …………233, 241
二次創作 ……………………183, 342
二次的著作物 ……………62, 90
　　——の作成 ……………171
　　——の利用 ………………62
二次利用料請求権 …………228
日本芸能実演家団体協議会（芸団協）
　………………………234, 238
日本版フェア・ユース ……178
日本レコード協会 …………242

は　行

廃　棄 ………………………330
配給制度 ……………164〜165
排他的効力 …………………144
発意と責任 …………………113
バックアップ ………………206
発　行 ………………………125
発　明 …………………………8
パロディ ……………………193, 308
判　決 …………………………75
万国著作権条約 ………………73
頒　布 ………………………316
頒布権 ………………………164
非享受利用 …………………187, 189
被写体 ………………………57
美術工芸品 …………………42
美術作品販売に伴う複製 …205
美術著作物の原作品の利用 …204
美術の著作物 ………………41
非親告罪 ……………………342, 344

額に汗 …………………………27
必要な措置の請求 …………329
ビデオゲーム …………………17
美的特性 ……………………49
表　現 …………………23, 33, 84, 311
表現・アイデア二分論 ……24, 311
表現上の本質的特徴 ………62
ファイル共有ソフト ………343
フィギュア …………………42
不可避的表現 ………………29
複　製 …………………150, 240, 244
　演劇用の著作物の—— ……154
　私的使用のための—— ……178
　図書館等における—— ……190
複製権 …………………150, 240, 244, 249
複製権の制限により作成された複製物の
　譲渡 ………………………208
複製権保持者 ………………262
複製物の目的外使用 ………209
付　随 ………………………186
物上代位 ……………………280
不当利得返還請求 …………339
不法行為 ………………22, 50, 73
舞踊又は無言劇の著作物 …40
プラーゲ旋風 ………………283
振り付け ……………………40
プログラム …………………59
　　——のインストール …205
　　——の著作物 ………17, 59, 109, 317
プログラム言語 ……………60
プロデューサー（映画）……95
文芸，学術，美術又は音楽の範囲 …37
北京条約 ……………………223
別段の定め …………………109
ベルヌ条約 …………………73
編　曲 ………………………62, 171
編曲権 ………………………171
変　形 ………………………62, 171
変形権 ………………………171
編集著作物 …………………65
編集物 ………………………65, 74
編集方針・編集方法 ………67
ペンネーム …………………128
変　名 ………………………97, 128

351

報酬請求権	228,238,242	無方式主義	144,219
幇　助	343	無名・変名の著作物	212
幇助者	327	名誉又は声望	139,339
法　人	82,89,101,110,211,212	明瞭区別性	193
法人等	100	メモリーカード	136
放　送	159,243	模写画	29
保護を受ける——	243	モジュール	59

や　行

放送の許諾の範囲	257
放送のための固定	231
放送権	231,249
放送事業者	116,243,244
——等による一時的固定	204
法定帰属	115,126
法定損害賠償	335
法定利用行為	144,146
報道・国家活動のための利用	203
法　令	74
保護期間	92,210
保護と利用のバランス	3
保護を受ける実演	222
保護を受ける著作物	73
保護を受けるレコード	238
補償金	199
補償金請求権	228
翻案	62,171
翻案権	171
翻案権等の留保の推定	274
本質的特徴の直接感得	307
翻訳	62,171
翻訳権	171
翻訳・翻案による利用	208

やむをえない改変	135
有形的再製	147,150
有償著作物	183
有償著作物等	343
有線放送	159,248
保護を受ける——	248
有線放送権	231
有線放送事業者	248
有体物	5
輸　出	316
輸　入	315
国外頒布目的商業用レコードの——	321

ら　行

ライブハウス	326
利　益	333
リーチサイト	316,341
リツイート	130
立証責任	110
利　用	315
教育・試験のための——	196
障害者のための——	201
報道・国家活動のための——	203
利用許諾	252
——違反の法的効果	258
利用権	260
利用行為主体	323
量産品	42
リンク	316
類似性	307
レイアウト	66
暦年主義	211
レコード	239
レコード製作者	239
レコード保護条約	239

ま　行

©マーク	144
漫画喫茶	170
未公表	124
未使用フィルム	117
見出し	22
未知の利用	257,277
みなし侵害	315
みなし著作者人格権侵害	138
みなし複製	181
ミラーサーバ	206
無体物	5

録　音 ……………………………229,244
録音権 ………………………………229
録　画 ……………………………229,244
録画権 ………………………………229
ローマ条約 …………………………223
論文剽窃検証サービス ……………………207

わ　行

ワン・チャンス主義 …222,230,232,235,237,
　238,245
WIPO 実演・レコード条約 ………………223

判 例 索 引

*大審院・最高裁判所の判決（決定）は太字

大判明治 37 年 4 月 7 日刑録 10 輯 766 頁〔国家学会雑誌事件：上告審〕 ……………………278
大判昭和 7 年 5 月 27 日民集 11 巻 11 号 1069 頁〔あゝ玉杯に花うけて事件：上告審〕 ……278
東京地判昭和 7 年 12 月 21 日評論 21 巻諸法 920 頁 ……………………………………………278
東京地判昭和 10 年 12 月 7 日最新著判 II ①巻 430 頁〔「誰が世界大戦を製造したか」事件〕
　　……………………………………………………………………………………………………133
名古屋高判昭和 35 年 4 月 27 日下民集 11 巻 4 号 940 頁〔中部観光事件：控訴審〕…………324
最判昭和 39 年 1 月 28 日民集 18 巻 1 号 136 頁 …………………………………………………122
東京地判昭和 40 年 8 月 31 日下民集 16 巻 8 号 1377 頁〔船荷証券事件〕………………………22
大阪高判昭和 45 年 4 月 30 日無体裁集 2 巻 1 号 252 頁〔ナニワ観光事件：控訴審〕…………324
最判昭和 45 年 12 月 18 日民集 24 巻 13 号 2151 頁 ………………………………………………339
東京地判昭和 46 年 2 月 2 日判時 643 号 93 頁〔地球儀用世界地図事件〕………………………53
最判昭和 46 年 4 月 23 日民集 25 巻 3 号 388 頁 …………………………………………………261
東京地判昭和 47 年 10 月 11 日無体裁集 4 巻 2 号 538 頁〔民青の告白事件：第一審〕 …………39
長崎地佐世保支決昭和 48 年 2 月 7 日無体裁集 5 巻 1 号 18 頁〔赤とんぼ事件〕………………42
最判昭和 49 年 3 月 19 日民集 28 巻 2 号 325 頁 …………………………………………………261
東京地判昭和 50 年 2 月 24 日判タ 324 号 317 頁〔秘録大東亜戦史事件〕………………………273
大阪地判昭和 51 年 4 月 27 日無体裁集 8 巻 1 号 130 頁〔パリ市鳥瞰図事件〕…………………17
東京地判昭和 51 年 6 月 29 日判時 817 号 23 頁〔マーク・レスター事件〕……………………229
東京地判昭和 52 年 3 月 30 日無体裁集 9 巻 1 号 360 頁〔龍渓書舎事件〕………………………75
東京地判昭和 52 年 7 月 22 日無体裁集 9 巻 2 号 534 頁〔舞台装置設計図事件〕 ……………181
東京地判昭和 53 年 6 月 21 日無体裁集 10 巻 1 号 287 頁〔「日照権」事件〕……………21, 334
最判昭和 53 年 9 月 7 日民集 32 巻 6 号 1145 頁〔ワン・レイニー・ナイト・イン・トーキョー
　　事件：上告審〕……………………………………………………………145, 150, 305
富山地判昭和 53 年 9 月 22 日無体裁集 10 巻 2 号 454 頁〔富山市住宅地図事件〕 …………53
東京地判昭和 53 年 11 月 8 日無体裁集 10 巻 2 号 569 頁〔昭和の記録事件〕…………225, 227
神戸地姫路支判昭和 54 年 7 月 9 日無体裁集 11 巻 2 号 371 頁〔仏壇彫刻事件〕 …………42, 44
東京地判昭和 54 年 8 月 31 日無体裁集 11 巻 2 号 439 頁〔ビートル・フィーバー事件〕
　　……………………………………………………………………………………274, 324
大阪地判昭和 54 年 9 月 25 日判タ 397 号 152 頁〔青色発光ダイオード学位論文事件〕………24
最判昭和 55 年 3 月 28 日民集 34 巻 3 号 244 頁〔パロディ＝モンタージュ事件：上告審〕
　　……………………………………………………………………………………192, 308
東京地判昭和 55 年 9 月 17 日無体裁集 12 巻 2 号 456 頁〔地のさざめごと事件〕………67, 290
東京高判昭和 55 年 9 月 29 日判時 981 号 75 頁〔民青の告白事件：控訴審〕…………………278
東京地判昭和 56 年 4 月 20 日無体裁集 13 巻 1 号 432 頁〔アメリカ T シャツ事件〕…………46
東京地判昭和 57 年 5 月 31 日無体裁集 14 巻 2 号 397 頁〔芸団協事件：第一審〕……………234
東京地判昭和 57 年 12 月 6 日無体裁集 14 巻 3 号 796 頁〔スペース・インベーダー事件〕 …17
東京高判昭和 58 年 4 月 26 日無体裁集 15 巻 1 号 340 頁〔ヤギ・ボールド事件：控訴審〕
　　……………………………………………………………………………………42, 48
東京地判昭和 58 年 6 月 20 日判時 183 号 143 頁〔「同期の桜」事件〕…………………………306

判例索引

最判昭和 59 年 1 月 20 日民集 38 巻 1 号 1 頁〔顔眞卿自書告身帖事件：上告審〕………………6
大阪地判昭和 59 年 1 月 26 日無体裁集 16 巻 1 号 13 頁〔万年カレンダー事件〕………………24
東京地判昭和 59 年 3 月 23 日無体裁集 16 巻 1 号 177 頁〔太陽風交点事件：第一審〕………263
東京地判昭和 59 年 5 月 14 日無体裁集 16 巻 2 号 315 頁〔アメリカ語要語集事件：第一審〕
………………………………………………………………………………………………69
東京地判昭和 59 年 9 月 28 日無体裁集 16 巻 3 号 676 頁〔パックマン事件〕………………55
大阪地判昭和 59 年 12 月 20 日無体裁集 16 巻 3 号 83 頁〔ヘアーブラシ事件：第一審〕
………………………………………………………………………………………254, 255
東京高判昭和 60 年 2 月 28 日無体裁集 17 巻 1 号 17 頁〔芸団協事件：控訴審〕……………234
東京地判昭和 60 年 10 月 30 日無体裁集 17 巻 3 号 520 頁〔動書事件Ⅰ〕…………………41
東京高判昭和 60 年 12 月 4 日判時 119 号 143 頁〔新潟鉄工事件：控訴審〕………………108
東京高判昭和 61 年 2 月 26 日無体裁集 18 巻 1 号 40 頁〔太陽風交点事件：控訴審〕………263
最判昭和 61 年 5 月 30 日民集 40 巻 4 号 725 頁〔パロディ＝モンタージュ事件：第二次上告審〕
………………………………………………………………………………………………339
東京地判昭和 62 年 1 月 30 日無体裁集 19 巻 1 号 1 頁〔ベーシックインタプリタ事件〕……62
東京高判昭和 62 年 2 月 19 日無体裁集 19 巻 1 号 30 頁〔当落予想表事件：控訴審〕…18, 28, 37
名古屋地判昭和 62 年 3 月 18 日判時 1256 号 9 頁〔用字苑事件〕………………………69
東京地決昭和 62 年 4 月 6 日判時 1227 号 132 頁………………………………………170
東京地判昭和 62 年 5 月 14 日判時 1273 号 76 頁〔契約書事件〕……………………………22
東京地八王子支判昭和 62 年 9 月 18 日無体裁集 19 巻 3 号 334 頁〔日野市壁画事件〕………41
最判昭和 63 年 3 月 15 日民集 42 巻 3 号 199 頁〔クラブ・キャッツアイ事件：上告審〕……323
大阪地判平成元年 3 月 8 日無体裁集 21 巻 1 号 93 頁〔写植機用文字書体事件〕……………48
京都地判平成元年 6 月 15 日判時 1327 号 123 頁〔佐賀錦袋帯事件〕……………………44
東京高決平成元年 6 月 20 日判時 1322 号 138 頁〔システムサイエンス事件：抗告審〕………62
東京地判平成元年 11 月 10 日無体裁集 21 巻 3 号 845 頁〔動書事件Ⅱ〕…………………41
大阪高判平成 2 年 2 月 14 日判例集未登載（平 1(ネ)第 2249 号）〔ニーチェア事件：控訴審〕
………………………………………………………………………………………42, 44
東京地判平成 2 年 11 月 16 日無体裁集 22 巻 3 号 72 頁〔法政大学懸賞論文事件：第一審〕
………………………………………………………………………………………………133
東京地決平成 3 年 2 月 27 日知の裁 23 巻 1 号 138 頁〔IBF バッジファイル事件：第一審〕…62
最判平成 3 年 3 月 28 日判例集未登載（平 2(オ)第 706 号）〔ニーチェア事件：上告審〕……42, 44
福島地決平成 3 年 4 月 9 日知の裁 23 巻 1 号 228 頁〔シノブ設計事件〕………………51
東京地判平成 3 年 5 月 22 日知の裁 23 巻 2 号 293 頁〔英語教科書準拠録音テープ事件〕…255
東京高判平成 3 年 5 月 31 日高民集 44 巻 3 号 81 頁〔神奈川県公文書公開条例事件：控訴審〕
………………………………………………………………………………………………127
東京高判平成 3 年 9 月 26 日判時 1400 号 3 頁〔おニャン子クラブ事件：控訴審〕…………229
東京高判平成 3 年 12 月 17 日知的裁 23 巻 3 号 808 頁〔木目化粧紙事件：控訴審〕
………………………………………………………………………………42, 44, 47, 79
東京高判平成 3 年 12 月 19 日知的裁 23 巻 3 号 823 頁〔法政大学懸賞論文事件：控訴審〕…133
東京地判平成 4 年 3 月 18 日判時 1435 号 131 頁〔ポパイ立看板事件〕…………………214
東京地判平成 4 年 3 月 30 日判タ 82 号 208 頁〔三沢市勢映画事件：第一審〕………………118
東京高決平成 4 年 3 月 31 日知の裁 24 巻 1 号 218 頁〔IBF バッジファイル事件：抗告審〕…59
大阪地判平成 4 年 4 月 30 日知の裁 24 巻 1 号 292 頁〔丸棒矯正機事件〕…………………54
東京高判平成 4 年 5 月 14 日民集 51 巻 6 号 2862 頁〔ポパイ・ネクタイ事件：控訴審〕……214

大阪地判平成 4 年 8 月 27 日知的裁 24 巻 2 号 495 頁〔静かな焔事件〕 ……………………295

東京地判平成 4 年 11 月 25 日知的裁 24 巻 3 号 854 頁〔民家の暖簾事件〕………………312

東京地判平成 5 年 1 月 25 日判時 1508 号 147 頁〔ブランカ事件〕 ………………131, 252

東京高判平成 5 年 3 月 16 日知的裁 25 巻 1 号 75 頁〔コヒノボリ事件：控訴審〕 …………87

最判平成 5 年 3 月 30 日判時 1461 号 3 頁〔智恵子抄事件：上告審〕……………………88

東京高判平成 5 年 9 月 9 日判時 1477 号 27 頁〔三沢市勢映画事件：控訴審〕……………117

東京地判平成 6 年 2 月 18 日知的裁 26 巻 1 号 114 頁〔日経コムライン事件〕……………21

大阪高判平成 6 年 2 月 25 日知的裁 26 巻 1 号 179 頁〔脳波数理解析論文事件：控訴審〕

………………………………………………………………………………24, 26

東京地判平成 6 年 4 月 25 日判時 159 号 13 頁〔日本の城の基礎知識事件〕…………………30

東京地判平成 6 年 7 月 1 日判時 1501 号 79 頁〔101 匹ワンチャン事件〕…………………165

東京地判平成 6 年 10 月 17 日判時 1520 号 13 頁〔ポパイ・ネクタイ事件〕 ………………274

東京高判平成 7 年 1 月 31 日判時 1525 号 15 頁〔会社案内パンフ事件：控訴審〕…………66

大阪地判平成 7 年 3 月 28 日知的裁 27 巻 1 号 21 頁〔三光商事事件〕 …………………57

東京高判平成 7 年 5 月 16 知的裁 27 巻 2 号 285 頁「でる順宅建」事件：控訴審〕………306

東京地判平成 7 年 5 月 31 日判時 1533 号 110 頁〔「ぐうたら健康法」事件〕………………336

京都地判平成 7 年 10 月 19 日知財裁集 27 巻 4 号 721 頁〔アンコウ行灯事件〕…………24

東京地判平成 7 年 10 月 30 日判時 156 号 24 頁〔システムサイエンス事件〕…………316, 333

東京地判平成 7 年 12 月 18 日知的裁 27 巻 4 号 787 頁〔ラストメッセージ in 最終号事件〕

………………………………………………………………30, 31, 107, 177

東京地判平成 8 年 2 月 23 日知的裁 28 巻 1 号 54 頁〔やっぱりブスが好き事件〕…………135

東京地判平成 8 年 9 月 27 日判時 1645 号 134 頁〔四谷大塚事件：第一審〕………………104

最判平成 8 年 10 月 14 日判例集未登載（平 6(オ)第 43 号）〔三沢市勢映画事件：上告審〕……117

仙台高判平成 9 年 1 月 30 日知的裁 29 巻 1 号 89 頁〔石垣写真事件：控訴審〕 …………57

大阪高判平成 9 年 2 月 27 日知的裁 29 巻 1 号 213 頁〔魅留来事件：控訴審〕……………337

東京地判平成 9 年 3 月 31 日判時 1606 号 118 頁〔だれでもできる在宅介護事件：第一審〕

………………………………………………………………………………290

東京地判平成 9 年 4 月 25 日判時 1605 号 136 頁〔スモーキングスタンド事件〕…………54

大阪地判平成 9 年 6 月 24 日民集 54 巻 7 号 2499 頁〔ゴナ書体事件：第一審〕 …………50

最判平成 9 年 7 月 1 日民集 51 巻 6 号 2299 頁〔BBS 並行輸入事件：上告審〕………………166

最判平成 9 年 7 月 17 日民集 51 巻 6 号 2714 頁〔ポパイ・ネクタイ事件：上告審〕

………………………………………………………………41, 65, 211, 214

東京地判平成 9 年 9 月 5 日判時 1621 号 130 頁〔ガウディとダリの世界展事件〕…………274

東京高判平成 10 年 2 月 12 日判時 1645 号 129 頁〔四谷大塚事件：控訴審〕 ………27, 28, 69

東京地判平成 10 年 2 月 20 日知的裁 30 巻 1 号 33 頁〔バーンズ・コレクション展事件〕 …193

大阪地判平成 10 年 3 月 26 日判例集未登載（平 5(ワ)第 4983 号）〔コンベヤベルトカバー事件〕

………………………………………………………………………………54

東京地判平成 10 年 5 月 29 日知的裁 30 巻 2 号 296 頁〔知恵蔵事件：第一審〕 ……………66

東京高判平成 10 年 7 月 13 日知的裁 30 巻 3 号 427 頁〔スウィートホーム事件：控訴審〕…135

大阪高判平成 10 年 7 月 17 日民集 54 巻 7 号 2562 頁〔ゴナ書体事件：控訴審〕……………50

東京高判平成 10 年 8 月 4 日判時 1667 号 131 頁〔俳句の添削事件：控訴審〕 ……………135

東京地判平成 10 年 10 月 29 日知的裁 30 巻 4 号 812 頁〔SMAP 大研究事件〕………21, 85, 104

東京地判平成 10 年 10 月 30 日判時 1674 号 132 頁〔血液型と性格事件〕…………135, 192, 208

東京高判平成 10 年 11 月 26 日判時 1678 号 133 頁〔だれでもできる在宅介護事件：控訴審〕

判例索引

··290

東京地判平成 10 年 11 月 30 日知的裁 30 巻 4 号 956 頁〔版画藝術写真事件〕·············57, 101

東京地判平成 11 年 1 月 29 日判時 1680 号 119 頁〔古文単語語呂合わせ事件：第一審〕······30

東京地判平成 11 年 2 月 25 日判時 1677 号 130 頁〔松本清張作品映像化リスト事件〕········69

東京高判平成 11 年 3 月 18 日判時 1684 号 112 頁〔三国志Ⅲ事件：控訴審〕·····················56

東京地判平成 11 年 3 月 29 日判時 1689 号 138 頁〔赤穂浪士舞台装置事件〕·····················41

東京地判平成 11 年 5 月 27 日判時 1679 号 3 頁〔中古ゲームソフト東京事件：第一審〕······166

東京地判平成 11 年 9 月 28 日判時 1695 号 115 頁〔新橋玉木屋事件〕·······························29

大阪地判平成 11 年 10 月 7 日民集 56 巻 4 号 843 頁〔中古ゲームソフト大阪事件：第一審〕

···166

東京地判平成 11 年 10 月 18 日判時 1697 号 114 頁〔三島由紀夫書簡事件：第一審〕·······141

東京地判平成 11 年 10 月 27 日判時 1701 号 157 頁〔雪月花事件〕·································151

東京高判平成 11 年 10 月 28 日判時 1701 号 146 頁〔知恵蔵事件：控訴審〕·····················66

東京地判平成 11 年 10 月 29 日判時 1707 号 168 頁〔イメージボックス事件：第一審〕······297

東京高判平成 11 年 11 月 29 日民集 55 巻 2 号 266 頁〔ビデオメイツ事件：控訴審〕·········337

東京地判平成 11 年 12 月 21 日判例集未登載（平 11(ワ)第 2965 号）〔タウンページ・キャラク

ター事件：第一審〕···311

東京地判平成 12 年 2 月 29 日判時 1715 号 76 頁〔「中田英寿　日本をフランスに導いた男」

事件：第一審〕···125

名古屋地判平成 12 年 3 月 8 日判例集未登載（平 4(ワ)第 213 号）〔ショッピングセンター建築

設計図事件〕··54

東京地判平成 12 年 3 月 17 日判時 1714 号 128 頁〔NTT タウンページ事件〕······66, 68, 69, 71

東京高判平成 12 年 3 月 30 日判時 1726 号 162 頁〔キャンディ・キャンディ事件：控訴審〕

···174

大阪地判平成 12 年 3 月 30 日判例集未登載（平 10(ワ)第 13577 号）〔積算くん事件〕·········60

東京高判平成 12 年 4 月 19 日判例集未登載（平 11(ネ)第 64 号）〔イメージボックス事件：控訴

審〕···297

東京高判平成 12 年 4 月 25 日判時 1724 号 124 頁〔脱ゴーマニズム宣言事件：控訴審〕·····136

東京地判平成 12 年 4 月 25 日判例集未登載（平 11(ワ)第 12918 号）〔「ちぎれ雲」事件〕·····129

東京地判平成 12 年 5 月 16 日判時 1751 号 128 頁〔スターデジオ事件Ⅰ〕·····················152

東京地判平成 12 年 5 月 16 日判時 1751 号 149 頁〔スターデジオ事件Ⅱ〕·····················324

東京高判平成 12 年 5 月 23 日判時 1725 号 165 頁〔三島由紀夫書簡事件：控訴審〕·········141

東京高判平成 12 年 5 月 30 日判例集未登載（平 12(ネ)第 464 号）〔タウンページ・キャラクター

事件：控訴審〕···311

最判平成 12 年 9 月 7 日民集 54 巻 7 号 2481 頁〔ゴナ書体事件：上告審〕·················48, 49

東京高判平成 12 年 9 月 19 日判時 1745 号 128 頁〔舞台装置事件：控訴審〕·····················26

東京地判平成 12 年 9 月 28 日判例集未登載（平 11(ワ)第 7209 号）〔経済学書籍事件〕·········293

東京高判平成 12 年 11 月 9 日判時 1746 号 135 頁〔RGB アドベンチャー事件：控訴審〕······104

東京高判平成 12 年 11 月 30 日判例集未登載（平 1(ネ)第 3676 号）〔アサバン職業別電話帳事

件：控訴審〕··67

東京高判平成 13 年 1 月 23 日判時 1751 号 122 頁〔けろけろけろっぴ事件：控訴審〕·········41

東京地判平成 13 年 1 月 23 日判時 1756 号 139 頁〔ふぃーるどわーく多摩事件〕··············53

最判平成 13 年 2 月 13 日民集 55 巻 1 号 87 頁〔ときめきメモリアル事件：上告審〕·········136

最判平成 13 年 3 月 2 日民集 55 巻 2 号 185 頁〔ビデオメイツ事件：上告審〕·················337

357

東京高判平成 13 年 3 月 27 日判時 1747 号 60 頁〔中古ゲームソフト東京事件：控訴審〕 …166
大阪高判平成 13 年 3 月 29 日民集 56 巻 4 号 867 頁〔中古ゲームソフト大阪事件：控訴審〕
　………………………………………………………………………………………56, 166
東京地判平成 13 年 5 月 16 日判時 1749 号 19 頁〔東京リーガルマインド事件〕……………335
東京地判平成 13 年 5 月 25 日判時 1774 号 132 頁〔自動車データベース事件：中間判決〕
　……………………………………………………………………………71, 73, 77, 79
東京高判平成 13 年 5 月 30 日判時 1797 号 111 頁〔キューピー人形事件：控訴審〕…………65
東京高判平成 13 年 6 月 21 日判時 1765 号 96 頁〔すいか写真事件：控訴審〕……………58, 306
最判平成 13 年 6 月 28 日民集 55 巻 4 号 837 頁〔江差追分事件：上告審〕…………62, 309
東京地判平成 13 年 7 月 25 日判時 1758 号 137 頁〔はたらくじどうしゃ事件〕………………205
最判平成 13 年 10 月 25 日判時 1767 号 115 頁〔キャンディ・キャンディ事件：上告審〕
　……………………………………………………………………………………90, 174
東京高判平成 13 年 10 月 30 日判時 1773 号 127 頁〔交通標語事件：控訴審〕………36, 39, 314
東京地決平成 13 年 12 月 19 日判例集未登載（平 13(ヨ)第 2213 号）「チーズはどこへ消えた？」
　事件〕………………………………………………………………………………194
東京地判平成 14 年 1 月 31 日判時 1791 号 142 頁〔中古ビデオソフト事件：第一審〕………165
東京地判平成 14 年 1 月 31 日判時 1818 号 165 頁〔トントゥぬいぐるみ事件〕………………254
東京高判平成 14 年 2 月 18 日判時 1786 号 136 頁〔雪月花事件：控訴審〕……………………41
東京地判平成 14 年 2 月 21 日判例集未登載（平 12(ワ)第 9426 号）〔コアネットデータベース事
　件〕………………………………………………………………………………………71
東京地判平成 14 年 3 月 25 日判時 1789 号 141 頁〔宇宙戦艦ヤマト著作者事件〕……………96
東京地決平成 14 年 4 月 9 日判時 1780 号 71 頁〔ファイルローグ事件仮処分事件 II〕………241
東京高判平成 14 年 4 月 11 日判例集未登載（平 13(ネ)第 3677 号）〔絶対音感事件：控訴審〕
　………………………………………………………………………………………195
大阪地判平成 14 年 4 月 23 日判例集未登載（平 11(ワ)第 12875 号）〔設計積算システム事件〕
　…………………………………………………………………………………………61
最判平成 14 年 4 月 25 日民集 56 巻 4 号 88 頁〔中古ゲームソフト大阪事件：上告審〕
　……………………………………………………………………………56, 165〜167
仙台高判平成 14 年 7 月 9 日判時 1813 号 150 頁〔ファービー人形事件（刑事）：控訴審〕…42
東京地判平成 14 年 9 月 5 日判時 1811 号 127 頁〔サイボウズ事件〕…………60, 65, 76, 314
東京高判平成 14 年 9 月 6 日判時 1794 号 3 頁〔記念樹事件：控訴審〕……………………306
東京地判平成 14 年 10 月 24 日判例集未登載（平 12(ワ)第 22624 号）〔風雲ライオン丸事件〕
　………………………………………………………………………………………274
東京高判平成 14 年 10 月 29 日判例集未登載（平 14(ネ)第 2887 号）〔ホテル・ジャンキーズ事
　件：控訴審〕……………………………………………………………28, 31, 314
東京高判平成 14 年 11 月 27 日判時 1814 号 140 頁〔「運鈍根の男」事件：控訴審〕…138〜140
東京地判平成 15 年 1 月 28 日判時 1828 号 121 頁〔スケジュール管理ソフト事件〕………60, 77
東京地判平成 15 年 1 月 31 日判時 1820 号 127 頁〔製図プログラム事件〕…………………59, 61
名古屋地判平成 15 年 2 月 7 日判時 1840 号 126 頁〔社交ダンス教室事件：第一審〕…149, 150
大阪地判平成 15 年 2 月 13 日判時 1842 号 120 頁〔ヒットワン事件〕………………………328
東京地判平成 15 年 2 月 26 日判時 1826 号 117 頁〔日蓮正宗ビラ事件：第一審〕……………195
東京地判平成 15 年 3 月 28 日判時 1834 号 95 頁〔小学校用国語テスト事件〕………………200
最判平成 15 年 4 月 11 日判時 1822 号 133 頁〔RGB アドベンチャー事件：上告審〕…………104
東京地判平成 15 年 4 月 23 日判例集未登載（平 13(ワ)第 13484 号）〔角川映画事件〕…………113

判例索引

東京高判平成 15 年 5 月 28 日判例集未登載（平 12(ネ)第 4759 号等）〔ダリ山梨事件：控訴審〕
……………………………………………………………………………………………274

東京地決平成 15 年 6 月 11 日判時 1840 号 106 頁〔ノグチ・ルーム事件〕…………52, 134, 141

東京高判平成 15 年 8 月 7 日判例集未登載（平 14(ネ)第 5907 号）〔快傑ライオン丸事件：控訴審〕
……………………………………………………………………………………………277

東京高判平成 15 年 9 月 25 日判例集未登載（平 15(ネ)第 1107 号）〔マクロス映画事件：控訴審〕
……………………………………………………………………………………………113

大阪地判平成 15 年 10 月 23 日判時 1883 号 104 頁〔IT 講習会事件〕…………………………335

東京地判平成 15 年 12 月 19 日判時 1847 号 95 頁〔記念樹・音楽出版社事件：第一審〕……275

名古屋高判平成 16 年 3 月 4 日判時 1870 号 123 頁〔社交ダンス教室事件：控訴審〕………339

東京地判平成 16 年 3 月 11 日判時 1893 号 131 頁〔「罪に濡れたふたり」事件：第一審〕…329

東京高判平成 16 年 3 月 31 日判時 1864 号 158 頁〔DEAD OR ALIVE 2 事件：控訴審〕……137

東京地判平成 16 年 6 月 18 日判時 1881 号 101 頁〔NTT リース事件〕…………………149, 150

東京地判平成 16 年 6 月 25 日判例集未登載（平 15(ワ)第 4779 号）〔LEC 出る順シリーズ事件〕
……………………………………………………………………………………………313

東京高判平成 16 年 6 月 29 日判例集未登載（平 15(ネ)第 2467 号）〔童話と国語テスト事件：控訴審〕
……………………………………………………………………………………………335

東京高判平成 16 年 6 月 29 日判例集未登載（平 15(ネ)第 2515 号）〔ピーターのいす事件：控訴審〕
……………………………………………………………………………………………335

東京地判平成 16 年 6 月 30 日判時 1874 号 134 頁〔ProLesWeb 事件〕………………………60

東京地判平成 16 年 8 月 17 日判時 1873 号 153 頁〔マンホール鉄蓋交換工法（切削オーバーレイ工法）事件：第一審〕………………………………………………………………………329

大阪高判平成 16 年 9 月 29 日判例集未登載（平 15(ネ)第 3575 号）〔積水ハウス事件：控訴審〕
…………………………………………………………………………………………51, 57

東京地判平成 16 年 11 月 12 日判例集未登載（平 16(ワ)第 12686 号）〔「知的財産権入門」事件〕
…………………………………………………………………………………………106, 136

大阪地判平成 17 年 1 月 17 日判時 1913 号 154 頁〔セキスイツーユーホーム事件〕……105, 131

東京高判平成 17 年 2 月 24 日判例集未登載（平 16(ネ)第 4518 号）〔マンホール鉄蓋交換工法（切削オーバーレイ工法）事件：控訴審〕………………………………………………329

東京高判平成 17 年 3 月 3 日判時 1893 号 126 頁〔「罪に濡れたふたり」事件：控訴審〕……317

東京地判平成 17 年 3 月 15 日判時 1894 号 110 頁〔燃えつきるキャロル・ラスト・ライブ事件：第一審〕……………………………………………………………………………105, 258

東京地判平成 17 年 3 月 23 日判時 1894 号 134 頁〔振動制御器プログラム事件：第一審〕…276

東京高判平成 17 年 3 月 29 日判例集未登載（平 16(ネ)第 2327 号）〔ケイコとマナブ事件：控訴審〕
……………………………………………………………………………………………69

東京高判平成 17 年 3 月 31 日判例集未登載（平 16(ネ)第 405 号）〔ファイルローグ事件：控訴審〕
……………………………………………………………………………………………324

東京地判平成 17 年 5 月 12 日判タ 1210 号 258 頁〔空港案内図事件〕…………………………53

東京地判平成 17 年 5 月 17 日判時 1950 号 147 頁〔通勤大学法律コース事件：第一審〕……30

知財高判平成 17 年 5 月 26 日判例集未登載（平 17(ネ)第 10055 号）〔ProLesWeb 事件〕………60

最判平成 17 年 6 月 17 日民集 59 巻 5 号 174 頁〔生体高分子リガンド探索方法事件：上告審〕
……………………………………………………………………………………………268

東京地判平成 17 年 6 月 23 日判例集未登載（平 15(ワ)第 13385 号）〔ジョン万次郎像事件：第一審〕……………………………………………………………………………………98, 338

359

最判平成 17 年 7 月 14 日民集 59 巻 6 号 1569 頁〔船橋市西図書館事件：上告審〕 ………123
大阪高判平成 17 年 7 月 28 日判時 1928 号 116 頁〔フィギュア事件：控訴審〕…………42, 44
知財高判平成 17 年 10 月 6 日判例集未登載（平 17㈠第 10049 号）〔読売オンライン事件：控訴審〕…………………………………………………22, 39, 76
大阪地判平成 17 年 10 月 24 日判時 1911 号 65 頁〔選撮見録事件：第一審〕………………238
知財高決平成 17 年 11 月 15 日判例集未登載（平 17㈨第 10007 号）〔録画ネット事件：抗告審〕…………………………………………………………………324
知財高判平成 17 年 11 月 21 日判例集未登載（平 17㈠第 10102 号）〔京城三坂小学校記念文集事件：控訴審〕……………………………………………70
大阪高判平成 17 年 12 月 15 日判例集未登載（平 17㈠第 742 号）〔風呂バンス事件：控訴審〕…………………………………………………………………313
知財高判平成 18 年 2 月 27 日判例集未登載（平 17㈠第 10100 号）〔ジョン万次郎像事件：控訴審〕…………………………………………………86, 98, 338
知財高判平成 18 年 3 月 15 日判例集未登載（平 17㈠第 10095 号・第 10107 号・第 10108 号）〔通勤大学法律書事件：控訴審〕……………………………………31, 76
東京地判平成 18 年 3 月 23 日判時 1946 号 11 頁〔江戸風俗画模写事件 I〕………………29
知財高判平成 18 年 3 月 29 日判タ 1234 号 295 頁〔スメルゲット事件〕………………57
東京地判平成 18 年 3 月 31 日判タ 1274 号 255 頁〔教科書準拠国語テスト事件〕………200
東京地判平成 18 年 5 月 11 日判時 1946 号 119 頁〔江戸風俗画模写事件 II〕…………29, 63
知財高判平成 18 年 8 月 31 日判時 2022 号 144 頁〔振動制御器プログラム事件：控訴審〕…276
知財高判平成 18 年 9 月 13 日判時 1956 号 148 頁〔燃えつきるキャロル・ラスト・ライブ事件：控訴審〕…………………………………………………105, 113
知財高判平成 18 年 9 月 26 日判例集未登載（平 18㈠第 10037 号・第 10050 号）…………29
知財高判平成 18 年 11 月 29 日判例集未登載（平 18㈠第 157 号）〔江戸風俗画模写事件 II：控訴審〕…………………………………………………………………29
京都地判平成 18 年 12 月 13 日判タ 1229 号 105 頁〔Winny 事件：第一審〕………………343
東京地判平成 18 年 12 月 21 日判時 1977 号 153 頁〔東京アウトサイダーズ事件〕…………57
知財高判平成 18 年 12 月 26 日判時 2019 号 92 頁〔宇宙開発事業団プログラム事件：控訴審〕…………………………………………………………………………61
東京地判平成 19 年 1 月 19 日判時 23 号 111 頁〔THE BOOM 事件〕………………240, 277
東京地判平成 19 年 4 月 27 日判例集未登載（平 18㈡第 8752 号）〔HEAT WAVE 事件〕……277
東京地判平成 19 年 5 月 25 日判時 1979 号 100 頁〔MYUTA 事件〕………………324
大阪高判平成 19 年 6 月 14 日判時 1991 号 122 頁〔選撮見録事件：控訴審〕…247, 324, 328
大阪高判平成 19 年 7 月 26 日判例集未登載（平 16㈡第 11546 号）〔グラブ浚渫施工管理プログラム事件〕…………………………………………………………………272
最判平成 19 年 12 月 18 日民集 61 巻 9 号 3460 頁〔シェーン事件：上告審〕………………214
知財高判平成 19 年 12 月 28 日判例集未登載（平 18㈠第 149 号）〔人材開発テキスト事件：控訴審〕…………………………………………………………………122
東京地判平成 20 年 2 月 26 日判例集未登載（平 19㈡第 15231 号）〔社保庁 LAN 事件〕………203
知財高判平成 20 年 2 月 28 日判時 2021 号 96 頁〔チャップリン事件：控訴審〕………………214
東京地判平成 20 年 3 月 13 日判時 2033 号 102 頁〔祇園祭写真事件〕…………………58
知財高判平成 20 年 3 月 27 日判例集未登載（平 19㈠第 10095 号）〔Von Dutch 事件〕……278
知財高判平成 20 年 7 月 17 日判時 2011 号 137 頁〔ライブドア裁判傍聴記事件：控訴審〕…………………………………………………………………21, 30

判例索引

知財高判平成 20 年 9 月 30 日判時 2024 号 133 頁〔土地宝典事件：控訴審〕·················327

知財高判平成 20 年 12 月 24 日民集 65 巻 9 号 3363 頁〔北朝鮮事件：控訴審〕·················76

知財高判平成 21 年 1 月 27 日民集 65 巻 1 号 623 頁〔ロクラク II 事件：控訴審〕·················326

知財高判平成 21 年 3 月 25 日判例集未登載（平 20 (ネ) 第 10084 号）〔BRAHMAN 事件〕·······220

東京地判平成 21 年 5 月 28 日判例集未登載（平 19 (ワ) 第 23883 号）〔駒込大観音事件：第一審〕
·················338

大阪高判平成 21 年 10 月 8 日刑集 65 巻 9 号 1635 頁〔Winny 事件：控訴審〕·················343

知財高判平成 21 年 12 月 24 日判例集未登載（平 21 (ネ) 第 10051 号）〔オートバイレース写真事件：控訴審〕·················105

知財高判平成 22 年 3 月 25 日判時 2086 号 114 頁〔駒込大観音事件：控訴審〕·················338

知財高判平成 22 年 5 月 27 日判時 2099 号 125 頁 ·················34

東京地判平成 22 年 5 月 28 日判例集未登載（平 21 (ワ) 第 12854 号）〔ガン闘病マニュアル事件〕
·················136

知財高判平成 22 年 8 月 4 日判時 2096 号 133 頁〔北朝鮮の極秘文書事件：控訴審〕···316, 329

知財高判平成 22 年 8 月 4 日判時 2101 号 119 頁〔北見工業大学事件：控訴審〕·················101

知財高判平成 22 年 9 月 8 日判時 2115 号 102 頁〔TV ブレイク事件：控訴審〕·················324

知財高判平成 22 年 10 月 13 日判時 2092 号 135 頁〔絵画鑑定証書事件：控訴審〕·····192, 193

東京地判平成 22 年 12 月 27 日判タ 1399 号 286 頁〔SARVH 対東芝私的録画補償金事件：第一審〕·················185

最判平成 23 年 1 月 18 日民集 65 巻 1 号 121 頁〔まねき TV 事件：上告審〕·················149

最判平成 23 年 1 月 20 日民集 65 巻 1 号 399 頁〔ロクラク II 事件：上告審〕·················325

知財高判平成 23 年 3 月 10 日判例集未登載（平 22 (ネ) 第 10081 号）〔病院業務管理書籍事件：控訴審〕·················101

大阪高決平成 23 年 3 月 31 日判時 2167 号 81 頁〔ひこにゃん事件〕·················276

知財高判平成 23 年 5 月 10 日判タ 1372 号 222 頁〔廃墟写真事件：控訴審〕·················58

最判平成 23 年 12 月 8 日民集 65 巻 9 号 3275 頁〔北朝鮮事件：上告審〕·················74, 77

最決平成 23 年 12 月 19 日刑集 65 巻 9 号 1380 頁〔Winny 事件：上告審〕·················343

知財高判平成 23 年 12 月 22 日判時 2145 号 75 頁〔SARVH 対東芝私的録画補償金事件：控訴審〕·················185

最判平成 24 年 1 月 17 日判時 2144 号 115 頁〔暁の脱走事件：上告審〕·················336

知財高判平成 24 年 1 月 25 日判時 2163 号 88 頁〔混銑車自動停留ブレーキ及び連結解放装置プログラム事件〕·················61

知財高判平成 24 年 1 月 31 日判時 2141 号 117 頁〔ロクラク II 事件：差戻後控訴審〕·········326

東京地判平成 24 年 2 月 28 日判例集未登載（平 2 (ワ) 第 9300 号）〔Shall we ダンス？事件〕···40

知財高判平成 24 年 8 月 8 日判時 2165 号 42 頁〔釣り★スタ事件：控訴審〕·················78

知財高判平成 24 年 10 月 25 日判例集未登載（平 24 (ネ) 第 10008 号）〔ケーズデンキ事件：控訴審〕·················113

知財高大判平成 25 年 2 月 1 日判時 2179 号 36 頁〔ごみ貯蔵機器事件：控訴審〕·················333

大阪地判平成 25 年 6 月 20 日判時 2218 号 112 頁〔ロケットニュース 25 事件〕·········56, 158

知財高判平成 25 年 6 月 27 日判例集未登載（平 25 (ネ) 第 10013 号）〔コンビニコミック事件〕
·················256

東京地判平成 25 年 7 月 16 日判例集未登載（平 24 (ワ) 第 24571 号）〔陛下プロジェクト事件：第一審〕·················139

大阪高判平成 25 年 8 月 29 日判例集未登載（平 24 (ネ) 第 12 号）·················294

大阪地決平成 25 年 9 月 6 日判時 2222 号 93 頁〔希望の壁事件〕 ················· 52, 134

東京地判平成 25 年 9 月 30 日判時 2212 号 86 頁〔サンドリーム事件：第一審〕 ············· 180

東京地判平成 25 年 10 月 30 日判例集未登載（平 24(ワ)第 33533 号）〔ユープランニング事件：
第一審〕 ································· 180

東京地判平成 25 年 11 月 20 日（平 24(ワ)第 8691 号）〔I'm a woman Now-MIKI-事件：第一
審〕 ································· 226, 240

知財高判平成 25 年 12 月 11 日判例集未登載（平 25(ネ)第 164 号）〔陛下プロジェクト事件：
控訴審〕 ································· 139

東京地判平成 25 年 12 月 13 日裁判所ウェブサイト〔祈願啓文事件〕 ················· 150

東京地判平成 26 年 3 月 14 日判例集未登載（平 21(ワ)第 16019 号）〔旅 nesPro 事件〕 ········· 71

知財高判平成 26 年 3 月 12 日判時 2229 号 85 頁〔ディスクパブリッシャーソフト事件〕 ····· 61

知財高判平成 26 年 3 月 27 日（平 25(ネ)第 10094 号）〔子連れ狼事件〕 ················· 260

東京地判平成 26 年 4 月 17 日判例集未登載（平 25(ワ)第 8040 号）〔TRIPP TRAPP 事件：第一
審〕 ································· 44

知財高判平成 26 年 4 月 18 日判例集未登載（平 25(ネ)第 10115 号）〔I'm a woman Now-MI-
KI-事件：控訴審〕 ································· 240

知財高判平成 26 年 8 月 28 日判時 2238 号 91 頁〔ファッションショー事件：控訴審〕
································· 42, 44, 222

東京地判平成 26 年 10 月 17 日判例集未登載（平 25(ワ)22468 号）〔ログハウス事件〕 ········· 51

知財高判平成 26 年 10 月 22 日判時 2246 号 92 頁〔サンドリーム事件：控訴審〕 ······· 180, 324

東京地判平成 26 年 11 月 7 日判例集未登載（平 25(ワ)第 2728 号） ················· 54

東京地判平成 26 年 12 月 28 日判例集未登載（平 22(ワ)38369 号）〔明治図事件〕 ········· 53

知財高判平成 27 年 4 月 14 日判時 2267 号 91 頁〔TRIPP TRAPP 事件：控訴審〕 ········· 45

最判平成 27 年 4 月 28 日民集 69 巻 3 号 518 頁〔JASRAC 事件〕 ················· 282

知財高判平成 27 年 5 月 25 日判例集未登載（平 26(ネ)第 10130 号）〔メゾン A 事件〕 ······· 54

大阪地判平成 27 年 9 月 24 日判時 2348 号 62 頁〔ピクトグラム事件〕 ················· 261

東京地判平成 28 年 2 月 25 日判時 2314 号 118 頁〔神獄のヴァルハラゲート事件〕 ········· 105

知財高決平成 28 年 11 月 11 日判時 2323 号 23 頁〔著作権判例百選事件：抗告審〕 ········· 98

知財高判平成 28 年 10 月 19 日判例集未登載（平 28(ネ)第 10041 号）〔ライブバー事件：控訴審〕
································· 326

東京地判平成 30 年 3 月 19 日判例集未登載（平 29(ワ)第 20452 号）〔映画「すたあ」事件〕 ··· 113

大阪地判平成 30 年 4 月 19 日判時 2417 号 80 頁〔ジャコ音源事件〕 ················· 241

知財高判平成 30 年 4 月 25 日判時 2382 号 24 頁〔リツイート事件〕 ··············· 158, 316

大阪地判平成 30 年 9 月 20 日判時 2416 号 42 頁〔フラダンス事件〕 ················· 40

東京地判令和 2 年 2 月 28 日判例集未登載（平 29(ワ)第 20502 号・第 25300 号）〔音楽教室事件〕
································· 326

最判令和 2 年 7 月 21 日民集 74 巻 4 号 1407 頁〔リツイート事件〕 ················· 130

著作権法入門〔第3版〕
Copyright Law in Japan 3rd ed.

2009年10月30日　初　版第1刷発行
2016年10月30日　第2版第1刷発行
2021年 3月31日　第3版第1刷発行
2022年 9月20日　第3版第3刷発行

著　者　島　並　　　良
　　　　上　野　達　弘
　　　　横　山　久　芳

発行者　江　草　貞　治

発行所　株式会社　有　斐　閣
　　　　　　　　　　　　　郵便番号　101-0051
　　　　　　　　　　　　　東京都千代田区神田神保町2-17
　　　　　　　　　　　　　http://www.yuhikaku.co.jp/

印刷・大日本法令印刷株式会社／製本・大口製本印刷株式会社
© 2021, R. Shimanami, T. Ueno, H. Yokoyama. Printed in Japan
落丁・乱丁本はお取替えいたします。

★定価はカバーに表示してあります

ISBN 978-4-641-24327-9

|JCOPY|　本書の無断複写（コピー）は、著作権法上での例外を除き、禁じられています。複写される場合は、そのつど事前に（一社）出版者著作権管理機構（電話03-5244-5088, FAX03-5244-5089, e-mail:info@jcopy.or.jp）の許諾を得てください。